이 책의 한국어판 저작권은 EYA(Eric Yang Agency)를 통해 케임브리지대학교 출판부(Cambridge University Press)와 독점계약한 (주)소와당에 있습니다. 저작권법에 의하여 보호를 받는 저작물이므로 무단전재와 복제를 금합니다.

Korean translation copyright © 2021 by SOWADANG
Korean translation rights arranged with Cambridge University Press through EYA(Eric Yang Agency)

CAMBRIDGE WORLD HISTORY: Volume IV(PART 1)
Copyright © Cambridge University Press 2015

케임브리지 세계사
Cambridge World History
07

제국과 네트워크 1

경제, 가족, 기술, 문화

크레이그 벤저민 편집 / 류충기 옮김

기원전 1200년 – 기원후 900년

Cambridge World History
VOL. IV Part 1

소와당

케임브리지 세계사 시리즈 소개

케임브리지 세계사 시리즈는 활발한 연구가 펼쳐지고 있는 세계사 분야를 새롭게 개괄하는 권위 있는 개론이다. 세계사 및 지구사의 최근 연구 경향을 반영함으로써 포괄하는 시간적 범위를 확대했으며, 문헌 기록 이후의 역사뿐 아니라 인류의 전체 역사를 대상으로 했다. 국제적으로 다양한 분과 학문에서 선도적인 연구 업적을 내는 필자들을 섭외했고, 200명 이상의 저자들이 참여하여 오늘날까지 인류의 과거를 종합적으로 설명했다. 세계사는 다양한 방법론을 통해, 그리고 다양한 시공간적 범위에서 검토되어야 한다는 인식이 성장하고 있음을 감안하여, 시리즈의 각 권에서는 지역별 연구, 주제별 연구, 비교 연구의 성과를 수록했으며, 사례 연구를 더하여 넓은 시각의 연구를 깊이 있게 들여다볼 수 있도록 기획했다. 바로 이런 점이 케임브리지 세계사 시리즈의 특징이라 하겠다.

시리즈 편집 총괄
메리 위스너-행크스(Merry E. Wiesner-Hanks)
- Department of History, University of Wisconsin-Milwaukee

편집위원회
그레이엄 바커(Graeme Barker)
- Department of Archaeology, Cambridge University

크레이그 벤저민(Craig Benjamin)

- Department of History, Grand Valley State University

제리 벤틀리(Jerry Bentley)

- Department of History, University of Hawaii

데이비드 크리스천(David Christian)

- Department of Modern History, Macquarie University

로스 던(Ross Dunn)

- Department of History, San Diego State University

캔디스 가우처(Candice Goucher)

- Department of History, Washington State University

마니 휴스-워링턴(Marnie Hughes-Warrington)

- Department of Modern History, Monash University

앨런 캐러스(Alan Karras)

- International and Area Studies Program, University of California, Berkeley

베냐민 케다르(Benjamin Z. Kedar)

- Department of History, Hebrew University

존 맥닐(John R. McNeill)

- School of Foreign Service and Department of History, Georgetown University

케네스 포메란츠(Kenneth Pomeranz)

- Department of History, University of Chicago

베린 셰퍼드(Verene Shepherd)

- Department of History, University of the West Indies

산자이 수브라마니암(Sanjay Subrahmanyam)
- Department of History, UCLA and Collège de France

스기하라 가오루(杉原 薰)
- Department of Economics, Kyoto University

마르설 판 데르 린던(Marcel van der Linden)
- International Institute of Social History, Amsterdam

에드워드 왕(Q. Edward Wang)
- Department of History, Rowan University

노먼 요피(Norman Yoffee)
- Departments of Near Eastern Studies and Anthropology, University of Michigan; Institute for the Study of the Ancient World, New York University

한국어판 영어판 분권 대조표

케임브리지 세계사 시리즈 영어판은 7권 9책으로 구성되어 있지만, 번역본 한국어판은 18권으로 출간한다. 그 이유는 분량 때문이다. 분량이 워낙 많은 데다 번역하는 과정에서 페이지 수가 더욱 늘어나 때로는 1000페이지가 넘는 경우가 생기므로, 부득이 영어판 각 1권을 한국어판 2권으로 나눴다. 다만 세계사 서술에서는 시대구분 문제가 중요한 주제 중 하나이며, 영어판의 구성 자체가 시리즈 기획자들의 의도를 담고 있으므로, 페이지 분량 문제로 한국어판에서 부득이 분권을 하더라도 영어판의 구성을 최대한 존중하고자 했다. 그리하여 각 권의 표지에서 영어판의 분권 체제를 명시했으며, 또한 아래와 같이 한국어판과 영어판의 분권 구성과 시대구분을 정리했다. ─ 옮긴이

영어판		한국어판
Cambridge World History Vol. I (to 10,000 BCE)	Part 1	케임브리지 세계사 01
	Part 2	케임브리지 세계사 02
Cambridge World History Vol. II (12,000 BCE~500 CE)	Ch.1~7	케임브리지 세계사 03
	Ch. 8~23	케임브리지 세계사 04
Cambridge World History Vol. III (4000 BCE~1200 CE)	Part 1~3	케임브리지 세계사 05
	Part 4~6	케임브리지 세계사 06
Cambridge World History Vol. IV (1200 BCE~900 CE)	Part 1	케임브리지 세계사 07
	Part 2	케임브리지 세계사 08

영어판		한국어판
Cambridge World History Vol. V (500~1500 CE)	Part 1~3	케임브리지 세계사 09
	Part 4~5	케임브리지 세계사 10
Cambridge World History Vol. VI (1400~1800 CE)	Part I Ch. 1~10	케임브리지 세계사 11
	Part I Ch. 11~18	케임브리지 세계사 12
	Part II Ch. 1~12	케임브리지 세계사 13
	Part II Ch. 13~18	케임브리지 세계사 14
Cambridge World History Vol. VII (1750~Present)	Part I Ch. 1~10	케임브리지 세계사 15
	Part I Ch. 11~23	케임브리지 세계사 16
	Part II Ch. 1~11	케임브리지 세계사 17
	Part II Ch. 12~21	케임브리지 세계사 18

케임브리지 세계사 VOL.Ⅳ 소개

기원전 1200년부터 기원후 900년 사이, 세계적으로 문화권을 넘어서는 교류와 정복의 네트워크가 형성되었고, 또한 새로운 국가 및 제국 체제의 부상이 확인되었다. 대규모 정치 단위의 형성과 확장을 고려하여 이번 책(한국어판 07~08권)에서는 이 시대에 전 세계적으로 일어났던 경제, 정치, 사회, 문화, 지식의 발전을 검토하고자 한다. 전반부(한국어판 07권)에서는 선도적인 학자들께서 과학 기술, 경제 체제, 젠더와 가족에 대한 태도, 사회적 위계, 교육, 예술, 노예 문제 등의 결정적 변화를 검토해주셨다. 후반부(한국어판 08권)에서는 좀 더 넓은 범위에서 교류의 과정에 초점을 맞추었다. 유라시아의 서부 및 중부, 지중해, 남아시아, 아프리카, 동아시아, 유럽, 아메리카, 오세아니아가 모두 논의에 포함되었다. 더불어 특별한 주제에 대해서는 지역 연구가 더해졌다. 예를 들면 실크로드 무역과 사하라 관통 무역에서부터 미국 남서부의 차코 문화, 동아시아의 유교와 국가 체제 등이 논의되었다.

책임 편집 / 크레이그 벤저민(Craig Benjamin)

그랜드밸리주립대학교(Grand Valley State University Frederik J. Meijer Honors College) 역사학과 교수.《빅 히스토리(Big History: Between Nothing and Everything)》공저자.

07권 저자 목록

크레이그 벤저민(Craig Benjamin), Frederik Meijer Honors College, Grand Valley State University

지타 폰 레덴(Sitta von Reden), History Department, Albert Ludwigs University

스콧 웰스(Scott Wells), Department of History, California State University, Los Angeles

요평(姚平, Ping Yao), Dept. of History, California State University, Los Angeles

피터 헌트(Peter Hunt), Department of Classics, University of Colorado Boulder

비에른 비트로크(Björn Wittrock), Swedish Collegium for Advanced Study, Uppsala

헬무트 슈나이더(Helmuth Schneider), Faculty of Arts, Universität Kassel

로버트 배글리(Robert Bagley), Department of Art and Archaeology, Princeton University

티머시 메이(Timothy May), Department of History and Philosophy, North Georgia College and State University

08권 저자 목록

투라이 다랴이(Touraj Daryaee), Department of History, University of California Irvine

제프리 러너(Jeffrey Lerner), History Department, Wake Forest University

크레이그 벤저민(Craig Benjamin), Frederik Meijer Honors College, Grand Valley State University

메리 위스너-행크스(Merry E. Wiesner-Hanks), Department of History, University of Wisconsin-Milwaukee

윌리엄 모리슨(William Morison), Department of History, Grand Valley State University

찰스 패즈더닉(Charles F. Pazdernik), Department of Classics, Grand Valley State University

찰스 홀콤브(Charles Holcombe), Department of History, University of Northern Iowa

요신중(姚新中, Xinzhong Yao), Renmin University of China, Beijing

유흔여(劉欣如, Xinru Liu), Department of History, The College of New Jersey

쇼날리카 카울(Shonaleeka Kaul), Department of History, University of Delhi

에리카 비건(Erica Begun), Department of Anthropology, University of Iowa

자넷 브래슐러(Janet Brashler), Department of Archaeology, Grand Valley State University

스티븐 렉슨(Stephen H. Lekson), Department of Anthropology, University of Colorado Boulder

이안 맥니븐(Ian J. McNiven), Monash Indigenous Center, Monash University

스탠리 버스타인(Stanley Burstein), Department of History, California State University, Los Angeles

랄프 오스틴(Ralph Austen), Department of History, University of Chicago

케임브리지 세계사 시리즈 서문

케임브리지 역사 시리즈는 오래전부터 역사학의 특정 주제를 선정하여 권위 있는 개론을 제공해왔다. 전문가들이 각 장별로 집필을 맡아서 여러 권으로 구성된 시리즈를 제작하는 방식이었다. 이런 방식으로 만들어진 첫 번째 시리즈는 〈케임브리지 근대사〉였다. 액턴 경(Lord Acton)이 기획을 맡았는데, 그가 사망한 직후 1902년부터 1912년까지 14권으로 출간되었다. 이는 이후 시리즈 구성의 모범이 되었다. 후속 시리즈로는 7권으로 구성된 〈케임브리지 중세사〉(1911~1936), 12권으로 구성된 〈케임브리지 고대사〉(1924~1939), 13권으로 구성된 〈케임브리지 중국사〉(1978~2009) 등이 있었다. 이외에도 국가별, 종교별, 지역별, 사건별, 주제별, 장르별로 전문화된 시리즈가 있었다. 이러한 시리즈들은 〈케임브리지 중국사〉가 표방했듯이 해당 주제에 대해서 영어로 된 "가장 방대하고 가장 종합적인" 역사서였고, 〈케임브리지 정치사상사〉가 주장했듯이 해당 분야의 "주요 주제를 모두" 포괄하고자 했다.

  〈케임브리지 세계사〉 시리즈는 위대한 선배들의 업적을 본받았지만 동시에 차이도 있다. "가장 방대하고 가장 종합적인" 세계사 시리즈로서 "주요 주제를 모두" 포괄하려면 적어도 300권 규모가 필요할 것이다(시간은 100년쯤 걸리지 않을까?). 그 대신 이번 시리즈는 세계사 중에서 활발히 논의되는 분야를 개괄하고자 했고, 전체는 7권(volume) 9책(book)으로 구성되었다. 시간 범위는 문자 기록이 발달한 이후로 한정하지 않고 인류의 역사 전체를 포괄했다. 이러한 범위 설정은 최근 세계사 연구 경향을 반영한 것이다. 이처럼 폭넓게 시간 범위를 설정하면 고고학과 역사학의 경계가 모호해지고, 인류의 과거를 밝혀내기 위해 두 학문이 서로 보충적 관계에 놓이게 된다. 그래서 시리즈 각 권의 책임 편집에는 역사학자뿐만 아니라 고고학자도 참여했다. 이들은 미국, 영국, 프랑스, 오스트레일리아, 이스라엘 등지의 대학교에 재직하는 학자다. 또한 저자들의 연구 분야 역시 지역 범위 못지않게 폭이 넓다. 역사학, 미술사, 인류학, 고전학, 고고학, 경제학, 언어학, 사회학, 생물학, 지리학, 지역학 전문가가 참여했다. 이들은 오스트레일리아, 영국, 캐나다, 중국, 에스토니아, 프랑스, 독일, 인도, 이스라엘, 이탈리아, 일본, 네덜란드, 뉴질랜드, 폴란드, 포르투갈, 스웨덴, 스위스, 싱가포르, 미국 등지의 대학교에 재직하는 학자다. 연구를 통해 세계사 분야를 형성하는 데 기여한 원로 학자도 포함되어 있으며, 중견 및 소장 학자는 앞으로 세계사 분야를 만들어갈 사람들이다. 저자들 중 일부는 독립된 학문 분과이자 교육 분과로서의 세계사를 구축하는 데 긴밀한 노력을 기울였다. 학계에서는 이들의 활동을 지구사(global history), 초국사(transnational history), 국제사(international history), 비교사(comparative history) 등으로 일컬었다. (이들 분야는 서로 겹치거나 얽혀 있고 때로는 경쟁 관계에 놓여 있다. VOL.I 에 이 분야의 발전을 추적하는 글이 몇 편 수록되었다.) 대부분의 저자는 자기 분야의 전문가일 뿐이라고 생각하지만, 편집자들이 보기에는 폭넓은 대중에게 해당 분야를 가장 잘 설명할 수 있는 전문가, 혹은 자신에게 익숙한 영역을 넘어 새로운 영역으로 나아갈 수 있는 학자다.

세계사에 접근하는 길은 여러 갈래가 있고, 시공간적 범위를 다양하게 설정해야 한다는 인식이 날로 심화되고 있다. 이를 반영해서 각 권에는 다양한 분야의 글이 수록되었다. 지역 연구, 주제 연구, 비교 연구뿐만 아니라 사례 연구도 포함되었다. 사례 연구는 세계사 특유의 폭넓은 시야에 깊이를 부여해줄 것이다.

VOL. I (한국어판 01~02권)에서는 핵심적인 분석의 틀을 소개한다. 시대를 관통하는 세계사를 어떻게 서술할 것인지, 가장 중요한 접근 방법과 주제는 무엇인지 등에 대한 내용이다. 그리고 인류 역사의 95퍼센트를 차지하는 구석기 시대부터 기원전 1만 년까지를 다룬다. 이후로 각 권이 포괄하는 시간 범위는 갈수록 줄어들 것이며, 각 권별로 시간 범위가 다소 겹칠 수도 있다. 여기에는 복잡한 시대구분 문제가 반영되어 있다. 진정으로 글로벌한 역사를 다루려면 시대구분 문제가 복잡할 수밖에 없다. 편집자들은 겹치는 시간 범위를 억지로 조정하지 않았고, (예컨대 고전기, 근대 등의) 전통적 시대구분에 얽매이지 않았다. 이는 기존의 시대구분에 도전하고자 하는 의미도 있다. 또한 각 권별로 시간 범위를 조금씩 겹치게 함으로써 다양한 지역 간의 고립과 불균형, 서로가 서로에게 영향을 미치는 방식을 강조할 수 있었다. 각 권은 고유의 주제, 혹은 일정한 범위 내의 주제에 집중한다. 주제 선정은 편집자들이 맡았는데, 각 권에서 포괄하는 시대의 핵심인 동시에 세계사 전체를 이해하는 데 기본이 되는 주제들이 선정되었다.

VOL. II (한국어판 03~04권) "농업과 세계사(1만 2000 BCE~500 CE)"는 신석기 시대 이전부터 시작해서 이후 농업의 기원과 세계 여러 지역의 농경 공동체를 살펴본다. 더불어 유목 경제와 사냥·어로·채집 경제 관련 이슈들도 검토한다. 농업을 통해 형성된 더욱 복합적인 사회 구조 및 문화 양식의 공통점을 추적하고, 세계 여러 지역을 개관하며, 해당 지역의 사례 연구를 제시한다.

VOL. Ⅲ(한국어판 05~06권) "고대의 도시들(4000 BCE~1200 CE)"은 초기 도시에 초점을 맞춘다. 도시는 인류 사회 변화의 원동력이었다. 도시 및 공통 이슈 비교 연구를 통해 행정 및 정보 기술의 탄생과 전승, 의례, 권력의 분배, 도시와 그 배후지의 관계를 추적한다. 세계 여러 지역을 대상으로 도시의 발전과 일부 도시가 제국의 수도로 전환되는 과정을 살펴보기 때문에, VOL. Ⅲ이 포괄하는 시간 범위는 매우 폭넓다.

VOL. Ⅳ(한국어판 07~08권) "제국과 네트워크(1200 BCE~900 CE)"는 대규모 정치 단위와 상호 교환 네트워크가 형성되는 과정을 분석한다. 여기에는 "고대 문명"이라고 일컬어지던 내용이 포함된다. 그러나 세계의 다른 지역까지 포함하다 보니 시간 범위가 더 넓어졌다. 노예, 종교, 과학, 예술, 성차별에 대한 장을 포함해 사회·경제·문화·정치·기술 발전의 공통점을 분석한다. 또한 지역별 개관을 제시하는데, 지역별로 한두 군데 사례 연구도 포함되어 있다. 이는 해당 지역을 보다 깊이 있게 들여다보도록 하기 위함이다.

VOL. Ⅴ(한국어판 09~10권) "교역과 분쟁(500~1500 CE)"은 당시 1000년 동안 특징적으로 나타났던 무역 네트워크 및 문화 교류의 확장을 조명한다. 여기에는 경전 중심 종교의 확장과 과학, 철학, 기술의 전파도 포함된다. 사회 구조, 문화 제도, 환경, 전쟁, 교육, 가족, 법정 문화 같은 의미 있는 주제들이 전 지구적 차원 혹은 유라시아 차원에서 논의된다. 그리고 아시아, 아프리카, 유럽, 아메리카의 정치 및 제국 연구에서는 VOL. IV에서 시작된 국가 형성에 관한 논의가 계속 이어진다.

이상 VOL. I~V는 모두 각 1책(book)이다. 그러나 VOL. VI~VII은 각 2책이다. 기존의 시대구분으로 보면 근현대에 해당하는 부분이다. 최근 500년에 해당하는 이 시대의 특징은 갈수록 복잡해졌다는 데 있다. 전례 없는 세계화가 진행되었기 때문이다. 뿐만 아니라 그리 멀지 않은 과거이기 때문에 자료도 풍부하고 연구 성과도 많이 남아 있다.

VOL. VI(한국어판 11~14권) "세계화의 시대(1400~1800 CE)"는 갈수록 확대되는 생물학적·상업적·문화적 교류를 추적하고, 정치·문화·지성의 발달을 살펴본다.

VOL. VI 제1책(한국어판 11~12권)은 갈수록 상호 의존성이 심화되는 세계가 어떻게 만들어지게 되었는지 그 기초를 살펴본다. 여기에는 환경이나 기술 혹은 질병 등의 주제, 카리브해나 인도양 혹은 동남아시아처럼 특히 교류가 집중되었던 지역, 해양 제국이나 러시아 같은 육지 중심의 제국, 이슬람 제국, 대륙과 해양 모두 진출한 이베리아반도의 제국(포르투갈과 스페인) 같은 대규모 정치 체제 등이 연구 대상에 포함된다.

VOL. VI 제2책(한국어판 13~14권)은 전 세계적 혹은 지역적 이주와 서로의 만남을 검토한다. 이주를 일으킨 경제·사회·문화·제도적 구조를 살펴보고, 또한 이주를 통해 이러한 구조가 어떻게 바뀌었는지 검토한다. 여기에는 무역 네트워크, 법, 생필품 유통, 생산 과정, 종교 체제 등의 논의가 포함된다.

VOL. Ⅶ(한국어판 15~18권) "생산, 파괴, 접속(1750~현재)"은 세계가 화석 연료 사용 단계로 접어드는 과정을 추적하고, 인구 폭발과 세계화 과정을 통한 활발한 교류의 시대를 다룬다.

VOL. Ⅶ 제1책(한국어판 15~16권)은 인구 과잉의 지구가 만들어진 물질적 조건에 대해 논의한다. 여기에는 환경, 농업, 기술, 에너지, 질병 등의 주제와, 국가주의, 제국주의, 탈식민화, 공산주의 등 현대 사회를 만든 정치적 흐름, 그리고 몇몇 핵심 지역 연구가 포함된다.

VOL. Ⅶ 제2책(한국어판 17~18권)은 앞에서 논의된 주제들을 다시 검토한다. 가족, 도시화, 이민, 종교, 과학 등의 주제뿐만 아니라 스포츠, 음악, 자동차 등 이 시대에 특징적으로 나타난 글로벌한 현상, 냉전과 1989년 같은 변화의 특별한 계기 등에 대한 연구가 포함된다.

〈케임브리지 세계사〉 시리즈에는 모두 200여 편의 논문이 수록된 만큼 종합적이라고 할 수 있다. 그러나 결코 충분하지 않다. 각 권별 책임 편집자는 무엇을 포함하고 무엇을 배제할지 고심을 거듭했다. 이는 세계사 연구자라면 누구나 맞닥뜨리는 문제다. 2000년도 더 지난 과거에 헤로도토스(Herodotos)도 그랬고, 사마천(司馬遷)도 마찬가지였다. 각 권에서 논문의 배열 순서는 해당 시대의 특성을 고려하여 책임 편집자(들)가 판단했다. 그래서 각 권의 구성이 조금씩 다르다. 권별로 시대도 조금씩 겹치므로 어떤 주제는 여러 권에 걸쳐서 등장하기도 한다. 이는 각 권의 역사적 흐름을 이해하는 데 모두 중요하다고 판단되는 주제였기 때문이다. 특히 시리즈 편집자들은 중요한 요소의 발전 과정을 각기 다른 관점에서 살펴보는 것이 세계사 연구에 가장 적합한 방향이라고 생각했다. 각주는 다른 케임브리지 역사 시리즈들과 마찬가지로 상대적으로 가볍게 달았고, 처음 이 분야에 주목하는 독자들을 위한 배려로 각 장이 끝날 때마다 "더 읽어보기" 목록을 제시했다. 또한 이 시리즈는 이전의 시리즈들과 달리 전권이 한꺼번에 출간되었다(영어판의 경우 – 옮긴이). 시리즈를 출간하는 데 10여 년씩 걸리던 출판계의 여유로운 속도가 21세기 디지털 시대에 이르러 달라진 것인지도 모르겠다.

다시 말해 〈케임브리지 세계사〉 시리즈는 책이 기획 및 생산되는 시점의 시대상을 반영하고 있다. 〈케임브리지 근대사〉 시리즈도 이와 다르지 않았다. 케임브리지대학교 출판부의 설명에 따르면, 액턴 경이 기획한 것은 "세계사"였다. 그러나 실제로 그 시리즈에 수록된 수백 편의 글 중에서 주인공이나 사건 혹은 정치 단위가 유럽과 북아메리카를 벗어난 경우는 손에 꼽을 정도에 불과했다. 〈새로운 케임브리지 근대사〉(1957~1979) 시리즈도 마찬가지로 세계사를 자처했지만 지역 편중은 별로 개선되지 않았다. 이는 놀라운 일이 아니다. 1957년, 심지어 시리즈의 마지막 권이 출간된 1979년에도 유럽은 곧 "세계"였고, 근대의 모든 것은 유럽에서 비롯되었다고 믿었다. 이런 관점을 우리는 "유럽 중심주의"라 부른다. (다른 언어권에서도 세계사가 집필되는 해당 지역을 중심으로 세계를 바라보는 관점이 없지 않았다.) 20세기 중반에도 유럽 중심은 지속되었고, 세계사와 지구사 분야는 미약했다. 강연회, 학회, 학술지 등 신생 분야를 형성해간 주역들은 1980년대에 이르러서야 등장했다. 그중에는 시작된 지 10년도 안 지난 것들도 있다. 가령 〈세계사 저널(Journal of World History)〉이 1990년 처음 출간되었고, 〈지구사 저널

(Journal of Global History)〉이 2005년, 〈뉴 글로벌 스터디즈(New Global Studies)〉가 2007년 시작되었다.

　세계사 혹은 지구사의 발전은 다른 모든 학문 분과에서 치열한 자기반성이 이루어지던 시대와 맥을 같이했다. 자신의 존재를 돌아보지 않고는 어떤 연구도 불가능했고, 기존의 모든 범주가 혼란스러워졌다. 포함과 배제, 다양성에 대한 우려가 역사학의 하위 분야에서 기본으로 자리 잡았고, 이러한 분위기에서 역사학 관련 교육이 이루어졌다. 그래서 이 시리즈의 편집자들은 균형을 추구하려고 노력했다. 전통적으로 세계사 분야에서 중점을 둔 것은 거대 규모의 정치·경제적 과정이었고, 정부나 경제 엘리트들이 주체가 된 역사였다. 이것과 문화적 요인, 사고방식, 의미 등 새로운 관심 주제들의 균형을 고려해야 했다. 뿐만 아니라 우리는 세계 여러 나라의 역사에서 중요한 주제들도 포함시키고자 노력했다. 저자의 구성에서도 지역적 안배와 세대별 안배를 고려했다. 〈케임브리지 근대사〉와 비교하자면 저자군의 지역적 범위가 훨씬 더 넓고, 저자의 성별도 더 균형이 맞는다. 그러나 우리가 원한 만큼 글로벌하지는 못했다. 현재 세계사와 지구사 연구는 영어권에서 압도적으로 많이 진행되고 있다. 그래서 학자들의 분포 또한 영국과 미국의 대학교에 편중되어 있다. 현대 세계의 여러 가지 불평등한 현실도 그렇지만, 세계사 연구의 이 같은 격차는 그야말로 이 시리즈에서 서술하는 세계사의 결과다. 그중 어느 시대가 핵심 요인이었는가, 그리고 어느 정도 비중으로 기원의 문제를 다룰 것인가 하는 문제는 저자마다 의견이 다를 수 있다.

　나는 다만 이 시리즈가 액턴 경의 시리즈만큼 편차가 크지 않기를 바랄 뿐이다. 가능하면 2권으로 구성된 〈케임브리지 인도 경제사〉(1982) 정도였으면 좋겠다. 〈케임브리지 인도 경제사〉의 편집자들(Tapan Raychaudhuri, Irfan Habib)은 서문에서 이렇게 말했다. "우리는 감히 우리의 노력이 새로운 지식을 형성하는 데 촉매가 되기를 바랄 뿐이다. 그래서 머지않아 새로운 지식이 이 책에 수록된 내용을 대체할 수 있기를 기원한다." 세계사와 지구사는 활발한 분야라서 머지않아 틀림없이 새로운 지식이 등장할 것이다. 다만 우리의 시리즈가 21세기 초라는 시점에 한해서나마 세계사 분야로 들어가는 문이 되고 전체를 조망할 수 있는 유용한 개론이 되기를 기대해본다.

메리 위스너-행크스(Merry E. Wiesner-Hanks)

케임브리지 세계사 07 차례

케임브리지 세계사 시리즈 소개　　　　　　　　　　　　4

한국어판 영어판 분권 대조표　　　　　　　　　　　　　7

케임브리지 세계사 VOL. IV 소개　　　　　　　　　　　9

케임브리지 세계사 시리즈 서문　　　　　　　　　　　　12

CHAPTER 1　서론: 기원전 1200년에서 기원후 900년의 세계　　27

PART 1　글로벌 히스토리

CHAPTER 2　글로벌 경제사　　　　　　　　　　　　　　75
CHAPTER 3　가족과 국가에서 젠더와 권력　　　　　　　123
CHAPTER 4　노예제　　　　　　　　　　　　　　　　　159
CHAPTER 5　세계사에서 축의 시대　　　　　　　　　　203
CHAPTER 6　과학과 기술의 발전
　　　　　　　(c. 800 BCE~c. 800 CE)　　　　　　　237
CHAPTER 7　문헌으로 본 젠더와 섹슈얼리티　　　　　　293
CHAPTER 8　예술　　　　　　　　　　　　　　　　　　337
CHAPTER 9　초원 유목민　　　　　　　　　　　　　　　435

케임브리지 세계사 08 차례

PART 2 지역을 넘어선 교류

CHAPTER 10   서부 및 중앙 유라시아

CHAPTER 11   지역 연구: 박트리아 – 고대 유라시아의 교차로

CHAPTER 12   지중해

CHAPTER 13   아테네, 기원전 5세기

CHAPTER 14   유럽의 후기 고대, 기원후 300~900년경

CHAPTER 15   동아시아

CHAPTER 16   지역 연구: 유교와 국가

CHAPTER 17   지역 연구: 실크로드와 세계 교환 체제

CHAPTER 18   남아시아

CHAPTER 19   지역 연구: 파탈리푸트라

CHAPTER 20   아메리카

CHAPTER 21   지역 연구: 차코 캐니언과 미국 사우스웨스트

CHAPTER 22   오스트랄라시아와 태평양

CHAPTER 23   아프리카: 국가, 제국, 교류

CHAPTER 24   지역 연구: 사하라 남북 무역

그림 목록

4-1. 로마 노예의 목줄   166
4-2. 에우프로니오스 크라테르(Euphronios krater)   171
4-3. 화장품 상자를 운반하고 있는 여성 노예   174
4-4. 쇠사슬에 묶인 노예를 끌고 가는 로마 병사   189
6-1. 에라토스테네스의 지구 둘레 계산법   256
6-2. 프톨레마이오스, 행성의 주전원 운동   258
6-3. 갈리아식 수확기   266
6-4. 광산의 바퀴형 양수기   267
6-5. 로마의 물레방아   270
6-6. 헤론의 수증기에 의해 움직이는 공   272
7-1. 석가모니의 이상 세계를 그린 당나라 때의 작품   304
7-2. 로마의 테라코타 램프   331
8-1. 《켈스의 서》〈키로(XP) 페이지〉   344
8-2. 라모세(Ramose)의 형제와 그의 아내   347
8-3. 세티 1세 사원의 대리석 부조   350
8-4. 중국의 청동 의례 용기   353
8-5. 사자 사냥(오르토스타트 석고판의 일부)   356
8-6. "다리우스, 위대한 왕"이라는 글귀가 새겨진 황금 사발   358
8-7. 전국(滇國)의 청동 허리띠 장식(帶鉤)   360
8-8. 남월(南越) 왕의 무덤에서 발견된 옥 장식   362
8-9. 로마의 은접시   364
8-10. 펜테우스의 방, 베티의 집, 폼페이   366
8-11. 님프의 샘(모형)   368
8-12. 콘스탄티누스 개선문   371

8-13. 우마이야 모스크　377
8-14. 화장토를 바른 도기 대접　379
8-15. 이세신궁 내궁의 본전(本殿, 正宮)　381
8-16. 설법하는 붓다　384
8-17. 석가삼존상(석가모니와 두 보살)　387
8-18a. 보로부두르　390
8-18b. 보로부두르 평면도　391
8-18c. 보로부두르, 붓다의 목욕 장면을 그린 패널　392
8-19. 약스칠란 사원 23의 상인방 25　395

지도 목록

1-1. 기원후 1세기의 세계　69
1-2. 기원후 400년의 세계　70
1-3. 기원후 900년의 세계　71
4-1. 아테네 노예들의 출신지 추정도(기원전 5~4세기)　186
9-1. 중앙유라시아　441
9-2. 흉노의 고향　453
9-3. 전성기의 흉노　456

표 목록

5-1. 축의 시대 다섯 가지 경향성　232

그림 출처

〔그림 4-1〕 ⓒ Scott Weiner / Retna Ltd. / Corbis. 〔그림 4-2〕 bpk / Antikensammlung, Staatliche Museen zu Berlin / Johannes Laurentius. 〔그림 4-3〕 Collection of Greek Vases by Mr. Le Comte de Lamburg (Collection des vases grecs de Mr. le comte de Lamberg), 1813-1824, by Alexandre de Laborde (1773-1842), Volume Ⅱ Table 44 (Bibliothèque des Arts Décoratifs, Paris, France / De Agostini Picture Library / G. Dagli Orti / Bridgeman Images). 〔그림 4-4〕 Landesmuseum Mainz. 〔그림 6-1〕 G. E. R. Lloyd, *Greek Science after Aristotle*, London 1973, p. 50, fig. 3. 〔그림 6-2〕 G. E. R. Lloyd, *Greek Science after Aristotle*, London 1973, p. 62, fig. 5. 〔그림 6-3〕 White, *Greek and Roman Technology*, London 1984, p. 61, fig. 47. 〔그림 6-4〕 J. F. Healy, *Mining and Metallurgy in the Greek and Roman World*, London 1978, p. 98, fig. 19. 〔그림 6-5〕 G. E. R. Lloyd, *Greek Science after Aristotle*, London 1973, p. 107, fig. 22. 〔그림 6-6〕 G. E. R. Lloyd, *Greek Science after Aristotle*, London 1973, p. 105, fig. 21. 〔그림 7-1〕 ⓒ The Trustees of the British Museum. All rights reserved. 〔그림 7-2〕 ⓒ The Trustees of the British Museum. All rights reserved. 〔그림 8-1〕 The Board of Trinity College Dublin. 〔그림 8-2〕 De Agostini Picture Library / G. Dagli Orti / Bridgeman Images. 〔그림 8-3〕 Hirmer Fotoarchiv. 〔그림 8-4〕 Museum für Ostasiatische Kunst Köln C76,2. 〔그림 8-5〕 ⓒ The Trustees of the British Museum. All rights reserved. 〔그림 8-6〕 ⓒ The Metropolitan Museum of Art. Image source: Art Resource, NY. 〔그림 8-9〕 bpk, Berlin / Art Resource, NY. 〔그림 8-10〕 Scala / Art Resource, NY. 〔그림 8-11〕 Alinari / Art Resource, NY. 〔그림 8-12〕 Deutsches Archäologisches Institut. 〔그림 8-13〕 Hermann. 〔그림 8-14〕 ⓒ The Metropolitan

Museum of Art. 〔그림 8-15〕 George Braziller, Inc. 〔그림 8-16〕 Josephine Powell Photograph, courtesy of Special Collections, Fine Arts Library, Harvard University. 〔그림 8-17〕 Propyläen Verlag. 〔그림 8-18〕 Photograph ⓒ Luca Invernizzi Tettoni. 〔그림 8-19〕 ⓒ The Trustees of the British Museum. All rights reserved.

CHAPTER 1

서론: 기원전 1200년에서 기원후 900년의 세계

크레이그 벤저민
Craig Benjamin

이번 책에서는 세계적으로 "거대 정치 단위"와 "교역 네트워크"가 어떻게 탄생했는지, 그 과정과 관련되는 여러 논점을 추적해보고자 한다. 시간 범위는 고전기(classical era)가 끝난 뒤부터, 그러니까 고전기의 한계 위에서 만들어진 그다음 시기다. 세계 각지에서 일어난 국가 및 제국의 수립과 팽창 과정이 논의될 것이며, 그에 수반된 경제적·정치적·사회적·문화적·지성적 발전 과정 또한 살펴볼 것이다. 이러한 과정은 세 가지 차원에서 검토될 텐데, 각각의 차원은 서로가 연관되어 얽혀 있는 구조다. 먼저 한국어판 07권에서는 우리 논의의 핵심 주제인 경제, 정치, 사회, 문화, 지성의 발달 과정을 전 세계적 차원에서 개괄적으로 살펴볼 것이다. 시간 범위는 기원전 1200년부터 기원후 900년까지다. 그 다음으로 한국어판 08권에서는 권역별 차원의 논의가 전개된다. 즉 우리가 논의하고자 하는 시간 범위에서 전 세계를 네 개 권역, 곧 아프리카-유라시아(Afro-Eurasia) 권역, 아메리카(Americas) 권역, 오스트랄라시아(Australasia) 권역, 오세아니아(Oceania) 권역으로 나누고, 각 권역별로 정치 및 문화 집단의 발달 과정이 확연히 드러난 측면을 집중적으로 조명할 것이다. 뒤이어 개별 사례 연구 성과를 배치하여, 권역별 차원의 종합적 논의를 보충할 것이다. 사례를 "가까이에서 세밀하게" 들여다봄으로써 세계적 차원 및 권역별 차원의 논의에서 검토한 발달 과정이나 패턴을 다시 확인할 수 있을 것이다. 이 글은 본격적 논의에 앞서 전체를 소개하는 글이므로, 기원전 1200년부터 기원후 900년까지, 세계적으로 국가와 제국 및 네트워크가 진화하는 과정에서 일어난 핵심적 발달 과정 몇 가지를 개괄해보도록 하겠다.

개괄

세계사에서 기원전(Before the Common Era, BCE) 1200년이라고 이름 붙인 그해의 첫날, 태양이 지평선 위로 떠오른다고 가정해보자. 햇빛은 서서히 대륙과 해양을 비출 것이다. 지구가 자전축을 중심으로 회전하면, 햇살은 지표면을 따라 동쪽으로부터 서서히 서쪽을 향해 퍼져 나갈 것이며, 밤은 낮에게 자리를 내어줄 것이다. 지구의 나이는 거의 46억 년이나 되었다. 나선형의 우리 은하(Milky Way Galaxy)에는 지구 이외에도 여러 행성이 있고, 지구보다 작고 빛이 희미한 별들 약 2000억 개가 저마다 나름의 궤도를 돌고 있다. 기원전 1200년 첫째 날의 햇빛은, 그중에서 태양계에 속하는 모든 행성과 위성과 소행성을 다 같이 비추었으나, 그 햇빛이 도달하는 곳 가운데 생명이 살고 있는 곳은 단 하나의 행성뿐이었다. 그 행성의 표층과 심층에는 다양한 생명체가 가득했다. 셀 수 없이 많은 생명체는 모두 진화의 과정을 거쳐 만들어졌다. 진화 과정은 그 행성에서 약 38억 년 전 아르케박테리아(archaebacteria)가 출현한 뒤부터 시작되었다. 각각의 생명체는 자신이 거주하는 생태 환경의 니치(niche)에 완벽하게 적응했다. 그 모든 생명체가 나름대로 독특한 방식으로 살아갔지만, 그중 비교적 최근에 생겨난, 특히 다재다능한 하나의 생명체가 있었다. 보잘것없는 모습으로 약 20만 년 전 아프리카 중부에서 출현한 그 생명체는 어느덧 남극대륙을 제외한 지구상의 모든 대륙을 차지하고 있었다. 우리 책에서 논의할 시간 범위, 즉 기원전 1200년에서 기원후 900년 사이에 일어난 일들 가운데 우리가 주로 살펴볼 문제는 바로 그 생명체, 즉 호모 사피엔스(Homo sapiens, "현명한 사람")와 관련된 일들이다. 책의 전체 내용을 개괄하고자 하는 이번 장에서는 기원전 1200년에서 기원후 900년까지를 단 하루로 가정하고, 기원전 1200년을 "새벽"으로, 그리고 그로부터 2000여 년이 지난 기원후 900년을 "석양"으로 간주하여, 새벽부터 석양까지 하루에 일어난 일들을 살펴보려 한다. 호모 사피엔스의 생물학적 조상은 호미니드(hominid, 사람과)였다. 호미니드와 유인원(ape)의 공통 조상으로부터 이족보행(bipedal)을 특징으로 하는 호미니드가 갈라져 나온 시기는 약 700만 년 전이었다. 그 뒤 어느 시점에 지진 등의 어떤 자연적 사건을 계기로 소규모 호미니드 무리가 지리적으로 고립되었다. 호미니드에 속하는 호미니네(homininae, 사람아과)에는 또한 여러 종이 있었지만, 고립된 그들은 그들만의 독특한 진화 과정을 거쳤다. 결국 그로부터 영장류 가운데 두뇌 용량이 가장 큰 생물학적 종이 탄생했으니, 바로 호모 사피엔스다. 그들은 특별한 인지 능력을 갖춘 덕분에 마침내 복잡하고 상징적인 언어를 습득하게 되었다. 언어는 호모 사피엔스에게 뛰어난 적응력을 선물했고, 호모 사피엔스는 이를 무기로 번성하고 팽창했다. 그 결과 호모 사피엔스는 진화론적으로 그들과 비교적 가까웠던 호모 에렉투스(Homo erectus)와 호모 네안데르탈렌시스(Homo neanderthalensis)를 제거했다. 약 2만 7000년 전, 지구상에서 호모(Homo, 사람속)에 속하는 생물학적 종은 오직 한 종만 남게 되었다. 물론 호모 사피엔스였다. 이들은 지구상에서 가장 두드러지는 동시에 가장 위험한 생물학적 종이 되었다.

인류는 지구상에 출현한 이후 약 19만 년 남짓 이동식 수렵채집 생활을 했다. 그중 소수 집단이 기원전 9000년경 농업과 정착 생활에 적응하기 시작했다. 이른바 "농업혁명"이 시작되었다. 이후 인류의 역사는 전혀 다른 방향으로 나아가게 되었다. 농업 생활을 추구한 지역에서 몇몇 마을이 진화하여 크고 작은 다양한 도시가 발달했고, 기원전 3200년경에 이르러 아시아 남서부와 아프리카 북동부에서 복합 구조의 사회(complex society)가 등장했다. 그다음 이어지는 몇 세기 동안 초기 국가의 강력한 통치자들은 점점 더 넓은 지역, 점점 더 많은 자원을 통제하는 법을 익혀 나갔다. 기원전 1200년경에 이르자 거대한 농업 문명권마다 강력한 정치 구조, 곧 "국가(state)"가 성립되었다. 아프리카-유라시아 세계의 상당 부분이 국가 체제의 통제 아래 놓였다. 역사학에서는 시공간적으로 오래고도 넓게 퍼져 있었던 이와 같은 농업 문명의 경험을 추적해왔다. 우리 책에 실린 여러 편의 글에서도 기원전 1200년에서 기원후 900년의 시간 범위에서 이들 문명의 구조, 문명을 뒷받침한 도시와 국가, 넓은 관계망에서 서로를 연결한 교역 네트워크를 연구했다.

농업혁명 초기에는 아시아 남서부와 아프리카 북동부를 제외한 다른 많은 지역에서 인류의 생활 방식에 별다른 변화가 없었다. 그들은 여전히 조상의 생활 방식인 채집과 이동식 생활을 계속하고 있었다. 국가나 문명은 말할 것도 없고, 심지어 농사나 정착 생활조차 도입하지 않았다. 그러나 농업혁명은 인류의 역사를 전혀 다른 방향으로 이끌어갔다. 농업혁명이 일어나기 전까지 전 세계 사람들은 모두 사냥과 채집 생활을 했지만, 농업혁명이 일어난 이후 새로운 생활 방식이 서서히 기존 방식을 대체하기 시작했다. 그 결과 아프리카-유라시아의 일부 지역, 그리고 나중에는 아메리카 지역에서 역사적 변화가 생겨났다. 변화의 속도는 빨랐고 규모는 거대했다. 그러나 그렇지 않은 사람들도 있었다. 예컨대 오스트레일리아 원주민은 수렵채집 생활에 완벽히 적응했고, 기존 생활 방식을 그대로 유지했다. 역사학에서 기원전 1200년이라고 이름 붙인 그해의 첫날 태양이 떠오를 때는, 지구상에 농업과 정주 생활이 처음 등장하고 이미 약 8000년이 지난 뒤였다. 당시 이미 인간의 생활 방식은 매우 다양한 상황이었으며, 이를 입증할 증거는 충분히 남아 있다.

어느 해를 막론하고 새해 첫날에도 햇빛은 변함이 없었다. 그날의 첫 번째 햇빛은, 얼어붙은 남극대륙과 태평양 위에 그어진 가상의 날짜변경선(International Date Line)에서 지구를 비추기 시작한다. 새벽은 점차 동에서 서로 이동한다. 일출 시각은 지역마다 다르다. 육지에서 최초로 새해 햇빛이 도달하는 장소는 아마도 남극대륙 빅터베이(Victor Bay) 근처의 곶(cape)일 것이다. 그러나 기원전 1200년 그곳에는 사람이 살지 않았다. 그곳에서 조금 더 북쪽으로 올라가면 햇살은 태평양에 흩어진 수천 개의 섬을 비추고, 산과 숲, 그리고 산호초를 두른 해안을 만날 것이다. 기원전 1200년이면 그중 대부분의 섬에 분명 사람이 살고 있었다.

오세아니아 권역

오세아니아 권역은 해양 이주의 결과로 형성되었다. 해양 이주는 인류 역사상 가장 독특한 경험이었다. 이주는 약 2100년에 걸쳐 계속되었지만, 주로는 우리 책에서 논의하는 시간 범위에서 일어난 일이었다. 처음 이주가 시작된 시기는 기원전 1500년 즈음이었다. 이주자 집단은 커다란 카누를 타고 통가섬(Tongan island)과 사모아섬(Samoan island)에서 출발하여 잇달아 원거리 항해를 감행했다. 당시의 선원들은 별자리에 의지해 항해하면서 쿡(Cook) 제도와 타히티-누이(Tahiti-nui)의 일부 지역에 정착지를 마련하는 데 성공했다. 그다음에 또 한 차례 이주의 물결이 퍼져 나갔다. 이번에 이주한 사람들은 폴리네시아인이었다. 이들은 기원후 300년경 동쪽으로 라파누이(Rapa Nui, 이스터섬)까지, 기원후 400년경 북쪽으로 하와이(Hawai'i)까지 진출했다. 세 번째 이주의 물결은 우리의 논의를 위해 설정한 바로 그 "하루"의 해가 질 무렵 일어났다. 즉 쿡 제도와 소시에테(Société) 제도를 출발한 사람들이 마침내 9세기에 아오테아로아(Aotearoa, 뉴질랜드)에 정착하는 데 성공했던 것이다. 16세기 유럽의 탐험가들이 태평양을 조사할 당시, 태평양에서 단 한 평이라도 사람이 거주할 수 있는 땅을 가진 모든 섬에는 폴리네시아인과 멜라네시아인이 살고 있었다.

이와 같이 드넓은 공간에 흩어진 섬들에 거주하는 사람들은 생활 방식도 매우 다양했다. 생활 방식은 저마다 달랐지만, 어쨌든 이동식 채집 생활과 정주식 농업 국가의 사이 어디쯤이었다. 고고학적 근거를 통해 대부분의 섬 지역에서 폴리네시아인 특유의 농업 및 어로 기술이 확인되었다. 그들은 타로, 빵나무, 바나나, 코코넛, 고구마 같은 작물을 재배하는 데 성공했으며, 돼지, 개, 닭 등의 동물도 사육했다. 라파누이와 하와이에서는 강력한 통치자가 등장하여 국가와 비슷한 체제를 구축했다. 이외에도 기념비적 건축물(특히 라파누이의 아후Ahu), 잉여 생산물 축적, 부족 간 분쟁 등 나름대로 독특한 특성들이 있었다. 라파누이에서는 또한 자연환경 파괴를 통해 잠재적으로 스스로에게 해를 끼친 사례가 확인되었다. 마을들끼리 경쟁적으로 기념비적 건축물을 조성했고, 부족장은 이를 조장했다(그것이 바로 아후Ahu다). 급격한 산림 훼손의 결과 과거 활력이 넘치던 사회는 빈곤에 빠져들었다. 그러나 라파누이든 또 다른 어디든, 우리가 설정한 "하루"의 오후 햇살은 수많은 농부, 어부, 통치자와 하인, 전사, 건축가를 만났을 것이다. 그들은 저마다 숲이 우거진 섬에서, 섬을 둘러싼 산호초에서, 그리고 깊고 푸른 바다 태평양 위에서 나름대로 생업에 열중하고 있었을 것이다.[1]

오스트랄라시아 권역

남반구의 뜨거운 여름 햇살이 오세아니아 다음으로 도달하는 곳은 뉴기니의 고산 지대와 오스트레일리아의 평원 및 숲 지대다. 거대한 오스트레일리아 대륙은 태평양 해분(太平洋 海盆, Pacific Basin)의 남서쪽 끝에 위치한다. 우리가 설정한 그날 아침, 무심히 이 권역을 구경하는 관찰자의 눈에는 그곳이 여전히 시간이 느리게 흐르는 곳으로 보일 것이다. 아마도 6만 년 전부터 사람들이 살기 시작한 뉴기니 정글 지대의 농부들은 초기 농업의 생활 양식에 따라 살아가고 있었다. 그곳에서는 소규모 원경(園耕, horticulture)과 화전(火田) 농법이 아마도 기원전 5000년경부터 시작된 것 같다. 밀림 숲에는 상당히 많은 마을이 있었지만 그중 어떤 마을도 도시나 국가 체제로 진화하지 않았으며, 마을 공동체의 권력은 여전히 강제력보다 합의에 따랐다. 그러나 농업 관행은 상당히 고도화되어 있었다. 몇몇 농업사학자의 견해에 따르면, 뉴기니 농부들이

---

1 See McNiven, "Australasia and the Pacific," Chapter 22, this volume.

윤작, 멀칭(mulching), 경운 기법을 이해한 시기는 유럽보다 훨씬 앞섰다고 한다.

오스트레일리아 원주민의 조상은 약 5만 년 전 동남아시아에서 건너온 이주민이었다. 그토록 먼 바다를 건너왔다면 그들은 이미 상당한 수준의 항해술과 조선술을 갖추고 있었을 것이다. 당시 기준으로는 세계 최고 수준의 기술을 보유했던 셈이다. 기원전 1200년경 오스트레일리아의 인구는 30만에서 75만 사이 어디쯤이었다. 대륙에서 가장 인구밀도가 높은 지역은 남동부였다. 대륙 전체적으로 상당히 많은, 그러니까 적어도 750개 이상의 방언(지방어)이 존재했다. 언어 현상의 유사성으로 보건대 아마도 기원이 되는 언어는 한 가지였던 것 같다. 방언이 그토록 다양해진 이유는 분명 생활 양식이 그만큼 다양했기 때문일 것이다. 무심한 관찰자인 우리의 햇살에 비친 오스트레일리아 원주민은, 문화적 관습에 따라 느슨한 형태로 결합된 공동체에서 살아가고 있었다.

원주민은 대륙 안쪽의 건조 지대에 살든, 동부의 거대 삼림 지대에 살든, 혹은 해안을 따라 살든 절대다수가 반(半)이동식 수렵채집 생활 양식을 따랐다. 이는 그들이 처음 오스트레일리아 대륙으로 건너온 때부터 유럽인이 그곳에 도착할 때까지 변하지 않았다. 각각의 공동체는 전통적으로 고유의 영역을 차지하고 있었는데, 강이나 산이나 호수 같은 지리적 지표가 경계를 표시해주었다. 그들이 살아가는 땅의 생명력은 원주민이 생존하는 데 기본 바탕이 되었다. 수렵채집인은 전 세계 어디서나 그러했듯이, 오스트레일리아 원주민도 그들만의 방식으로 주변 생태 환경을 "보살폈다." 그러나 초기 원주민은 의도치 않게 거대 동물의 멸종에 기여했으며, 그들이 사용한 화전 농법도 대륙의 상당 지역을 사막화로 내모는 원인이 되었다. 이와 같은 이동식 생활에는 몇몇 예외가 있었다. 예컨대 웨스턴빅토리아(Western Victoria) 지역의 군디츠마라인(Gunditjmara people)은 장어를 기르며 반(半)정주적 생활 양식을 이어갔다. 고고학자들이 밝혀낸 바에 따르면, 고정된 움막집의 흔적이 수백 개 남아 있었고, 75제곱킬로미터에 달하는 지역에 장어를 기르기 위한 수로와 연못이 조성되어 있었다. 그들은 나무로 불을 피워 장어를 훈제했는데, 이는 남동부 오스트레일리아의 다른 지역으로 운반하기 위한 조치였다.

군디츠마라인은 예외적인 경우였다. 우리가 설정한 "하루"(실제로는 2000년) 동안 오스트레일리아에서 새벽빛에 모습을 드러낸 사람들은 소규모 집단으로 모여 살았다. 어떤 사람들은 물고기 뼈로 만든 작살과 낚시 도구로 고기잡이를 했고, 어떤 사람들은 부메랑이나 우메라(woomera) 투창기 같은 목재 도구로 캥거루를 사냥했다. 또 어떤 사람들(특히 여인들)은 나무와 돌로 만든 농기구를 가지고 땅을 팠는데, 영양가 있는 뿌리나 지표면 바로 아래에 서식하는 벌레를 찾기 위해서였다. 대륙의 풍경 속에는 성스러운 장소도 꽤 많았다. 그곳에서 원로들은 정령들의 시대(Dreamtime)로부터 전해오는 이야기를 들려주었는데, 그때는 사람과 동물과 영혼이 모두 이 땅에서 모습을 드러내고 함께 살았다고 한다. 오스트레일리아 원주민에게 정신적으로 가장 중요한 관습은 음악과 춤이었다. 남성과 여성 모두 동이 틀 때부터 집단 무용 같은 의례를 거행할 준비를 서둘렀다. 의례에는 노래 부르는 사람과 타악기 연주자를 비롯한 여러 음악가가 참여했다. 이른바 코로보리(corroboree)라 하는 대규모 의례를 거행하기 위해 사람들이 몰려들어 축제가 벌어졌다. 그

리고 그 공간에서 물품과 사상, 그리고 결혼 상대자를 서로 교환했다.²

아프리카-유라시아 권역

오스트레일리아의 아웃백(outback) 지역(오스트레일리아의 해안으로부터 거리가 있는 내륙 지역 – 옮긴이)에서 떠들썩한 축제가 벌어지는 동안, 햇살은 그 북쪽 동남아시아의 울창한 정글에서 안개를 피워 올렸다. 그곳은 아프리카-유라시아 권역의 끝자락이었다. 농업이 도입된 뒤 드넓은 이 아프리카-유라시아 권역에서 점차 도시와 국가가 생겨났고, 인구가 밀집했으며, 전문 지도자 계층과 군사 및 종교적 엘리트 계층이 등장했고, 내외적으로 복잡한 정치 관계가 출현했다. 당시 태평양의 섬 주민이나 오스트레일리아의 원주민이 이를 보았다면 아마도 매우 낯설게 여겼을 것이다. 앞으로 우리 책에서 논의하게 될 주제를 고려하여, 이 글에서는 기원전 1200년에서 기원후 900년 사이 국가 및 제국 발전의 핵심 요소들을 간략히 살펴보고, 아울러 아프리카-유라시아 권역의 다양한 공동체가 참여한 주요 상거래 네트워크를 둘러보겠다.

동남아시아의 섬과 대륙 지역에 인류가 진출한 시기는 구석기 시대부터였다. 기원전 1200년이 다가올 무렵, 동남아시아의 인류는 다양한 수준의 농업 공동체를 중심으로 모여 살았다. 오늘날 베트남에 해당하는 지역의 사람들은 기원전 제1천년기 동안 그들만의 독자적 문화를 발달시켰다. 그러나 기원전 3세기 진(秦)나라가 중국의 대부분을 통일한 이후, 중국인은 베트남도 반드시 편입시켜야 할 제국의 일부로 간주했

---

2 See McNiven, Chap. 22, this volume.

다. 그 뒤 한(漢)나라가 베트남에 식민지를 건설했고, 베트남은 유교나 불교 등 중국의 주요 문화와 사상을 받아들였으나 정치적 통합만큼은 격렬히 저항했다. 그들의 저항은 우리 책의 "하루"가 끝나갈 무렵 비로소 성과를 내게 되는데, 939년에 베트남은 드디어 정치적 독립을 쟁취했다. 이후 19세기에 프랑스의 식민지로 전락할 때까지 베트남의 독립이 유지되었다.

말레이시아에서도 강력한 국가가 발달했다. 이들의 기반은 끄라지협(Isthmus of Kra)이었다. 협소한 길목에 해당하는 그곳을 정치적 및 상업적으로 장악한 나라가 바로 부남(扶南)이었다. 부남의 왕들은 인도의 모델을 따라 스스로를 라자(raja)로 선포했다. 6세기에 부남이 무너진 뒤 지역 주도권은 수마트라섬의 스리위자야(Srivijaya) 왕국으로 넘어갔다. 대단히 뛰어난 해군력을 보유한 그들은 기원후 670년부터 1025년까지 동남아시아의 항구와 주요 해로를 모두 장악했다. 인도와 중국의 향신료 무역로 또한 그들의 통제 아래 놓였다. 스리위자야의 통치자들은 중개 무역을 통해 점점 더 부를 쌓아갔다. 그들이 장악한 무역로는 훨씬 더 넓은 아프리카-유라시아 해상 네트워크의 일부로, 그것은 이미 기원전 제1천년기부터 상업 및 문화 교류의 통로로 번영을 지속해오고 있었다. 기원후 10세기에 이르러 스리위자야의 수도 팔렘방(Palembang)은 상업의 중심지로 번성했다. 다양한 출신지의 다민족 상인들이 팔렘방에서 활동했고, 선착장과 창고 사이에는 다양한 종교의 예배당이 자리했다. 신앙도 그곳에서는 꽤 짭짤한 돈벌이 수단이었다. 한편 동남아시아 대륙에서는 오늘날의 캄보디아 지역에서 크메르인(Khmer people)이 한창 국가 건설에 박차를 가하고 있었다. 머지않아 그들의 앙코르(Angkor)

왕국이 성립되었다. 크메르인의 왕국은 500년 이상 통치를 이어갔고, 앙코르톰(Angkor Thom)과 앙코르와트(Angkor Wat)에서 그들은 세계에서 가장 특이한, 고도로 복잡한 종교 건축물을 완성했다.

여기서 다시 태평양의 서부 해안을 따라 올라가면 수천 개의 섬으로 이루어진 일본열도가 나온다. 이곳 또한 "떠오르는 태양"을 반기고 있었다. 7세기의 통치자 덴무(天武)와 지토(持統)는 태양으로부터 영감을 얻어 실제로 자신의 국호를 니폰(日本, "태양의 근본")이라 했다. 인류가 일본열도에 진출한 시기는 아마도 3만 5000년 전이었으며, 이들도 결국은 수렵채집에서 농업 경제로 이행했다. 기원전 제1천년기 한반도에서 일본열도로 새로운 토기, 기술, 생활 양식이 전해져 야요이(弥生) 문화가 형성되었다. 이후 벼농사가 일본열도 전역으로 확산되었고, 인구가 증가했으며, 사회적 위계질서와 강력한 중앙 집권 구조가 만들어졌다. 기원후 3세기 즈음 일본열도의 수많은 통치자 가운데 한 여성 통치자가 있었는데, 베일에 가린 신비의 샤먼 여왕 히미코(卑彌呼)였다. 히미코를 비롯하여 당시 통치자들의 권력이 얼마나 대단했는지는 오늘날까지 남아 있는 그들의 거대한 고분을 통해 짐작할 수 있다. 그러나 일본에서 확고한 중앙 집중 권력이 본격적으로 형성된 시기는 불교가 전래된 이후였다. 불교와 함께 위계질서 체제가 전해졌으며, 같은 맥락에서 기원후 7세기 쇼토쿠(聖德) 태자가 법령과 국가 체제를 선포했고, 완성된 형태의 제국 궁정 체계가 거대한 목조 건물의 도시 나라(奈良)에 자리 잡았다. 794년에는 오늘날의 교토(京都) 지역인 헤이안(平安)에 새로운 수도가 건설되었다. 이 도시는 이후 1000년 동안 일본의 수도로 기능했다. 우리가 설정한 "하루"의 해가 저물어갈 무렵, 즉 기원후 9세기에 이르러 후지와라(藤原) 가문이 헤이안 황제의 권력을 능가하게 되었다. 그들은 황제의 뒤에서 실권을 장악했고, 12세기 말까지 그들의 권력이 유지되었다.³

　일본과 좁은 해협을 사이에 두고 있는 한반도에서도 통일 국가를 건설하는 과정은 일본 못지않게 복잡했다. 수렵채집 생활을 하는 구석기 이주민이 한반도에 진출한 시기는 아마도 5만 년 전이었다. 나중에 농사가 도입된 뒤로 인구가 늘어나고 마을도 많아졌다. 기원전 제1천년기에 청동기 기술이 등장했지만, 농업 생산성이 급증한 시기는 기원전 2세기 철제 농기구와 무기가 도입된 뒤였다. 앞서 언급한 베트남에 대해서도 그랬듯이, 통일 왕조를 건설한 중국인은 한반도 또한 자신의 제국에 편입해야 할 대상으로 간주했다. 거의 400년 동안 한반도의 꽤 넓은 지역이 중국의 식민지로 유지되었다. 같은 시기의 한반도에서 세 개의 왕국이 등장했는데, 고구려와 백제와 신라였다. 기원후 313년 북부의 고구려 왕국은 마침내 중국인을 몰아냈다. 그러나 이후 한반도는 격렬한 전쟁으로 빠져들었다. 세 왕국이 서로 경쟁하던 그 시기를 역사학에서는 "삼국 시대"라 한다. 전쟁은 한반도에서만 일어난 일이 아니었다. 우리가 논의하는 시기의 거의 전 기간에 걸쳐, 아프리카-유라시아 권역의 대부분이 끊임없는 지역 간 혹은 내부적 전쟁의 소용돌이에 휘말려 있었다.

　고구려와 중국의 긴장이 계속되는 틈에 남부의 신라와 백제가 힘을 키웠다. 고고학적으로 확인된 매장 풍습을 보면, 시간이 지날수록 신라

---

3 See Holcombe, "East Asia," Chapter 15, this volume.

와 백제에서 사회적 위계질서가 강화되었음을 알 수 있다. 또한 엘리트 계층의 후원 아래 전문 수공업 계층이 형성되었고, 이들에 의한 전문적 토기 생산이 확대되었다. 세 왕국은 다 같이 불교를 받아들였으나, 유교와 도교 또한 널리 유행했다. 중국의 수(隋)나라는 612년 고구려를 침공했다. 고구려는 수만 명의 중국인 병사를 죽였고, 수나라는 궤멸적 타격을 입었다. 이는 결국 수나라가 멸망에 이르는 커다란 원인으로 작용했다. 그 뒤 신라는 중국의 당(唐)나라(618~907 CE)와 동맹을 맺었고, 이들의 동맹으로 나머지 두 왕국은 멸망하게 되었다. 당나라는 다시 한반도를 식민지로 편입하려 했으나 신라의 저항으로 뜻을 이루지 못했다. 신라는 한반도 남부 지역을 통일하여 9세기까지 왕국을 유지했다. 그러나 우리가 설정한 "하루"의 해가 저물어갈 무렵, 즉 10세기 초에 이르러 두 명의 강력한 장군인 왕건(王建)과 견훤(甄萱)이 등장했고, 이들에 의해 신라 왕국은 내전 상태로 빠져들었다. 그 여파로 935년 신라의 왕은 왕건에게 왕위를 넘겨주었다. 신라를 이어받은 왕건은 고려(高麗, Koryo) 왕조를 설립했다. 오늘날의 근대 국가 코리아(Korea)의 명칭은 고려 왕조로부터 유래했다.[4]

동아시아 대륙에서 우리가 설정한 "하루"의 아침, 즉 기원전 1200년경의 아침 햇살에 드러난 중국의 지리적 다양성은 놀라울 정도였다. 9000마일의 해안선을 따라 수천 개의 섬이 늘어서 있었고, 두 개의 거대한 강줄기가 대륙을 가로질러 태평양으로 들어갔으며, 북쪽에는 스텝 초원 지대, 남동쪽에는 열대 습윤 지대가 있었고, 이외에도 사람이 거

---

4 See Holcombe, Chap. 15, this volume.

주할 수 없는 사막 지대와, 세계 최고 고도 14개봉 가운데 7개 봉우리가 몰려 있는 서부 산악 지대가 있었다. 이러한 자연환경에서 기원전 1200년경에는 이미 고대 문명 복합체가 형성되어 있었다. 양자강과 황하강의 물줄기를 따라 형성된 초기 농업 공동체들이 진화하여 앙소(仰韶) 문화나 용산(龍山) 문화 같은 일련의 고급 문화가 만들어졌다. 이러한 과정을 거쳐 기원전 제3천년기 말부터 하(夏)나라, 상(商)나라, 주(周)나라 등의 강력한 왕조가 출현했다. 그중에서도 주나라의 중앙 집중식 권력은 워낙 튼튼하고 압도적이어서 무려 500년 동안이나 유지되었다. 그러나 기원전 6세기에 이 또한 무너졌고, 극심한 내전 상태가 500년 동안 이어졌다. 이 시기를 "춘추전국 시대(春秋戰國時代)"라 하는데, 이때 중국에서 수많은 정치사상 학파와 이데올로기가 발달했다. 그중 세 개의 위대한 철학적 흐름이 탄생했으니, 바로 유가(儒家)와 도가(道家)와 법가(法家)다. 이들의 사상은 이후 1000년 동안 중국의 정치 및 종교적 사상을 이끌어가게 된다.[5] 기원전 3세기에 전국 시대 왕국들 가운데 가장 강력한 왕국은 진(秦)이었다. 법가 사상을 채택한 진 왕국은 경쟁 왕국들을 제압하고 중국의 대부분을 통일하여 진(秦) 제국(221~206 BCE)이 성립했다.

    진(秦) 제국의 짧은 통치를 딛고 일어선 한(漢) 제국(206 BCE~220 CE)은 세 가지 사상(유가, 도가, 법가)을 조합했다. 그러나 그중에서도 특히 유가 사상에 근거하여 관료제 국가 체제를 만들었다. 조직 기강은 엄정하고 나라는 부강했다. 한 제국 시기 중국은 아프리카-유라시아 권역

---

5 See Yao, "Confucianism and the State," Chapter 16, this volume.

의 다른 지역과 최초로 연결되기 시작했으며, 그 통로가 바로 실크로드였다. 전근대 사회에서 실크로드는 세계 최대의 무역 및 문화 교류 네트워크였다. 중국이 실크로드 무역에 참여했다는 것은, 광대한 아프리카-유라시아 권역에서 사실상 모든 국가가, 유목 국가 연맹이나 소규모 농업 공동체나 심지어 그때까지 남아 있던 수렵채집 부족까지 모두가 역사상 최초로 단일한 교환 체계의 네트워크로 연결되었음을 의미한다.[6]

기원후 3세기 동안 실크로드 무역은 급격한 쇠락을 겪었다. 주요 무역국(한나라, 쿠샨, 파르티아, 로마)이 모두 소극적으로 물러섰기 때문이다. 후한(後漢)은 통치의 실권을 잃은 상황이었고, 농민 반란이 연거푸 일어나 220년 결국 왕조가 멸망했다. 중국은 다시 수 세기 동안 분열과 내전 상태로 접어들었다. 수(隋)나라(581~618 CE)의 초대 황제는 "분열의 시대"에 종말을 고했다. 그러나 제2대 황제 양제(楊帝) 시기에 앞에서 언급했듯 한반도의 고구려 왕국을 침공했다 실패했고, 거대 규모의 "대운하" 건설 공사를 진행하는 과정에서 수많은 적을 만들어냈다. 그 바람에 618년에 결국 황제가 암살당했다.

차기 황제로 이연(李淵)이 등극했으며, 당(唐)이라는 새로운 국호를 사용했다. 당나라는 이후 3세기 동안 중국을 통치했다. 당나라 치하에서 중국은 강력하고 부유하고 통일된, 그러면서도 문화적으로 우수한 제국으로 자리 잡았다. 당나라 초기는 강력하면서도 자비로운 통치가 특징이었다. 유라시아 대륙의 다른 많은 지역과 외교 관계를 구축했으며, 경제 및 군사적 팽창에 성공했고, 풍성한 코즈모폴리턴 문화가 발달했다.

---

6 See von Reden, "Global Economic History," Chapter 2, this volume.

그러한 환경에서 우수한 문학과 시각 예술 작품이 생산되었다.[7] 또한 남성과 여성의 관계도 갈수록 복잡해지고 또한 세련되었다.[8] 당나라는 당시까지 세계사를 통틀어 가장 부유하고 가장 강력한 왕국이었다고 말해도 전혀 과언이 아니다. 당나라의 부와 안정성에 힘입어 아프리카-유라시아 권역은 또 한 차례의 위대한 상업 및 문화 교류의 시대로 접어들었다. 뒤에서 다시 보겠지만, 당나라가 유라시아 동부를 장악했을 때 그에 대응되는 유라시아 서부는 이슬람 칼리파국이 (그리고 비교적 약했지만 어느 정도는 비잔티움 제국도) 장악하고 있었다. 중앙아시아에도 강력하고 상업 지향적인 왕국이 들어서 있었다. 바야흐로 제2차 위대한 실크로드의 시대였다. 유라시아 권역 전체에서 물건과 사상과 질병이 흘러다녔다. 이와 같은 흐름은 907년 당나라가 무너진 뒤에도, 비록 정도는 약해졌지만 계속되었다.[9]

거대한 산맥과 사막 지대는 수천 년 동안 중국과 중앙아시아를 갈라놓았다. 산맥과 사막의 북서쪽에는 거대한 스텝 초원 지대가 펼쳐져 있었다. 그곳은 유목민의 땅으로, 우리 책에서 다루는 시간 범위의 대부분에 걸쳐 그들은 여러 제국과 국가 사이의 교역에서 능동적 역할을 담당했다. 초원 유목민도 그들만의 공동체를 형성하고 있었다. 그들은 주로 소, 양, 낙타, 말 등의 가축 사육을 생업으로 삼았다. 유라시아 내륙의 초원 곳곳에서 발굴된 매장지를 분석한 결과, 기원전 제4천년기에 이들

---

7 See Bagley, "Art", Chapter 8, this volume.
8 See Yao and Wells, "The Gendering of Power in the Family and the State," Chapter 3, this volume, and "Discourses on Gender and Sexuality," Chapter 7, this volume.
9 See Holcombe, Chap. 15, this volume.

공동체 가운데 일부가 반(半)유목 생활을 시작한 것 같다. 기원전 제1천 년기 중엽 몇몇 거대 유목민 공동체가 출현했다. 그들은 탁월한 군사력과 기술, 기습 능력을 갖추고 있었다. 심지어 당시의 선진적 정주 농업 국가 혹은 제국도 그들의 공격에서 자유롭지 못했다. 유목 공동체들 가운데 일부는 사카(Saka, 塞), 흉노(匈奴), 월지(月支) 같은 강력한 연맹체를 결성했다. 그 연맹체가 각각의 문명권 사이에 놓여 있는 광대한 스텝 지대를 장악하고 있었다.[10] 그들은 유라시아 내륙의 사막 지대나 산악 지대에서도 생존할 수 있었기에, 서로 다른 생활 양식과 공동체의 연결을 용이하게 한 것은 유목민이었다. 결국 상업적 교환 체계를 촉진하고 보호하는 (때로 습격하는) 역할을 유목민이 감당함으로써 실크로드를 비롯한 상업 네트워크가 번성할 수 있었다.[11]

기원후 제1천년기 중엽 투르크어를 사용하는 새로운 유목민 집단이 등장하여, 유라시아 내 거대 지역 범위에서 막대한 영향을 남기게 된다. 6~7세기 중국 문헌에 기록된 투르크족 관련 자료를 참고하자면, 투르크(突厥) 제국은 몽골에서부터 거의 흑해 연안까지 뻗어 있었다. 7세기에 이르러 당나라의 힘에 눌린 투르크 제국은 당나라의 종주권을 받아들였고, 이후 많은 투르크 부족이 중앙아시아를 벗어나 서쪽으로 이주했다. 수 세기에 걸쳐 투르크족의 이주가 계속되면서 트란스옥시아나(Transoxiana) 곳곳에서 그들의 정치 조직이 건설되었다. 이들은 비잔티움, 이슬람, 인도 사이에 위치한 여러 국가에 강력한 영향을 미쳤다.[12]

10 See May, "Pastoral Nomads," Chapter 9, this volume.
11 See Liu, "Exchanges within the Silk Roads World System," Chapter 17, this volume.

인도아대륙은 높디높은 티베트고원과 더 높은 히말라야산맥 너머 훨씬 더 멀리 남쪽에 위치해 있다. 기원전 1200년의 아침에는 그곳의 조그만 왕국들, 서로 경쟁하는 여러 국가에도 햇살이 비치었다. 기원전 2600년경에서 기원전 1900년경까지 인도아대륙의 북서쪽 인더스강 유역에는 활발하고 통일된 정치 단위가 있었고 상업과 문화가 발달했었다. 오늘날 역사학자들은 그것을 인더스 문명(Indus civilization)이라 한다. 인더스 문명이 무너진 뒤 베다(Veda) 시대가 그 뒤를 이어 1000년 동안 지속되었다. 기원전 1500년경에는 인도아리아인(Indo-Aryans)이 그곳으로 이주해 들어왔다. 베다 시대의 특징은 정치적 분열이었다. 지역별로 수많은 군주(라자raja)가 거칠게 힘겨루기를 하고 있었다. 기원전 4세기에 이르러 지역 군주들 가운데 하나가 모험가 알렉산드로스(Alexandros) 대왕의 공격으로 패배를 맛보았다. 이를 계기로 찬드라굽타 마우리아(Chandragupta Maurya)의 권력이 부상했다. 그는 인도의 상당 지역을 통일하고 마우리아 제국(Mauryan Empire, 332~185 BCE)을 수립했다. 찬드라굽타의 손자 아소카(Ashoka) 대왕이 사망한 뒤 마우리아 제국의 경제는 쇠락의 길로 접어들었고, 기원전 185년에 이르러 마침내 멸망하고 말았다. 이후 500년 동안 인도의 대부분 지역은 또다시 분열의 시대였다. 북방에는 유목민이 쳐들어와 곳곳에 그들의 나라를 세웠다. 그들의 통제 아래 놓인 지역 범위도 상당히 컸다. 강력했던 쿠샨 제국(Kushan Empire, c. 45~250 CE)도 그러한 유목민 왕국들 중 하나로 출발했다.[13]

12 See May, Chap. 9, this volume.

제국의 통치와 통일 과정을 거쳐 인도에서 굽타 제국(Gupta Empire, c. 320~414 CE)이 성립했다. 제국의 설립자 찬드라 굽타(Chandra Gupta, 마우리아 제국의 황실과 아무런 인연이 없다)는 갠지스강(강가강) 유역에서 활력 넘치는 왕국을 건설했으며, 그의 후계자들이 왕국을 확장하여 마우리아 제국에 필적하는 영토를 차지했다. 마우리아 제국의 거대했던 수도 파탈리푸트라(Pataliputra)는 또다시 제국의 수도가 되었고, 인도 아대륙 가운데 데칸고원의 북부는 대부분 안정을 되찾았다. 굽타 제국은 중앙 집권 체제였던 마우리아 제국과 달리 지방 정부로 권한이 분산되는 방식이었다. 이와 같은 체제 아래 굽타 제국은 문화와 지성의 "황금시대"를 열었다. 그러나 5세기에 이르러 유목 민족 에프탈(Hephthal)의 침략을 당하면서 굽타 제국의 영역은 서서히 줄어들다가 결국 사라지고 말았다. 제국의 왕자 하르샤(Harsha)는 다시 인도아대륙을 통일해 보고자 했지만, 그의 시도는 오래가지 못했다. 지방의 권력자들은 자신의 권력을 나누어 중앙의 단일 권역으로 넘겨주기를 원치 않았다. 하르샤 왕자가 암살자의 손에 목숨을 잃은 뒤 인도는 다시 분열의 시대로 접어들었다. 9세기에 이르러 이슬람이 인도에 도착했다. 새로운 상황에서 다시금 상거래가 활력을 띠었지만, 정치 및 종교적 긴장 관계가 형성되었다.[14]

다시 히말라야 북쪽으로 돌아와 그 서쪽의 중앙아시아와 이란고원을 살펴보도록 하자. 이곳에는 지리적 특성 때문에 자연적 교차로가 만

---

13 See Kaul, "South Asia," Chapter 18, this volume.
14 See Kaul, "Pataliputra," Chapter 19, this volume.

들어졌고, 수많은 유목민이 이곳을 지나다녔다. 아프리카를 벗어난 호모 에렉투스와 구석기 시대의 호모 사피엔스도 이곳을 거쳐 갔다. 기원전 제2천년기 초에는 무역과 관개 농업에 기초하여 이 지역 곳곳에 국가와 비슷한 주요 상업 거점들이 형성되었으며, 이들을 모두 합쳐서 옥서스 문명(Oxus Civilization)이라고 한다.[15] 여러 유목민 집단이 이 지역으로 이주해 들어왔는데, 그중에서 특히 주목할 만한 민족은 고도로 군사화된 사카인(Saka)이었다. 또한 메디아인(Medes)과 페르시아인(Persians)도 있었다. 기원전 6세기 이 지역의 페르시아인은 키루스(Cyrus, 재위 558~530 BCE) 대왕의 지휘 아래 잇달아 정복 전쟁에 나섰다. 그 결과 거대한 아케메네스 제국(Achaemenid Empire)이 성립되었다. 최종적 영토는 아프가니스탄에서 그리스까지 이어졌고, 면적은 거의 300만 제곱마일이었는데, 이는 지구 표면적의 10퍼센트에 달했다. 농업 문명 중에서는 역대 최대 규모였다. 아케메네스 제국은 그리스반도를 침략함으로써 경계를 더욱 확장하고자 했다. 기원전 490년 다리우스(Darius) 황제는 그리스로 원정군을 보냈으나, 페르시아 군대는 마라톤(Marathon) 평원에서 그리스에 패배하고 말았다. 그로부터 10년 뒤, 다리우스의 후계자 크세르크세스(Xerxes) 황제는 다시 그리스를 침략했다. 당시로서는 역대 최대 규모의 군대가 동원되었다. 그러나 스파르타는 유명한 테르모필레(Thermopylae) 전투에서 페르시아의 기를 꺾어놓았고, 아테네는 살라미스(Salamis) 해전에서 페르시아 함대를 격파했다. 결국 아케메

---

15 See Lerner, "Bactria: The Crossroads of Ancient Eurasia," Chapter 11, this volume.

네스 왕조의 숨통을 끊어놓은 주인공은 마케도니아의 왕 알렉산드로스(Alexandros)였다. 기원전 331년 가우가멜라(Gaugamela) 전투에서 알렉산드로스 대왕은 다리우스(Darius) 3세를 상대로 승리를 거두었다.[16]

그러나 아케메네스 제국이 무너졌다고 해서 이란과 중앙아시아에서 페르시아의 패권이 종식된 것은 아니었다. 아케메네스 제국을 대신하여 이 지역에서 더욱 강력한 두 제국이 성립했다. 바로 파르티아(Parthia, 247 BCE~224 CE) 제국과 사산(Sasan, 224~651 CE) 제국이었다. 파르티아는 미트리다테스(Mithridates) 1세(재위 170~138 BCE)의 통치 아래 강력한 군사적 기술을 발휘했고, 이란고원의 끝자락부터 아래로 메소포타미아 평원에 이르는 거대 제국을 형성했다. 파르티아 제국이 오래도록 상당히 안정적으로 유지된 덕분에 아프리카-유라시아를 관통하는 높은 수준의 문화 교류가 이루어졌다. 이를 제1차 실크로드 시대(first Silk Roads Era)라 한다. 사산 왕조도 거대 제국을 형성했다. 사산 제국은 지리적으로 중국과 서양을 잇고, 시기적으로 고대 문명과 신생 이슬람 문명을 잇는 교량의 위치에 놓여 있었다. 사산 제국 안의 광대한 건조 지대에서 이슬람 국가들이 성립했다.

기원후 7세기에 이르러 신흥 이슬람 국가는 서아시아와 중앙아시아의 상당 지역을 장악했다. 특히 아바스 칼리파국(Abbasid Caliphate, 750~1228 CE)은 아프리카-유라시아에서 거대 영역을 아우르며 정치적 안정과 문화적 통일성을 가져왔다. 빛처럼 빨리 전파된 다르 알-이슬람(Dar al-Islam, 이슬람의 거처)은 전례 없는 성과를 거두었다. 거대 제국이

---

16 See Daryaee, "Western and Central Eurasia," Chapter 10, this volume.

급성장하는 시기에도 이는 변함이 없었다. 아라비아반도의 조그만 구석에서 시작된 이슬람은 637년에 시리아와 팔레스타인을 비롯한 메소포타미아 전역을 장악했다. 이슬람은 640년대에 북아프리카의 대부분을 차지했고, 651년에는 사산 제국조차 무슬림 군대의 수중에 들어갔다. 8세기 초에 다시 이슬람의 팽창이 시작되었다. 711년에는 인도 북부가, 718년에는 대서양 연안의 모로코를 필두로 지브롤터(Gibraltar) 해협을 거쳐 스페인까지 이슬람의 수중에 떨어졌다. 아바스 칼리파국은 중앙집권 체제를 구축해 동전을 주조하고 세금을 통제했으며, 전문화된 상비군을 유지했다. 아바스 칼리파국의 수도 바그다드(Baghdad)에는 이슬람의 지배를 받는 모든 지역으로부터 조공 수입이 몰려들었다. 화려한 건물, 사원, 광장 등이 바그다드에 건설되었다. 우리 책이 아우르는 시기가 끝나갈 무렵, 바그다드는 세계 최대의 상업과 금융과 산업과 지성의 도시가 되어 있었다.[17]

우리가 설정한 "하루"의 새벽빛이 지중해의 바닷물을 비추면 페니키아, 이집트, 미노아, 미케네 사람들이 사는 곳에도 햇살이 반짝였다. 이들 모두는 서로 무역을 했고, 가끔은 서로 전쟁을 벌이기도 했다. 페니키아는 조그만 상업 거점 도시국가(city-state)를 수립했고, 지중해 지역 곳곳에 식민지를 건설했다. 이를 이용하여 기원전 1200년에서 800년까지 4세기 동안 지중해 권역 내의 무역으로 짭짤한 수익을 올렸다. 크레타섬에 본거지를 둔 미노아 또한 상업 및 문화적으로 활발한 활동을 펼쳤지만, 기원전 1100년경 대륙에서 건너온 침략자 미케네의 지배

---

17 See Bagley, Chap. 8, this volume.

를 받게 되었다. 이후 지중해 대부분의 지역이 알 수 없는 이유로 몰락하고 말았다. 기원전 9세기에 이르러 그리스 공통체들은 각각의 폴리스(polis) 혹은 도시국가를 중심으로 활발한 상업 및 문화 중심지를 새로 건설하기 시작했다. 그리고 마침내 지중해 권역 전반에 걸쳐 식민지를 건설했다.[18] 그리스 사람들은 독특한 문화적·철학적·학문적 성과를 이룩했지만[19] 결코 정치적 통일의 단계로 나아가지 않았다. 그럼에도 페르시아의 침략에 맞서 놀라울 정도의 단결력을 보이며 방어에 성공했지만, 곧이어 피비린내 나는 내전이 벌어졌다. 바로 펠로폰네소스 전쟁(Peloponnesian War)이었다. 그 여파로 고전기 그리스 문명은 스스로 무너지고 말았다. 마케도니아의 필리포스 2세와 그의 아들 알렉산드로스가 부상하게 된 계기도 펠로폰네소스 전쟁이었다. 알렉산드로스는 독자적으로 정복 전쟁에 나섰고, 앞에서 언급했듯이 페르시아의 아케메네스 왕조를 무너뜨렸으며, 찬드라굽타 마우리아가 인도를 통일하는 계기를 제공했다.

기원전 제1천년기 말엽에는 지중해 권역 대부분과 그 인접 지역까지 로마 제국의 통제 아래 놓였다. 로마는 거대한 제국을 설립하여 유럽의 상당 지역, 중동 지역, 북아프리카 지역을 수 세기 동안 지배했다. 기원전 509년의 제1공화정 법제에 따르면, 로마는 공화국으로서 행정 체제의 정점에는 집정관(Consul)과 원로원(Senatus)이 있었다. 나중에는 여기에 더하여 "호민관(tribunus plebis)"이라고 하는 공직자들이 추

---

18 See Morison, "Athens in the Fifth Century BCE," Chapter 13, this volume.
19 See Schneider, "Developments in Science and Technology c. 800 BCE to c. 800 CE,"Chapter 6, this volume.

가 되었다. 공화정 체제는 한동안 성공적으로 운영되었다. 그러나 제국의 규모가 성장하고 사병을 거느린 강력한 권력자들이 등장하면서 내전의 시대로 접어들었다. 마침내 아우구스투스(Augustus)는 스스로를 프린켑스(princeps), 즉 "로마의 제1시민"으로 선포했다. 프린켑스는 곧이어 황제로 바뀌었다. 기원후 제1천년기 전반의 로마는 거대한 영토를 거느린 제국이 되어 있었다. 로마에는 같은 시기의 다른 어느 국가보다도 집중화된 노예 노동이 존재했다.[20] 그런데 기원후 3세기 게르만인(German)이 서로마 지역으로 이주해 들어오면서 제국 초기부터 이어져 온 정치적 통일은 흔들리기 시작했다. 여기에 압박을 느낀 콘스탄티누스(Constantinus) 황제는 기원후 4세기 초에 로마를 둘로 나누었다. 서쪽 절반은 계속해서 이민족의 압박에 놓이더라도 동쪽 절반만큼은 새로운 수도 콘스탄티노폴리스(Constantinopolis)를 중심으로 번영을 구가할 수 있었다.[21]

기원후 410년 고트인(Goth)이 로마를 약탈했고, 455년에는 북아프리카에서 건너온 반달인(Vandal)이 또다시 로마를 침략했다. 이들을 비롯해 게르만인에 속하는 여러 민족이 과거 서로마 제국의 영토에 속했던 대부분의 지역에 정착했다. 그중에서 프랑크인(Frank)과 앵글인(Angle)은 튼튼한 왕국을 건설하여 이후로도 오래도록 유지했다. 역사학자들은 "로마 제국의 몰락"을 기원후 476년으로 추정하곤 한다. 그 해에 게르만인이자 로마 황제인 로물루스 아우구스툴루스(Romulus

---

20 See Hunt, "Slavery," Chapter 4, this volume.
21 See Benjamin and Wiesner-Hanks, "The Mediterranean," Chapter 12, this volume.

Augustulus)가 또 다른 게르만인 오도아케르(Odoacer)의 손에 목숨을 잃었다. 그러나 오늘날의 역사학자들은 명확한 시기 구분 용어를 흔쾌히 사용하려 하지 않는다. 대신 "후기 고대(later antiquity)"라는 모호한 용어를 통해 이 지역에서 기원후 제1천년기 후반에 이어졌던 과정을 설명하려 한다. 이때는 다양한 세력, 성직 권력과 세속 권력이 서로 우위를 다툰 시기였다. 가톨릭교회는 갈수록 중요한 역할을 자임했다. 로마의 교황은 영적 지도자인 동시에 정치적 지도자가 되고자 했다. 6세기 말엽 교황 그레고리우스(Gregorius)의 사절단이 브리튼(Britain)섬으로 들어가 앵글로색슨인을 기독교로 개종시켰다. 그레고리우스의 사절단이 브리튼에서 수립한 체제(여러 주교가 대주교의 감독을 받고, 다시 대주교가 로마 교황의 지휘를 받는 체제)는 이후 교회 행정 체제의 모범이 되었다. 가톨릭교회는 지역 기반의 국가들보다 더 넓은 틀에서 국가처럼 기능하게 되었다.

프랑크 왕국은 예전 서로마 제국이 이룩한 정치적 안정을 재건하고자 했으며, 이러한 시도의 일환으로 6세기에 이르러 로마 교회와 협력 관계를 구축했다. 511년 프랑크의 왕 클로도베쿠스(Chlodovechus, 프랑스어 Clovis) 1세가 사망할 무렵 프랑크인은 통일되어 있었고, 갈리아(Gallia, 프랑스어 Gaul) 지방 남부에 메로베우스(Meroveus, 프랑스어 Mérovée) 왕조(메로빙거 왕조)가 성립되어 있었다. 클로도베쿠스의 탁월했던 아들 카롤루스 대제(Karolus Magnus, 프랑스어 Charlemagne, 742~814)는 이후 카롤루스 왕조(카롤링거 왕조)를 수립하여 서로마 영토의 대부분을 차지하고 강력한 중앙 집권 정부를 설치했다. 그러나 제국의 운명은 안정적이지 못했다. 카롤루스 황제가 사망한 뒤 세 명의 손자가 제국을 나누어 상속했다. 우래 책에서 설정한 "하루"가 저물어갈 무렵, 서유럽의 대부분 지역은 바이킹(Vikings), 마자르인(Magyars, 헝가리인), 사라센(Saracens, 아랍 무슬림)의 침략 아래 놓였다. 당시 유럽의 위기는 이후 강력한 민족 중심 국가 건설로 나아가는 계기가 되었다.[22]

과거 서유럽이 기본적으로 분열 상태에 놓여 있는 동안 동로마 제국은 갈수록 힘을 키워 나갔다. 콘스탄티누스 황제가 선택한 전략적 요충지이자 난공불락의 요새인 새로운 수도 콘스탄티노폴리스 덕분에 그리스-로마 문화는 다시 1000년을 이어 유지될 수 있었다. 오늘날에는 이를 비잔티움 제국(Byzantium Empire, 330~1453 CE)이라 일컫는다. 6세기에 이르러 비잔티움 제국의 황제 유스티니아누스(Iustinianus)는 거대한 도시 재건 공사를 실시했고, 이후 재앙에 가까운 지진이 발생하기도 했지만, 1453년 오스만 투르크(Ottoman Turks)가 약탈할 때까지 도시는 그대로 유지되었다. 그래서 콘스탄티노폴리스는 "세계의 요새"라는 난공불락의 도시로 명성이 높았다. 도시가 유지되는 긴 세월 동안 비잔티움 제국은 그리 안정적이지 못했다. 몇몇 황제는 당면 과제에 대응하느라 그야말로 정신 줄을 놓기도 했다. 아바르인(Avars)과 불가르인(Bulgars)이 쳐들어왔고, 이슬람 군대가 끊임없이 제국을 무너뜨리려 했으며, 우상 숭배 문제를 두고 극심한 종교적 분열을 겪었고, 로마 주재 교황과 분쟁이 이어졌다. 그러나 우리의 논의 범위에 속하는 9세기 내지 10세기까지는 정치적 안정과 상업적 활력과 문화적 고양으로 비잔

---

22 See Pazdernik, "Late Antiquity in Europe c. 300-900 CE," Chapter 14, this volume.

티움 제국의 "황금시대"를 구가했다.

비잔티움 제국은 시간이 지날수록 제국의 북방에 위치한 숲지대 및 늪지대에 관심이 높아졌다. 그곳은 원래 슬라브족의 땅이었다. 5~6세기에 중앙아시아 민족들이 이주해 들어오면서 슬라브족 또한 역사의 무대로 등장하게 되었다. 슬라브족은 깊은 숲속에서 화전 농법을 포함하는 원경(園耕, horticulture)과 사냥으로 생계를 유지했으며 꿀, 밀랍, 모피 등의 품목을 거래하기도 했다. 그러나 슬라브족 공동체들은 점차 이민족 집단에게 정복되어 그들의 지배 아래 놓였고, 가톨릭과 정교회와 이슬람은 경쟁적으로 슬라브족의 개종과 정치적 및 정신적 충성을 확보하려 했다. 슬라브족은 러시아, 우크라이나, 동유럽 지역에서 결정적 역할을 수행할 수밖에 없는 운명에 놓여 있었다. 제1천년기가 끝나갈 무렵 그들도 독자적인 영토 기반 국가를 잇달아 건설하게 되었다.

다시 시선을 남쪽으로 돌려 남부 유럽과 지중해 지역을 보자면, 우리가 설정한 "하루"의 햇살은 광대한 대륙 아프리카의 해안선을 비춘다. 기원전 1200년이면 이미 그곳은 아프리카-유라시아 무역 네트워크에 편입된 지 1000년이 지난 때였다. 아프리카는 지리와 환경이 지극히 다양한 대륙이다. 대륙의 북부는 대서양부터 홍해까지 이어지는 사하라 사막이 뒤덮고 있었으며, 사막 지대는 수천 년 동안 베두인(Bedouin) 사람들의 땅이었다. 사하라 북동부 구석은 세계사에서 가장 오래된 문명인 고대 이집트(Ancient Egypt)가 위치했던 곳이다. 기원전 1200년경 이집트 문명은 이미 제2중간기가 지나고 제3기에 들어서 있었다. 역사학에서는 이 시기를 신왕국(New Kingdom, c. 1550~1150 BCE) 시대라 일컫는다. 강력한 파라오 람세스(Rameses) 2세는 팔레스타인과 시리아까지 왕성하게 정복전에 나서 성공했다. 그러나 기원전 1224년 그가 사망한 뒤 이집트 왕국은 분열에 시달렸고, 또한 리비아인(Libyans), 쿠시인(Kushites), 아시리아인(Assyrians)의 침략을 감내해야 했다. 기원전 525년 이집트의 독립 왕조는 막을 내리며 페르시아의 아케메네스 제국에 병합되었다가, 기원전 제1천년기 말엽에는 다시 로마 제국에 편입되었다.[23]

이집트 문명은 나일강을 이용하고 거친 사막을 길들이며 번성했다. 그러나 아프리카 대륙에서 인간에게 가장 우호적인 환경은 그곳이 아니라 거대한 사바나 초원이었다. 한때 초기 영장류와 호모 사피엔스가 진화한 고향도 바로 초원이었다. 이외에 적도를 따라 형성된 거대한 밀림 지대가 아프리카 대륙의 약 7퍼센트를 차지하고 있었다. 정글은 농사나 목축에 도움이 되지 않는 곳이지만, 사람들은 그곳에서도 포레이징, 사냥, 화전 농법을 통해 생존하는 법을 익히며 번성할 수 있었다. 과거 사하라 이남 아프리카 사람들은 구석기 생활 양식에 따라 살아갔다. 창과 활을 가지고 (종종 끝에 독을 묻히기도 해서) 사냥을 했고, 과일이나 견과류, 멜론, 뿌리나 뿌리줄기 식물을 채집했다. 그들 중 일부는 (아마도 이르면 기원전 8000년경부터) 농업을 받아들였고, 또한 일부는 계속해서 사냥과 채집 생활을 이어갔다. 농사를 지을 수 있는 지역에서는 농업이 발달했다. 예컨대 수단 지역에서는 기원전 4000년경부터 수수, 쌀, 콩, 땅콩이 재배되었고, 에티오피아고원에서는 기원전 3000년경부터 곡물, 기장, 참깨, 겨자가 재배되었으며, 정글에서는 (말레이인이 마다가스카르섬

23 See Burstein, "Africa: States, Empires and Connections," Chapter 23, this volume.

을 거쳐 아프리카로 전해준 것으로 추정되는) 바나나와 커피가 재배되었다. 또한 광범위한 지역에서 소, 양, 염소를 비롯한 가축 사육에 성공했다.

사하라 이남 아프리카에서 제철 기술이 등장한 시기는 기원전 7세기경이었다. 이후 서쪽의 녹(Nok) 지역(오늘날 나이지리아)까지 급속도로 기술이 확산되었다. 우리 책이 포괄하는 시간 범위에서는 기원전 500년경부터 기원후 500년경까지, 반투어 사용자들이 서아프리카의 고향에서 동쪽과 남쪽으로 확산되어 나갔다. 그 결과 사하라 이남 아프리카 상당 지역이 문화 및 언어적으로 통일되었다. 기원후 900년경에 이르러 아프리카는 다양하면서도 느슨하게 통일된 복합 문화와 여러 왕국이 공존하는 지역이 되었다. 이는 오래전부터 이어져온 아프리카의 독특한 문화적 진화 및 확산 과정의 결과였다.

동부 해안 지역, 오늘날 에티오피아(Ethiopia)와 에리트레아(Eritrea)로 알려진 곳에는 아프리카 대륙에서 가장 오래된 문화이자 가장 오래도록 지속된 문화가 있었다. 해당 권역의 북쪽에서는 누비아인(Nubians)과 쿠시인(Kushites)이 이미 수천 년 전부터 이집트와 서로 무역과 투쟁의 관계를 이어오고 있었다. 기원전 800년경 사바(Saba) 지역 출신의 아랍 상인들이 에리트레아 해안 지역을 따라 무역 거점을 건설하기 시작했고, 그 결과 활발한 상거래를 통하여 사바 문화(Sabaean culture)가 번성했다. 기원후 4세기에 이르러 에티오피아의 악숨(Aksum) 왕국이 홍해 무역을 장악했다. 악숨 왕국은 이국적인 상품과 노예를 팔고 유리, 와인, 옷감을 수입했으며, 심지어 그들만의 동전도 주조했다. 악숨 왕국의 왕 에자나(Ezana, 재위 320~350)는 기독교로 개종했지만, 그로부터 3세기 후인 615년에 악숨은 무함마드 추종자들에게 피난처를 제공했다. 이후 여기서부터 동아프리카에 급속도로 무슬림이 전파되었다. 8세기에 이르러 이슬람 상인들이 해안 무역을 장악했으며, 내륙의 기독교 공동체는 해안의 무슬림을 정복하기 위하여 전쟁에 나섰다. 이 전쟁은 16세기까지도 계속되었다.

더 남쪽으로 내려가 아프리카 남부의 동쪽 해안 지대를 보자면, 반투어 사용자들이 그곳에 도착한 이후로 역사적 변화가 가속화되었다. 새롭게 등장한 언어(스와힐리어, 아랍어로 해안을 뜻하는 사와힐sawahil에서 비롯된 명칭) 때문에 해안 지역 전체가 스와힐리 해안으로 불리게 되었다. 그곳에서는 농사도 잘되기는 했지만 급성장의 비결은 무역이었다. 지중해와 아라비아반도에서 무역상들이 그곳으로 몰려들었다. 과거어느 선원의 항해 기록인 《에리트레아 항해기(Periplus of the Erythraean Sea)》(c. 40/50 CE)에는 스와힐리 해안을 따라 위치한 몇 개의 항구 이름이 등장한다. 기원후 제1천년기 내내 인도양 무역이 번성했으며, 그곳의 주요 수출 품목은 상아, 코뿔소 뿔, 거북 등껍질 등이었다. 이슬람이 도래한 이후 해상 무역은 더욱 강화되었다. 우리 책에서 포괄하는 시간 범위가 끝나갈 무렵에는 거대 무역선 다우(dhow)가 이미 인도양의 깊은 바다 위를 가로지르고 있었다.

서아프리카에서는 베르베르인과 수단 지역 서부 및 니제르 삼각주의 농업인들이 금, 소금, 노예 무역을 기반으로 부유한 왕국을 설립했다. 사하라는 다양한 무역의 교차로로, 낙타 카라반이 그들의 물품을 싣고 사막을 건너 북쪽의 지중해 연안까지 운반했다. 최초의 서아프리카 왕국으로 알려진 가나(Ghana, 전설적인 왕조의 설립자 이름을 딴 명칭) 왕국은 기원후 600년경까지도 번영을 구가했다. 9세기 말에 기록된 아랍어 문헌에 따르면, 가나 왕국에서는 농업과 상업이 번성했다. 가나 왕국의 왕들은 금과 소금 교역을 독점함으로써 권력을 강화했다. 기원후 11세기 가나 왕국의 군대는 약 20만이었고, 사슬 갑옷을 입고 있었다.[24]

아메리카 권역

대서양 서부 카리브해(Caribbean) 연안의 조그만 마을에서 물고기를 잡아먹고 사는 사람들은 가나(Ghana) 왕국의 군인, 비잔티움 제국의 황제, 무슬림 칼리프, 힌두교의 신, 중국의 황제, 오스트레일리아 원주민의 존재를 전혀 알지 못했다. 남아메리카 대륙에 살던 시보네이인(Ciboney peoples)은 기원전 제2천년기 동안 서서히 섬으로 들어가 정착에 성공했다. 기원전 제1천년기가 끝나갈 무렵에는 좀 더 복합적인 아라와크(Arawak) 문화가 이들을 대체하기 시작했다. 그곳 섬들과 그 가까이에 있는 광대한 대륙 아메리카는 당시 거대한 대서양 너머의 유럽, 아프리카, 아시아 등에서 일어나는 사건과 아무 관련이 없었다. 그곳은 마치 다른 행성에 존재하는 곳 같았다. 그러나 언제나 그랬던 것은 아니다. 아메리카 원주민의 조상은 원래 시베리아와 동아시아에서 출발하여 베링 육교를 건너온 사람들이었다. 최후빙하기(last ice age)에 러시아와 알래스카를 연결하는 육지가 바로 베링 육교였다. 인류가 아메리카 대륙에 처음 도착한 시기는 확실하지 않다. 다만 1만 5000년 전쯤에는 인류가 아메리카 대륙 전역의 다양한 생태 환경의 니치를 찾아 파고들기 시작했다.

24 See Austen, "Trans-Saharan Trade," Chapter 24, this volume.volume.

아메리카 대륙을 향한 거대한 이주의 물결은 1000여 년 동안 계속되었으며, 그러던 중 빙하기가 약해지기 시작했다. 빙하가 녹으면서 빙상이 떨어져 바다로 흘러 들어갔고, 해수면이 올라가 바닷물이 베링 육교를 덮어버렸다. 인류를 비롯하여 아메리카 대륙으로 건너간 동식물 종은 그대로 아메리카 대륙에 고립되었다(카누를 이용하여 동아시아로부터 건너가는 이주민이 이후에도 일부 존재했던 것 같다). 9~10세기에 노르드인(Norse peoples)이 북아메리카 동부 해안을 잠시 다녀간 사례를 제외하면, 1492년 이탈리아의 항해가 콜럼버스가 도착할 때까지 아메리카 대륙은 세계의 다른 지역으로부터 완전히 고립되어 있었다. 콜럼버스 이후 아메리카 대륙의 문화적 진화를 통해 다양한 사회가 출현했다. 그들은 활발하고 성공적이었으며, 나름대로 독특한 자연환경에 적응해 나갔다.

우리가 설정한 "하루"의 새벽빛이 남아메리카 대륙의 동부 해안을 비출 때 아마존강 유역 열대우림의 거대한 숲속에도 햇살이 퍼져 나갔다. 지구상에서 생물 다양성이 가장 풍부한 지역 중 하나인 그곳에서는 반(半)이동 생활을 하는 부족들이 사냥, 채집, 어로를 하면서 살고 있었다. 기록이나 건축 유적이 없기 때문에 역사학자들은 그곳에 살던 사람들의 생활 방식을 추측할 수밖에 없지만, 우리의 새벽으로부터 유럽인이 처음 그곳에 도착한 기원후 1500년경까지 아마도 그들의 생활은 별로 달라진 바가 없었을 것이다. 유럽인의 눈에 원주민은 "아쉬울 것 없는 야만인(noble savages)"으로 보였다. 그들은 이른바 "문명화"라는 것을 할 필요가 전혀 없는 사람들이었다.

남아메리카 대륙에서 아마존강의 반대편, 오늘날 페루에 해당하는 해안 및 고산 지대의 사람들은 농사를 짓고 있었다. 이곳에서 농사는 아마도 기원전 8000년경부터 시작된 것 같다. 점차 잉여 생산물이 축적되면서 인구밀도가 높아졌고 정착 사회도 출현했다. 중부 안데스 지역의 지리적 환경에서는 공동체 간의 의사소통이 쉽지 않았다. 즉 어떤 강력한 통치자가 등장해서 통일된 국가 구조를 만들기는 상당히 어려운 조건이었다. 그럼에도 불구하고 7세기 초엽 모히카 문화(Mochica culture, 혹은 모체 문화)가 모체강(Moche River) 유역을 중심으로 페루 북부 지역에 폭넓은 영향을 미쳤다. 모히카의 뛰어난 토기를 통해 당시의 일상을 슬쩍 엿볼 수 있다. 7세기 초엽이면 이미 토기는 그들에게 전혀 새로운 물건이 아니었다. 토기에는 길거리에서 구걸하는 거지부터 정글에서 재규어를 사냥하는 귀족까지, 직물을 짜는 여인부터 밧줄로 묶인 죄수를 감시하는 경비병까지 다양한 일상의 모습이 담겨 있었다. 이런 그림들은, 기원후 900년 이래로 인류의 생활 조건이 많이 바뀌었겠지만 일상생활의 경험은 그리 큰 변화가 없었다는 사실을 일깨워준다.

좀 더 북쪽으로 올라가 중앙아메리카로 가보면, 그곳에서도 사람들은 최소한 기원전 4000년경부터 농사를 짓고 있었다. 주로 재배하는 품목은 옥수수, 토마토, 콩이었으며 칠면조와 개도 사육했다. 농사의 성공은 마을과 초기 국가의 형성으로 이어졌다. 기원전 1000년경 올멕인(Olmec people)은 의례 및 궁전 복합 용도의 정교한 건물을 건축했다. 그들은 신분이 엄격하게 나뉜 사회에서 살아갔으며, 지도부에는 성직자와 엘리트 계층이 있었다. 기원전 400년으로부터 얼마 지나지 않아서 올멕 문화(Olmec culture)는 급속히 쇠락했다. 아마도 무언가 커다란 생태 환경의 변화가 있었던 것 같다. 이후 수 세기 동안 메소아메리카 곳곳에서 다양한 문화가 번성했다. 그중 하나의 문화가 기원후 250년경 극적 성장을 이루었는데, 주인공은 바로 마야(Maya)였다. 마야는 오늘날의 과테말라 및 멕시코 일부 지역에서 도시국가 체제로 확고하게 뿌리를 내리고 있었다.

마야 문명은 기원후 7세기 최고조에 달했다. 효율적인 테라스형 농지, 풍성한 옥수수 및 카카오 수확 덕분에 많은 인구를 먹여 살릴 수 있었다. 당시의 인구는 티칼(Tikal)과 치첸 이트사(Chichen Itza) 같은 중요한 의례 구역에 밀집되어 있었다. 특히 도시 티칼의 번성은 인상적이었는데, 기원후 600~800년 도시의 인구는 4만 명 정도였다. 마야의 엘리트 계층 남성은 전사였고, 도시국가들 사이의 분쟁이 계속되고 있었다. 9세기 초에 이르러 마야 사회는 힘든 시기로 접어들었다. 고질적 분쟁의 결과였거나, 아니면 생태 환경에 문제가 발생했기 때문일 수 있다. 혹은 두 가지 모두 원인이 되었을 수도 있다. 마야의 종교적 신화를 담고 있는 《포폴 부(Popol Vuh)》라는 책에 따르면, 신들이 옥수수와 물을 가지고 인간을 만들었다고 한다. 인간이 바치는 제물이 만족스러우면 신들은 인간의 세계를 계속 유지해줄 것이다. 적국에서 포로로 잡혀 온 왕족 남성과 여성의 피는 특히 신들이 흡족해하는 제물이었다. 우리 책에서 설정한 "하루"가 저물어갈 무렵에도 이런 의례가 거행되었을 것이며, 석양은 제물로 바칠 피가 잘 흐르도록 희생자의 손가락 끝을 자르는 성직자의 그림자를 길게 드리웠을 것이다.

기원후 제1천년기 중엽 멕시코 중부의 고지대에서는 또 다른 메소아메리카 복합 사회가 번성하고 있었다. 중심지는 거대 도시 테오티우아칸(Teotihuacan)이었다. 기원후 600년경 무려 20만 명에 달하는 대규모 인구가 그곳에 살고 있었다. 테오티우아칸 사람들은 세계 건축사상 가장 인상적인 두 개의 건물을 건축했다. 바로 거대한 태양의 피라미드와 달의 피라미드였다. 도시의 스카이라인을 압도하는 이 두 건물은 오늘날 아프리카-유라시아 대륙의 어떤 기념비적 건축 유물보다 인상적이다. 테오티우아칸 사회는 서로 연결되는 동시에 계층화되어 있었다. 강력한 통치자와 성직자, 활발히 활동한 물품 제조 전문가가 있었고, 나머지 인구의 약 3분의 2는 농업에 종사했다. 기원후 500년 이전에는 주변 지역에서 분쟁이 일어났던 흔적이 거의 없다. 그러나 7세기 초엽부터 테오티우아칸은 주변 지역으로부터 군사적 압박을 받았다. 곧이어 쇠락의 시대가 시작되었다. 테오티우아칸이 약탈당하고 불태워진 시기는 기원후 8세기였다.[25]

기원전 1200년경이면 북아메리카 대륙의 곳곳에서 다양한 정치·문화·사회적 전통이 이미 1000년을 이어온 뒤였기 때문에 이들을 하나의 문화로 묶어서 설명하기는 어렵다. 해안 지역을 따라 어로와 해산물 채취 전통이 보편적으로 형성되어 있었고, 내륙 지역에서는 사슴이나 바이슨 같은 대형 동물 사냥으로 생계를 유지했다. 어로를 하는 사람들이나 사냥을 하는 사람들 모두 액과나 견과, 뿌리 식물, 야생초를 채취해서 먹었다. 수렵채집 생활을 한 세계 어느 지역 사람들이나 마찬가지지만, 식량 자원이 제한되어 있고 이동을 해야 했으므로 인구 규모가 작고 분산되어 있었다. 그러나 북아메리카의 몇몇 지역에서는 정주 농업이 시작된 이후로 복합 구조 사회와 인구 밀집 현상이 나타나기 시작했다.

25 See Begun and Brashler, "The Americas," Chapter 20, this volume.

미시시피강 유역 동쪽의 삼림(woodland) 지대에 원경(園耕, horticulture)을 하며 옥수수와 콩을 재배하는 공동체들이 등장했다. 고고학자들은 기원전 1000년부터 기원후 1000년 사이 삼림 지대 문화 발전의 연속성에 관해 조사한 적이 있었다. 나무를 다루는 기술, 가죽을 다루는 기술, 농사 기술, 주거지 건축 기술, 도구 만드는 기술 등의 주제가 연구 대상이었다. 기원후 600년에서 800년 사이 어느 즈음에 후기 우드랜드 시기(Late Woodland Period)의 고졸한 무기였던 창은 활과 화살로 대체되었다. 그리고 이들은 비록 삼림 지대에서 살아가는 기술이나 대형 사냥감 관리 기술을 잊지 않았지만, 반(半)이동식 생활 방식이 정주적 마을로 대체되며 농업에 대한 의존도가 높아졌다. 정주 생활이 누적되면서 대규모의 국가 비슷한 체제가 출현했는데, 기원후 1000년경의 오스카와(Oscawa)도 그러한 사례들 가운데 하나였다. 그리고 기원후 1400년경에는 5개 이로쿼이족(Iroquois peoples) 연맹(모호크Mohawk, 오네이다Oneida, 오논다가Onondaga, 카유가Cayuga, 세네카Seneca) "국가"가 등장했다.[26]

우드랜드 지역의 사람들은 숲이 제공하는 자연 자원을 어떻게 이용해야 할지 분명 잘 알고 있었다. 또한 동시에 숲을 잘 관리할 줄도 알았다. 고고학자들이 찾아낸 숯 유물과 꽃가루(花粉) 유적, 그리고 초기 유럽인 정착민의 증언을 종합해보면, 북아메리카 원주민의 생활이 자연환경에 거의 아무런 영향을 미치지 않았다는 고정관념을 지지하기는 어렵다. 오늘날 연구 성과에 따르면, 원주민은 주로 불을 이용하여 지상 식물

---

26 See Begun and Brashler, "The Americas', Chap. 20, this volume.

을 제거하고 옥수수를 심었다. 또한 잡초를 억제하고 딸기류 같은 원하는 식물을 길렀다. 사냥을 할 때도 불을 이용했다. 바람을 이용하여 불길을 조정하면 초식 동물 무리를 절벽으로 몰아갈 수 있었다. 북아메리카 곳곳에서 이른바 "버펄로 점프(buffalo jumps)"라고 하는 유적이 발견되었다. 동시에 불은 목초지의 개방성을 유지하고 다른 식물의 생장을 억제하는 기능도 했다. 이렇게 하면 시야가 트여서 사냥하기가 쉬웠을 뿐만 아니라 초식 동물의 개체 수를 늘리는 데에도 도움이 되었다. 북아메리카 혹은 오스트레일리아 원주민이 생태 환경에 아무런 흔적을 남기지 않았다는 관점 대신, 오늘날의 연구는 보다 현실적인 시각으로 바뀌어 생태 환경을 조절했던 기술에 주목하고 있다.

우드랜드 시기(Woodland period)와 이후 미시시피 시기(Mississippian era) 북아메리카 동부 지역에 거주한 사람들이 자연환경에 흔적을 남긴 방식은 이전 시기와 좀 다른 면이 있었다. 이들은 흙을 쌓아 거대한 언덕(mound)을 조성했다. 그들이 조성한 언덕은 고대 세계의 기념비적 건축물 가운데 멕시코 이북 아메리카에서는 가장 규모가 큰 것이었다. 그 기능은 다양했다. 어떤 지역에서는 거대한 언덕의 모양이 문화적으로 중요한 동물의 형상을 했는데, 오하이오의 서펀트 마운드(Serpent Mound, 뱀)가 바로 그러한 사례였다. 또 어떤 곳에서는 그러한 언덕이 매장지로 사용되었다. 다른 곳에서는 그 위에 의례용 건물을 짓기 위한 축대로 사용되었으며, 혹은 부족장이 거주하는 공간이 인공 언덕 위에 건설되기도 했다. 인상적인 언덕이 본격적으로 조성된 시기는 우리가 설정한 "하루"가 막 끝나갈 무렵이었다. 현장은 오늘날 세인트루이스 근처의 카호키아(Cahokia)였다. 기원후 900년에서 1250년 사이 카호키아 사람들은 100여 개의 인공 언덕과 복합 구조물을 조성했는데, 복잡하게 얽혀 있는 사회 관계의 흔적은 초기 유럽 탐험가들을 놀라게 했다.

또한 우리가 설정한 "하루"가 끝나갈 무렵 아메리카 남서부 지역에서는 푸에블로인(Puebloan)과 나바호인(Navajo)이 관개 농업을 실시하고 있었다. 그들은 작은 농지에서 옥수수, 콩, 호박, 해바라기 등을 재배했다. 기원후 7세기에 이르러 푸에블로인은 돌과 점토로 놀랄 만큼 튼튼한 건물을 짓기 시작했다. 이러한 경험이 축적되어 차코 캐니언(Chaco Canyon)에서 거대한 건물들이 세워졌다. 세계에서 가장 특이한 고고 유적으로 꼽히는 그곳은 기원후 850년경에서 1250년경 사이에 주요 의례, 무역, 행정 관리 중심지로 사용되었다.[27]

기원전 1200년경 오늘날 캐나다 지역 서부 해안의 원주민은 사냥, 채집, 어로를 통해 생계를 유지했다. 그들의 역사는 최소 8000년 이상이었다. 고고학자들은 크고 작은 돌날 도구들을 찾아냈는데, 손잡이가 있는 창의 촉과 칼로 사용되는 날이었다. 북아메리카 평원의 넓은 지역에서 (토기와 활 및 화살 제조를 비롯한) 새로운 기술과 우주론적 신앙을 포함하는 문화적 확산이 이루어졌다. 또한 우리 책에서 포괄하는 시기에 캐나다 원주민 사회에서도 사회적 위계질서가 출현했고, 공동체들 사이에 전쟁이 증가한 흔적도 나타났다.

끝으로 아메리카 대륙의 북쪽 동토 지대에서 살았던 구석기 에스키모 수렵어로인은, 기원전 1200년경부터 기원후 900년경까지도 새해 첫

---

27 See Lekson, "Regional Study: Chaco Culture and the US Southwest," Chapter 21, this volume.

날에 따뜻한 햇빛을 볼 수 없었다. 북극 지방에서는 기나긴 겨울 동안 밤이 계속되기 때문이었다. 어둠 속에서도 이들 강인한 사람들은 얼음으로 만든 집에서 잠을 자고 일어나 밤새 피워둔 불에 얼어붙은 물범이나 물고기를 구워 먹으며 겨울을 보냈다. 그들은 털가죽 옷을 손질했으며, 카누와 여러 가지 도구도 수리했다. 그들은 (돌이나 뼈, 엄니, 뿔 등으로 만든) 복잡한 사냥 및 어로 도구를 가지고 있었다. 이 모든 요소가 결합되어 그들의 공동체가 생존할 수 있었고, 다른 사람들은 거의 살아남지 못했던 혹독한 지역에서 그들만은 번성할 수 있었다. 솜씨가 좋은 어떤 사람들은 겨울 동안 엄니나 뿔에 자연의 형상을 새기며 시간을 보냈다. 이는 성스러운 물건이 되어 샤먼의 종교 의례 도구로 사용되었다. 샤머니즘은 지구상 수많은 수렵채집인의 공통 종교였다.

마침내 지구 한 바퀴를 다 돌았다. 우리가 설정한 "하루"가 다 가면 사실상 2000년 이상의 시간이 흐른 셈이다. 햇빛은 다시 태평양으로 돌아와 가상의 "날짜 변경선(date line)"에 접근해간다. 날짜 변경선을 지나면 이전의 하루가 끝나고 새로운 하루가 시작된다. 20만 년 전 아프리카에서 호모 사피엔스가 출현한 이후 인류는 지구의 어딘가에서 최소 7000만 번 이상의 아침을 맞이했다. 무척이나 다양했던 인간의 삶과 경험 위로 밤이 내릴 때조차 역사의 과정은 그다음 날의 새벽을 향하여 달려가야 했고, 갈수록 미래는 복잡해졌다.

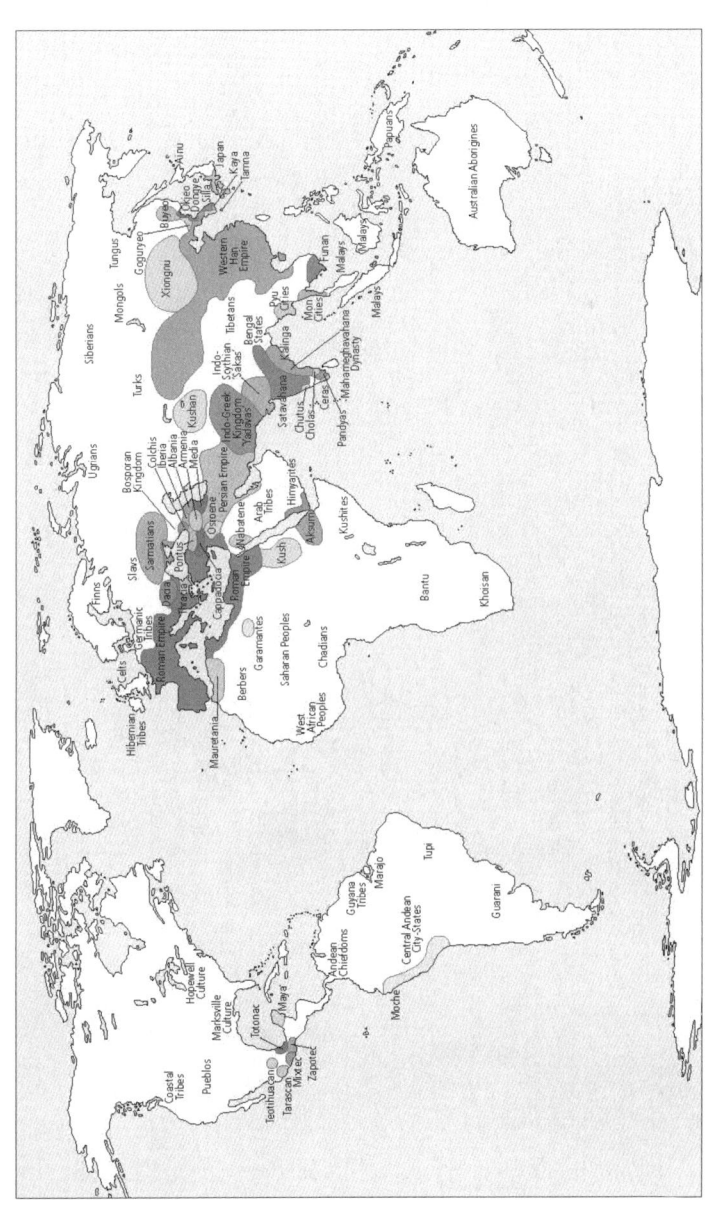

[지도 1-1] 기원후 1세기의 세계

CHAPTER 1 - 서론: 기원전 1200년에서 기원후 900년의 세계

[지도 1-2] 기원후 400년의 세계

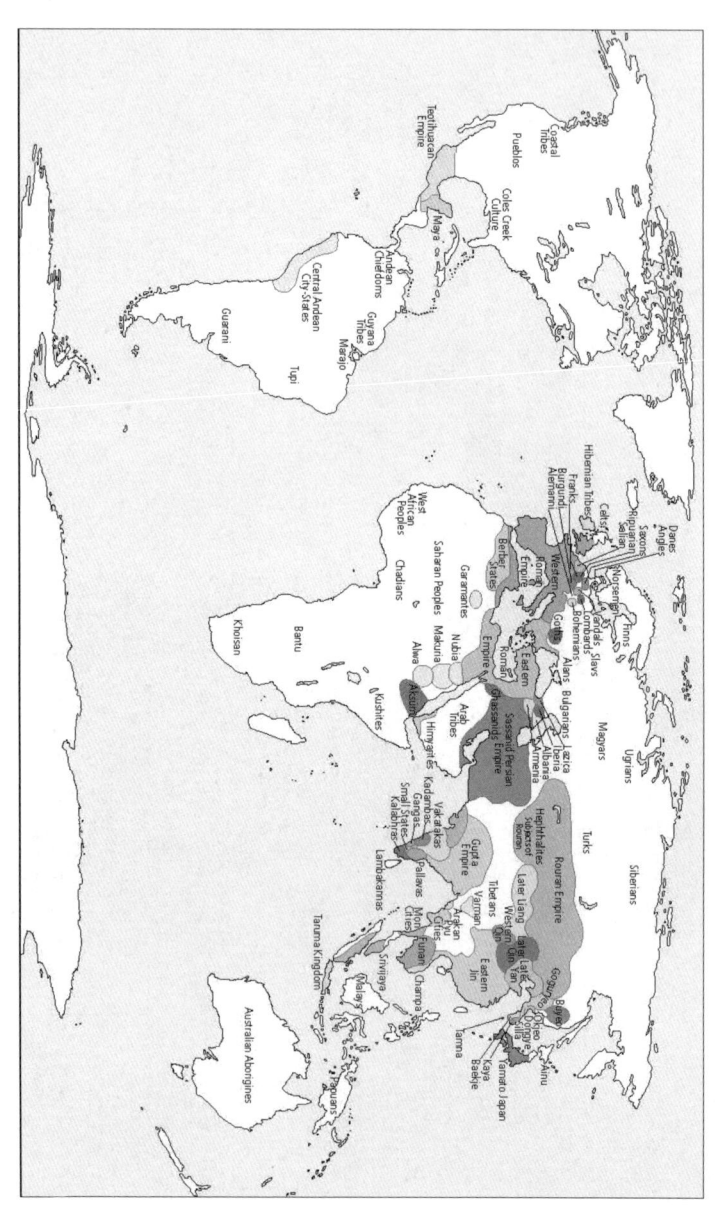

제국과 네트워크 1: 경제, 가족, 기술, 문화

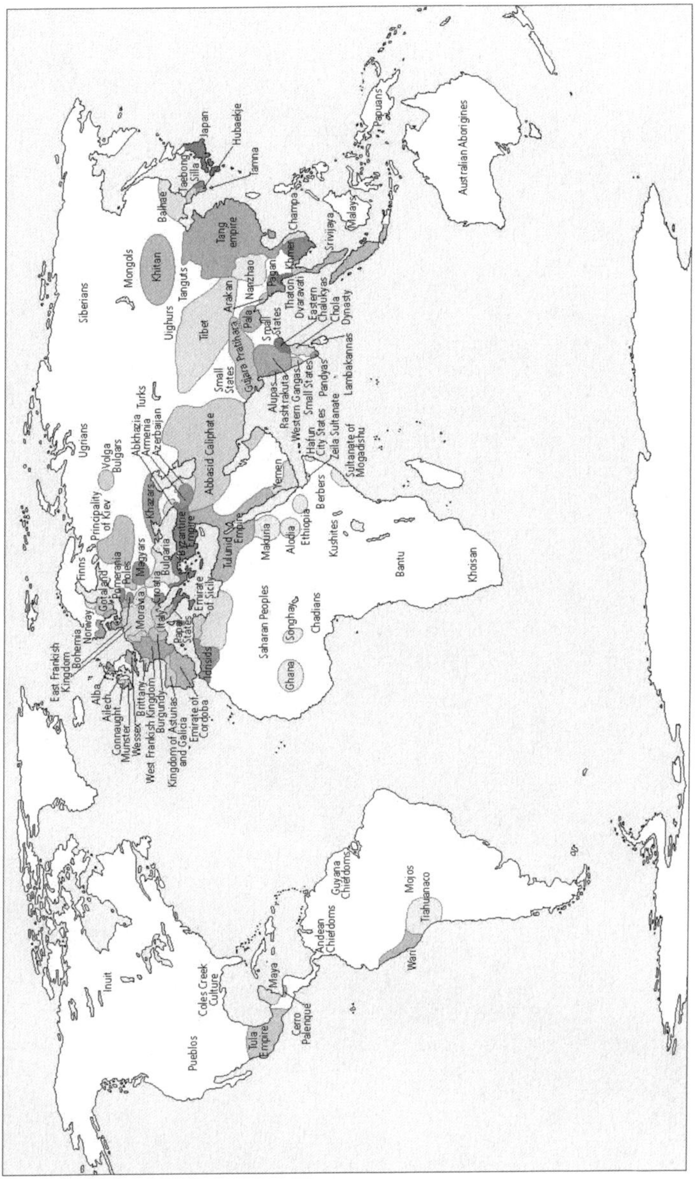

[지도 1-3] 기원후 900년의 세계

CHAPTER 1 - 서론: 기원전 1200년에서 기원후 900년의 세계

CHAPTER 2

글로벌 경제사

지타 폰 레덴
Sitta von Reden

경제와 제국

이번 장에서 소개할 세계는 아프리카-유라시아 대륙이다. 동쪽으로 중국과 동남아시아에 속하는 태평양 섬 지역에서부터 서쪽으로 지브롤터 해협까지, 북쪽으로 발트해와 북해 연안에서부터 남쪽으로 북아프리카, 이집트, 그리고 그 아래 고대 에티오피아까지를 아우르게 된다. 아메리카와 사하라 이남 아프리카에도 경제적 네트워크는 존재했으나, 아프리카-유라시아 세계의 경제 활동과 단절되어 있었으므로 이번 장의 논의에는 포함되지 않는다. 기원전 1200년부터 기원후 900년까지 아프리카-유라시아 세계에서는 조공 체제를 갖춘 제국들이 성장했다. 예를 들면 아시리아, 바빌로니아, 페르시아, 마우리아, 진(秦)과 한(漢), 그리스, 로마 등이었다. 특히 로마 제국은 아시아와 이집트 및 북아프리카뿐 아니라 유럽 대륙까지 장악했다. 로마 시대는 무슬림 세력이 성장하면서 막을 내렸고, 무슬림이 아프리카-유라시아 세계의 지정학적 질서를 재편했다. 이번 장에서는 제국 건설의 효과를 지역 경제와 글로벌 연결의 양 측면에서 살펴보고, 이른바 경제 성장과 복합성(complexity) 증대에 제국의 팽창이 미친 영향을 검토해보고자 한다.

본격적인 논의에 앞서 기존에는 세계 경제의 발전을 어떤 식으로 논의해왔는지 알아둘 필요가 있겠다. 이른바 세계-체제(world-systems) 분석에 매력을 느끼고, 나아가 세계화(globalization)의 과정을 연구한 일부 학자들이 있었다. 이들이 주목한 논점은 국제 무역의 발전, 중심부-주변부의 위계질서, 국제 무역 네트워크상 명확히 드러나는 분업 체제 등이었다. 이런 식의 접근에서 무엇보다 중요한 요소는 경제적 네트워크의 성장이었다. 각 지역의 발전은 전체 네트워크에 속하는 기능적 분업 단위에 불과했다.[1] 이와 같은 기존의 논의에서는 전근대와 근대의 차이를 간과하는 경향이 있었다. 사실 전근대 사회에서 장거리 무역은 사회적으로 극소수 집단의 욕망과 관심에 반응하는 것이었다. 수요자는 매우 적었고, 동시에 사회적으로 확연히 드러나는 존재였다. 인원이 극소수라 할지라도 수요의 총량은 규모가 작지 않았을 것이다. 그러나 지역별 생산이 세계 시장을 염두에 두고 움직이지는 않았다. 정치도 마찬가지였다. 동일한 문화적 또는 경제적 기반에서 움직이는 세계 시장 같은 것은, 당시에 존재하지 않았다. 물론 전근대 경제가 지역 단위의 정치 및 사회 구조 안에 완벽히 갇혀 있었다고 말하기는 어렵다. 그렇다고 근대에 와서야 중요해진 논점들을 고대 제국의 팽창 시기에 그대로 대입한다면 오해의 소지가 없을 수 없다.[2] 고대 세계의 무역은 합판처럼 매우 얇게

---

1 Rondo Cameron and Larry Neal, *A Concise Economic History of the World* (Oxford University Press, 1986), pp. 20-43; Christopher Chase-Dunn and Thomas D. Hall, *Rise and Demise: Comparing World Systems* (Boulder, CO: Westview 1977), pp. 149-87; R. M. Geraghty, "The Impact of Globalization in the Roman Empire, 200 BC - AD 100," *Journal of Economic History* 67 (2007): 1036-61; and Matthew P. Fitzpatrick, "Provincializing Rome: The Indian Ocean Trade Network and Roman Imperialism," *Journal of World History* 22 (2011): 27-54.
2 Greg Woolf, "World Systems Analysis and the Roman Empire," *Journal of Roman Archaeology* 3 (1990): 44-58.

펼쳐져 있었다. 이 문제를 이해하려면 무엇보다 그러한 무역이 탄생하게 된 구조를 살펴보아야 한다. 이를 바탕으로 할 때에라야 비로소 무역의 특성과 방향을 논할 수 있을 것이다.

또한 우리는 이 시대의 경제 발전을 단선적이거나 측면적인 시각에서 보아서는 안 된다. 물론 전반적으로는 제국 체제가 정치 및 경제적 통합을 가져왔고, 그것이 경제에 긍정적 영향을 미쳤던 것으로 평가할 수 있다.[3] 그러나 항상 그랬던 것은 아니다. 때에 따라서는 제국 체제가 경제에 피해를 주기도 했다. 결과적으로 보자면 기원전 1200년부터 기원후 900년까지 경제는 상당한 발전을 이룩했던 것 같다. 추정컨대 연평균 성장률이 0.1퍼센트에 달했을 것이다. 그러나 모두가 똑같이 성장했던 것은 아니다. 당시의 세계는 불평등이 굉장히 심화된 세계였다. 이는 단지 부(wealth)의 불평등과 생활 수준(standards of living)의 불평등만을 이야기하는 것이 아니다. 경제 및 기술의 진보에 참여할 수 있는 기회도 개인 혹은 공동체에 따라서 달랐다. 제국이 성장하는 과정에서 생산성과 시장의 발달이 확인되는 경우도 있지만 그렇지 않은 경우도 있었다. 또한 제국에 포함된 모든 지역에 그 영향이 미친 것은 아니었고, 발전의 속도도 지역마다 달랐다. 전체가 아니라 할지라도, 즉 소규모의 참여자와 제한된 소비자만으로도 사회·정치·경제적 네트워크가 형성될 수 있었다. 화폐, 시장, 지역 간 교역 등이 모든 지역, 모든 사회 구성원이 참여해야 만들어지는 것은 아니었다. 바로 이 지점이 전근대 사회

---

3 Peter R. Bedford, "The Persian Near East," in Walter Scheidel, Ian Morris, and Richard P. Saller (eds.), *The Cambridge Economic History of the Greco-Roman World* (Cambridge University Press, 2007), p. 310.

와 근대 사회의 경제가 결정적으로 차이 나는 대목이다. 농업 사회 내부에 불평등 구조가 뿌리를 내리면서 농업 경제는 혼종 경제로 변해갔고, 그 속에서 서로 다른 경제적 관습이 공존했을 뿐만 아니라 놀라운 방식으로 서로 결합되어 있기도 했다.

마지막으로 글로벌 경제의 발전 과정을 살펴보면 시대별로 그 주체가 달랐음을 알 수 있다. 예컨대 기원전 제1천년기 전반기의 신아시리아(Neo-Assyria) 제국은 700년 뒤에 등장할 중국이나 로마 제국과는 정치 구조부터 달랐다. 신아시리아 제국의 맨 꼭대기에는 왕실이 있었고, 그 아래로 강력한 지방 귀족과 사원의 엘리트 계층이 있었다. 이들의 관계는 의례를 통해 서로 얽혀 있었다. 귀족은 귀금속이나 그 비슷한 보물을 왕에게 바칠 의무가 있었다. 신아시리아의 왕궁은 시기에 따라 니네베(Nineveh) 혹은 님루드(Nimrud)에 있었는데, 왕궁의 부와 소비 수준은 조공과 지역 간 교역에 달려 있었다. 지방 귀족은 왕에게 바칠 물건을 구하기 위해 교역 네트워크를 관리했다. 물론 이를 통해 본인이 필요한 물건을 구입하기도 했다. 로마 제국의 경우는 이와 달랐다. 로마의 교역과 세금은 귀족 계층을 넘어서는 더 넓은 사회적 기반을 가지고 있었다. 로마의 교환 체계에서는 귀족 혹은 황제의 소비가 예전처럼 특별히 예외적인 것이 아니었다. 지역 엘리트 계층이나 황제의 취향도 중요했지만, 이보다 훨씬 더 중요한 상업의 엔진은 더 넓은 범위의 소비 집단, 도시, 시장, 갈수록 전문화된 상인 집단과 금융 집단 등이었다. 중국의 제국들은 또 다른 경로를 거쳤다. 관료나 가문의 네트워크를 통해 상품이 유통되었지만, 여기에는 왕실의 소비 이외의 다른 많은 배경이 존재했다. 그래서 수많은 상거래 네트워크가 서로 경쟁 관계에 놓여 있었다. 이들은 권력의 중심부로부터 상당히 독립적으로 형성되어 있었다. 그러므로 2000년이 넘는 글로벌 경제사의 과정에서 경제 주체의 문제를 살펴보려면, 톱-다운(top-down, 위로부터) 모델뿐만 아니라 바텀-업(bottom-up, 아래로부터)의 활력도 함께 고려해야 한다.

우리의 논의는 소비에서 시작된다. 모든 고대 제국은 세 가지 기둥에 의지했다. 즉 군사력, 자기 정체성, 세금이 그것이다. 이를 위하여 사람과 그들의 노동력을 관리했고, 이동, 잉여 생산물, 토지, 교통로를 통제했다. 자원 개발이나 세금 수입 관련 제도와 기술도 제국 체제의 영향을 받았다. 또한 경제가 발전할수록 사회적 계층도 복잡해졌다. 귀족(엘리트) 계층의 경쟁은 갈수록 치열해졌다. 이들은 차별화된 소비를 통해 경쟁자와 자신을 구별하고자 했다.[4] 고대 아프리카-유라시아 세계는 주로 농업에 종사하는 농가를 위주로 했다. 이들의 생활 수준은 생계를 겨우 유지하는 정도에 불과했다. 대다수의 사람들은 식량, 주거지, 의복 문제를 스스로 해결해야 했다. 지역 공동체 사회 및 문화 행사에 필요한 도구들도 직접 만들어야 했다. 추정컨대 근대화 이전에는 인구의 약 80퍼센트 정도가 농업에 종사했다. 확실한 통계가 없지만 아마도 대다수의 사람들은 잉여 생산물을 스스로에게 사용하지 못했다. 소작료나 세금 혹은 조공으로 바쳐야 했기 때문이다. 잉여 생산물은 도시나 궁궐에 앉아서 군사 행동이나 사회적 차별을 주도하는 계층의 손에 들어갔다. 제국 안정기에 1인당 생산성은 과연 얼마나 증가했을까? 생산성 증가는

---

4 Neville Morley, *Trade in Classical Antiquity* (Cambridge University Press, 2007), pp. 34-54.

논란이 있겠지만, 소비 규모의 증가는 군대, 도시, 제례, 기반 시설, 화폐 교환 등으로 보건대 명백한 사실이었다. 그렇다면 경제 성장을 어떻게 설명하면 좋을까?

이번 장에서는 네 개의 소절로 나누어 이를 설명해보고자 한다. 첫째, 제국 체제에서의 농업과 그 발전, 둘째, 통화 정책, 셋째, 정부 구조와 세금이 고대 경제에 미친 영향 등이다. 그리고 마지막으로 기원 전후 400년 동안 세계적 상거래 네트워크의 성장 문제를 살펴보고자 한다.

제국 체제에서의 농업

아프리카-유라시아 지역에는 여러 종류의 생태 지역(ecological zone)이 포함되어 있으며, 지역별 경제 활동은 생태 환경의 조건으로부터 영향을 받을 수밖에 없었다.[5] 아프리카-유라시아 지역 전체적으로는 정주 농업 문화가 유목 문화나 반(半)유목 문화를 압도했다. 그러나 모든 토양 조건이 정주 농업에 적합한 것은 아니었고, 또한 생산성도 모두 같을 수는 없었다. 거대한 강(예컨대 중국 북동부의 황하강, 남부 메소포타미아/바빌로니아의 유프라테스강, 이집트의 나일강)을 따라 형성된 충적 평야에서는 곡물 농업의 생산성이 매우 높았다. 적절한 관개 시설을 갖추어 홍수를 통제할 수 있는 조건이라면, 농업 생산성(투입 대비 수확)은 1:10에서 1:24까지 가능했다. 강우량에 의존하는 지역, 예컨대 북부 메소포타미아, 이집트를 제외한 지중해 연안 전역, 그리고 유럽 대륙 등지의 농업

---

5 시일이 조금 지나기는 했지만, 생태 환경과 천연자원에 관한 지리적 개괄은 다음 책이 도움이 된다. Christopher Scarre (ed.), *Past Worlds: The Times Atlas of Archaeology* (London: Times Books, 1988).

생산성은 강변의 충적 평야보다 훨씬 낮았다. 구체적 수치로는 최소 1:4에서 최대 1:10 사이였다. 그러나 시간이 지나면서 관개 시설과 배수로가 발달했고 생산성도 강화되었다.[6] 남중국, 즉 양자강을 경계로 그 남쪽의 생태 지역에서는 쌀이 주식 작물이었다. 이외에도 일본, 동남아시아, 인도아대륙 등 토지가 비옥한 지역은 거의 마찬가지였다. 쌀은 다른 곡물에 비해 생산성이 매우 높았으나 집중적인 관리가 필요했다. 중앙아시아에는 광대한 초원 스텝 지대가 펼쳐져 있었고, 그 사이사이를 사막과 산맥이 가로질렀다. 이 초원은 동쪽으로 만주 평야에서부터 서쪽으로 유럽의 러시아까지 뻗어 있었고, 그 북쪽으로는 삼림 지대가, 남쪽으로는 산맥과 건조 지대가 둘러싸고 있었다. 초원 지대에서는 강우량이 적고 겨울과 여름의 기온 차가 컸기 때문에, 극소수의 경우를 제외하면 농사에 적합하지 않은 환경이었다. 그래서 중앙아시아 초원에서는 작물 재배보다 동물 사육에 크게 의존해왔다. 이외에 천연자원의 혜택이 있는 곳들도 있었다. 다른 지역에서는 구하기 어려운 희귀 물품의 생산지로, 예컨대 홍해 연안의 왕국들은 유향(乳香)과 몰약(沒藥, myrrh)을 거래하며 번영을 구가했다. 이런 상품의 원재료는 아라비아 남부 및 고대 에티오피아 지역(오늘날 소말리아)에서 자라는 식물에서 채취할 수 있었다.

---

6 R. J. van der Spek, "The Hellenistic Near East," in Scheidel et al. (eds.), *Cambridge Economic History of the Greco-Roman World*, pp. 409-34, for Babylonia; Geoffrey Kron, "Sustainable Roman Intensive Farming Methods: Water Conservation and Erosion Control," in Robert Bedon and Ella Hermon (eds.), *Concepts, Pratiques et Enjeux Environementeaux dans l'Émpire Romaine* (Presses Universitaires de Limoges, 2005), pp. 285-308; and Geoffrey Kron, "Food Production," in Walter Scheidel (ed.), *The Cambridge Companion to the Roman Economy* (Cambridge University Press, 2012), pp. 156-74, for Roman Italy.

광물의 혜택이 주어진 곳들도 있었다. 예컨대 스페인, 아티카, 아나톨리아, 그리고 인도 북서부의 아라발리(Aravalli) 지역에서는 은(銀)이 생산되었고, 누비아, 아라비아반도 동부 해안, 인도 카르나타카 지역의 마스키(Maski), 우랄알타이 지역의 곳곳에서, 그리고 북중국 경계 부근에서 금이 생산되었다. 구리와 주석 생산 중심지는 기원전 제2천년기 말에서 기원전 제1천년기 초까지 몇 군데로 한정되어 있었는데, 예를 들면 황하 상류 지역, 즉 상나라 당시의 황토고원과 하남성(河南省) 지역 사이, 청동기 시대에는 에게해 동부의 키프로스(Cyprus) 등이었다. 이와 같은 광물 자원은 동서양을 막론하고 귀족 계층의 권력과 권위를 위해서 특히 중요했다. 그럼에도 불구하고 자원 생산 지역이 그 자체로 권력의 중심지가 된 적은 없었다. 부족 중심의 몇몇 왕국이 수요가 높은 자원 거래를 통해 부를 축적한 사례는 있었지만, 그중 어느 누구도 희귀 자원 소유를 정치적 주도권으로 연결시키지는 못했다.[7]

정치적으로 더 큰 힘을 가졌던 주체는 농업 국가다. 이들은 여러 생태 지역을 아울러 농업 및 사회 자원을 통제할 능력을 갖추었다. 가장 대표적인 사례는 근동 지역에서 볼 수 있었다. 기원전 8세기에서 기원전 2세기 중엽 사이 아시리아, 바빌로니아, 페르시아, (알렉산드로스 대왕의 왕국을 이어받은) 셀레우코스 왕조 등이 연이어 그곳의 주도권을 장악했다.[8]

---

7 Patricia Crone, *Meccan Trade and the Rise of Islam* (Oxford: Basil Blackwell, 1987), pp. 3-51; by contrast, Chase-Dunn and Hall, Rise and Demise, pp. 168-73.

8 Michael Jursa, *Aspects of the Economic History of Babylonia in the First Millennium: Economic Geography, Economic Mentalities, Agriculture and the Problem of Economic Growth* (Münster: Ugarit Verlag, 2010); Bedford, "The Persian Near East"; and van der Spek, "The Hellenistic Near East," pp. 409-34.

신아시리아 제국은 메소포타미아 남부와 북부, 시리아 북부, 레반트, 시리아 남부 사막 및 스텝 지역을 차지했다. 페르시아, 소아시아, 이집트 또한 신아시리아 제국에 복속되었다. 신아시리아 제국 시기에 상당히 많은 인구가 메소포타미아 북부로 이주했다. 시리아-팔레스타인, 바빌로니아의 여러 도시 출신자, 아람인, 칼데아인도 상당수가 강제 이주를 당했다. 이들은 고향을 떠나 새로운 도시에 정착했고, 황무지를 개간하는 농업 노동에 투입되었다. 이주는 경제적 차원의 문제가 아니라 제후국을 제압하고 반항을 잠재우기 위한 정책으로 시행되었다. 아시리아의 왕실 연대기에도 그런 내용이 기록되어 있다. 그러나 페르시아 제국 시기에 이르러서는 이주 정책의 경제적 효과가 명확하게 나타났다. 메소포타미아 북부 지역에서는 농지의 규모가 확연히 증가했고, 그 결과 지역 내 농업 생산량이 크게 늘어났다.[9] 여기에 메소포타미아 남부와 이집트 지역에서 관개 시설을 통한 생산력 증대 효과가 더해졌다. 결국 근동 지역의 제국들은 엄청난 규모의 부를 축적할 수 있었다. 서구 세계에서는 이후 로마 제국 시기가 도래할 때까지 비근한 사례를 찾아볼 수 없었는데, 로마 제국 시기의 갈리아(Gallia) 지방은 조공의 수량으로 볼 때 이집트에 비견할 만했다. 이주 정책이 낳은 또 다른 자산이라면 제국의 행정 관리 능력, 즉 방대하고 다양한 생태 공간을 사회적으로 조직하고 장악하는 능력을 얻게 되었다는 점이다.

---

9 Bedford, "The Persian Near East," p. 308; and van der Spek, "The Hellenistic Near East," pp. 409-34.

농업 조직

가족 단위 농장이나 대단위 농장 모두 기본은 복합 영농이었다. 작물의 종류는 생태 지역에 따라 달랐다. 북중국은 기장, 남중국과 인도는 쌀, 메소포타미아는 보리, 이집트는 에머밀, 지중해 연안은 듀럼밀, 흑해 연안은 빵밀이 주식 작물이었다. 부수적으로 다른 곡물, 기름용 작물, 사료용 작물, 채소, 대추야자, 포도 등을 재배했고, 지역 특산물도 따로 있었다. 더불어 동물도 사육했는데, 대개는 우유를 얻는 것이 목적이었고, 가끔은 고기를 목적으로 하는 경우도 있었다. 한편 가축 사육을 통해 얻은 거름은 지력을 보충하는 데 필수 자원이었다.[10] 이와 같은 복합 영농은 지속 가능한 농업의 기본이었다. 다양한 식재료를 얻을 수 있었고, 경제적으로도 위험 회피를 위한 중요한 수단이었다. 곡물을 재배하려면 연간 강우량이 최소 250~300밀리미터는 되어야 했고, 생장기에 서리가 내리지 않아야 했다. 그러나 곡물 재배가 가능한 대부분의 지역은, 부분적으로 가뭄과 서리 등 기상 악화를 감내해야 했다. 이에 못지않게 적대적인 조건은 강변 지역의 홍수였다. 중국, 바빌로니아, 이집트 등 상대적으로 중앙 집권이 강화된 지역에서는 재해가 닥칠 경우 농업뿐만 아니라 정치적 안정도 궤멸적 타격을 입곤 했다. 고대에는 어디서든지 단일 작물에만 선택적으로 집중할 수 없었다. 물론 시장 지향의 현금 작물에 특화된 지역도 없지는 않았다. 다만 로마나 중국처럼 가장 상업적으로 경도된 지역이라 할지라도, 현실적으로는 가능한 모든 작물을 재배하지 않을 수 없었다.

10 Kron, "Food Production," pp. 156-74.

농업 생산 방식은 크게 세 가지 범주에 속해 있었다. 첫 번째로 가장 흔한 경우는 "소작(tenancy)"과 "수확물 분배(share-cropping)" 방식이었다. 이 경우 개인적으로든 집단적으로든 경작자와 토지 소유자가 따로 있었다. 토지는 귀족 계층이나 기관(사원, 왕실, 고위 관료 가문)이 소유했다. 소작은 계약적 관계였고, 수확물 분배는 종속적 관계였다. 소작의 경우, 계약 기간과 의무가 정해져 있었다. 수확물 분배의 경우, 토지주와 경작자가 수확물을 (불평등하게) 나눌 뿐만 아니라 경작자의 자유에 다소간의 제약이 가해졌다.[11] 토지 임대료는 세금보다 더 강압적이었다. 그래서 중앙 권력이 약화될 때 이와 같은 반(半)자유적 관계가 두드러졌다. 기원전 1200년에서 기원후 900년 사이, 아프리카나 아시아 혹은 유럽 제국 어디에서든 마찬가지였다. 이러한 관계들에는 완전히 종속적인 관계로부터 반(半)종속적인 관계까지 폭넓은 스펙트럼이 형성되어 있었지만, 영원히 고착된 관계는 아니었다.

두 번째 경우는 "가족 노동"이었다. 이 경우 토지 소유주가 직접 핵가족 중심의 가족 단위로 (혹은 한두 명의 농노를 포함하여) 농장을 운영했다. 이런 방식은 전형적으로 지중해 연안 그리스-로마의 핵심 지역에서 확인되었다. 제국 체제에서는 기관 소유 토지에 이런 방식을 응용하는 관습이 형성되었다. 즉 기관 소유 토지를 농가에 임대했고, 그들은 사

---

11 Thrainn Eggertsson, *Economic Behaviour and Institutions* (Cambridge University Press, 1990), for discussion of these principles; Christopher Wickham "Rethinking the Structure of the Early Medieval Economy," in Jennifer R. Davis and M. McCormick (eds.), *The Long Morning of Medieval Europe* (Aldershot: Scholars Press, 2008), pp. 19-31, for discussion in historical context.

실상 소작농이었지만, 그 임대 권한이 상속과 증여 및 매매 등을 통해 폭넓게 재산권으로 인정되었다.[12] 말하자면 자유 임대 방식이었다. 토지 소유주인 기관에게 지불하는 소작료는 점차 세금으로 변질되었다. 기원 전 600년에서 기원후 1세기 사이, 지역별로 시기와 방식은 달랐지만 중 국, 바빌론, 이집트에서 다 같이 이런 관습이 형성되었다.[13]

세 번째 경우는 "노예 노동"이었다. 이 또한 시공간에 따라 사회적 양상이 달랐지만, 우리가 검토하는 시공간 범위의 모든 사회에서 그 존재가 확인되었다. 북중국, 인도, 이집트, 북아프리카, 유럽 등지의 부유하고 평범한 농가에서는 대개 한두 명의 노예가 농업 노동이나 가사 노동에 투입되었다. 수많은 노예가 채석장, 광산, 건설 현장 등에서 위험한 작업에 동원되었다. 이러한 노예는 주로 노역자 혹은 죄수와 함께 현장에 투입되는 경우가 많았다. 그러나 가정에서 일하는 노예는 단기 고용 노동자와 함께 일했으며, 주인이 돈을 받고 다른 곳에 임대를 해주기도 했다.

12 Joseph G. Manning, *Land and Power in Ptolemaic Egypt: The Structure of Land Tenure* (Cambridge University Press, 2003); Andrew Monson, *From the Ptolemies to the Romans: Political and Economic Change in Egypt* (Cambridge University Press, 2012), for the transition in Greco-Roman Egypt. Nishijima Sadao, "Economic and SocialHistory of FormerHan," in Denis Twitchett and Michael Loewe (eds.), *Cambridge History of China* (Cambridge University Press, 1986), p. 556, for China.
13 Sadao, "Economic and Social History," pp. 545-60; Christopher J. Eyre, "Feudal Tenure and Absentee Landlords," in Schafik Allam (ed.), *Grund und Boden in Altägypten. Akten des internationalen Symposiums in Tübingen 18-20. Juni 1990* (Tübingen: Selbstverlag, 1994), pp. 107-33; Johannes M. Renger, "Institutional, Communal and Individual Ownership or Possession of Arable Land in Ancient Mesopotamia from the End of the Fourth to the End of the First Millennium BC," *Chicago-Kent Law Review* 71 (1995): 269-319; van der Spek, "The Hellenistic Near East," pp. 409-34.

노예는 기본적으로 고대 농업 국가의 사회경제 체제에서 만들어졌다. 그러나 유독 로마 제국에서는 시장 지향적인 대규모 농장에 노예가 고용되는 쪽으로 변화되었다. 빌라(villa)라고 하는 로마 농장의 인력은 대개 노예 관리인(vilicus)과 동산(動産) 노예(chattel slaves)로 구성되어 있었다.[14]

농지의 발달

군사적 침략과 약탈, 대량 노예화 등으로 정주 제국은 농업과 인구에 파괴적 영향을 미치기도 했다. 그러나 전반적으로는 정주 제국에 의해 농업 발전에 우호적인 환경이 만들어졌다. 때로는 사회지리적 환경 조성에 제국이 직접 개입했다. 농지를 관리하고, 관개 시설 등 인프라 구조를 건설하고, 농업 기술과 관련된 지식의 발전을 권장했다. 그 결과는 농업의 발달로 이어졌다. 이외에도 평화의 보장, 상거래 교환 체계의 변화, 제국의 정복 및 개척 과정에서 생겨나는 투자의 기회 등은 농업 발달에 간접적으로 영향을 미쳤다. 정복의 과정에서는 새로운 정착 공간이 만들어졌고, 세금 제도가 개혁되었다. 또한 각지에 흩어져 있던 지식이 하나로 모이는 계기가 되기도 했다. 이러한 여러 가지 측면이 있지만, 이번 장에서는 지면 관계상 다음 두 가지 측면에 국한해서 논의를 전개하도록 하겠다.

---

14 로마 노예 제도의 안정성에 관한 최근 연구 성과는 다음을 참조. Walter Scheidel, "Slavery," in Scheidel (ed.), *Cambridge Companion to the Roman Economy*, pp. 89-113.

① 농지 관리 정책

니시지마 사다오(西嶋定生)는 중화 제국 형성에 결정적으로 기여한 경제적 과정을 두 가지로 꼽았다. 하나는 전국(戰國) 시대 북중국 지역에서 부족 중심의 농업 관행이 혁파된 것이었다. 가족 단위 영농이 부족 단위 영농을 대신했다. 이러한 가족 농장들이 모여 소규모 마을 공동체(里)가 형성되었고, 강력한 리더가 공동체의 위계질서를 관리했다(나중에 한漢 제국에서는 행정 관료가 그 일을 맡게 된다). 다른 하나는 치수(治水)를 위한 신기술 투자였다. 강력한 리더의 지휘에 의해 이러한 투자가 가능했다. 그 결과 새로운 농지가 확보되었다. 새로운 농지를 개간하고 새로운 공동체가 형성되는 과정은 진(秦) 제국 시기에도 계속되었다. 우리는 성도평원(成都平原)에서 전형적인 하나의 사례를 확인할 수 있다. 진(秦)나라 촉군(蜀郡) 군수인 이빙(李冰)이 주도해서 만든 댐(도강언都江堰)이었다. 또 하나의 사례로 정국거(鄭國渠)를 들 수 있다. 진(秦)나라 왕(이후의 진시황)의 명에 따라 만들어진 이 운하는 책임자인 한(韓)나라 출신 정국(鄭國)의 이름을 따서 정국거라 했다. 이 운하를 통해 섬서성(陝西省) 지역 위수(渭水) 이북의 평야로 물을 끌어들임으로써 약 4만 경(頃), 즉 1821제곱킬로미터에 달하는 농지가 만들어졌다. 한(漢) 제국 시기에도 여러 지역에서 홍수 통제와 관개 시설을 만들기 위한 공사가 계속되었다. 경우에 따라서는 1만 경(약 457제곱킬로미터)에 달하는 농지가 만들어지기도 했다. 제국 정부에서는 세금과 노역을 부과하여 홍수 통제와 관개 시설을 조성하는 비용 및 공사 관리를 위한 관료 체제 유지 비용을 충당했다. 공사의 결과로 농업은 발전했고 사회는 더욱 번영했다. 농업의 발전은 전한(前漢) 시기에도 계속되었지만 후한(後漢)

시기에 이르러 더욱 크게 발달했다.[15]

수리 관리와 재정착을 목표로 하는 비슷한 공사들은 다른 제국 체제에서도 확인되었다. 기존 연구에 따르면, 기원전 6세기 초 북부 바빌로니아 지역 시파르(Sippar) 인근에서 집중적인 운하 건설이 확인되었다. 칼데아인의 통치 아래 북부 바빌로니아 지역에서는 농업 기반이 급격히 성장했고, 농경지의 규모에 근본적 변화가 일어났다. 이는 결국 생산성 확대, 경제 성장, 화폐 경제 강화로 나아갔다. 이보다 영향력은 약했지만 간과할 수 없는 하나의 사례가 있는데, 바로 기원전 3세기 초 프톨레마이오스 왕조 시기 멤피스의 남동쪽에 있는 파이윰(Fayyum) 오아시스 개발이다. 모에리스(Moeris) 호수의 물을 끌어와서 오아시스를 개발한 결과, 경작 가능한 농지는 기존의 450제곱킬로미터에서 1200제곱킬로미터로 약 3배가 되었다.[16] 파이윰 개발은 그리스 군대 주둔 및 시민의 이주에 기여했으며, 고급 문화 경쟁을 낳았고, 동시에 새로운 수도 알렉산드리아를 뒷받침할 비옥한 배후지를 만들었다.

로마 제국의 정책은 경제적으로 더욱 폭넓은 영향을 미쳤다. 정책의 목표는 신규 정복지에 퇴역 군인을 정착시키고 식민지를 건설하는 것이었다. 미개간 토지에 경계나 배수로 등을 이용하여 사각형 구획을 만들고 이를 농지로 개간했다(이 과정을 켄투리아티오centuriatio라 한다). 로

15　Sadao, "Economic and Social History," pp. 553-55.
16　Jursa, *Aspects of the Economic History of Babylonia*, pp. 322-60 and 786; Manning, *Land and Power*, pp. 99-107. R. J. van der Spek, "The Seleucid State and the Economy," in E. Lo Cascio and D. Rathbone (eds.), *Production and Public Powers in Classical Antiquity* (Cambridge Philological Society, 2000), pp. 27-36, for similar, though less extensive, initiatives in Mesopotamia under Antiochos III.

마 정복기 초기에 이탈리아, 갈리아, 북아프리카, 스페인 등지에서 켄투리아티오를 실시하여 경관이 바뀌었고, 그때의 흔적이 오늘날까지 남아 있다. 켄투리아티오에 동원된 현지 인력의 조직과 규모는 어마어마했다. 저지대 습지나 계곡 등에서 농지를 조성할 때는 특히 배수로가 중요했다. 예컨대 이탈리아 중부의 폰티노(Pontino) 습지나 포(Po)강 계곡 등이 이러한 공사를 거쳐 로마에서 가장 비옥한 농경지로 바뀌었다. 개간 공사의 대부분은 로마의 상원의원 단 한 사람이 추진한 업적이었다.[17] 그 상원의원이 도시 로마의 곡물 공급 책임자였다는 사실은 우연이 아닐 것이다.

② 토지와 투자

한(漢) 제국과 로마 제국은 농업-정치의 전혀 다른 경로를 보여주었다. 한쪽은 기관의 토지 소유, 국가 창고의 저장, 관료 체제에 집중한 반면, 다른 한쪽은 훨씬 광범위한 토지 소유권, 상대적으로 약한 중앙 정부, 행정 체계의 다원화를 보여주었다.[18] 그러나 경제 권력이 극대화된

---

17 Kron, "Food Production," pp. 166-67.
18 For comparative perspectives, see Walter Scheidel, "From the Great Convergence to the Great Divergence: Roman and Qin-Han State Formation and Its Aftermath," in Scheidel (ed.), *Rome and China: Comparative Perspectives on Ancient World Empires*, Oxford Studies in Early Empires, Oxford University Press, 2009, pp. 11-23; P. Eich, "The Common Denominator: Late Roman Imperial Bureaucracy from a Comparative Viewpoint," in Walter Scheidel (ed.), *State Power and Social Control in Ancient China and Rome* (forthcoming); for China, Mark Edward Lewis, *The Early Chinese Empires: Qin and Han* (Cambridge University Press, 2007), p. 18; for Babylonia, Jursa, *Aspects of the Economic History*, pp. 437-62; for late antique and early medieval Europe, Peter

시기에는 양쪽 모두 토지 소유의 집중화 및 시장 지향적 생산 현상이 나타났다.

중국 지역에서 토지 집중화는 아마도 제국 체제가 등장하기 이전부터 이미 충분히 진행되었던 것 같다. 그러나 한(漢)나라 때에 가뭄과 홍수가 잇달아 일어나고 여기에 더하여 가혹한 세금이 부과되자 토지 집중화 현상이 급증했다.[19] 가난한 농민은 토지와 가옥, 심지어 자식까지 팔아서 입에 풀칠을 하고 빚을 갚아야 했다. 이른바 유민(流民)이라고 하는 떠돌이 농민이 소작농으로 고용되어 수확물을 공유하는 계약에 참여하게 되었다. 토지 집중화를 방지하기 위한 국가적 노력이 없지 않았지만, 토지 소유의 거대한 네트워크는 피할 수 없는 수순이었다. 한 무제(武帝, 재위 140~87 BCE)의 치세가 끝나갈 무렵, 새로운 농업 기술 덕분에 농업 생산성이 크게 증가했다.[20] 당시의 신기술이란 일종의 윤작 체계라 할 수 있겠는데, 같은 농지에서 한 고랑에 작물을 심고 다른 한 고랑은 비워두었다가 그다음 해에는 반대로 비워두었던 고랑에 작물을 심는 방식이었다(대전법代田法). 이와 더불어 날이 두 개 달려 성능이 개선된 쟁기가 개발되었고, 두 마리의 소가 끄는 쟁기는 파종의 효율을 더욱 높였다. 잘 관리된 농지는 생산량이 2배까지 증대되었다. 신기술은 처음에 국가 소유의 농지에 도입되었지만 머지않아 대규모 민간 농장에도

Sarris, *Economy and Society in the Age of Justinian* (Cambridge University Press, 2006).
19 Lewis, *The Early Chinese Empires*, 66.
20 Sadao, "Economic and Social History," pp. 561-65; Lewis, *The Early Chinese Empires*, pp. 103-105.

적용되었다. 그러나 가난한 농민까지 신기술을 도입할 수는 없었다. 정교한 장비와 가축, 그리고 무엇보다 강도 높은 농작물 관리가 필요했기 때문이다. 가족 단위 영농으로는 이 모든 조건을 충족할 수 없었다. 부유한 농부는 우물을 파고 우물 벽에 벽돌을 쌓아 이익을 창출하기도 했다. 그렇게 하면 우물을 더 깊이 팔 수 있었다. 북중국 평원의 관개(灌漑)는 이와 같은 우물에 의존해야 했다. 강우량이 충분하지 못한 경우 우물을 이용하여 생산성 증대를 도모할 수 있었다.

후한 시기에 이르러 사회적 권력과 상거래를 장악한 거대 가문이 등장했다. 그들이 장악한 네트워크의 범위는 상당히 넓었다. 번중(樊重, c. 20 BCE~20 CE)은 300경(頃, 약 1375헥타르)의 토지를 소유했다. 기원후 1세기 초의 인물인 음식(陰識)은 700경(약 3237헥타르)의 토지를 소유했으며, 내전 시기에 1000여 명의 병력을 동원할 능력이 있었다. 당시 농민은 평균적으로 2.8~3.2헥타르의 토지를 소유했고, 이보다 10배를 가지고 있으면 부자 소리를 들었다. 그러나 간과해서는 안 될 것이, 토지 집중화는 경제 능력 강화의 결과가 아니라 관료의 이데올로기, 사회적 통제, 지방 권력이 좌우한 일이었다는 점이다.[21]

로마의 토지 집중화는 제국 체제하의 정복 전쟁과 관련이 있었다. 로마 제국 시기 장거리 원정을 떠난 병력에 식량을 보급하기 위해, 그리고 노예 노동력을 이용하기 위해 농산물 수요가 폭발적으로 증가했다. 또한 로마 제국의 와인 소비도 확산되었다. 특히 시칠리아나 스페인 지방,

---

21 Lewis, *The Early Chinese Empires*, p. 115; Patricia Ebrey, "The Economic and Social History of Later Han," in Twitchett and Loewe (eds.), *The Cambridge History of China*, p. 624.

그리고 경제적으로 발달한 동부 지중해 지방의 정복과 관리를 통해 로마 상원 엘리트 계층에게 전례 없이 막대한 현금 수입이 집중되었다. 그 결과 로마 엘리트 계층은 동부 지중해 헬레니즘 세계의 복잡한 화폐 경제에 익숙해졌다. 더불어 그들은 헬레니즘 문화의 농업 기술도 습득했다. 아테네, 알렉산드리아, 키레네, 카르타고를 거쳐 로마에 이르는 권역의 농업 기술을 기록한 방대한 저서가 집필되었다. 이탈리아에서 농지의 집중화는 고고학적으로 확인될 뿐 아니라 공화정 후기의 철학적 담론에도 그 흔적이 남아 있다. 국력이 쇠락해가는 가운데 농민의 빈곤을 해결하기 위한 토지 분배 관련 논의가 중요한 정치 의제로 등장했다. 고고학적으로 보자면, 잘 조직된 빌라(villa, 농장) 체제가 이탈리아의 경관을 바꾸기 시작한 시기가 기원전 2세기 이후였다. 대표적 사례는 코사(Cosa) 지방 근처의 세테페네스트레(Settefenestre)다. 이외에도 많은 사례가 있는데, 대개는 이탈리아 남서부의 캄파니아(Campania) 지방과 포 강 계곡에 집중되어 있었다. 로마 상원의원들은 이탈리아 안에서는 물론 다른 지방에서도 농지 자산을 확대했다. 공화정이 끝나갈 무렵 상원의원 마르쿠스 크라수스(Marcus Licinius Crassus)는 2억 세스테르티우스(sestertius, 로마의 화폐 단위) 값어치의 농지를 소유하고 있었다. 환산하면 약 500제곱킬로미터(5만 헥타르)의 농지에 해당한다.[22] 25~75헥타르 규모의 빌라는 중간 정도 크기였고, 일반 농민은 그것의 10분의 1 정도를 소유했다. 기원후 1세기를 거치면서 이탈리아와 시칠리아 지

---

22 William V. Harris, "The Late Republic," in Scheidel et al. (eds.), *Cambridge Economic History of the Greco-Roman World*, pp. 511-42; p. 524 on Crassus.

역에서는 이와 같은 중간 규모의 농장이 합쳐져서 이른바 라티푼디움(latifundium, 대농장)이 발달했다. 이 경우 농장의 규모는 1000~2000헥타르에 달했다. 이 정도면 이집트나 근동 지역의 왕실 혹은 사원이 소유한 농지와 맞먹는 규모였다.

그러나 로마의 빌라 시스템에서 결정적 요소는 농장의 규모만이 아니었다. 생산 인력의 대부분이 자유가 없는 예속 노동자인 점, 집약적 농업이 1년 내내 지속된 점, 거름과 관개 시설을 포함한 농업 기술 실험이 진행된 점, 무엇보다 기름과 와인 등을 중심으로 지역 내 및 지역 간 시장을 염두에 둔 현금 작물을 체계적으로 생산한 점 등이 전형적 특징이었다. 기원후 1세기의 농학자 콜루멜라(Columella)는 농장 운영에 관한 전문적 조언과 복잡한 농업 관행에 대한 의견을 기록으로 남겼다. 로마의 빌라 시스템은 아프리카, 갈리아, 게르마니아 등지로 확산되었다. 이런 곳의 농장에서도 충분한 장비를 갖추고 기름과 와인을 생산했다. 이들이 생산한 상품이 지역 간 거래 시장에 충분히 공급된 사실도 확인되었다.[23] 농장주의 사회적 지위도 점차 다양해졌다. 기원전 1세기 말경에 이르러 로마에서 노예 신분을 벗어난 카이킬리우스 이소도루스(C. Caecilius Isodorus)라는 인물은 (물론 예외적 경우이긴 하지만) 오래도록 고귀한 지위를 유지해온 사람들에 충분히 필적할 만한 재산을 모았다.[24] 당시 대규모 농장의 생산량을 오늘날 수치로 확인하기는 어렵다. 다만

---

23 Dennis P. Kehoe, "The Early Roman Empire: Production," in Scheidel et al. (eds.), *Cambridge Economic History of the Greco-Roman World*, p. 556, with further literature.
24 Harris, "The Late Republic," p. 524.

로마 제국 전체의 일상생활을 유지하는 데 필요할 정도의 생산량을 제공했던 기본 바탕에 그러한 농장이 있었다는 사실은 분명하다.

통화 정책

제한된 범위에서 일부 교환 과정에 사용되던 화폐가 아프리카-유라시아 세계 전역의 화폐 체제로 나아간 시기는 기원후 1세기 중엽이었다. 통화 정책의 실시 과정을 보면 경로 의존성(path-dependent process)이 뚜렷하게 드러난다. 중국, 동남아 태평양 지역, 인도 등 극동 지역에서는 원래 조개껍데기가 귀족 계층의 물품 교환에 주로 사용되었다. 유라시아 서부와 이집트에서는 물품을 교환하는 데 대개 금괴나 은괴 같은 귀금속을 사용했다. 소작료, 조공, 외교 관계, 종교 행사의 의무 등을 이행하는 데 사용된 지역별 수단으로는 곡물, 비단, 옷감, 옥, 청동괴, 귀금속 제품, 금속 그릇, 진주, 유리 제품 등이 있었다.[25] 역사적으로 화폐 정책에서 가장 중요한 단계는 고정된 도량형 단위에 따른 물건의 교환이었다. 이것이 가능하려면 상거래에 상당한 정도의 중앙 집권적 권위가 뒷받침되어야 했다. 중앙 집권적 통화 정책의 최초 사례는 기원전 제3천년기 메

---

25 Jursa, *Aspects of the Economic History*, pp. 469 and 750; Walter Scheidel, "The Monetary Systems of the Han and Roman Empires," in Scheidel (ed.), *Rome and China*, p. 139, for China; Andrew Burnett, *Coinage in the Roman World* (London: Seaby, 1987), pp. 1-17, for Rome; John H. Kroll, "The Monetary Use of Weighed Bullion in Archaic Greece," in William V. Harris (ed.), *The Monetary System of the Greeks and Romans* (Oxford University Press, 2008), pp. 12-37, for Greece; David M. Schaps, "The Invention of Coinage in Lydia, in India and in China," *Bulletin du Cercle d'Études Numismatiques* 44 (2007): 281-322, in comparative perspective.

소포타미아와 이집트에서 확인된다.[26] 기원전 제1천년기 후반에 이르면 아시아, 이집트, 그리스와 이탈리아의 여러 도시국가 등 훨씬 더 많은 지역에서 정치적 조직 체계의 발달과 함께 통화 정책이 등장했다. 국가 체제는 화폐 교환 체계의 결정적 배경이었지만 제국 체제의 팽창은 그렇지 않았다. 제국 정부와 행정 관리 체제는 복속된 영토 내의 모든 지역에 화폐 유통을 강요하지 않았고, 할 수도 없었다. 그러나 화폐 체계가 제국 체제하에서 더욱 강해지는 측면은 있었다. 조공을 바치거나 군사 비용을 지불할 때 화폐가 필요했고, 강력한 통화 수단을 사용함으로써 부수적으로 생겨나는 상징적 효과도 있었다. 귀금속은 오랫동안 화폐의 가치를 인정받아왔다. 내구성이 있었고, 운반하기가 좋았고, 나눌 수 있었으며, 정치적 변경을 넘어가더라도 비교적 가치 안정성이 있었기 때문이다.

현금과 동전 주조

현금에는 두 가지 전통이 있었다. 하나는 동전 주조인데, 동전이 등장하면서 기존에 화폐로 사용되던 여러 가지 대용품을 신속히 대체했다. 대표적 사례는 중국으로, 청동으로 만든 동전이 사용되었다. 이외에도 인도나 그리스 지역에서 동전을 주조했고, 특히 그리스의 동전은 이후 그리스-박트리아, 쿠샨, 파르티아 등지의 동전 주조에도 강한 영향을 미쳤다. 또 다른 전통으로는 동전을 주조하지 않고 귀금속 그 자체를 현금으로 사용하는 오랜 관행이 있었다. 이 경우 동전 사용 문화권과의 접

---

26 Jonathan Williams (ed.) *Money: A History* (London: The British Museum Press, 1997), pp. 16-24.

촉 이후에도 오래도록 기존의 전통이 유지되었다. 예를 들면 근동 지역의 제국들과 이집트가 바로 그러한 사례였다. 동전을 사용하는 지역에서도 금괴나 은괴는 여전히 중요한 화폐 수단으로 남아 있었다. 중국에서는 여러 재질의 금속으로 동전을 주조했으나 금을 이용한 사례는 극히 드물었다. 그리스-로마 세계에서는 당연히 금괴와 은괴가 줄곧 가치를 인정받았고, 큰 금액을 전달해야 할 때 지불 수단으로 사용되었다.[27] 화폐 경제가 발달할수록 금융 또한 고도화되었다(금융 기관 및 여신 금융의 발달 포함). 이러한 경향은 현금의 두 가지 전통 지역 모두에서 공통되었다. 그러므로 어느 한쪽이 경제적으로 더 우월한 방식이었다고 말하기는 어렵다.

중국 지역에서는 기원전 4세기부터 동전이 발달하기 시작했다. 결국 중국 지역 내 거의 모든 나라가 나름대로의 도량형에 따라 동전을 사용했다. 다만 남쪽의 초(楚)나라는 예외였는데, 조개(貝幣)나 금판(金幣)을 사용하여 화폐 제도의 발달과는 동떨어져 있었다. 중국 동전은 기본 금속을 사용하고 가운데 구멍을 뚫었으며, 가치와 발행권자의 이름을 문자로 새겼다는 점 등이 특징이었다. 금은 동전 형태로 주조하지는 않았지만 화폐 경제 체제에서도 여전히 지불 수단으로서 사용되었다. 또 다른 특징으로는 국가 차원에서 사적인 동전 주조를 충분히 통제하지 않았거나 못했다는 점을 들 수 있겠다.[28]

---

27 Scheidel, "From the Great Convergence," pp. 11-23, for gold use in China; William V. Harris, "The Nature of Roman Money," in Harris (ed.), *Monetary Systems*, pp. 174-207, for the use of bullion in the advanced Greco-Roman economy.

인도 지역에서 동전 주조가 시작된 시기는 상당히 모호한 편이다. 그러나 적어도 알렉산드로스 대왕과 접촉한 이후에 동전 주조가 발달하기 시작했다는 주장이 문화적 선입견에 불과하다는 것만큼은 분명하게 말할 수 있다. 인도 지역 최초의 동전은 인더스 평원과 갠지스 평원에서 기원전 6세기에 만들어졌다. 이때는 인도 사람들이 그리스 사람들과 접촉하기 훨씬 전이었다. 그들은 은으로 만든 조각에 자국을 표시한 뒤 무게에 따라 잘라서 사용했는데, 이는 중국이나 그리스 어느 쪽과도 기술적으로 일치하지 않는다. 자국이 표시된 동전은 인도 전역에서 발견되었고, 지역에 따라 유형이 나뉘었다. 이 동전은 인도아대륙에서 기원전 5~4세기에 성립한 부족 국가들 사이에서 교환 수단으로 사용되었을 것으로 추정된다. 이보다 널리 유통된 또 한 가지 동전이 있는데, 기원전 4세기 말에서 기원전 3세기 초 인도 대부분 지역을 통일한 난다(Nanda) 왕조나 마우리아(Maurya) 왕조에서 새롭게 주조한 동전으로 추정된다. 혹은 지역별로 만들어져 사용되던 것이 그 무렵부터 지역 경계를 넘어서 유통되었을 수도 있다.[29]

이상에서 거론한 세 경우(중국, 그리스, 인도) 중에서 그리스의 전통이 가장 오래되었고 자료도 비교적 자세히 남아 있다. 그리스에서는 동전이 주조되기에 앞서, 최소한 1세기 전에 이미 은괴가 고정된 무게 단위에 따라 사용되었다. 최초의 동전은 기원전 7세기 말엽 소아시아 해

---

28 Walter Scheidel, "Divergent Evolution of Coinage in Eastern and Western Eurasia," in Harris (ed.), *Monetary Systems*, pp. 267-86; Scheidel, "Monetary Systems," pp. 137-208; for illustrations, Williams (ed.), *Money*.
29 Schaps, "The Invention of Coinage," 290-92, with further bibliography.

안 지역에 있었던 그리스-리디아(Lydia)의 도시들에서 만들어졌다. 그들은 금·은 합금을 사용했는데, 이른바 호박금(electrum)이라고 불리는 금속이다. 리디아에 있는 트몰로스(Tmolos)산과 팍톨로스(Paktolos)강에서 천연 호박금이 출토되었다. 귀금속으로 동전을 주조하는 아이디어는 에게해의 주요 도시, 즉 애기나(Aegina), 코린토스, 아테네, 그리고 이오니아와 키클라데스 제도의 몇몇 공동체로 신속히 퍼져 나갔다. 리디아 이외 그리스 지역의 동전은 지역 무게 단위에 따라 은으로 만든 은화였다. 그리고 해당 도시의 문장(紋章)이 새겨져 있었다. 흑해 지역, 키레네, 시칠리아, 스페인, 프랑스 남부, 이탈리아의 많은 도시로도 동전 주조 기술이 급속히 확산되었다. 이곳은 모두 그리스인이 거주했던 곳으로, 그리스 본토와 강한 연대를 맺고 있는 지역이었다. 청동이나 금을 이용한 동전 주조는 기원전 4세기 이전까지 등장한 적이 없었다.[30]

도시 아테네의 동전은 기원전 5세기부터 중요한 화폐로 부상했는데, 이는 아테네 제국 및 연합 해군을 유지하기 위한 비용과 관련이 있었다. 기원전 5세기 말에서 기원전 4세기에는 아테네의 동전이 그리스 문화권의 경계를 훨씬 넘어서까지 유통되고 있었다. 이는 용병이나 무역상이 어디서나 지불 수단으로 아테네 동전을 선호했기 때문이다. 이집

---

30 John H. Kroll, "Observations on Monetary Instruments in Pre-Coinage Greece," in Miriam S. Balmuth (ed.), *Hacksilber to Coinage: New Insights into the Monetary History of the Near East and Greece* (New York: American Numismatic Society, 2001), pp. 77-92; David M. Schaps, *The Invention of Coinage and the Monetization of Ancient Greece* (Ann Arbor: University of Michigan Press, 2005), pp. 93-111; Sitta von Reden, *Money in Classical Antiquity* (Cambridge University Press, 2010), pp. 30-33.

트, 시리아, 아라비아 등지에서도 아테네 동전을 모방했다. 이런 지역에서는 아테네 동전이 사뭇 다른 결과를 낳기도 했다. 예컨대 아라비아반도에서 기원전 4세기 이후 그리스 동전이 유통되면서, 특히 가자(Gaza)에서부터 아라비아 남부 왕국들로 이어지는 무역로를 중심으로 그 지역의 화폐 경제에 박차를 가했다.[31] 다른 그리스 도시들도 외부에서 동전 주조 기술을 습득했다.[32] 북아프리카의 카르타고는 기원전 4세기 시칠리아에서, 로마는 기원전 3세기 남부 이탈리아의 네아폴리스(Neapolis)에서, 켈트인은 기원전 4세기 말엽에 마케도니아와 프랑스-이베리아 해안 지역의 그리스 도시들에서 기술을 배웠다. 알렉산드로스 대왕에 의해 그리스 문화가 팽창하고 이전 페르시아 제국 영토에 그리스 행정 체계가 자리 잡으면서 동전 주조는 더욱 발달했다. 기원전 2세기 이후 로마 제국 치하에서 지중해를 중심으로 제국 전체를 아우르는 단일 화폐 체제가 형성되었고, 지역별 발행 화폐가 이를 보조적으로 뒷받침했다.[33]

금속 화폐의 사용은 해당 지역의 광물 자원과 관련이 있었다. 그러나 화폐를 사용한 많은 지역에서 정복 혹은 교환을 통해 원자재를 확보하기도 했다. 화폐 경제가 고도로 발달한 제국으로 특히 바빌로니아 제국이 주목할 만한데, 그들의 영토에는 광산이 없었다. 그럼에도 불구하고 그들의 화폐 경제는 번성했고, 은이나 동전의 공급량은 넉넉히 축적

---

31 Peter G. van Aalfen, "Mechanisms for the Imitation of Athenian Coinage: Dekeleia and Mercenaries Reconsidered," *Review Belge de Numismatique et de Sigillographie* 157 (2011): 79-83.
32 Von Reden, *Money in Classical Antiquity*, pp. 35-64.
33 Andrew Burnett, *Coinage in the Roman World* (London: Seaby, 1987), p. 37; Scheidel, "Divergent Evolution of Coinage," p. 271.

되어 있었다. 바빌로니아와 그 뒤를 이은 아케메네스 왕조에서 은이 그토록 풍부했던 것은 무엇보다 선물, 조공, 약탈 등으로 은을 확보했기 때문으로 추정되지만, 교역이 점차 늘어난 이유도 있었다.[34] 농업 자원이 풍부한 경제 체제는 균형 잡힌 무역을 통해 이득을 볼 수 있는 잠재력이 있었다. 특히 그 지역이 효율적 관리를 통해 농업 생산성이 높을 경우에는 더더욱 그랬다. 그러나 이념적으로 농업을 강조하며 농업만을 유일한 부의 원천으로 간주하고, 화폐를 수령하기보다는 지불하는 쪽에 더욱 상징적 의미를 부여하는 바람에, 고대 사회에서는 수출 잠재력을 충분히 활용하지 못하도록 금지하는 경우가 많았다. 돈의 부족은 오직 사치품의 소비와 관련해서만 불만이 제기되었다. 이는 로마 제국 시기의 문헌 자료에서 풍부한 사례가 확인되었다. 그러나 제국의 안정을 위협하는 더욱 심각한 문제는 군비의 과다 지출로 인한 화폐 부족이었다. 이 때문에 고대 경제에서 국가 및 제국의 역할이 과연 긍정적이었는지 의문이 제기되기도 한다.

세금, 무역, 도시의 발달

제국을 유지하는 측면에서 세금은 재정적으로든 상징적으로든 가장 중요한 수단에 속한다. 도시국가는 비록 거대 제국에 포함되어 있을지라도 자국 시민에 대한 세금 징수는 자제하는 대신 이방인이나 상인 혹

---

34 Michael Jursa, "Grundzüge der Wirtschaftsform Babyloniens im ersten Jahrtausend v. Chr.," in Robert Rollinger and Christoph Ulf (eds.), *Commerce and Monetary Systems in the Ancient World: Means of Transmission and Cultural Interaction* (Wiesbaden: Franz Steiner, 2004), pp. 115-36.

은 수입품에 대한 과세를 강화함으로써 권위를 유지하고자 하는 경향이 있었다. 왕국과 제국에서도 백성에게 세금을 부과했지만 특권층이나 일부 집단에게는 세금을 면제해주기도 했다. 고대 세계의 세금은 주로 인두세, 토지세, 작물 수확에 따른 세금, 재산세 등이 혼합되어 있었다. 이 외에도 엄청나게 많은 종류의 간접세가 있었는데, 선박 운송, 물품 제조, 시장 판매, 토지 거래, 가축 사육, 어로, 공공 서비스 이용 등등에 세금이 부과되었다. 지역별로 세금 균형을 맞출 때는 개별 세금 항목을 조정하기보다 지역 내 소규모 세금들을 모은 총량을 조절하는 쪽을 택했다. 거두어들인 세금은 권력 중심부 혹은 국경 지역에서뿐만 아니라 지역 내 현안(인프라 건설이나 군사 주둔 등)에도 사용되었다. 정복 전쟁을 수행하거나 군대를 유지하는 비용이 세금에서 가장 큰 비중을 차지했다는 점에 대해서는 논란의 여지가 없다.[35] 제국의 입장에서 다른 모든 비용은 원정비나 군사비에 비하면 부차적 문제에 지나지 않았다.

또한 세금의 효과로 간과하면 안 될 점은, 제국을 운영하는 데 필요한 수입을 충당하는 것뿐 아니라 사회를 통제하는 데에도 중요한 수단이었다는 사실이다. 인두세와 토지세를 매기려면 먼저 납세자, 토지, 혹은 수확량을 등록해야 한다. 이를 위하여 연령, 성별, 출신 민족, 시민의 지위, 종교적 신앙 등이 세부적으로 기록되었다. 특권층이나 특정 공동체는 세금 감면 혜택을 받았고, 바람직하지 못하다고 생각하는 직업에

---

35 Keith Hopkins, "Taxes and Trade in the Roman Empire (200 BC - AD 400)," *Journal of Roman Studies* 70 (1980): 101-25; E. Lo Cascio, "The Early Roman Empire," in Scheidel et al. (eds.), *Cambridge Economic History of the Greco-Roman World*, pp. 619-50.

는 더 많은 세금이 부과되었다. 예컨대 한(漢) 제국의 상인에게는 2배의 세금이 부과되었다. 세금 특혜는 새로운 작물을 도입하거나 출산율을 높이는 등 특정 목적에 따라 부과될 수도 있었다. 세금과 백성의 물리적 통제 사이에는 밀접한 관계가 있었다. 중국과 이집트는 모두 노역을 부과하는 방대한 시스템이 있었으며, 원칙적으로 모든 백성에게 노역의 의무가 부과되었다. 무임금 강제 노역 대신 돈을 낼 수도 있었는데, 이는 국가적 입장에서 재산과 노동력을 서로 전환 가능한 등가의 대상으로 간주했음을 의미한다.[36] 이와 같은 세금의 부수적 측면들을 볼 때 세금이 과연 엄밀한 필요 예산에 따라 부과되었는지는 상당히 의심스럽다.

하지만 분명한 것은 재정 정책이 고대 사회의 경제에 영향을 미치는 가장 심각한 요인이었다는 사실이다. 과세 대상 인구의 대부분이 농업 기반이었기 때문에 소작료나 토지세는 대개 현물로 부과되었다. 아우구스투스 이후 로마 황제들은 북아프리카와 이집트에서 거두어들인 곡식을 최소 20만 이상의 로마 시민에게 공급했으며, 제국의 다른 지역 시장 유지를 지원했고, 거대 병력에게 가죽과 옷감을 제공했다. 현물세로는 다양한 물품을 거두었는데, 배를 건조하기 위한 목재, 신발을 만들기 위한 소가죽, 기름을 짜기 위한 대마, 옷을 만들기 위한 비단 등도 포함되었다. 프톨레마이오스 왕조 치하 이집트에서는 세금과 임대료를 현물로 거두었다. 거두어들인 물품은 국가적 수요를 충당하는 데 사용되었지만, 외국의 상인들을 불러들여 그들의 화폐와 교환하는 데에도 사용되었다. 이러한 여러 가지 사례에 비추어 현물세의 쓰임새가 적지 않았지

---

36 Lewis, *The Early Chinese Empires*, p. 60.

만, 그럼에도 불구하고 여러 제국에서는 세금으로 현물보다 현금을 더 선호했다. 현금이 사용하거나 운반하기 편했고, 제국의 상징적 의미에도 도움이 되었기 때문이다. 그러나 과연 제국 체제하에서 현금 세금 비중이 얼마나 되었는지는 불분명하다. 만약 특정 시기에 현금 비중이 더 커졌다고 하면, 이는 일상적 발전 과정이라기보다 무언가 특별한 일이 있었던 것으로 해석되어야 한다. 세금을 현금으로 거두려면 시행 과정에서 별도로 상당한 비용이 소모되었다.

이미 페르시아 제국 치하에서 아시아 일부 지역은 현금으로 세금을 납부했다.[37] 그러나 단순히 상업이 발달해서 현금 세금이 늘어난 것은 아니었다. 그보다는 오히려 관계 당국이 세금 품목을 현물로 거두어 직접 상거래에 참여하는 방식이었다. 당국에서는 중요하다고 생각하는 현금 자원을 현물로 거두어 저장했다. 잉여 농산물을 현금으로 교환하는 일은 개별 농민보다 지방의 총독이나 사원 혹은 토지를 소유한 기관의 책임이었다. 이는 이후 왕조에서 더욱 표면화되었다. 헬레니즘 왕조에서는 현금과 현물 세금이 복합된 페르시아의 전통을 이어받았고, 마찬가지로 일차적 책임은 지방 행정 당국과 사원이었던 것으로 추정된다.[38] 기관에서는 여전히 현물세를 거두고 현물을 보관하는 전통을 지속했다. 그러나 점차 세리를 늘려갔고, 이들이 백성에게서 직접 세금을 걷는 업무를 수행했다. 세리는 현물 경제와 현금 경제를 매개하는 중요한 역할

37 Jursa, "Grundzüge der Wirtschaftsform," pp. 124-7.
38 Sitta von Reden, *Money in Ptolemaic Egypt: From the Macedonian Conquest to the End of the Third Century BC* (Cambridge University Press, 2007), pp. 34; 84-111.

을 담당했다. 그러나 농민 또한 노동력을 제공하거나 왕이 소유한 사업장에 고용되어 일한 대가로 현금을 받기도 했다. 중국에서도 비슷한 구조가 등장했다. 현금으로 세금을 거두는 관행은 전국(戰國) 시대에 크게 유행했다. 현물세는 점차 축소되는 동시에 현금으로 납부해야 할 인두세와 재산세는 점차 늘어났다. 한 제국 초기에 현금 납부 대상과 규모가 크게 늘어났다. 농민이 세금으로 납부해야 할 현금을 어떻게 구했는지 직접적 증거는 남아 있지 않지만, 학자들은 시장에서의 상거래, 임금 노동, 지주와 상인의 중개 등을 통하여 현금을 조달했을 것으로 추정한다. 농민의 시장 참여와 중개인을 통한 현금 수급이 가능했다면 분명 방대한 양의 상품과 현금이 유통되었을 것이다.[39]

잉여 농산물을 현금으로 교환하는 과정에서 도시 시장의 역할은 갈수록 중요해졌다. 세금 중개인으로서 백성에게 현물세를 받고 당국에는 현금을 납부한 세리와, 소작인에게 임대료와 세금을 현물로 거둔 지주는 모두 도시의 시장에서 현물을 팔아야 했고, 그것이 대규모 경제의 일부로 작동했다. 기원후 1세기에 이르러 수많은 도시가 개발과 교환의 중심지로 기능했다. 도시의 시장에서 현물세와 소작료로 받은 농산물이 수출 품목이나 현금으로 교환되었다. 제국의 세금은 자원이 시장으로 들어오는 과정을 촉진하거나 강제했고, 결과적으로 몇몇 거대 수도를 중심으로 하는 기나긴 무역로와 지역 간 교환 체계가 생겨났다. 세금이 아니었다면 이런 식의 교환 체계가 만들어지지 않았을 것이다.[40]

---

39 Sadao, "Economic and Social History," pp. 596-601.
40 Peter F. Bang, "Commanding and Consuming the World: Empire, Tribute and

지역 간 무역과 글로벌 교환 체계

과거에는 세금, 엘리트 계층의 소비, 군사적 팽창에 따라 거대한 교환 체계의 네트워크가 만들어졌다. 또한 기원전 제1천년기에는 지역 간 교환 체계를 더욱 발달시키는 기술과 구조가 만들어졌다. 가장 먼저 메소포타미아를 중심으로 이와 같은 네트워크들이 등장했다. 남쪽으로는 페르시아만을 건너 아라비아반도까지, 북쪽으로는 페르시아까지 이르는 네트워크였다.[41] 또 다른 사례로는 이집트에서 키프로스섬과 레반트 지역을 거쳐 아나톨리아까지, 그리고 이집트, 누비아, 아프리카 홍해 지역의 왕국들과 더 남쪽까지 이어지는 네트워크도 있었다.[42] 한편 중국 북동부 지역의 네트워크는 주(周)나라 때까지 비교적 그리 넓지 않았다. 대만을 제외하고는 동중국해가 가로막혀 더 이상 뻗어 나가지 못했다.

기원전 제1천년기 초엽, 정치적 분열의 시기를 거친 뒤, 페니키아 해안 지역에서는 치열한 경쟁 속에 도시국가들이 난립했다. 그중 특히 티레(Tyre)는 새로운 상업의 방향을 개척했다. 그들의 무역로는 서쪽으로 키프로스섬과 북아프리카, 시칠리아섬을 거쳐 스페인 해안에까지 이르렀다. 동쪽에서는 아마도 이스라엘 신왕국의 협력을 얻어 유프라테스강 유역, 메소포타미아 및 아라비아 북부 지역까지 안정적으로 접근할 수

Trade in Roman and Chinese History," in Walter Scheidel (ed.), *Rome and China: Comparative Perspectives on Ancient Empires* (Oxford University Press, 2013), p. 104. Sitta von Reden, "Money and Finance," in Scheidel (ed.), *Cambridge Companion to the Roman Economy*, pp. 266-87.

41 Christopher Edens, "Dynamics of Trade in the Mesopotamian 'World System,'" *American Anthropologist* 94 (1992): 118-39.

42 Cyprian Broodbank, *The Making of the Middle Sea* (Oxford University Press, 2013).

있었던 것 같다. 한편 페니키아인은 고도의 항해술 덕분에 금이 생산되는 홍해 연안 지역과 인도양 지역까지도 진출할 수 있었던 것으로 추정된다.[43] 전형적인 페니키아 무역 네트워크는 엠포리아(emporia, 역외 거점)를 중심으로 이루어졌으며, 사적인 무역은 상당히 제한적이었다. 결정적 증거는 아직 없지만 일부 학자들이 추정하기로, 페니키아 무역 네트워크를 만든 세력은 독립적 상인들이 아니라 도시국가의 귀족 계층이었다고 한다.[44] 이 문제는 나아가 과연 기원전 제1천년기 초엽의 원거리 교환 체계를 사실상의 무역으로 간주할 수 있는가 하는 논쟁으로 이어졌다.

청동기 시대 교환 체계의 네트워크는 제철 기술과 엘리트 계층의 무덤 부장품에서 발견되는 철제 유물의 교환을 통해서만 파악할 수 있다. 동남아시아 지역에서 확인된 최초의 지역 간 교환 체계 네트워크는 동주(東周) 시기였다(기원전 7세기).[45] 북중국 지역에서 공통적 제철 기술과 철제 유물의 교환이 확인된 시기는 서주(西周) 말엽에서 춘추(春秋) 초엽이었다(기원전 9~7세기).[46] 한편 당시 지구의 반대편 유럽 대륙에서는 반(半)정주적 생활을 하던 사람들이 이주와 교환을 통해 점차 제철 기술을 발달시키고 있었다.[47] 기원전 제1천년기 초중반에 아프리

43 María Eugenia Aubet, *The Phoenicians and the West: Politics, Colonies, and Trade* (Cambridge University Press, 1993), with reference to the biblical tradition; more hesitant to accept this tradition, Bedford, "The Persian Near East," p. 323.
44 Bedford, "The Persian Near East," and Aubet, *The Phoenicians and the West*; by contrast W. Ameling, *Karthago. Studien zu Militär, Staat und Gesellschaft* (Munich: C. H. Beck, 1993).
45 Charles Higham, *The Bronze Age of South-East China* (Cambridge University Press, 1996).
46 Nicola Di Cosmo, *Ancient China and Its Enemies: The Rise of Nomadic Power in East Asian History* (Cambridge University Press, 2002), pp. 44-92.

카-유라시아 지역에 장기적으로 중대한 영향을 미칠 두 개의 사건이 벌어졌다. 하나는 페르시아가 아시아의 거대 지역을 정복한 사건이고, 다른 하나는 지중해 지역에서 그리스의 교환 체계 네트워크가 확장된 사건이었다.

페르시아인은 제국의 영토에 도로 체계를 건설했던 것으로 유명하다. 그 도로를 통하여 과거 접근하기 어려웠던 지역까지 상품이 유통되었다. 페르시아의 왕 다리우스(Darius)는 또한 이집트 홍해 연안에 나일강과 아라비아반도를 연결하는 운하와 엠포리아를 건설한 업적으로 기억되고 있다. 페르시아 지배 시기 그들이 만든 도로와 경로를 거쳐 무역이 이루어졌다는 증거는 극히 희박하다. 그럼에도 불구하고 충분히 추정할 수 있는 것은, 당시 페르시아가 건설한 도로를 통해 유통된 물품이 기원전 제1천년기 중반까지는 상업적 무역 상품이라기보다 대개 조공 물품이었을 가능성이 크다는 점이다.[48]

두 번째 중요한 사건은 지중해 연안에서 그리스 세력의 성장이었다. 기원전 제1천년기 전반기의 그리스는 공격적인 정복자도 아니었고, 그렇다고 서부 지중해에서 카르타고-페니키아 무역 네트워크의 심각한 경쟁자가 되지도 못했다. 그리스인은 기원전 8세기에 레반트 지역 및 이탈리아 서부 해안 지역에서 페니키아 방식의 엠포리아를 건설했

---

47 Peter S. Wells, *Beyond Celts, Germans and Scythians: Archaeology and Identity in Iron Age Europe* (London: Duckworth, 2001).
48 Pierre Briant, *From Cyrus to Alexander: A History of the Persian Empire* (Winona Lake, IN: Eisenbrauns, 2002), pp. 357-87; Bedford, "The Persian Near East," p. 325.

다. 기원전 7세기 말에는 이집트에 무역 거점을 건설하기도 했다. 그러나 그들은 무역을 두고 경쟁하지 않았다. 그들이 건설한 도시 문화는 집단적 정치 참여, 교환, 소비에 바탕을 두고 있었다.[49] 그들의 도시는 단지 무역만을 목적으로 하지 않았다는 점에서 항구나 국경 지역에 건설된 엠포리아와는 달랐다. 또한 궁정 혹은 왕실이 주도하지 않았다는 점에서 아프리카나 중국을 비롯한 아시아 여러 제국의 수도와도 달랐다. 그리스의 도시에서는 더 폭넓은 사회적 집단이 교환 체계에 참여했으며, 소비자로서 도시의 시장에 접근할 수 있었다. 정치적 참여 이데올로기와 평등 사상 덕분이었다. 그리스의 귀족들과 정부는 이와 같은 교환 체계에서 무역과 주식 작물의 가격을 조정하는 선에서 열린 시장을 지향했다.[50]

그리스의 민주정은 그리 오래 유지되지 못했다. 마케도니아가 기원전 4세기 말 페르시아 제국과 이집트를 정복하자 시민들의 상호 교류를 중심으로 하는 그리스의 도시 문화는 중앙아시아와 이집트 지역으로 확산되었다.[51] 그리스의 거대 제국은 머지않아 지역별 왕조에 부분적으

---

49 Nicolas Purcell and Peregrine Horden, *The Corrupting Sea: A Study of Mediterranean History* (Oxford: Blackwell, 2000), for city culture, consumption, and Mediterranean connectivity; Robin Osborne, *Greece in the Making* 1200-479 (London: Routledge, 2009), pp. 185-200, for the foundation of Greek settlements abroad.
50 Armin Eich, *Die Politische Ökonomie des antiken Griechenland (6.-3. Jahrhundert v. Chr.)* (Cologne: Bölau, 1986), pp. 218-38.
51 Susan Sherwin-White and Amélie Kuhrt, *From Samarkand to Sardis: A New Approach to the Seleucid Empire* (Berkeley: University of California Press, 1993); Richard Billows, "Cities," in Andrew Erskine (ed.) *A Companion to the Hellenistic World* (Oxford: Blackwell, 2006), pp. 196-215.

로 영토를 빼앗겼으며, 중앙아시아에서도 더욱 강력한 다른 제국의 네트워크가 형성되었다. 그럼에도 그리스의 도시 문화는 타문화와 뒤섞인 혼종의 형태로 강력하게 지속되었다. 기원후 1세기에 중국은 타림 분지 (Tarim Basin, 오늘날 신강新疆 지역)까지 확장해 들어가 새롭게 떠오르던 쿠샨 제국(Kushan Empire)과 국경을 맞대게 되었다. 그 뒤 쿠샨 제국에서는 혼합형 동전이 등장했다. 한쪽 면에는 그리스-인도 모티프가 새겨지고, 반대편에는 중국식 상징 혹은 도량형이 표시된 동전이었다.[52] 무슬림 정복 시기 이전까지는 이집트, 서아시아 및 동아시아의 무역 공동체에서 그리스어가 주요 의사소통 수단으로 사용되었고, 그 이후로도 그 잔재가 남아 있었다.[53]

인도아대륙에서는 기원전 5세기에 이전보다 더 강력한 문화적 응집력이 생겨났다. 브라만교 전통을 기반으로 새로 등장한 불교는 새로운 문화적 응집력의 분명한 요소들 가운데 하나였다. 마우리아 왕조는 기원전 3세기 아소카 대왕 시기에 전성기를 맞이했다. 남아시아 세계 대부분이 통일되었으며, 비록 기간은 짧았지만 불교가 만개한 시기가 있었다. 이 시기가 무엇보다 중요한 이유는, 공통된 소비문화를 바탕으로, 지역별 차이에도 불구하고 인도라는 하나의 정체성이 인식될 수 있는, 공통의 정치적 틀이 만들어졌기 때문이다. 중국에서는 진(秦)-한(漢) 제국이 최초로 중국을 통일하고 경제적 번영을 주도했는데, 그 방식은 앞

---

52 Craig Benjamin, "The Kushan Empire," in *The Oxford Handbook of Civilisations* (Oxford University Press, forthcoming).
53 G. W. Bowersock, *The Throne of Adulis: The Red Sea Wars on the Eve of Islam* (Oxford University Press, 2013), pp. 26-27, 30-31, and 45.

에서 언급한 바와 같다. 그들은 지역 문화를 하나로 통합해 나갔다. 중국식 통합의 정도는 마우리아 왕조나 더 서쪽의 그리스 헬레니즘 세계보다 훨씬 강력했다.

실크로드와 인도양을 통한 동서 교역은 기원전 3세기 이후로 계속되었다. 이 주제에 관해서는 우리 책의 18장(한국어판 08권 18장)에서 자세하게 논의될 것이다. 그러나 간과하지 말아야 할 점은, 글로벌 관점에서 보자면 지역별로 나뉜 교환 체계라고 할 수 있는 네트워크들이 서로 연결되어 대륙 간 무역로가 만들어졌다는 사실이다. 자료를 통해 증명할 수는 없지만 부정하기 어려운 사실은, 동양에서 중앙아시아를 거쳐 지중해와 로마까지 이동하며 오랜 여정을 거친 상품 가치의 총량은, 훨씬 더 작은 지리적 범위에서 지속적으로 유통되는 상품 가치의 총량 중에서 극히 일부를 차지했을 뿐이라는 점이다.[54] 대륙 간 무역에서 무엇보다 중요한 사실은, 무역로를 거친 개별 상품의 가치가 매우 비쌌다는 점, 그래서 그런 상품은 상당히 좁은 엘리트 계층의 소비 능력에 따라 유통될 수밖에 없었다는 점이다.

기원후 시기가 시작될 무렵, 동아프리카 해안 지대와 아라비아 및 인도 지역 항구에는 정착 도시가 형성되었고, 그 도시가 내륙의 강 및 카라반의 경로와 연결되었다.[55] 일부 고고학적 흔적을 통해 항상적으로 대

---

54 Armin Selbitchka, *Prestigegüter entlang der Seidenstraße? Archäologische Untersuchungen zu Chinas Beziehungen zu Kulturen des Tarimbeckens vom zweiten bis frühen fünften Jahrhundert nach Christus* (Wiesbaden: Harrassowitz, 2012), vol. I ; Di Cosmo, *Ancient China and Its Enemies*, pp. 131-34 and 248; and Xinru Liu, *Ancient India and Ancient China: Trade and Religious Exchanges AD 1-600* (New Dehli: Vicas, 1988).

외 무역에 종사한 공동체가 확인되었다. 다시 말해서 동서 무역이 정기적으로 전문 무역가들에 의해 이루어졌다는 사실을 알 수 있다. 로마의 지리학자 스트라본(Strabon)에 따르면, 매년 120척의 배가 홍해의 미오스 호르모스(Myos Hormos)를 출발하여 인도를 향해 항해했다(Strab. 2.5.12). 이집트에서 인도 서부 해안의 항구 무지리스(Muziris)로 향한 무역상의 해운 운송 비용 대출에 관한 편지가 남아 있는데, 이를 통해 기원후 1세기 아시아와 지중해 교역에서 인도-이집트 상품 운송이 얼마나 중요했는지를 짐작할 수 있다. 파피루스에 기록된 내용에 따르면, 한 번의 항해에 운송하는 화물량이 상아, 진주, 향신료를 모두 합쳐 약 135톤에 이르렀으며, 당시의 가치로 환산할 때 항구의 통행세 25퍼센트를 공제하더라도 약 700만 이집트 드라크마(drachma)에 상당했다. 이는 대략 당시 이탈리아의 농지 1765헥타르를 살 수 있는 금액이었다.[56]

중국에서 지중해까지 동서 교역은 인도와 아라비아 남부 해안을 거쳐야 했다. 그러나 아라비아의 왕국과 에티오피아의 무역 거점들은 당시 아랍인의 통제 아래 놓여 있었으며, 이는 결코 사소한 일이 아니었다. 기원후 1세기의 홍해와 인도양 무역 관련 저서인 《에리트레아 항해기》에 따르면, 아라비아와 인도의 도시들 사이 국제 무역에서 토착 무역상

---

55 Steven E. Sidebotham, *Berenike and the Ancient Mediterranean Spice Route* (Berkeley: University of California Press, 2011) for the Hellenistic period; Gary K. Young, *Rome's Eastern Trade: International Commerce and Imperial Policy, 31 BC – AD 305*, London: Routledge, 2001; Bowersock, *The Throne of Adulis*.

56 D. W. Rathbone, "The 'Muziris' Papyrus (SB XVIII 13167): Financing Roman Trade with India," *Alexandrian Studies II in Honour of Mostafa el Abbadi, Bulletin du Archéologie d'Alexandrie* 46 (2001): 39-50; for land prices, Harris, "The Late Republic," p. 524.

뿐만 아니라 이집트 상인도 장거리 상품 운송에 참여했다. 더욱이 그들은 현지 생산품뿐만 아니라 멀리 다른 곳에서 들여온 상품도 취급했다고 한다. 중국은 인도 동부 해안 지역으로 비단을 공급했고, 이탈리아와 프리기아(Phrygia)의 와인, 이탈리아 이외 로마 제국의 다른 지역으로부터 올리브유, 동전, 주석, 사프란, 산호 등이 이집트를 거쳐 인도양으로 흘러 들어갔다. 《에리트레아 항해기》를 통해 보건대, 당시 무역에서 취급하는 상품에는 여러 가지 부류가 있었다. 일부 상품은 수요공급의 법칙에 따라 시장에서 자유롭게 유통되었다. 또한 조각상, 비싼 구리, 금은 그릇, 말, 당나귀, 노예 등 인도의 궁정에서 주문한 정해진 상품들이 있었다. 이로 보아 자유 무역은 정치적 규제를 받는 특정 무역과 현실적으로 분리되어 있었다. 마찬가지로 인도 해안 지역에서는 화폐를 매개로 한 무역과 물물 교환을 통한 무역이 모두 확인된다.[57]

그러므로 스미스(Smith)가 기원후 1000년 이후의 경제에 관한 그의 저서에서 그토록 확신을 가지고 구분한 무역의 "원동력(engine)"과 "지나가는 길(passageway)"은 사실 그다지 뚜렷하게 구별되지 않았다.[58] 농업 기반이 불안정한 지역이라도 지리경제적 위치에 따라 번성한 경우가 있었다. 예컨대 중국에서 이어지는 중앙아시아 무역로상의 도시국가 소그디아나(Sogdiana), 동아프리카 악숨 왕국의 아둘리스(Adulis), 아라비아 반도 북부 나바테아(Nabatea) 왕국의 페트라(Petra) 등이 있었고, 무엇보

---

57 Lionel Casson, *The Periplus Maris Erythraei: Text with Introduction, Translation and Commentary* (Princeton University Press, 1989), pp. 29-31, 41.
58 See Smith, CWH, Volume V, chapter 16.

다도 강한 군사력을 바탕으로 기원전 3세기 중앙아시아의 대부분을 장악했던 팔미라(Palmyra)가 있었다.[59] 실크로드 주변 도시들의 지역사로 범위를 좁히고 보면, 그들은 단순한 무역로 주변 거점이 아니었다. 그들 도시를 통과하는 무역 상품으로부터 돈을 벌기도 했지만 사회적 상징을 개발하여 이득을 취한 귀족 계층도 있었다. 그중 일부 귀족 계층은 정치 및 군사적 힘을 키웠고, 이를 바탕으로 기원후 400년 이후 신앙의 확산에 활력을 불어넣었다. 다시 말해서 신앙을 전파한 세력에는 단지 무역 상뿐 아니라, 지역 사회의 상징적 신앙 체계에서 기회를 잡아 경쟁자들보다 우위를 차지했던 귀족이 있었던 것이다.

이슬람 권력의 부상을 고대 후기 메카(Mecca)의 무역으로 설명하려는 시도가 이슬람 종교사나 수많은 대중서에 등장하지만, 그것은 사실이 아니다. 메카는 아라비아 남부 및 동부의 무역로상에 위치하지 않았다. 그 지역에서는 육로보다 해로를 선호했다. 패트리샤 크론(Patricia Crone)의 설명에 따르면, 메카의 무역은 순전히 지역 내 상거래에 국한되었으며 취급하는 상품도 귀중품이라기보다는 현지의 평범한 물품이었다.[60] 당시 아라비아반도는 사회적으로 또한 부족 단위로 분열되어 있었고, 이러한 분열 상태는 수 세기 동안 계속되는 중이었다. 메카는 순례

---

59 F. Millar, "Caravan Cities: The Roman Near East and Long-Distance Trade by Land," in Michel Austin, Jill Harries, and Christopher Smith (eds.), *Modus Operandi: Essays in Honour of Geoffrey Rickman* (London: The Institute of Classical Studies, 1998), pp. 121-37; also Young, *Rome's Eastern Trade* for Palmyra and Petra; Liu (this volume) for Sogdiana; Bowersock, *The Throne of Adulis*, for Adulis.

60 Crone, *Meccan Trade*.

및 시장 거래의 중심지가 아니었다. 메카의 시장 경제 정도로 기존의 사회 질서를 흔들 수 없었다. 해석에 따라 다르겠지만, 내가 보기에 무함마드의 가르침은 조상을 섬기는 전통을 기반으로 일신교를 결합하여 크게 인기를 모았고, 부족 간 조화는 그때껏 존재한 적 없는 새로운 형태였다. 무슬림 세력은 전광석화처럼 성장하여 세계 제국으로 성장했다. 그 이면에는 국가 형성과 군사적 팽창이 결합되어 있었고, 여기에 종교적 신념이 박차를 가했다.

종교는 기원후 5세기 이후로 소비, 정복, 무역의 중요한 요인이 되었다. 우리 책의 17장(한국어판 08권 17장)에서는 콘스탄티노폴리스에서 비단 장식이 어떻게 비잔티움 황제들의 왕실 상징이 되었고, 유스티니아누스 1세(재위 527~565 CE) 이후 비단 소비에 얼마나 중요한 영향을 미쳤는지 설명했다. 중국 비단은 왕실에서 후세에 더 좋은 삶으로 환생하기를 기원하며 불교 사원에 바치는 공물로 사용되었다. 지중해 지역에서 로마 제국의 분열이, 동아시아에서 중화 제국의 분열이 가속화되면서 유럽 및 북아프리카에서 동아시아의 서부까지 점차 질서가 재편되었다.[61] 중국의 분열은 이후 수(隋)·당(唐) 제국이 출현할 때까지 계속되었고, 서유럽에서는 6세기 이후 정치·경제 권력의 중심이 지중해에서 유럽 대륙 및 발틱해로 이동했다. 비잔티움 제국의 초기 번영기 동안 콘스탄티노폴리스, 가자(Gaza), 네게브(Negev)의 와인 무역은 번영과 팽창을 거듭했고, 그에 따라 항구 도시와 몇몇 생산지를 중심으로 도자기 생

---

61 See Liu, "Case Study: Exchanges within the Silk Roads World System," Chapter 17, this volume.

산이 촉진되었다. 그러나 비잔티움 제국의 성장에 따른 구조적 변화가 뒤따랐다. 문헌 자료나 해저 난파선 고고학의 성과로 확인된바, 상인들은 도시의 높은 세금을 피하여 소규모 정착지나 물가에 배를 댈 수 있는 장소에서 비공식 시장을 찾고자 노력했다.[62] 무슬림은 7세기 초 시리아를 시작으로 이집트, 북아프리카, 모로코, 스페인 및 사산조 페르시아를 잇달아 정복했다. 아랍인은 지중해 남부와 아시아에서 북쪽으로 캅카스까지, 동쪽으로 인도 북부까지 장악했다. 이는 페니키아 및 그리스 무역 거점의 시기부터 아프리카-유라시아 역사상 주요 무역권이었던 지중해 권역의 확장이라는 결과를 가져다주었다. 또한 이슬람의 심장부를 중심으로 새로운 경제적 공간이 창출되었다. 한편 같은 시기 인도와 중국은 이슬람의 가장 중요한 경쟁자로 다시 태어나고 있었다.[63]

---

62 Angeliki E. Laiou and Cécile Morrisson, *The Byzantine Economy* (Cambridge University Press, 2007); Michael McCormick, *Origins of the European Economy: Communications and Commerce AD 300-900* (Cambridge University Press, 2001); and Michael McCormick "Movements and Markets in the First Millennium: Information, Containers and Shipwrecks," www.history.upenn.edu/economichistoryforum/dods/mccormick_09.pdf, accessed March 21, 2013.
63 Philip D. Curtin, *Cross-Cultural Trade* (Cambridge University Press, 1984), and Smith, CWH, Volume v, chapter 16.

더 읽어보기

Bedford, P. R., "The Persian Near East," in Walter Scheidel, Ian Morris, and Richard P. Saller (eds.), *The Cambridge Economic History of the Greco-Roman World*, Cambridge University Press, 2007, pp. 302-33.

Broodbank, Cyprian, *The Making of the Middle Sea: A History of the Mediterranean from the Beginning to the Emergence of the Classical World*, Oxford University Press, 2013.

Chase-Dunn, Christopher, and Thomas D. Hall, *Rise and Demise: Comparing World Systems*, Bolder, CO: Westview, 1997.

Crone, Patricia, *Meccan Trade and the Rise of Islam*, Oxford: Basil Blackwell, 1987.

Curtin, Philip D., *Cross-Cultural Trade in World History*, Cambridge University Press, 1984.

Di Cosmo, Nicola, *Ancient China and Its Enemies: The Rise of Nomadic Power in East Asian History*, Cambridge University Press, 2002.

Ebrey, Patricia, "The Economic and Social History of Later Han," in Michael Loewe and Denis Twitchett (eds.), *The Cambridge History of China*, Cambridge University Press, 1986, pp. 608-48.

Fitzpatrick, Matthew P., "Provincializing Rome: The Indian Ocean Trade Network and Roman Imperialism," *Journal of World History* 22 (2011): 27-54.

Geraghty, R. M., "The Impact of Globalization in the Roman Empire, 200 BC-AD 100," *Journal of Economic History* 67 (2007): 1036-61.

Harris, William V., "The Late Republic," in Walter Scheidel, Ian Morris, and Richard P. Saller (eds.), *The Cambridge Economic History of the Greco-Roman World*, Cambridge University Press, 2007, pp. 511-42.

Hodges, Richard, *Dark Age Economics: A New Audit*, Bristol Classical Press, 2012.

Horden, Peregrine, and Nicholas Purcell, *The Corrupting Sea: A Study of Mediterranean History*, Oxford: Blackwell, 2000.

Jursa, Michael, *Aspects of the Economic History of Babylonia in the First Millennium: Economic Geography, Economic Mentalities, Agriculture, the Use of Money and the Problem of Economic Growth*, Münster: Ugarit Verlag, 2010.

Kehoe, Dennis P., "The Early Roman Empire: Production," in Walter Scheidel, Ian Morris, and Richard P. Saller (eds.), *The Cambridge Economic History of the Greco-Roman World*, Cambridge University Press, 2007, pp. 543-69.

Kroll, John H., "The Monetary Use of Weighed Bullion in Archaic Greece," in William V. Harris (ed.), *The Monetary System of the Greeks and Romans*,

Oxford University Press, 2008, pp. 12-37.
Laiou, Angeliki E., and Cécile Morrison, *The Byzantine Economy*, Cambridge University Press, 2007.
Lewis, Mark Edward, *The Early Chinese Empires: Qin and Han*, Cambridge University Press, 2007.
Liu, Xinru, *Ancient India and Ancient China: Trade and Religious Exchanges AD 1-600*, New Dehli: Vicas, 1988.
McCormick, Michael, *Origins of the European Economy: Communications and Commerce AD 300-900*, Cambridge University Press, 2001.
Morley, Neville, *Trade in Classical Antiquity*, Cambridge University Press, 2007.
Sadao, Nishijime, "The Economic and Social History of Former Han," in Denis Twitchett and Michael Loewe (eds.), *The Cambridge History of China*, Cambridge University Press, 1986, pp. 545-607.
Sarris, Peter, *Economy and Society in the Age of Justinian*, Cambridge University Press, 2006.
Scarre, Christopher (ed.), *Past Worlds: The Times Atlas of Archaeology*, London: Times Books, 1988.
Schaps, David M., "The Invention of Coinage in Lydia, in India and in China," *Bulletin du Cercle d'Études Numismatiques* 44 (2007): 281-322.
Scheidel, Walter, "The Divergent Evolution of Coinage in Eastern and Western Eurasia," in William V. Harris (ed.), *The Monetary Systems of the Greeks and Romans*, Oxford University Press, 2008, pp. 267-86.
Scheidel, Walter, "From the Great Convergence to the Great Divergence: Roman and Qin-Han State Formation and Its Aftermath," in Scheidel (ed.), *Rome and China: Comparative Perspectives on Ancient World Empires*, Oxford Studies in Early Empires, Oxford University Press, 2009, pp. 11-23.
Scheidel, Walter, Ian Morris, and Richard P. Saller (eds.), *The Cambridge Economic History of the Greco-Roman World*, Cambridge University Press, 2007.
Sidebotham, Steven E., *Berenike and the Ancient Mediterranean Spice Route*, Berkeley: University of California Press, 2011.
van der Spek, R. J., "The Hellenistic Near East," in Walter Scheidel, Ian Morris, and Richard P. Saller (eds.), *The Cambridge Economic History of the Greco-Roman World*, Cambridge University Press, 2007, pp. 409-34.
von Reden, Sitta, *Money in Classical Antiquity*, Cambridge University Press, 2010.
Wickham, Christopher, "Rethinking the Structure of the Early Medieval Economy," in Jennifer R. Davis and Michael McCormick (eds.), *The Long Morning of*

Medieval Europe, Aldershot: Scholars Press, 2008, pp. 19-31.
Williams, Jonathan (ed.), *Money: A History*, London: The British Museum Press, 1997.
Woolf, Greg, "World Systems Analysis and the Roman Empire," *Journal of Roman Archaeology* 3 (1990): 44-58.
Young, Gary K., *Rome's Eastern Trade: International Commerce and Imperial Policy, 31 BC - AD 305*, London: Routledge, 2001.

CHAPTER 3

가족과 국가에서 젠더와 권력

스콧 웰스 Scott Wells
요평 姚平 Ping Yao

유라시아 및 북아프리카에서 국가와 제국 체제가 성립하고 지역 간 네트워크가 형성되자, 사회·정치적 측면에서 남성과 여성의 관계도 극적인 변화를 맞이했다. 이번 장에서는 이 문제에 개인과 공동체가 어떻게 대응했는지를 분석해보고자 한다. 전통적으로 내려오던 젠더(gender) 정체성, 젠더에 따른 역할의 차별은 이 시기에 더욱 복잡해졌다. 그것이 정치적(국가 혹은 제국) 소속 여부(백성, 시민 등)에 따라 달라지기도 했고, 이를 규정하기 위한 법령 혹은 최고 주권자의 명령이 등장했으며, 경우에 따라서는 국가 간 경쟁 혹은 타문화("야만인")와의 경쟁이 이를 규정하기도 했다. 이번 장의 내용은 크게 두 가지 주제로 나뉜다. 첫 번째 주제는 결혼, 가족, 상속(재산과 신분)이다. 두 번째 주제는 정치와 종교의 장에서 젠더에 따른 공권력 문제다. 각각의 주제를 서술하는 구조는 동일하다. 우선 검토하고자 하는 주제를 명확히 하고, 일반론적 배경과 사례를 간략히 제시한 뒤, 결혼과 가족 제도의 진화 및 종교와 정치 권력의 문제를 심도 있게 탐구해볼 것이다. 특히 지중해 지역과 중화 제국의 사례를 비교할 텐데, 이들 두 지역은 우리 주제에 관한 한 여러 측면에서 대표적 사례를 보여주기 때문이다. 즉 국가의 맥락, 제국의 맥락, 교환 네트워크의 맥락에서 신분과 권위가 어떻게 젠더의 차별을 만들어내는지 드러낼 것이다. 세부적 비교를 통해 우리는 한편으로 국가 체제와 네트워크 형성에 따른 관계 변화를, 다른 한편으로는 결혼과 가족, 공적·종교적 영역에서 남성과 여성의 권력 변화를 보다 종합적으로 이해할 수 있을 것이다.

결혼, 가족, 재산 및 신분 상속

결혼의 보편적 혹은 표준적 모델이 따로 있는 것은 아니다. 가족 또한 마찬가지다. 따라서 국가의 형성과 지역 간 네트워크의 등장이 결혼과 가족에 어떤 영향을 미쳤는지를 탐색하는 일은 그리 단순한 작업이 아니다. 그럼에도 불구하고 전근대 시기의 국가에서 살았던 사람들은 두 사람의 암묵적 계약에 따른 결합(남성은 남편으로, 여성은 아내로)을 승인했다. 이 계약에는 당사자들의 재산(지참금, 신붓값 등) 문제가 관련되었고, 또한 어느 한쪽(혹은 양쪽)이 새로운 가정으로 주거를 옮기는 문제가 포함되었다. 전근대 시기 사람들이 새로운 결합을 인정할 때는 두 가지 측면이 있었다. 첫째는 남편과 아내가 속한 친족 집단의 사회·경제적 유대를 강화하는 측면, 둘째는 결혼의 양쪽 당사자 모두로부터 재산을 상속할 후손의 생산이라는 측면이었다. 어떤 사회는 한 사람의 남편이 여러 사람의 아내를 동시에 거느리는 것을 허용했다(일부다처제). 이외에도 대부분의 사회에서는 동시가 아닌 경우, 즉 이혼 혹은 사망으로 한쪽 배우자가 사라지면 남편이든 아내든 새로운 배우자와 결합하는 일이 허용 혹은 권장되었다. 그러나 그런 환경에서도 대개는 일부일처제가 이상적으로 여겨졌고, 여성의 경우는 특히 더 그랬다.[1]

---

1 Compare, e.g., with Walter Scheidel, "A Peculiar Institution? Greco-Roman

일부다처제나 일부일처제를 막론하고 결혼은 사회적 범주로는 엔도가미(endogamy, 족내혼)라 할 수 있었다. 결혼에는 재산 투자와 자녀 생산을 통해 사회적 범주가 강화되고 또한 영속하기를 바라는 의도가 있었다. 여기서 말하는 엔도가미(족내혼)란 다만 친족뿐만 아니라 사회경제적 계급, 시민적 혹은 정치적 정체성, 종교적 신념 등을 포괄하는 의미다. 국가의 성립, 제국의 건설, 지역 간 네트워크의 확장은 엔도가미(족내혼)의 개념과 관행을 바꾸어놓았다. 공동체의 사회 및 경제적 유대 관계가 친족 내지 지역 범위를 넘어서는 경우가 많아졌기 때문이다. 이것이 국가 탄생 이전 혹은 도시 형성 이전과 달라진 점이었다. 부부의 결합과 후손 생산이라는 결혼의 목적은 변함이 없었다. 물론 지역 간 경제가 확장되고 국가 간 경쟁이 강화되는 환경에서 결혼이 지역 내 사회경제적 네트워크를 보존 및 강화하는 기능도 가지고 있었다.

예컨대 인도에서는 베다 시기(Vedic period, c. 1700~500 BCE)에 도시가 번성하고 지역 간 네트워크 및 왕국들이 팽창했다. 이러한 과정에서 친족 집단보다는 사회직업적(socio-professional) 정체성(카스트 혹은 바르나varna)에 따른 엔도가미(족내혼) 관습이 형성되었다. 직업의 종류가 많아지면서 자티(jati, 바르나의 하위 범주)도 많아졌고, 각각의 범주에서 엔도가미(족내혼)가 이루어졌다. 인도에서 불교가 대단히 성공적이었던 때는 마우리아 왕조의 아소카(Ashoka, 303~232 BCE) 대왕 시기부터였다. 불교 이데올로기는 카스트 기반 엔도가미(족내혼)에 의문을 제기했다. 불교에서는 다르마(dharma, 존재의 올바른 길)의 관점에서 신분의

Monogamy in Global Context," *History of the Family* 14 (2009): 280-91.

상속은 상관이 없다는 입장이었다. 불교를 진작하는 과정에서 아소카 대왕은 새로운 종교 및 사회적 네트워크를 발전시켰다. 이는 지역 범위를 넘어서는 제국 건설 과정의 일부이기도 했다. 불교와 브라만교(베다 힌두교)의 투쟁에서 전통적인 힌두교의 엔도가미(족내혼)가 승리했다. 그쪽의 지역 및 종교 기반이 더욱 강했기 때문이다. 여기서는 자티(jati)를 기반으로 재산 상속이 이어지는 시스템을 존중했고, 세대 간 재산을 분리하여 더 많은 사람들이 나누게 되는 시스템을 선호하지 않았다. 자티에 기반을 둔 엔도가미(족내혼)에서는 "성직자 바르나"와 "전사 바르나"를 사회적으로 최상위 계급으로 인정했다(이들은 환생한 카스트로서, 해탈을 위해 보다 완벽한 준비가 되어 있는 사람들이었다). 이들은 낮은 바르나와의 물리적 접촉이 가져올지도 모르는 오염을 피하고자 했다. 그래서 예컨대 낮은 카스트 혹은 카스트의 범주를 벗어난 사람들과 성적 관계를 맺지 않았고, 그들이 관여한 음식도 먹지 않았다.[2]

그에 비해 일본의 나라(奈良, 710~794 CE)와 헤이안(平安, 794~1185 CE) 시대는 신분에 따른 엔도가미(족내혼)가 모처혼(母處婚, uxorilocal marriage) 관습으로 나타났다(남편이 부모를 떠나 신부의 가족에게 가서 거처한다). 이러한 관습은 오래도록 정치·경제적 연대를 강화시켰고, 가문의 사회적 지위를 유지 및 강화하는 데 상호 이익이 되도록 유력한 가문 사이에 중첩된 네트워크를 형성했다. 헤이안 시대는 후지와라(藤原) 시대라고도 일컬어지는데, 그 시대의 황실과 후지와라 가문이 잇달아 혼

---

2 Romila Thapar, *Early India: From the Origins to AD 1300* (Berkeley: University of California Press, 2004).

인 관계를 맺었기 때문이다. 부와 정치적 정당성은 결혼을 통해 부계 혈통으로 이어졌지만, 그럼에도 불구하고 후지와라 가문이 소유한 토지와 자산은 황실보다 더 많았다. 9세기 중엽 왕세자는 모두 후지와라 가문의 외손이었다. 왕자들의 탄생과 양육은 후지와라 가문에서 이루어지는 경우가 많았다. 헤이안 시대 황제들은 젊은 아들에게 양위를 강요당하곤 했는데, 이 경우 후지와라 가문에서 섭정(攝政, 셋쇼)을 하게 되었다. 후지와라 가문의 섭정(c. 859~1159)은 후지와라 요시후사(藤原良房, 804~872)가 시작했고, 후지와라 미치나가(藤原道長, 966~1027) 때에 전성기에 이르렀다. 이 시기 황제 중 세 명이 후지와라 미치나가의 외손이었고, 그의 딸들 가운데 여섯 명의 왕비가 배출되었다.[3]

지중해 지역의 결혼, 가족, 상속

고전기 그리스(c. 490~323 BCE)의 여러 민주정 도시국가에서도 결혼은 엔도가미(족내혼)의 경향이 강했다. 각각의 도시국가 안에서 시민들끼리 주로 결혼을 했기 때문이다. 물론 다른 도시국가 소속의 남녀가 결혼하더라도 불법은 아니었으나 흔치 않았다. 남성 시민권자에게 결혼은 완전한 성인이 되었다는 징표였다. 그러나 여성 시민권자는 어린 시절부터 남성 후견인에 의존해야만 법적 지위를 얻을 수 있었고, 또한 법적 권리를 주장(예컨대 재산권 소송 등)할 수 있었다. 이때 남성 후견인은 그 여성의 남편 혹은 아버지였다. 노예나 시민권이 없는 이방인은 정당

---

3 See William H. McCullough, *Japanese Marriage Institutions in the Heian Period* (Cambridge, MA: Harvard-Yenching Institute, 1967).

한 결혼 당사자가 될 수 없었다. 페르시아 전쟁과 펠로폰네소스 전쟁 무렵(기원전 5세기) 다른 형태의 (정치적, 경제적, 성적) 결합이 도시국가 안에서 성행했지만, 결혼을 통한 결합은 오직 시민권자끼리만 인정되었고, 그것이 인구 및 자산 면에서 폴리스의 정치적 자율성이 유지될 수 있는 핵심적 장치였다. 예컨대 아테네에서 결혼과 성적 재생산이라는 목적 달성을 위해서 남성 시민권자와 여성 시민권자의 책임은 동등한 것이었지만, 오직 남성만이 토지를 소유, 증여, 상속할 수 있고 그와 관련된 권리를 당국에 나아가 주장할 수 있었다. 아테네의 남성과 여성 시민권자가 배우자로 삼을 수 있는 상대는 한 사람뿐이었다. 그러나 이혼을 하게 되면 어느 쪽이든 다시 배우자를 구할 수 있었다. 이는 엔도가미(족내혼)를 통해, 특히 부계 혈통의 시민을 사회경제적으로 재생산하기 위한 전략이었다. 아버지가 사망한 뒤 딸 하나만 상속자로 남겨진 경우(이를 에피클레로스epikleros라 한다), 가장 가까운 친척 남성이 의무적으로 그녀와 결혼해야 했다. 그래야 법적으로 사망한 아버지의 재산이 부계 가문의 계통에서 새어 나가지 않게 할 수 있었다. 에피클레로스와 남성 친척이 이미 결혼한 상태라면, 굳이 이혼을 하고 재혼해야 했다.[4]

아테네의 결혼과 상속 관습은 그리스 도시국가의 전형이었다. 그러나 스파르타에서는 중요한 예외적 측면이 있었는데, 남성 시민권자뿐만 아니라 여성 시민권자에게도 재산의 증여와 상속 권한이 있었다. 스파르타의 남성 시민권자는 언제나 전쟁 상태에 놓여 있었다. 스파르타는

---

4 Sarah B. Pomeroy, *Families in Classical and Hellenistic Greece: Representations and Realities* (Oxford: Clarendon Press, 1997), and Louis Cohn-Haft, "Divorce in Classical Athens," *The Journal of Hellenic Studies* 115 (1995): 1-14.

특히 메세니아(Messenia) 지역의 헬로트(helot)와 계속해서 전쟁을 치렀다. 그래서 남성 시민권자들이 스파르타를 떠나 있을 때가 많았다. 스파르타는 여성 시민권자의 재산 소유권을 명확히 인정해줌으로써 남편이 없는 상태에서도 아내가 가정의 토지를 맡아서 적극적으로 관리할 수 있었다. 그리스 도시국가들 중에서 유일하게 스파르타에서만 여성이 남성과 함께 공적 교육과 육체적 훈련을 받았다. 이는 폴리스 강화를 위해 여성을 강인하고 효율적인 인력으로 예비하기 위한 조처였다. 스파르타 의회는 심지어 일처다부제를 권장하기도 했는데, 시민 계급과 부를 유지하기 위한 방편이었다. 늙은 남성과 결혼한 젊은 여성에게는 젊은 시민권자 남성 하나를 더 선택할 수 있는 권리가 주어졌다. 그것이 임신에 더 유리한 조건이었기 때문이다. 이와 유사한 관습으로, 이미 결혼한 여성이 아이를 출산한 이후라면 결혼한 남성이 다른 남성의 아내에게 접근할 수 있었다. 그리고 남편이 허락한다면 다른 남자의 아이를 가질 수도 있었다. 이러한 관습은 수 세기 동안 스파르타의 부와 권력을 유지하는 데 유용한 결과를 가져왔다. 그러나 스파르타가 기원전 369년 메세니아 지역을 상실한 이후 경제 및 군사적 측면에서 "단지" 하나의 도시국가에 불과한 처지로 전락했을 때, 스파르타 정부는 결혼 및 상속 관습을 바꾸었다. 즉 기존에 여성이 가지고 있던 권리와 책임을 박탈했다. 결과적으로 스파르타의 여성 시민권자도 다른 도시국가의 여성과 다름없는 처지가 되고 말았다.[5]

---

5 Sarah B. Pomeroy, *Spartan Women* (New York: Oxford University Press, 2002), and Robert K. Fleck and F. Andrew Hanssen, "'Rulers Ruled by Women': An

마케도니아나 로마의 정복 이후에도 그리스 도시국가의 결혼 및 상속 관습은 크게 변하지 않았다. 헬레니즘 시기의 왕실 가문(323~30 BCE)은 통치 계급들끼리 완전히 닫힌 구조의 엔도가미(족내혼)를 실시했다. 셀로우코스 왕조의 왕들은 안티고노스 왕조나 프톨레마이오스 왕조의 공주들과 결혼했고, 안티고노스 왕조의 왕들은 다시 셀레우코스 왕조나 프톨레마이오스 왕조의 공주들과 결혼했다. 한편 프톨레마이오스 왕조의 군주들은 예전에 파라오가 그랬던 것처럼 형제자매간의 결혼을 선호했다.[6] 로마는 로마법(Roman law)을 따랐고, 로마 시민에게는 코누비움(conubium, 시민권에 부속된 권리로, 로마 시민과 결혼할 수 있는 권리 – 옮긴이)이라는 관습이 있었다. 피정복지에서 제국의 일원으로 편입된 자유민에게는(즉 노예가 아니더라도) 코누비움이 주어지지 않았다. 로마 시민권을 획득하기 전까지 그들은 현지의 관습에 따라 결혼과 상속을 하도록 했다. 기원전 4세기에 로마가 도시국가에서 지역 패권 국가로 성장하면서 결혼을 통한 결합은 혈통의 관점에서는 엑소가미(exogamy, 족외혼)로 변했다. 그러나 사회정치적 신분의 측면에서는 여전히 엔도가미(족내혼)가 유지되었다. 로마의 상위 귀족인 파트리키(patricii)는 다른 파트리키와 결혼했고, 하위 귀족인 에퀴테스(equites)는 에퀴테스끼리, 평민인 플레브스(plebs)는 플레브스끼리 결혼했다. 이와 같이 사회 계급적 특권과 집단의 자산이 강화되는 과정에서 친족의 경계는 점차 모호

Economic Analysis of the Rise and Fall of Women's Rights in Ancient Sparta," *Economics of Governance* 10 (2009): 221-45.
6 Sheila Ager, "The Power of Excess: Royal Incest and the Ptolemaic Dynasty," *Anthropologica* 48 (2006): 165-86.

해졌다. 기원전 3~1세기 로마는 지중해의 패권을 장악했다. 이때 결혼 관습과 관련하여 두 가지 중요한 변화가 등장했다. 첫째, 제국이 팽창하면서 로마 시민권자에게는 상업과 국가 공무원의 기회가 주어졌다. 그래서 부유한 에퀴테스(하위 귀족) 및 플레브스(평민) 가문이 증가했다. 결과적으로 로마 시민 가운데 계급의 범주를 넘어서는 결혼 사례가 증가했다. 둘째, 가정에서 아내를 지배하는 남성 가장의 권력이 상당히 약화되었다. 원래 표준적인 로마의 결혼이라면 여성이 아버지의 슬하(파트리아 포테스타스patria potestas)를 떠나 남편의 품으로 들어가야 했다. 이를 코누비움 쿰 마누(conubium cum manu)라 했다. 남편은 아내의 친정아버지로부터 아내의 재산과 아내의 행동을 통제할 수 있는 절대적 권위를 넘겨받았다(쿰 마누). 그러나 로마 제국의 영토와 상업적 네트워크가 확대되면서 점차 코누비움 시네 마누(sine manu, 넘겨받지 않음)가 규범화되었다. 이론상으로 아내는 친정아버지의 파트리아 포테스타스(아버지의 권위) 아래 남아 있었지만, 현실적으로는 결혼 문제에서 상당한 자율성을 인정받았다. 친정아버지가 사망한 뒤, 혹은 사망하기 전이라도 친정아버지가 법적 권리를 양도한다면, 아내는 자신의 상속 재산에 대해서 독립적 통제권을 가졌다. 이는 로마 시민이 제국의 영토 확장에 따라 주어진 경제적 기회를 극대화할 수 있는 기반이 되었다. 남편과 아내가 모두 자율적으로 재산을 투자하고 관리할 수 있게 되었기 때문이다.[7]

로마 시민권은 원래 상속되는 것이었으나, 정부의 결정으로 개인 또

---

7 Susan Treggiari, *Roman Marriage: Iusti Coniuges from the Time of Cicero to the Time of Ulpian* (Oxford: Clarendon Press, 1994), and Richard P. Saller, *Patriarchy, Property, and Death in the Roman Family* (Cambridge University Press, 1994).

는 집단에게 부여될 수도 있었다. 기원후 212년 로마의 황제 카라칼라(Caracalla)는 제국 영토에서 노예를 제외한 사실상 모든 주민에게 로마 시민권을 부여했다. 결혼, 재산, 상속과 관련해서 로마 시민권의 확대는 기존에 사회를 가로막고 있던 최종 장벽을 허물어버렸다. 이로써 최소한 시민권자와 비-시민권자를 갈라놓았던 경제와 결혼의 특권은 사라졌다. 이는 제국 내 모든 자유민이 이제 법적으로 엔도가미(족내혼)의 대상 범위에 들어왔음을 의미한다. 그들 모두가 세계 제국을 규정하고 재생산할 주체가 되었다. 4~5세기에 이르러 기독교화와 관련하여 법적 결혼 문제에 몇 가지 중요한 변화가 도입되었다. 독신자(한 번도 결혼한 이력이 없는 자)에게 상속을 제한했던 법이 폐지되었다. 그러자 수사와 수녀 등 기독교의 독신 성직자들에게 점차 더 많은 경제적 자산이 들어가게 되었다. 애초에 이혼은 사적인 문제로서, 어떤 이유로든 자유롭게 혼인 관계를 해소하고 남편이든 아내든 자유의 몸이 될 수 있었다. 그러나 기독교의 보편화 이후 이혼의 요건은 배우자가 간통, 살인, 마법 등의 심각한 범죄에 연루된 경우로만 한정되었다. 다른 관점에서 기독교의 보편화와 관련해서 사회적·법적 변화는 로마의 결혼 관습 혹은 이데올로기를 완전히 바꾸어놓게 되었다. 순결한 모노가미(monogamy, 일부일처제)가 오래도록 로마의 이상으로 자리 잡게 되었다. 사회적으로 오직 우니비라(univira, 한 번만 결혼한 여성)를 칭송하게 되었고, 주인의 허락 아래 노예 남녀는 결혼이 아니라 동거 관계(콘투베르니움contubernium)만 형성할 수 있었다.[8]

---

[8] Mathew Kuefler, "The Marriage Revolution in Late Antiquity: The Theodosian

기원후 5~7세기에 로마의 정치 질서가 분열되면서 기존의 결혼 관습도 비슷하게 분열되었다. 비잔티움 제국에서는 기독교화된 로마의 관습이 그대로 남아 있었다. 기원후 7세기 이슬람 칼리프 왕조에게 정복된 지역은 종교에 따른 다양한 엔도가미(족내혼)가 규범이 되었다. 무슬림은 무슬림과 결혼했고, 쿠란과 이슬람 율법에 따라 결혼이 법적 및 관습적으로 규정되었다. 마찬가지로 기독교도는 기독교도와 결혼했다. 아바스 왕조 치하에서 칼리파국의 정치·경제적 상황이 안정되자 기독교도는 (또한 과거 사산 제국에 속했던 조로아스터교도도) 점차 이슬람으로 개종했다. 무슬림 정복자들은 종교적 엔도가미(족내혼)의 성과를 그대로 흡수했다. 무슬림의 후손은 방대한 다르 알-이슬람(이슬람의 거처) 네트워크에 전적으로 통합되었다.⁹ 서방에서 기독교는 과거 로마 제국의 국경 너머까지 전파되고 지속되었다. 그러나 결혼 관습이 통일되지는 않았다. 5세기에 이르러 서방에서 로마법 체계가 무너진 뒤 게르만 왕국 및 켈트 왕국에서는 명목상 기독교를 추종했지만, 실제 다양한 관습이 출현했다. 과거 로마 제국에 속했던 지역에 국한해서 보자면 로마 제국 이후 크게 두 가지 경향을 확인할 수 있다. 첫째, 게르만과 로마의 엘리트 계층은 문화적으로 스스로를 구별했으며(이는 실제로 로마 전통도 아니었지만) 민족적 엔도가미(족내혼)를 강하게 유지했다. 둘째, 서유럽에

Code and Later Roman Marriage Law," *Journal of Family History* 32 (2007): 343-70, and Marjorie Lightman and William Zeisel, "Univira: An Example of Continuity and Change in Roman Society," *Church History* 46 (1977): 19-32.

9 Richard Bulliet, *Conversion to Islam in the Medieval Period: An Essay in Quantitative History* (Cambridge, MA: Harvard University Press, 1979).

서 무역과 제조업이 쇠퇴함에 따라 시네 마누(sine manu) 관습은 사라졌다. 투자 경향은 상업적 및 지리적으로 분산 투자 대신 한 지역 안에서의 집중 투자로 바뀌었다. 남편은 다시 아내의 재산과 가정 경제를 위한 아내의 기여분을 모두 장악했다(메세니아 지역을 상실한 이후 도시국가 스파르타에서 나타났던 현상과 같다). 새로운 토지 엘리트 계층이 자리를 잡으면서 로마 정복 이후에 관습적으로 형성되었던 민족적 엔도가미(족내혼)는 7세기에 이르러 대부분의 지역에서 철폐되고, 과거 로마 엘리트 계층과 새로운 정복 민족(프랑크인, 앵글로색슨인, 고트인, 롬바르드인) 간의 결혼이 이루어졌다. 이탈리아 및 갈리아 남부 지역 도시 엘리트 계층은 이러한 측면에서 주목할 만한 예외로 남아 있었다. 이들은 경제적으로 비잔티움 제국과 연결되었고, 로마의 정체성을 견지했으며, 로마법에 따른 엔도가미(족내혼)와 결혼 풍습도 유지했다.[10]

중화 제국의 결혼, 가족, 상속

예로부터 중국에서 가족과 재산의 상속은 통치 계급의 구성뿐만 아니라 가부장제와 결부되어 있었다. 중국에서 고고학적으로 확인된 가장 오래된 왕조는 상(商)나라(c. 1600~1046 BCE)인데, 이들은 활발하고도 폭넓은 정치적 연맹을 통해 왕조를 유지하며 적대 부족을 가혹하게

---

10 Kate Cooper, *The Fall of the Roman Household* (New York: Cambridge University Press, 2007), and Walter Pohl, "Gender and Ethnicity in the Early Middle Ages," in Leslie Brubaker and Julia M. H. Smith (eds.), *Gender In the Early Medieval World: East and West, 300-900* (Cambridge University Press, 2004), pp. 23-43.

정복했다. 그들에게 정치적 네트워크와 영토를 강화하는 중요한 수단은 바로 결혼이었다. 상나라의 왕들은 여러 명의 아내를 두었는데, 대부분 다른 부족 국가 출신이었다. 무정(武丁, 사망 c. 1189 BCE)이 왕으로 등극하면서 상나라는 크게 발전했다. 무정은 왕조의 통치를 안정적으로 유지하기 위해 왕통을 (형제 혹은 삼촌이 아니라) 아버지에서 아들로 계승하는 관례를 만들었고, 조상을 섬기는 제사를 체계화했다. 이와 같은 왕의 명령은 나아가 종법(宗法) 제도를 형성하게 되었다. 종법 제도란 재산이나 정치 및 경제적 권리를 상속할 때 본처의 장자에게 특권이 주어지는 것이었다. 서주(西周, 1046~771 BCE) 시기에 종법 제도는 더욱 완숙한 단계로 발전했고, 이후 고대 중국에서는 바로 서주 시대의 젠더 역할과 구분 관습을 그대로 따랐다.[11] 한(漢)나라(206 BCE~220 CE) 시기에 이르러 중국 사회의 부권제(父權制, patriarchy), 부계제(父系制, patrilineage), 부처혼(父處婚, patrilocality)이 확고히 자리 잡았다. 결과적으로 일부다처제 관행도 한 명의 남성이 여러 명의 여성과 결혼하던 것에서 한 명의 남성과 한 명의 여성이 결혼하고 이외에 여러 명의 첩을 두는 쪽으로 바뀌게 되었다. 첩은 남성과 합법적으로 결혼한 상대지만 본부인에 비해 가족 내 지위가 낮았다. 이러한 변화는 서주(西周) 시기부터 시작되었는데, 분명한 의도는 대종(大宗), 즉 본처가 낳은 장남의 지위를 높이는 것이었다.

전근대 중국 사회에서는 특별한 강제 조건이 없었음에도 엔도가미

---

11 See Yiqun Zhou, *Festivals, Feasts, and Gender Relations in Ancient China and Greece* (Cambridge University Press, 2010).

(족내혼)가 주류가 된 적이 한 번도 없었다. 다만 교차사촌혼(交叉四寸婚) 정도는 가끔 있었다. 그 대신 사회적 지위가 비슷한 부류끼리 결혼하는 풍습이 주류를 이루었다(이른바 사회적 엔도가미). 중국 전통에서 결혼은 정치적 연맹과 사회경제적 네트워크를 형성하고 또한 강화하는 이상적 수단으로 이해되었다. 유교의 고전인 《예기(禮記)》는 올바른 통치와 예의범절에 관한 고대 중국의 관점을 모은 책으로, 기원전 1세기 무렵에 편찬되었다. 이 책에 따르면 "혼례란 양쪽 가문의 우호를 다지고, 조상의 제사를 안정적으로 섬기며, 가문의 후세를 계속 이어 나가기 위한 것(昏禮者, 將合兩姓之好, 上以事宗廟, 而下以繼後世也)"이라 했다. 맹자(孟子, 372~289 BCE)가 얘기했던 것처럼, 중매쟁이를 통한 집안 어른들(대개는 신랑과 신부의 부모)의 신중한 논의를 거치지 않고 남녀가 결혼한다면 주변에서 모두가 그들을 천하게 여길 것이다(不待父母之命, 媒妁之言, 鑽穴隙相窺, 踰牆相從, 則父母國人皆賤之).[12] 젊은 남녀가 스스로 사랑할 대상을 찾는 일을 금지하는 관습을 통해 배우자 선택은 비슷한 경제적 수준, 사회적 지위, 혹은 여러 세대를 거쳐 혼인을 거듭해온 가문의 범위에 머무를 수 있었다.

사회 전반적으로 부권제가 강화된 원인은 한(漢) 제국이 유교를 선호했기 때문이다. 유교 이론에 따르면, 가족 내의 위계질서가 확장된 것이 곧 국가와 사회이며, 가정은 모든 남녀 구성원이 자신의 위치와 역할에 맞게 적절히 행동할 때 가장 잘 운영된다고 보았다. 더욱이 한 제국

12 See *The Works of Mencius*, in James Legge (ed.), *The Chinese Classics* (London: Trubner, 1861), vol. II, p. 268.

의 지식인들은 유교에 근거하여 분명한 통치 이념을 만들어냈다. 이 모델의 중심에는 모범적 황제가 위치하며, 그의 권력은 하늘에 의해 직접 부여되는 것이었다. 황제는 "천자(天子, 하늘의 아들)"로서 하늘(天)과 땅(地)과 인간(人)을 매개할 수 있는 유일한 존재였다. 한 제국은 천자의 통치 아래 주변 야만인에 비해 절대적 우위를 차지한다고 믿었다.[13] 이와 같은 이데올로기를 기반으로 한 제국은 공자(孔子, 551~479 BCE)가 주장한 종법 제도와 부권제를 강화하기 시작했다. 한 제국 시기에는《예기》가, 비록 법전은 아니지만 통치와 가족 문제 처리 방안을 제공했다. 이혼의 조건과 관련하여《예기》에 등장하는 이른바 "칠출삼불거(七出三不去)"는 나중에 당(唐)나라의 법전에도 등재되었다. 당률(唐律)은 동아시아 최초의 성문법전이었다. 당나라 이후 중국 왕조에서도 이 조항은 계속 유지되었고, 중국식 부권제의 기본 뼈대가 되었다.《예기》의 규정을 구체적으로 살펴보자면 다음과 같다.

여자를 쫓아낼 때는 일곱 가지 조건이 있다(婦有七去). 부모에게 불순하면(不順父母) 쫓아내도 좋다. 그것은 덕을 거스르는(逆德) 행위이기 때문이다. 자식을 낳지 못하면(無子) 쫓아내도 좋다. 그것은 대가 끊어지는(絶世) 일이기 때문이다. 음란한 행위를 하면(淫) 쫓아내도 좋다. 그것은 가문을 어지럽히는(亂族) 일이기 때문이다. 질투를 하면(妒) 쫓아내도 좋다. 그것은 집안을 어지럽히는(亂家) 일이기 때문이다. 심각한 질병이 있으면

---

13 Michael Loewe, "The Concept of Sovereignty," in Denis Twitchett and Michael Loewe (eds.), *The Cambridge History of China* (New York: Cambridge University Press, 1986), vol. I, pp. 726-46.

(惡疾) 쫓아내도 좋다. 그런 상태라면 조상 제사에 참석(與共粢盛)할 수 없기 때문이다. 말이 많으면(口多言) 쫓아내도 좋다. 그것은 친척 관계를 어지럽히는(離親) 일이기 때문이다. 도둑질을 하면(盜竊) 쫓아내도 좋다. 그것은 정의에 어긋나는(反義) 일이기 때문이다.

그러나 이혼을 여자가 먼저 제기할 수 없고, 서로 합의하는 일도 불가능했다. 다만 이혼당하지 않도록 여자를 보호하는 조건이 있었으니 그것은 다음과 같다.

마땅히 돌아갈 친정이 없다면 쫓아낼 수 없다. 부모가 돌아가신 뒤 삼년상(三年喪)을 모셨다면 쫓아낼 수 없다. 가난했던 사람이 부유해진 뒤라면 쫓아낼 수 없다.

기원전 1200년에서 기원후 900년 사이에는 여성이 유산 상속을 주장할 수 있는 법률 조항이 전혀 없었다. 시집갈 때 개인적으로 약간의 재산을 가져갈 수는 있었으나, 지참금이 보편화된 시기는 당나라 이후였다. 신붓값(bride price)을 치를 때는 대부분 실제 화폐가 아니라 상징적인 선물을 제공했다.

당나라(618~907) 시기에 이르러서는 종법 제도가 약화된 측면이 있었고, 부권제 또한 약화되는 경향을 보였다. 이러한 변화는 중화 제국과 서역의 강력한 가문이 오랜 기간에 걸쳐 교류한 결과였다. 당나라를 세운 고조 이연(李淵, 566~635)이 태어나기 오래전부터 그의 가문은 한족(漢族)이 아닌 호족(豪族)과 오랜 혼인 관계를 맺고 있었다. 예컨대 이연의 어머니는 강성했던 투르크족 출신이다. 이연 이후에도 양가의 혼인 관계는 수 세대를 거쳐 지속되었다. 이와 같은 호족은 종법 제도를 따르지 않았고, 초기 중국 왕조와 같은 방식의 조상 제사나 법률도 없었다. 호족 모친의 손에서 자란 초기 당나라 황제들은 부권제 전통을 그렇게 강조하는 인물들이 아니었다. 당시의 비문(碑文)을 통해 알 수 있듯이 당나라 시기에 모처혼(母處婚)은 그리 특별한 일이 아니었고, 결혼한 여성은 친정 가문과 지속적으로 강고한 연대를 유지했다. 더욱이 첩에게서 태어난 아이들도 집안에서 더 높은 지위를 차지했다. 특히 과거 제도가 시행된 뒤 신분이 낮은 가문 출신이나 첩의 소생도 과거 시험을 통해 더 높은 사회·정치적 지위를 얻을 수 있었다.

당나라 시기 배우자 선택은 주로 사회적 신분과 도시 공동체 범위 안에서 이루어졌다. 당나라 초기에는 이른바 "7성10가(七姓十家)"가 서로 통혼하면서 정치권에서 강력한 분파를 형성했다(그래서 배우자가 사촌인 경우가 많았다). 이와 같은 강력한 문벌에 대응하기 위해 당나라 황실에서는 과거제를 시행하여 관리를 선발했다. 시험을 통과한 사람은 출세할 수 있는 잠재력을 인정받았으므로 훨씬 더 인기 있는 신랑감이 되었다. 그리고 이왕이면 장남을 선호했다. 그래야 가문의 유산을 상속받기 때문이었다. 당나라 성립 후 1세기가 지나면서 각 가문에서는 모든 아들을 상속자로 등록했다. 과거 시험 합격자들이 점차 당나라의 지배 계급으로 진입했지만, 엔도가미(족내혼)의 대상자로 과거 시험 출신자들을 포섭함으로써 7성10가의 통혼과 출신 신분의 우위는 당나라 왕조가 막을 내릴 때까지도 계속되었다. 간과하면 안 될 것은, 과거 시험 출신자 대부분이 유력 문벌 가문 출신이었다는 사실이다. 그러나 하급 관리 집안 출신자로 과거 시험을 통과하는 사람들도 적지 않았다. 예컨대 당나라에서 다작(多作)으로 유명했던 시인이자 최고 성적의 진사(進士)였던 백거이(白居易, 772~846)는 홍농양씨(弘農楊氏) 가문의 젊은 여성과 결혼했다. 홍농양씨는 7성10가 중에서도 가장 강력한 문벌이었다. 당시 야심만만한 젊은 남자라면 "진사 시험에 합격"하고 "5성 문벌 출신의 여성과 결혼"하는 것을 최고 목표로 삼았다.[14] 당나라 시기 종법 제도가 약화되기는 했지만 그래도 중화 제국은 동아시아에서 가장 부권제가 강한 사회로 남아 있었다.

종교와 정치, 공권력에서 젠더 문제

국가 혹은 제국을 확장하려면 공권력을 확립해야 했다. 이를 유지 및 관리하려면 군인, 행정가, 재판관 등 많은 인력이 필요했다. 관료 직종에 종사한 사람은 모두 남성이었다. 이러한 자리에서 여성은 대개 혹은 전적으로 배제되었는데, 전근대 시기 어느 국가를 막론하고 공통적이었다. 교육을 아무리 많은 받은 여성도, 가정에서 아무리 유능한 여성도 공직과는 관련이 없었다. 군주정에서 여성은 대개 왕이나 황제의 아내, 어머니, 딸의 자격으로만 공권력에 개입할 수 있었다. 그러나 가끔 여성이 스스로 왕권을 쟁취하는 경우도 있었다. 종교 기관에서도 때로 여성이 공직에 참여할 수 있는 기회가 있었다. 주로는 비공식적으로 관료의 아내이자 어머니로서, 시민으로서 공권력에 참여했지만, 기존의 현실에 대

---

14 Denis Twitchett, "The Composition of the Tang Ruling Class: New Evidence from Tunhuan," in Arthur F. Wright and Denis C. Twitchett (eds.), *Perspectives on the T'ang* (New Haven, CT: Yale University Press, 1973), pp. 47-86.

한 도전의 의미로 도덕적 혹은 신비적 대안 권력이 여성에게 부여되는 경우가 있었다. 그러나 대부분의 경우 예컨대 술집 여급이나 여배우, 음악가, 매춘부, 노예 등이 전형적인 여성의 "공적 업무"로 인식되었기 때문에 바람직한 여성상은 집에서 일하는 아내나 어머니라는 관념이 더욱 강화되었다. 여성은 어디까지나 집안에서 가정과 아이들을 상대로 권위를 가질 수 있었고 또 그래야만 했다.[15]

새로운 종교를 홍보할 때 여성의 역할은 분명 도움이 되었다. 예를 들자면 이슬람이 시작될 때 그랬다. 무함마드의 아내 카디자(Khadijah, 사망 619 CE)는 새로운 종교로 개종한 최초의 신도였다. 초기 무슬림 가운데에서도 여성의 역할이 두드러졌다. 이슬람 율법과 종교 관습을 결정할 때 이슬람의 경전 쿠란과 함께 여인들이 모은 예언자의 말씀과 행적(하디스hadith)이 중요한 자료로 취급되었기 때문이다. 이슬람 신비주의 종파인 수피(Sufi)의 경우, 라비아 알-바스리(Rabi'a al-Basri, 717~801 CE) 같은 여성이 대중적 인기를 모았다. 이들은 자신의 신앙을 교리로 공표하고 신과 합일되는 신비 체험을 전파했다.[16] 남아시아에서 브라만교와 불교가 서로 경쟁할 때에도 여성은 종교의 후원자이자 신도로서 활발히 활동했다. 초기 불교 여승(비구니, 기원전 6세기)들이 쓴 시를 모은 《테리가타(Therigatha)》는 공식적으로 확인된 새로운 종교의 교리로

---

15 See Sara Culpepper Stroup, "Designing Women: Aristophanes' Lysistrata and the 'Hetairization' of the Greek Wife," *Arethusa* 37 (2004): 37-73.
16 Asma Sayeed, *Women and the Transmission of Religious Knowledge in Islam* (Cambridge University Press, 2013), and Margaret Smith, *Rabi'a the Mystic and Her Fellow-Saints in Islam* (Cambridge University Press, 2010).

간주되었다. 한편 고전 힌두교의 바크티 운동(bhakti movement)에서는 남성과 여성이 모두 종교적 신앙 생활을 받아들여 세상의 예의범절과 책임을 전적으로 거부했으며, 오직 그들이 섬기는 신 비슈누(Vishnu) 혹은 시바(Shiva)를 위하여 모든 인생을 바치기로 맹세했다.[17]

지중해 지역 공권력에서 젠더 문제
그리스-로마 세계에서 여성은 제사를 맡은 성직자나 의례 과정의 참여자로서 공직을 맡았다. 이러한 의례 과정은 오래도록 정치 공동체의 정체성과 연결되었고 이를 강화하는 역할을 했다. 아테네에서는 파나텐(PanAthen) 축제에 남녀 모두가 참여하여 4년마다 도시국가의 건설을 축하했다. 이와 비슷하게 4년 단위로 개최되는 의례가 있었는데, 바로 아테네 시민권자 소녀들이 브라우론(Brauron)에 있는 아르테미스(Artemis) 신전으로 찾아가는 행진이었다. 사춘기 소녀들이 행진에 참여했는데, 청소년에서 후손을 생산할 수 있는 아테네 시민으로 이행하는 통과 의례였다. 이외의 친족 단위 의례에서도 여성은 공적으로 등장할 수 있었다. 예를 들면 신부를 위해 도시의 샘에서 물을 길어 오는 의례라든가, 혹은 집안의 망자(亡者)를 기념하는 행진 등이었다. 그러나 폴리스 공동체의 안녕을 위한 일상적 일들, 투표 업무, 무기 제조 등은 엄격히 남성의 일로 한정되었다. 심지어 집안에서도 남성의 공간(안드론

---

17 Kathryn R. Blackstone, *Women in the Footsteps of the Buddha: Struggle for Liberation in the Therigatha* (Richmond, UK: Curzon Press, 1998), and Archana Venkatesan, *The Secret Garland: Antal's Tiruppavai and Nacciyar Tirumoli* (New York: Oxford University Press, 2010).

andron)이 따로 있었다. 안드론에서 남자들은 같은 남성 시민권자들과 회합하며 저녁 식사를 하거나 술자리를 벌였고, 아내나 딸은 들어오지 못하게 했다. 대신 노예나 이방인 "업무용 여성(public women)"을 악기 연주자나 접대부로 불러서 시중들게 했다. 시민권자 남성들끼리 가지는 정서적·지적 연대는 장려할 만한 일로 간주되었으며, 이러한 남성들의 관계에는 성적인 관계도 포함되어 있었다.[18]

그리스 세계에서 스파르타의 여성은 남성 못지않은 자유와 평등으로 유명했다. 그들은 남성과 같은 교육을 받고 육체적 훈련에 참여했다. 그러나 그들도 공적 업무에서는 배제되었다. 스파르타는 입헌군주제였다. 그래서 공직자 선출과 왕권 세습이 병립했다. 그러나 선출직이든 세습직이든, 그 가족의 여성에게 왕비 같은 공식적 지위가 주어지는 법은 없었다. 스파르타의 여성은 공적 종교 행사에도 참여했다. 예를 들면 여신 헤라(Hera)를 위한 달리기 시합 같은 행사였다. 그러나 여성 육체 훈련의 주된 목적은 건강한 후손을 생산하는 것이었다. 출산 과정에서 사망한 스파르타 여성을 위해서는 전장에서 사망한 스파르타 남성 병사와 같은 공적 의례가 거행되었다. 스파르타에서는 구전으로 시민권자 여성

18 Joan Breton Connelly, *Portrait of a Priestess: Women and Ritual in Ancient Greece* (Princeton University Press, 2007); Evy Johanne Håland, "The Ritual Year of Athena: The Agricultural Cycle of the Olive, Girls' Rites of Passage, and Official Ideology," *Journal of Religious History* 36 (2012): 256-84; Lisa C. Nevett, "Towards a Female Topography of the Ancient Greek City: Case Studies from Late Archaic and Early Classical Athens (c. 520-400 BCE)," *Gender & History* 23 (2011): 576-96; James N. Davidson, *Courtesans & Fishcakes: The Consuming Passions of Classical Athens* (New York: St. Martin's Press, 1998); and James Davidson, "Bodymaps: Sexing Space and Zoning Gender in Ancient Athens," *Gender & History* 23 (2011): 597-614.

에 관한 전설이 전해졌던 것으로 추정된다. 그들이 말로 어떻게 아버지, 남편, 아들을 나무랐는지, 그래서 도시를 방어할 때 스파르타 군대의 남성성을 어떻게 뒷받침했는지, 그리고 외국의 군대나 영향에 맞서 어떻게 가치를 수호했는지를 담고 있는 이야기였다. 아테네의 남성 시민권자와 마찬가지로 스파르타에서도 남자들은 배우자보다 동성의 동료에게서 친밀한 육체적·정신적 쾌락의 연대를 공공연히 추구했다.[19]

로마에서는 "베스타 신전의 처녀들(Vestales)"이라고 하는 공동체가 포럼 지역에 있는 베스타(Vesta, 그리스어 Hestia) 신전의 불을 관리했다. 로마가 팽창하고 제국이 건설되는 과정에서 겪어야 했던 모든 변화와 외부의 영향에도 불구하고, 베스타 신전의 불은 로마의 연속성을 상징했다. 로마의 어머니들은 여러 가지 종교 의례에 참여했다. 여신 보나 데아(Bona Dea)를 위한 겨울 축제나 3월 1일에 개최되는 마트로날리아(Matronalia) 축제 등은 공식적으로 결혼과 모성을 지지하는 축제로서, 국가에 기여한 여성 시민권자의 공헌을 치하했다.[20] 로마는 공화정 시기의 여성상을 지지하며, 남편과 아들로 하여금 공공의 이익에 복무하도록 영향력을 행사한 미덕을 칭송했다. 티투스 리비우스(Titus Livius, 59 BCE~17 CE)가 쓴 《로마사(Ab urbe condita)》에 몇 가지 사례가 등장한

---

19 Pomeroy, *Spartan Women*; Paul Cartledge, "Spartan Wives: Liberation or License?" in Michael Whitby (ed.), *Sparta* (New York: Routledge, 2002), pp. 131-60; and Anton Powell, "Dining Groups, Marriage, Homosexuality," in Whitby (ed.), *Sparta*, pp. 90-103.
20 Mary Beard, "The Sexual Status of Vestal Virgins," *The Journal of Roman Studies* 70 (1980): 12-27, and Celia E. Schultz, *Women's Religious Activity in the Roman Republic* (Chapel Hill: The University of North Carolina Press, 2006).

다. 귀부인 루크레티아(Lucretia)의 자살로 그녀의 남편과 아버지가 떨쳐 일어나 군주정을 무너뜨리고 공화정을 수립한 이야기, 가이우스 마르키우스 코리올라누스(Gaius Marcius Coriolanus)의 어머니 벤투리아(Veturia)와 그의 아내 볼룸니아(Volumnia)의 설득으로 추방된 원로원 의원이었던 그가 적군을 인도하여 로마로 쳐들어오던 길을 중단한 이야기 등이었다. 고대의 수많은 저자들이 이와 같은 방식으로 코르넬리아(Cornelia, 기원전 2세기) 같은 여인들을 칭송했다. 플레브스(plebs, 평민 의회) 의원인 티베리우스 그라쿠스(Tiberius Gracchus)와 가이우스 그라쿠스(Gaius Gracchus) 형제의 어머니였던 코르넬리아는 아들들에게 정치적 조언을 아끼지 않았고 정치가로서 그들의 경력을 자랑스러워했다. 그러나 수에토니우스(Suetonius, 69~c. 122 CE)나 타키투스(Tacitus) 같은 로마 제국 초기의 역사가들은 여성의 정치적 야심을 비난했다. 예컨대 아우구스투스의 아내 리비아 드루실라(Livia Drusilla) 혹은 네로 황제의 어머니 소(小)아그리피나(Agrippina the Younger)는 황실 가문에서 자신의 지위를 이용하여 정치에 개입함으로써 공동체에 손해를 끼쳤다는 비판이었다.[21]

그러나 로마 제국 후기에 가서 공식적으로 황실이 정부 기관으로 편성되었고, 행정권과 군권이 정부 기관 안에서 분리되었다. 이러한 변화

---

21 Tom Stevenson, "Women of Early Rome as *Exempla* in Livy, *Ab Urbe Condita*, Book 1," *Classical World* 104 (2011): 175-89; Brigette Ford Russell, "Wine, Women, and the Polis: Gender and the Formation of the City-State in Archaic Rome," *Greece and Rome* 50 (2003): 77-84; Suzanne Dixon, *Cornelia: Mother of the Gracchi* (New York: Routledge, 2007); and Anthony A. Barrett, *Agrippina: Sex, Power, and Politics in the Early Empire* (New Haven, CT: Yale University Press, 1996).

는 디오클레티아누스(Diocletianus, 재위 284~305 CE) 황제와 관련이 있는데, 국가 행정에서 황제권 강화를 의도한 조치였다. 이 조치는 공권력에서 젠더 문제에 심대한 영향을 미쳤다. 행정 관료들은 남성성의 정의를 새롭게 했다. 지성적 원칙과 평화의 기술을 강조하여 육체적 폭력에 의존했던 군대의 리더십과 차별화했다. 황실의 핵심 보직에는 환관이 배치되었다. 환관이 되면 거세를 통해 가족의 재생산 네트워크에서 이탈했다. 그래서 전적으로 황제의 후원과 보살핌에 의존하도록 만들었다. "남성성 제거" 때문에 탐욕이 강해진다거나 앙심을 품는다거나 감정이 불안정해진다는 우려도 있었지만, 궁정의 일원으로서 그들의 충성심과 황제를 위한 일편단심이 긍정적으로 평가되었다. 결과적으로 공적 남성성은 두 가지로 갈리게 되었다. 하나는 무엇보다 군대와 관련하여 신체적 강인함에 초점을 맞추고 군인의 육체적 훈련을 강조하는 것으로, 로마 이후 게르만 왕조의 엘리트 계층과 중세 유럽의 전사 귀족 계층에게까지 이어졌다. 또 한 가지 남성성은 육체를 정신에 종속시키는 관료의 절제된 지성과 헌신적 태도에 초점을 맞추는 것으로, 기독교 교회에 적용되어 성직자와 주교의 남성성(미덕)으로 자리 잡았다. 이는 또한 신의 적들과 싸우는 정신적 전사로서의 남녀 수도사의 이상형이기도 했다.[22]

22 Shaun Tougher, "Social Transformation, Gender Transformation? The Court Eunuch, 300-900," in Leslie Brubaker and Julia M. H. Smith (eds.), *Gender in the Early Medieval World: East and West, 300-900* (Cambridge University Press, 2004), pp. 70-82; Conrad Leyser and Kate Cooper, "The Gender of Grace: Impotence, Servitude, and Manliness in the Fifth Century West," *Gender & History* 12 (2000): 536-51; Guy Halsall, "Gender and the End of Empire,"

황실 가족의 정부 체제 편입과 기독교 정신에 입각한 공적 봉사 정신의 대두는 모두 후기 고대(late antiquity) 및 비잔티움 제국 시기 황비(및 여성 황제) 권력의 확장에 도움이 되는 요소들이었다. 이 시기 황실의 배우자들은 정치에서 중요한 역할을 했다. 예를 들면 갈라 플라키디아(Galla Placidia, 392~450 CE)나 유스티니아누스 황제의 아내 테오도라(Theodora, 500~548 CE) 같은 인물을 들 수 있다. 최초의 여성 황제 이레네(Irene, 재위 797~802)는 성상옹호론과 종교적 정통성을 기반으로 권력을 잡았는데, 애초에는 아들의 뒤에서 섭정을 맡고 있다가 친위 쿠데타를 일으켰던 것이다. 로마 제국 이후 서유럽의 게르만 왕조에서 왕비는 로마의 수도사들과 연대하여 기독교 전파에 기여했다. 프랑크인 왕조의 경우, 클로비스(Clovis)의 아내로 부르고뉴 출신의 기독교도 왕비는, 갈리아-로마 주교 레미기우스(Remigius)가 왕을 설득하여 496년 기독교를 국교로 받아들이게 하는 과정에서 중요한 역할을 했다. 또한 앵글로-색슨 왕조의 경우, 켄트(Kent)의 왕 애셀베르흐트(Aethelberht)의 아내이자 프랑크인인 베르타(Bertha)는, 597년 교황 그레고리우스(Gregorius) 1세가 로마의 수도사들을 파견한 이후 왕국이 기독교로 개종하는 과정에서 일정한 역할을 했다. 수녀원장 또한 기독교 교회 선교와 기관 설립 등 신앙의 전파 과정에서 공적 역할을 맡았다. 과거 로마 제국에 속하는 지방이나, 혹은 독일이나 아일랜드처럼 고대 로마 국경 너머의 지역에서도 모두 이러한 일들이 벌어지고 있었다.[23]

Journal of Medieval and Early Modern Studies 34 (2004): 17-39; and Mathew Kuefler, *The Manly Eunuch: Masculinity, Gender Ambiguity, and Christian Ideology in Late Antiquity* (University of Chicago Press, 2001).

중국 공권력에서 젠더 문제

중국에서도 여성 성직자와 왕실 여성은 때로 공권력에 큰 영향을 미쳤다. 상(商)나라 때부터 왕실 여성은 궁정 내 정치, 군사 작전, 종교 의례에 능동적으로 참여했다. 상나라 왕 무정(武丁)의 왕비 부호(婦好, c. 1200 BCE)는 주변 부족 국가들과의 전투에서 상나라 군대를 이끄는 주요 장군으로 활약했다. 또한 왕 무정이 점을 칠 때 점술가 역할을 맡기도 했다. 상나라의 다른 모든 점술가가 그러했듯 왕비 부호 또한 점술 능력을 인정받아 궁정에서 높은 직위를 맡았을 텐데, 상나라의 궁정 관료들은 정치적 결정에 막강한 영향력을 행사했다. 왕비 부호는 상나라 왕실의 여성이 국가 권력 체계에 적극적으로 개입했음을 알려주는 대표적 사례였다.[24] 그러나 부권(父權) 중심의 종법 제도가 확립되면서 정치권에서 여성의 역할은 급격히 감소했다. 주(周)나라의 자료들이나 《사기(史記)》의 기록, 《시경(詩經)》, 고고학적 발굴 성과와 청동기에 새겨진 글귀 등을 종합해 보더라도 궁정에서나 전투에서 남성과 어깨를 나란히 했던 여성의 흔적은 전무하다. 굳이 찾아보자면 사마천(司馬遷, c. 145~86 BCE)이 저술한 《사기(史記)》나 유향(劉向)이 저술한 《열녀전(列女傳)》에 비슷한 내용이 등장하기는 한다. 상나라의 마지막 왕 주왕(紂

---

23 Kenneth G. Hollum, *Theodosian Empresses: Women and Imperial Dominion in Late Antiquity* (Berkeley: University of California Press, 1989); Judith Herrin, *Women in Purple: Rulers of Medieval Byzantium* (Princeton University Press, 2004); and Jane Tibbetts Schulenburg, *Forgetful of Their Sex: Female Sanctity and Society, ca. 500-1100* (University of Chicago Press, 1998).

24 Jane Slaughter, Melissa K. Bokovoy, Patricia Risso, Ping Yao, and Patricia W. Romero, *Sharing the World Stage: Biography and Gender in World History* (Independence, KY: Cengage Learning, 2007), pp. 51-69.

王)이 탐닉한 후궁 달기(妲己)의 사례나, 서주(西周)가 멸망할 당시의 왕 유왕(幽王, 재위 781~771 BCE)의 애첩 포사(褒姒)의 사례가 있다. 무엇보다 유왕이 잘못한 일은, 후궁 포사를 첫 번째 부인의 자리인 왕비로 책봉한 것이었다고 한다.

그러나 사실 이러한 이야기들은 커져가는 여성 권력에 대한 두려움을 반영하고 있다. 한나라 시기, 사마천이나 유향이 역사서를 집필할 당시의 황실에서도 후궁들이 활약을 하고 있었다. 한나라 때 황실의 주요 후궁은 유력한 문벌 가문 출신이 많았다. 황제의 입장에서는 후궁을 통해 문벌 가문과의 정치적 관계를 강화하고 지원 세력을 얻을 수 있었고, 문벌 가문의 입장에서는 후궁을 배출함으로써 더 많은 권력을 얻을 수 있었다. 황제는 흔히 총애하는 후궁에게 상을 내리기 위해 그녀의 남성 친척들에게 관직을 내려주곤 했다. 더욱이 한나라의 전성기에 몇몇 황제들은 어린 나이에 제위에 오르기도 했다. 이때 어린 황제의 어머니(태황후)는 섭정을 임명함으로써 자신을 중심으로 정치적 파벌을 형성하고 궁정 업무에 상당한 영향력을 행사할 수 있었다. 대개는 친정 집안의 남자 형제(황제의 외삼촌)에게 섭정을 맡겼다. 중국 역사상 가장 막강했던 황실의 여인은 여치(呂雉, 241~180 BCE)다. 여태후(呂太后)라고도 불린 그녀는 아들 혜제(惠帝)를 대리하여 섭정을 맡은 뒤 본인이 사망할 때까지 15년 동안 정치 무대의 전면에서 활동했다. 황실 여인과 외척의 정치적 영향력은 후한(後漢, 25~220 CE) 시기에 더욱 강화되었다. 이 시기에는 어린 나이에 등극한 황제가 워낙 많았다(그들 중 셋은 한 살 때 황제가 되었다). 어린 황제가 나이가 들면 섭정(그리고 섭정을 임명한 태황후)은 정치 일선에서 물러났다. 그러면 황제는 환관 세력에 의지하여 외척의 권세에 대응하려 했다. 그래서 후한 시기의 역사는 환관 파벌과 외척 파벌의 끊임없는 분쟁으로 점철되었다.

이후 왕조에서도 황제를 장악한 태황후의 정치력은 계속되었다. 한(漢)나라의 여치와 마찬가지로 당(唐)나라의 무후(武后, 624~705 CE)는 심지어 아들을 폐위시키고, 690~705년 "주(周) 왕국"(이른바 무주武周)을 선포하고 스스로 황제의 자리에 올랐다. 중국 최초의 여성 황제였다. 새로운 왕국을 선포했을 때 그녀는 이미 남편 고종(高宗)과 함께 공동 통치를 한 경력이 30년이나 쌓인 뒤였다(고종은 660년부터 뇌졸중을 앓았다). 무후의 통치는 유학자들로부터 엄청난 비난을 받았다. 그러나 660년에서 705년 사이 중국의 영토는 확장되었고, 사회적 이동성이 증가했으며, 경제도 꾸준히 성장했다. 무후의 정책은 8세기 전반 당나라 전성기(盛唐)를 예비하는 토대가 되었다.[25]

불교와 도교의 여성 승려, 그리고 궁정 출신의 여성이 당나라 시기 중요한 공적 영향력을 행사했다. 당나라 궁정이 종교 기관에 적극적으로 개입하기 시작하면서 종교 기관의 여성 권력은 모두 어떤 식으로든 궁정과 인연을 맺게 되었다. 그중에는 황실의 친인척도 있었고, 황제나 황후의 후원을 받는 사람들도 있었다. 예컨대 당나라 전체를 통틀어 공식적으로 기록된 공주는 210명이었는데, 그중에서 11명이 성년이 되자마자 성직자를 자원했고 생을 마감할 때까지 도교 여승으로 생활했다. 성직자 생활을 하기로 한 공주는 궁중의 칭찬을 받았는데, 그것이 여성

---

25 See R. W. L. Guisso, "The Life and Times of the Empress Wu Tse-tien of the Tang Dynasty," unpublished Ph.D. thesis, University of Oxford, 1976.

의 미덕과 황실의 도덕적 품위를 드러내는 일이라고 여겨졌기 때문이다. 그러나 한편으로 어떤 공주에게는 승려로 생활하는 조건이 권력과 부를 거머쥘 수 있는 큰 기회가 되기도 했다. 무후(武后) 이후로 궁정의 남성 관료들이 황실 여성의 정치 참여를 극도로 견제하는 상황에서, 황실 여성은 황제의 아내 혹은 어머니라는 자격보다 오히려 종교 생활을 통해 권력을 증대하는 편이 더 유리했다. 예컨대 도교 여승 옥진공주(玉眞公主, 690~762)는 궁중에서 개최되는 음악회에 자주 참석했으며, 궁중 의례에 정기적으로 참여했다. 그녀가 주석한 도교 사원에서는 1400호(戶)의 농가를 거느리고 그 수확량의 3분의 2를 거두어들였다. 만년에 그녀가 소유한 부동산은 농가 수백 호(戶)가 소유한 농지에 필적했다고 한다. 옥진공주는 자신의 재산과 황실 행사에 출입할 수 있는 권한을 이용하여 궁정 내 다양한 파벌을 지원함으로써 영향력을 행사했고, 관료나 황실 친인척의 배경을 이용하여 소송을 유리하게 이끌기도 했다.

도교 여승에 비하여 불교의 비구니는 공적 역할이 비교적 적었다. 그럼에도 불구하고 가정 생활을 선택한 엘리트 계층의 여성보다는 공적 활동이 더 많았다. 그중 여원율사(如願律師, 700~775)라는 비구니는 당나라 최고 문벌인 농서이씨(隴西李氏) 가문 출신이었다. 여원율사는 11세에 처음 불교 사찰에 들어가 10년 뒤 득도했다고 한다. 그녀는 지성과 지식 및 확고한 신념으로 많은 이들의 존경을 받았다. 여행과 강연을 비롯한 다양한 종교 행사를 조직하는 가운데 많은 사람들이 여원율사를 따르고 종교적 지도자로 추앙했다. 만년에 이르러 여원율사는 대종(代宗, 재위 762~779) 황제의 초청을 받아 황실의 비빈에게 불교를 가르쳤고, 황실에서 거행되는 불교 의례를 집전했다. 이후 당나라의 수도 장안(長安)에서 임단대덕(臨壇大德)에 임명되었다. 임단대덕이란 불교 전통에서 매우 존경받는 인물을 일컫는 호칭이었다. 765년에 대종 황제는 수도 장안에서 대덕(大德)의 직책을 20개로 늘렸고, 10명의 남성 승려와 10명의 여성 승려를 대덕에 임명하여 장안에서 승려들의 직책(僧官)을 모두 관리하도록 했다. 그래서 애초에 정신적 권위를 일컫은 대덕(大德)이라는 명예의 호칭은 정부의 공식 직책으로 바뀌게 되었다. 영적 호칭이 실제 정부 관직으로 변화된 사례는 이후에도 전근대 중국 사회에서 널리 확인되는 관습이었다. 또한 황제는 여원율사에게 국사(國師)라는 칭호를 내렸는데, 국가가 관장하는 불교 질서 체계에서 최고의 자리였다. 그녀의 제자들 중에는 비구 및 비구니 사찰의 책임자들, 수도 장안의 여러 대덕들, 그리고 황제의 누이도 포함되어 있었다. 여원율사의 권위와 영향력은 영적 문제뿐만 아니라 정치적으로 국가 관료로서 불교 여승의 역할을 보여주는 중요한 사례였다.[26]

결론

고대 세계에서 국가, 제국, 지역 간 네트워크의 형성과 유지는 전통적으로 남성의 기획으로 알려져 있었다. 이와 대비되는 여성의 세계는 가정과 생활 경제였다. 심지어 어떤 학자들은 국가와 제국의 건설, 그에 따른 원거리 교역망의 번영이 여성의 정치·경제적 권력 축소의 원인이었다고 진단하기도 한다. 그래서 여성들의 활동 범위가 더욱더 마을 혹

---

26 On Tang state Buddhism, see Stanley Weinstein, *Buddhism under the T'ang* (Cambridge University Press, 2008).

은 부족 사회에 국한되었다고 본다.[27] 한편 다른 학자들은 여성이 남성의 권력에 복종하는 현상에 주목했다. 이러한 현상은 이미 단순 농업/목축 사회처럼 정치적으로 자율적인 소규모 공동체에서도 존재했다.[28] 또 다른 학자들은 지역 간 종교, 경제, 정치 네트워크에 초점을 맞추었다. 이런 환경이 남성뿐만 아니라 여성에게도 부를 창출하고 권력을 실현하며 사회적 관계를 구축하고 자아의 개념을 갖게 하는 새로운 기회를 부여했다고 보는 것이다.[29]

기원전 1200년부터 기원후 900년 사이 세계의 많은 지역이 서로 연결되는 경험을 공유하면서 그 결과로 수많은 정치·경제적 변화가 찾아왔지만, 이번 장의 논의에서는 그 과정에서 단순히 여성이 (혹은 남성이) 무엇을 얻었다거나 무엇을 잃었다는 식의 선입견은 두지 않으려 했다. 다시 말해서 문제의 시기에 공공의 정치·경제적 주요 역할은 남성에게 주어졌으며 여성의 활동은 가정 생활에 국한되었다는 식의 거대 서사는 거부하고자 했다. 이 시대를 규정할 만한 경제적·사회적·종교적·정치적 형태의 등장과 상호 작용은 그 다양성의 범주가 워낙 커서 이러한 변화들이 가정에서, 정치에서, 영적 영역에서 젠더 관계를 어떻게 변화시켰는가 하는 문제는 단순한 결론으로 요약할 수가 없다. 다만 분명한 것

---

27 E.g., Carol Meyers, *Rediscovering Eve: Ancient Israelite Women in Context* (New York: Oxford University Press, 2012).
28 E.g., Gerda Lerner, *The Creation of Patriarchy* (New York: Oxford University Press, 1986).
29 See, e.g., the range of perspectives and evidence in Lin Foxhall and Gabriele Neher (eds.), *Gender and the City before Modernity* (Malden, MA: Wiley-Blackwell, 2013).

은 개인, 공동체, 사회가 지역 간 정치·경제·문화적 통합의 네트워크를 경험하는 과정에서 (이러한 변화가 내부에서 기원한 것이든 외부에서 강제된 것이든 상관없이) 남성과 여성 고유의 역할 문제는 어떻게 되었는지, 많은 의문점을 남긴 것은 사실이다. 가능한 결혼 상대자의 범위는 그대로 유지되었을까, 확대되었을까, 아니면 줄어들었을까? 새롭게 등장한 막강한 정치·경제적 권력에 직면하여 가정의 재산과 자율성을 어떻게 하면 가장 잘 유지할 수 있었을까? 국가란 과연 가정을 확대한 것이었을까? 그래서 국가는 부모의 권위와 백성에 대한 가족 같은 사랑에 바탕을 둔 체제였을까? 혹은 국가란 새로운 정치 기구의 형태로서, 거기에 참여하는 사람들은 시민의 자격으로 공동선에 복무하며, 심지어 가정에서 아버지로서, 어머니로서, 아들로서, 딸로서 가정을 위해 노력하는 것도 국가를 위한 것이었을까? 국가의 목표와 가정의 목표는 양립할 수 있을까? 있다면 어떻게 그럴 수 있을까? 여성(아내)보다 남성(남편)에게 더 많은 시민권을 부여하는 것이 가정-국가 양립의 방편이었을까? 지역 간 통합의 과정에서 이루어진 다양한 정치, 경제, 문화의 창설과 유지 및 운영을 연구할 때 이상에서 제기한 의문들이 핵심 주제였고, 그것은 지금도 여전히 마찬가지다.

더 읽어보기

Ager, Sheila, "The Power of Excess: Royal Incest and the Ptolemaic Dynasty," *Anthropologica* 48 (2006): 165-86.

Ali, Kecia, *Marriage and Slavery in Early Islam*, Cambridge, MA: Harvard University Press, 2010.

Barrett, Anthony A., *Agrippina: Sex, Power, and Politics in the Early Empire*, New Haven, CT: Yale University Press, 1996.

Campbell, Brian, "The Marriage of Soldiers under the Empire," *The Journal of Roman Studies* 68 (1978): 153-66.

Cartledge, Paul, "Spartan Wives: Liberation or License?" in Michael Whitby (ed.), *Sparta*, New York: Routledge, 2002, pp. 131-60.

Cohn-Haft, Louis, "Divorce inClassical Athens," *The Journal of Hellenic Studies* 115 (1995): 1-14.

Cooper, Kate, *The Fall of the Roman Household*, New York: Cambridge University Press, 2007.

_____, "A Father, a Daughter and a Procurator: Authority and Resistance in the Prison Memoir of Perpetua of Carthage," *Gender & History* 23 (2011): 685-702.

Davidson, James, "Bodymaps: Sexing Space and Zoning Gender in Ancient Athens," *Gender & History* 23 (2011): 597-614.

_____, *Courtesans & Fishcakes: The Consuming Passions of Classical Athens*, New York: St. Martin's Press, 1998.

Fleck, Robert K., and F. Andrew Hanssen, "'Rulers Ruled by Women': An Economic Analysis of the Rise and Fall of Women's Rights in Ancient Sparta," *Economics of Governance* 10 (2009): 221-45.

Guisso, R. W. L., "The Life and Times of the Empress Wu Tse-t'ien of the T'ang Dynasty," unpublished Ph.D. thesis, University of Oxford, 1976.

Håland, Evy Johanne, "The Ritual Year of Athena: The Agricultural Cycle of the Olive, Girls' Rites of Passage, and Official Ideology," *Journal of Religious History* 36 (2012): 256-84.

Herrin, Judith, *Women in Purple: Rulers of Medieval Byzantium*, Princeton University Press, 2004.

Hollum, Kenneth G., *Theodosian Empresses: Women and Imperial Dominion in Late Antiquity*, Berkeley: University of California Press, 1989.

James, Sharon L., and Sheila Dillon (eds.), *A Companion to Women in the Ancient World*, Malden, MA: Wiley-Blackwell, 2012.

Kuefler, Mathew, *The Manly Eunuch: Masculinity, Gender Ambiguity, and Christian Ideology in Late Antiquity*, University of Chicago Press, 2001.

_____, "The Marriage Revolution in Late Antiquity: The Theodosian Code and Later Roman Marriage Law," *Journal of Family History* 32 (2007): 343-70.

Lerner, Gerda, *The Creation of Patriarchy*, New York: Oxford University Press, 1986.

Leyser, Conrad, and Kate Cooper, "The Gender of Grace: Impotence, Servitude, and Manliness in the Fifth Century West," *Gender & History* 12 (2000): 536-51.

McCullough, William H., *Japanese Marriage Institutions in the Heian Period*, Cambridge, MA: Harvard-Yenching Institute, 1967.

McMahon, Keith, *Women Shall Not Rule: Imperial Wives and Concubines in China, Han to Liao*, Lanham: Rowman and Littlefield, 2013.

Pohl, Walter, "Gender and Ethnicity in the Early Middle Ages," in Leslie Brubaker and Julia M. H. Smith (eds.), *Gender In the Early Medieval World: East and West, 300-900*, Cambridge University Press, 2004, pp. 23-43.

Pomeroy, Sarah B., *Families in Classical and Hellenistic Greece: Representations and Realities*, Oxford: Clarendon Press, 1997.

_____, *Spartan Women*, New York: Oxford University Press, 2002.

Powell, Anton, "Dining Groups, Marriage, Homosexuality," in Michael Whitby (ed.), *Sparta*, New York: Routledge, 2002, pp. 90-103.

Russell, Brigette Ford, "Wine, Women, and the Polis: Gender and the Formation of the City-State in Archaic Rome," *Greece and Rome* 50 (2003): 77-84.

Saller, Richard P., Patriarchy, *Property, and Death in the Roman Family*, Cambridge University Press, 1994.

Scheidel, Walter, "A Peculiar Institution? Greco-Roman Monogamy in Global Context," *History of the Family* 14 (2009): 280-91.

Stevenson, Tom, "Women of Early Rome as *Exempla* in Livy, *Ab Urbe Condita*, Book 1," *Classical World* 104 (2011): 175-89.

Thapar, Romila, *Early India: From the Origins to AD 1300*, Berkeley: University of California Press, 2004.

Tougher, Shaun, "Social Transformation, Gender Transformation? The Court Eunuch, 300-900," in Leslie Brubaker and Julia M. H. Smith (eds.), *Gender in the Early Medieval World: East and West, 300-900*, Cambridge University Press, 2004, pp. 70-82.

Treggiari, Susan, *Roman Marriage: Iusti Coniuges from the Time of Cicero to the Time of Ulpian*, Oxford: Clarendon Press, 1994.

Twitchett, Denis C., and Michael Loewe, *The Cambridge History of China*, New York: Cambridge University Press, 1986, vol. I.

CHAPTER 4

노예제

피터 헌트
Peter Hunt

노예제는 고대 사회(1200 BCE~900 CE)에 널리 퍼져 있었다. 오늘날 우리에게는 당시 선진 국가의 노예제만 비교적 자세히 알려져 있지만, 그보다 구조가 단순한 사회에도 노예가 존재했다. 오히려 고대 문명 가운데 노예제가 존재하지 않았던 사례를 찾아보는 편이 더 어렵다. 경우에 따라서는 노예 사용 범위가 매우 다양했다. 고전기 아테네와 로마 제국 시기의 이탈리아는 그야말로 진정한 노예제 사회였다. 사회 구조적으로나 경제 혹은 문화 등 전반적인 영역에서 노예가 중요한 역할을 했고, 그 다양성의 측면에서 신대륙의 노예제 시대에 못지않았다. 실제로 로마 제국 당시의 노예 인구는 (최소한으로 추정하더라도) 600만 명에 달했는데, 이 정도면 수적으로 아마도 19세기 신대륙의 노예 인구와 맞먹을 것이다.

앞에서 "아마도"라는 애매한 표현을 굳이 사용한 이유는, 노예 연구에 있어서 고대와 근대의 차이가 있기 때문이다. 우리가 알고 있는 고대사 관련 자료는 대체로 파편적인 동시에 대표성이 없는 경우가 많다. 그 중에서도 노예 관련 자료는 문제가 더욱 심각하다. 대부분의 문헌 자료가 노예 소유주(엘리트 계층 남성)에 의해 생산되었기 때문이다. 노예의 관점을 알 수 있는 자료는 거의 없고, 기껏해야 노예와 같은 하층민의 생활과 관련된 자료가 드물게 존재할 뿐이다. 그러므로 예컨대 노예 인구 전체 통계 같은 정보를 확인하기란 불가능에 가깝다. 마지막으로 지적하지 않을 수 없는 부분은 지역 차이다. 우리에게 더 잘 알려진 나라 혹은 제국은 노예를 수입했던 곳이다. 여기에 비하면 그 주변부, 즉 조직화의 정도가 약했고 그래서 인구의 상당수가 노예로 끌려가는 고통을 겪어야 했던 지역에 관해서는 잘 알려져 있지 않다. 그보다 규모가 크고 중앙 집권이 발달한 사회에서는 대체로 노예제를 실시했다. 동시에 문헌 자료와 예술품 및 기념비적 건축물을 제작한 이들도 그들이었다. 후대의 역사학자들이 연구의 근거로 삼는 자료는 바로 그런 것들이다. 물론 이와 같은 자료의 한계를 극복할 방법도 있겠지만, 그 방안을 논의하자면 그것만으로도 한 편의 논문이 구성될 것이다. 그럼에도 불구하고 본격적인 우리의 논의에 앞서, 자료의 부족 문제는 강조해둘 필요가 있다. 또한 이후 우리의 모든 논의에 이 문제가 결부되어 있다는 점을 감안해야 할 것이다.

고전기 그리스와 로마의 노예제에 관한 책만 매년 수십 권이 출간되고 있다. 세계적 범위에서 기원전 1200년부터 기원후 900년까지 약 2000년 동안의 노예제를 포괄적으로 설명해야 하는 이번 장에서는 간략하고 선택적으로 주제에 접근할 수밖에 없다. 비교적 관점과 전 지구적 관점을 강조하기 위하여 우리는 고대의 여러 사회를 개별적으로 다루기보다는 주제별로 논의를 전개할 것이다. 첫 번째 소절에서는 노예제란 무엇인지 살펴본다. 두 번째 소절에서는 노예 사용의 유형과 정도의 차이가 어느 정도의 스펙트럼을 형성했는지 살펴본다. 세 번째 소절에서는 국가 성립 이전의 노예제 문제로 거슬러 올라가 노예제와 도시, 노예제와 무역, 노예제와 제국의 상호 관계를 살펴본다. 그리고 노예제와 국가의 상보적 관계가 우리의 네 번째 논의 주제가 될 것이다. 이 글의 마지막 소절은 노예화 및 해방이다. 추상적 이론보다는 구체적 사례가 더 생생하고 많은 이야기를 들려주곤 한다. 그러므로 우리의 논의에서도 구체적 사례를 자주 만나게 될 것이다. 비록 넓은 시공간 범위에서 이 문제에 접근하는 것이 필자의 의도이기는 하지만, 노예제와 관련해서 가장 많은 자료가 남아 있는 곳, 특히 그리스와 로마 지역의 사례에 지나친 대표성이 부여되는 것은 어쩔 수 없는 사정이 있다.

노예제란 무엇인가?

별도로 떨어진 여러 사회에서, 친족이나 생물학적 연관이 없는 별개의 사회에서, 전 세계적으로 시대와 장소를 막론하고 하나의 제도가 그토록 많이 출현했다는 사실은 그 자체만으로 놀랍지 않을 수 없다. 부족 사회에서, 후기 고대(late antique) 지중해의 도시에서, 중국과 일본에서, 아메리카 대륙에서도 사회에 따라 노예의 역할은 달랐지만, 어떤 식으로든 노예제는 존재했다. 전 세계적으로 광대한 시공간적 범위에 걸쳐 노예제가 확인되었다. 그러나 이런 사실로부터 한 가지 중요한 의문이 제기된다. 그렇다면 노예제란 정확히 무엇을 의미하는가? 역사학에서는 전통적으로 노예란 재산으로 취급된 사람이라고 규정했다. 이런 기준으로 보면 다른 형태의 지배 통제 체제와 노예제를 분명하게 구별할 수 있다. 특히 노예로 일컬어지는 사람들을 물리적 생활 조건에 따라 구분해서는 안 된다는 점이 중요하다. 고대 노예제 사회에서는 보기에 따라서 부유하고 권세 있는 노예의 사례도 많았다. 물리적 생활 조건을 기준으로 노예를 규정하면 그들이 노예의 범주에서 벗어나버린다. 고대 노예제와 관련해서 주의해야 할 기준이 또 하나 있다. 흔히 근대 노예제가 산업 사회의 다른 임금 노동과 비교되듯이, 고대 노예제는 다른 예속 노동과 비교될 수 있다. 고대 사회에는 노예제 이외에도 상당한 정도의 강제성에 예속된 노동의 형태가 존재했다. 예를 들면 농노(serf)가 그런 경우였다. 그들은 토지에 얽매여 있었고, 소작료를 지불하는 이외에도 영주에게 예속되어 있었다. 그들은 명백하게 불평등한 사법 체계에서 살아갔으며, 흔히 영주가 농노에게 육체적 체벌을 가하기도 했다. 그러나 토지나 가족으로부터 농노를 떼어내어 사고팔 수는 없었다. 농노도 억압을 받기는 했지만 재산으로 취급되지는 않았다. 농노는 노예가 아니었다.

그러나 자세히 들여다보면 노예를 재산으로 규정하는 정의에도 두 가지 문제점이 있다. 첫째, 누군가가 다른 사람에 대하여 재산권을 행사하는 경우가 노예 말고도 또 있었다. 이런 점에서 노예제는 인신재산권에 관련된 다른 형태의 관계와 질적으로 차이가 없다. 가령 신붓값(bride price)을 인정하는 사회에서 신부에 대한 신랑의 권리를 들 수 있다. 둘째, 노예 개인이 일관되게 재산으로만 취급되지는 않았다. 예컨대 노예제를 채택한 대부분의 국가에서 노예가 저지른 범죄의 책임은 노예에게 물었다. 중국의 진(秦)나라와 한(漢)나라에서처럼 대개는 노예에게 혹독한 형벌이 선고되었다.[1] 여기서 문제는 법적으로 노예가 단지 재산이 아니라 형사 책임이 있는 사람으로 취급되었다는 점이다.

---

1 Mark Lewis, *The Early Chinese Empires: Qin and Han* (Cambridge, MA: Belknap Press of Harvard University Press, 2007), p. 215.

이와 같은 난점들을 해결하기 위해 올랜도 패터슨(Orlando Patterson)은 노예에 관한 새로운 정의를 제시했는데, 상당히 영향력이 있었다. 그가 내린 정의는 노예 개념과 관련하여 몇몇 문제점을 제거했을 뿐만 아니라 노예제에 관해 중요한 몇 가지를 더 알려주었다. 패터슨이 정의한 노예란 "태생적으로 소외되고 일반적으로 천시받으며 영속적이고 폭력적인 압제에 놓여 있는 사람"이었다.[2] 첫째, 노예는 영속적 조건이었다. 노예 해방은 결코 노예가 결정할 수 있는 문제가 아니었으며, 태어나면서부터 상속되는 지위이므로 일개인이 평생을 바친다고 해도 끝날 문제가 아니었다(그림 4-1). 둘째, 폭력은 노예제의 핵심이었다. 이는 특정 노예 개인이 폭력을 당하느냐 마느냐의 문제가 아니었다. 패터슨이 말하는 폭력이란, 가혹한 압제 체제를 유지하기 위해 반드시 필요한 수단이었다. 많은 사회에서 채찍은 노예를 다스리는 상징물로 알려져 있었다. 노예화는 당사자에게는 피할 수 없는 운명으로 받아들여졌다. 전쟁에서 포로가 되거나 범죄를 저지른 대가로 폭력적 죽음 앞에 합법적으로 놓인 사람들이 그 대신 노예가 되었기 때문이다.

패터슨의 정의에 이미 노예제와 관련된 유쾌하지 못한 내용이 포함되어 있지만, 그럼에도 불구하고 이런 정의만으로는 농노를 비롯한 다른 피압제 계급과 노예를 구별하기가 쉽지 않다. 그들이 처한 조건 또한 영속적이며, 우월적 지위에 있는 자들이 그들을 폭력과 천시로 대하기는 마찬가지기 때문이다. 패터슨의 정의에서 핵심은 노예의 "태생적

---

[2] Orlando Patterson, *Slavery and Social Death: A Comparative Study* (Cambridge, MA: Harvard University Press, 1982), p. 13.

[그림 4-1] 로마 노예의 목줄
"내가 도망가면 체포하시오"라는 글귀와 함께 잡아 오는 사람에게 줄 보상금이 적혀 있다.

소외"를 규정한 부분으로, 다른 글에서는 이를 "사회적 사망 선고"라 표현하기도 했다. 이러한 용어들은, 노예가 다른 사람들이 태생적으로 갖게 되는 만큼의 인권을 갖지 못한다는 것을 의미한다. 노예는 가족, 부족, 마을, 혹은 국가의 구성원으로 인정받지 못했다. 인간이 태생적으로 어떤 권리를 타고난다는 개념이 전혀 없었던 고대 세계에서 태생적 소외란, 어떤 상속 권리나 관계 등을 통해 주인의 통제에 맞설 수 있는 대항력이 전혀 없었다는 의미가 된다. 그래서 노예는 사회적 사망 선고를 받은 것과 다름없었다. 패터슨의 말은 오직 관계에 의해서나 법적으로 인정되는 권리에 한정된다. 실제로는 노예에게도 가족이 있었다. 그러나 노예도, 또한 노예의 가족도 그들의 관계를 공식적으로 인정받지 못했다. 태생적 소외는 노예가 다른 사람들로부터 천시받는 가장 큰 이유였다. 이는 이른바 "엘리트" 노예의 경우도 마찬가지였다. 겉으로 보기에 그들은 다른 대다수의 자유민보다 물질적으로 더 풍족했지만, 태생적 소외라는 측면에서는 다른 노예와 다를 바가 없었다. 패터슨의 정의는 노예의 사회적 지위가 왜 그토록 불안정했는지 그 이유 중 하나를 분명히 해주었다. 노예가 인정받는 관계는 오직 한 가지, 노예를 소유한 주인에게 복속되어 있다는 것뿐이었다.

노예 사용의 정도와 유형

역사학에서는 흔히 "노예제 사회(slave societies)"와 "노예가 있는 사회(societies with slaves)"를 구분한다.[3] "노예제 사회"란 인구 구성에서 노예가 상당한 비중을 차지하는 사회로, 30퍼센트가 넘는 경우도 있다. 여기서 노예는 경제적으로 중요한 역할을 하는데, 특히 고대 경제에서는 핵심 부문인 농업 분야에 투입되었다. 역사적으로 진정한 노예제 사회는 (남북전쟁 이전의 미국 남부, 브라질, 카리브해 지역을 포함해) 다섯 개뿐이었다고 하지만, 시야를 전 세계로 넓히면 후보지는 더 많아진다. 다섯 개의 전형적인 노예제 사회 중에서 우리가 논의하는 시기에 포함되는

3 David Turley, *Slavery* (Oxford: Blackwell, 2000), pp. 62-100.

사회는 두 개다. 기원전 500~300년경의 고전기 아테네(아마도 다른 그리스 도시국가들 포함), 그리고 기원전 200년경에서 기원후 200년경 로마 시기의 이탈리아(아마도 시칠리아 포함)다. 한편 "노예가 있는 사회"란 노예 관련 제도가 존재했던 모든 사회를 가리킨다. 고대 세계에서는 거의 모든 복합 사회(complex society)가 이 범주에 들어간다. 따라서 유대교의 일파인 에세네파(Essenes)처럼 노예를 소유하지 않았던 사람들은 특이한 예외에 속하며, 대부분의 사회에는 노예가 존재했다.[4] 게다가 대부분의 고대 국가에서 존재했던 노예는 결코 적은 수가 아니었다. 대규모 노예가 집중적으로 존재했다는 근거가 확인된 곳만 하더라도 이집트 신왕조, 페니키아(특히 카르타고), 신바빌로니아, 신아시리아, 중국, 한반도의 신라 왕국, 스페인의 서고트 왕국, 아바스 왕조의 이라크 남부 등을 들 수 있다. 예컨대 중국의 진-한(秦-漢) 제국에서 일부 엘리트 계층은 사적으로 수천 명의 노비를 소유했다. 한(漢)나라 시기의 농업은 노예제와 결부되어 있었다.[5] 근거가 분명한 사례들 중 하나를 예로 들자면, 로마 지배 시기 이집트의 몇몇 도시에서는 노예 인구의 비중이 10퍼센트 이상이었다고 한다. 이 정도를 가지고 노예제 사회라고 하기는 어렵지만 (특히 노예가 농업 노동보다는 주로 가사 노동에 투입되었기 때문에) 결코 적은 수였다고 할 수는 없다.[6] 마르크스주의 역사학에서는 한때 고대 이

---

4 Peter Garnsey, *Ideas of Slavery from Aristotle to Augustine* (Cambridge University Press, 1996), pp. 78-79 and 240-41.
5 E. G. Pulleyblank, "The Origins and Nature of Chattel Slavery in China," *Journal of the Economic and Social History of the Orient* 1 (1958): 202 and 220.
6 Neville Morley, "Slavery under the Principate," in Keith Bradley and Paul Carteledge (eds.), *Cambridge World History of Slavery* (Cambridge University Press, 2011), vol. I, p. 267.

집트, 바빌로니아, 중국의 특징이 노예제 생산 양식이었다고 주장하고, 그 사회가 노예제 사회였을 가능성이 매우 높다고 평가했다. 최근의 역사학에서는 그러한 틀을 받아들이지 않으며, 해당 지역에서 노예보다는 농민에 의존한 구체적 사례들을 확인해주었다. 그럼에도 불구하고 노예는 이집트, 바빌로니아, 한나라뿐만 아니라 인도, 유대, 아시리아, 이슬람 세계에서도 상당히 중요한 비중을 차지했으며, 노예의 지위가 법적으로 규정될 정도로 사회적으로 분명하게 인식되고 있었다.

특정 시대의 어떤 사회가 "노예제 사회"인지 "노예가 있는 사회"인지 구분하는 것은 유용할 때가 있다. 그러나 우리의 논의에서는 이와 같은 분류 문제를 일단 제쳐두고 다른 두 가지 문제에 초점을 맞추고자 한다. 고대 사회에서는 다양한 차원에서 노예를 사용했는데, 실제로 노예가 담당한 기능은 무엇이었나? 노예 인구의 비중이 어떤 결과를 낳았고, 노예의 사회·문화적 중요성이 어떻게 증대되었는가? 신대륙에서 노예제는 대부분 농업 생산과 관련이 있었으나, 고대 사회의 노예는 경우에 따라 여러 가지 노동에 투입되었다. 노예는 사실상 모든 종류의 일을 담당했으며, 경제적 생산 작업과 관련한 각각의 범주마다 노예가 존재했다. 그 밖에 노예는 임대도 가능했다. 그래서 노예에게 맡겨지는 일은 더욱 다양할 수밖에 없었다. 예를 들어 아테네에는 노예를 임대하는 전문 시장이 있었다. 노예 하녀를 사기에는 비용 부담이 너무 크다고 생각하는 사람들은 시장에서 잠시 하녀를 빌려 쓸 수 있었다.[7]

---

7 Theophrastus, *Theophrastus: Characters*, in James Digge (ed.), *Cambridge Classical Texts and Commentaries* (Cambridge University Press, 2004), vol. XLIII, 22.10.

일반적 경향으로 볼 때는 노예 의존도가 큰 사회일수록 경제적 생산, 특히 농업 생산에 노예 노동력을 투입하는 경우가 많았다. 이 경우 경제에서 노예가 차지하는 비중은 컸다. 다른 한편으로 가사 노동에 투입되는 노예는 사실상 거의 모든 사회에 존재했다. 이는 엘리트 계층의 일상을 유지하는 데 도움이 되었다. 귀족 가정에서 노예는 청소부터 요리까지, 수유에서 장부 정리까지, 주인의 옷장 관리에서 로마 연회장의 안내까지 필요한 모든 업무에 투입되었다. 연회장의 안내인은 로마의 지체 높은 가정에 방문한 손님들의 이름을 기억했다가 큰 소리로 외치는 업무를 맡았다(그림 4-2). 거의 모든 사회에서 거세된 남성은 귀족이나 고위 관료의 가정에서 신뢰받는 노예였다.

노예가 있는 곳이면 어디서든지 노예 여성을 성적 대상으로 취급하는 풍토가 있었다. 노예 여성의 지위는 정실보다 지위가 낮은 아내에서부터 첩실이나 매춘부까지 다양했다. 노예 여성을 아내로 대우해주는 곳에서라면 법적으로 정당한 아이를 출산할 수도 있었다. 출산을 통해 노예 여성은 새로운 사회에 흡수되었고, 노예 신분에서 벗어날 수도 있었다. 아프리카에서 이러한 사례를 확인할 수 있다.[8] 또한 초기 및 중세 무슬림 율법에는 노예 여성을 사회적으로 받아들이기 위한 법적 요건이 명시되어 있었다. 노예 여성이 주인의 아이를 출산할 경우, 그 아이는 자유민이며, 노예 여성은 주인이 사망한 뒤 자유민의 신분을 얻을 수 있었다. 다만 그것은 주인이 태어난 아이를 자신의 자식으로 인정할 때에

---

8 Jack Goody, "Slavery in Time and Space," in James L. Watson (ed.), *Asian and African Systems of Slavery* (Berkeley: University of California Press, 1980), pp. 37-42.

〔그림 4-2〕 에우프로니오스 크라테르(Euphronios krater)
체육 교육 장면이 그려져 있다. 노예가 자유민의 운동 연습을 돕고 있는데, 노예가 훨씬 작게 표현되었다.

만 가능한 일이었다.[9] 현실적으로는 대개 성 노예로 취급할 따름이었다. 전쟁 포로 여성에 대한 강간 또한 흔한 일이었다. 이후 그녀들은 노예로 편입되었다. 많은 사회에서 상당히 많은 수의 여성 노예가 결국 성 노동

---

9 Matthew S. Gordon, "Preliminary Remarks on Slaves and Slave Labor in the Third/ Ninth Century 'Abbādid Empire,'" in Laura Culbertson (ed.), *Slaves and Households in the Near East* (Oriental Institute of the University of Chicago, 2011), p. 80.

자가 되고 말았다. 고전기 아테네에서 그에 해당하는 다양한 사례를 확인할 수 있다. 이른바 "피리 소녀(flute girls)"라고 하는 여성들이 연회에 참석하여 음악으로 여흥을 돋우고 때로는 성적 기호의 대상이 되었다. 이외에도 연애 상대가 되어주는 경우가 있었는데, 때로는 매우 큰 비용을 지불해야 했다. 그 밖에 정부(情婦)도 있었고, 길거리나 사창가에서 일하는 매춘부도 있었다.[10] 이와 같은 여인들 중에는 과거 노예 출신자나 자유민도 간혹 있었지만 대부분은 노예였고, 특히 낮은 값에 팔려 다니는 여성들이었다. 노예 정부(情婦)도 생활이 불안정하기는 마찬가지였다. 고전기 아테네의 법정 기록에 따르면, 부유한 남성들은 오래도록 관계를 유지해온 정부가 싫증이 났다는 이유로 사창가에 팔아넘길 계획을 세우기도 했다.[11] 고대 사회에서 성 노예 인구가 얼마나 되었는지 그 수치를 알 수 있는 자료는 없지만, 최소한 로마의 도시 폼페이(Pompeii)에는 도시 규모에 비해 사창가의 수가 놀라울 정도로 많았다.[12]

설사 맡은 임무가 성 노동이 아니라 할지라도 모든 노예 여성은 주인 혹은 그 가족의 강제적 성관계 요구에 노출되어 있었다. 노예 여성에게 다른 업무가 주어지는 경우에도, 물론 항상 그런 것은 아니었지만, 자

---

10 James Davidson, *Courtesans and Fishcakes: The Consuming Passions of Classical Athens* (London: Harper Collins, 1997), and Debra Hamel, *Trying Neaira: The True Story of a Courtesan's Scandalous Life in Ancient Greece* (New Haven, CT: Yale University Press, 2003).
11 Antiphon, *Accusation of Poisoning against the Step-Mother in Antiphon and Andocides, The Oratory of Classical Greece I*, trans. Michael Gagarin and Douglas M. MacDowell (Austin: University of Texas Press, 1998), sections 14-15.
12 Thomas McGinn, *The Economy of Prostitution in the Roman World: A Study of Social History and the Brothel* (Ann Arbor: University of Michigan Press, 2004).

유민의 성 역할 구분이 반영되는 경우가 많았다. 예컨대 여성 노예는 주인의 집안에서 요리와 청소를 담당했다. 주인의 아이를 돌보고 때로는 수유를 하기도 했다. 심지어 주인집을 벗어나 다른 곳에서 이런 일을 하기도 했다. 로마 제국 치하 이집트의 자료에 상세한 계약 문서가 남아 있는데, 일부에는 수유를 위해 노예 여성을 임대한다는 내용이 포함되어 있다.[13] 무엇보다 중요한 업무는 옷감을 짜는 일이었다. 이는 당시 매우 핵심적인 업무였고, 또한 직물은 중요한 상품이었다. 예컨대 아테네에서 부유한 집안 여성의 주된 책무는 집안에서 여성 노예들이 실을 잣고 옷감을 짜는 노동을 감시하는 일이었다. 로마 이외의 다른 문화에서도 이러한 사례는 풍부하게 확인된다(그림 4-3).

부잣집에서 노예가 옷감 짜는 일에 못지않게 기여한 주요 기능은 주인의 사회적 지위를 과시하는 일이었다. 노예 시종들을 데리고 다니면 외부 사람들에게 지체 높은 신분을 과시할 수 있었다. 고대 그리스나 로마 혹은 중국에서 이러한 관습을 때로 오만하다고 비판하기도 했지만, 그만큼 흔한 일이었다. 노예는 부와 계급을 과시하는 수단이었다. 예를 들어 로마의 귀족은 자신의 노예들에게 화려하고 멋진 제복을 입혀서 대중 혹은 손님들의 여흥을 위해 내놓기도 했다.[14] 이러한 노예의 기능은 경제적 이득보다 과시적 소비(conspicuous consumption) 범주에 더 잘 들어맞는 사례였다. 또한 노예는 주인의 종교적 열정이나 능력을 과시하

---

13 Keith Bradley, "Sexual Regulations in Wet-Nursing Contracts from Roman Egypt," *Klio* 62 (1980): 321-25.
14 Sandra R. Joshel, *Slavery in the Roman World* (Cambridge University Press, 2010), pp. 134-36.

[그림 4-3] 화장품 상자를 운반하고 있는 여성 노예
그리스 도자기에 그려진 욕실 장면(Collection of Greek Vases by Mr. Le Comte de Lamburg).

는 수단이 되기도 했다. 마야(Maya)에서 귀족들과 왕은 전쟁 포로를 신에게 바치는 희생 제물로 사용했으며, 때로는 인육을 먹기도 했다. 포로에서 죽음까지 아마도 오랜 시간이 걸렸을 텐데, 그사이에 그들은 틀림없이 노예였겠지만 경제적으로 생산 업무에는 거의 투입되지 않았다.[15]

15 David Freidel and Linda Schele, *A Forest of Kings: The Untold Story of the*

노예를 가사 노동이나 과시용으로만 사용하는 사회도 있었지만, 도시 경제가 발달한 곳에서는 물품 생산에 노예 노동력을 투입하기도 했다. 예컨대 방패, 소파, 옷감, 도자기, 칼 등을 노예들이 만들었다. 때로는 미용 같은 서비스 업무에 투입했다. 노예 노동력을 어느 분야의 어떤 자리에 투입하게 되는 경제 원리 같은 것은 알려진 바가 거의 없다. 그러나 기본적인 이유는, 물품 시장 혹은 서비스 시장이 확장될 경우, 빈자리를 메워야 할 때면 자유노동자에 비해 노예 노동력이 활용하기 쉽고 비용도 저렴했기 때문이다. 이처럼 노예 활용의 방향은 다양한 시장 경제에 따라 달랐고, 흔히 무역과 관련되어 있는 경우도 많았다. 무역을 통해 물품 시장이나 노예 시장이 모두 확대되었다. 물품 생산에 노예 노동력이 투입된 사례는 드물지 않았다. 예를 들면 신바빌로니아, 신아시리아, 고전기 아테네와 로마 등에서도 그런 사례들이 있었다.[16] 특히 광산에 노예를 고용하는 일은 비교적 큰 경제적 효과가 있었다. 예컨대 은(銀)은 고전기 아테네 수출품 가운데 가장 중요한 품목이었는데, 은광에서는 1만 명 이상의 노예를 고용하고 있었다. 이는 당시 노예들의 유골을

Ancient Maya (New York: Harper Perennial, 1990), pp. 152-53 and 189-91.

16 Neo-Babylonia: Muhammad Dandamaev, *Slavery in Babylonia: From Nabopolassar to Alexander the Great* (626-331 BC), trans. Victoria Powell, rev. edn. (DeKalb: Northern Illinois University Press, 1984), pp. 279-307 and 512-19; H. D. Baker, "Degrees of Freedom: Slavery in Mid-First Millennium BC Babylonia," *World Archaeology* 33 (2001): 23; Neo-Assyria: Gershon Galil, "The Lower Stratum Families in the Neo-Assyrian Period," in Thomas Schneider (ed.), *Culture and History of the Ancient Near East* (Leiden: Brill, 2007), vol. XXVII, pp. 196-98; Greece: John K. Davies, *Wealth and the Power of Wealth in Classical Athens* (Salem, NH: The Ayer Company, 1984), pp. 41-43; Rome: Sandra R. Joshel, *Work, Identity, and Legal Status at Rome* (Norman: University of Oklahoma Press, 1992), pp. 173-86.

보아서도 알 수 있지만, 돌에 새겨진 광산 임대 계약서도 여러 개가 발견되었다. 스페인이 카르타고의 식민지였던 시기에는 아테네보다 4배나 많은 노예가 광산에서 일했다고 알려져 있다.[17]

대부분의 경우 "노예제 사회"는 "노예가 있는 사회"에서 노예를 사용하는 모든 정도를 포함하고 있다. 그러나 대다수가 경제적 주도 분야인 농업에 투입되는 점이 차이다. 그래서 노예제 사회 중 하나인 로마의 노예는 물론 물품 생산, 가사 노동, 광산 노동 등에도 투입되었지만 상당수가 로마 엘리트 계층의 대규모 농장에서 일했다. 노예 사용 정도의 차이라고 하면, 대개 노예 개인의 경험보다는 큰 틀에서 사회 구조나 사회 문화의 차이였다. 카르타고 지배하 스페인의 광산이나 아테네의 광산에서 일하는 노예, 혹은 한나라의 수도 장안이나 로마의 가정집에서 일하는 노예의 처지는 크게 다르지 않았다.

이와 같은 경험의 법칙에는 예외가 있었는데, 사용의 정도나 중요성 면에서 노예의 처지는 사회마다 달랐다. 예컨대 데이비드 털리(David Turley)에 따르면, "노예제 사회에서 주인과 노예의 사회적 거리는 노예가 있는 사회에서보다 훨씬 더 강조되었다."[18] 하나의 사례를 들자면, 노예제 사회에서 주인은 흔히 강압적이고 제도적으로 혹독한 처벌을 통해 노예를 억누르고자 했다. 로마법 중에서도 악명이 높은 실라누스 원로원 의결(Senatus Consultum Silanianum)에서 규정한 바로, 만약 어떤 노예가 주인을 살해하면 그 집안에 있는 모든 노예가 처형되어야 했다. 로

---

17 Glenn E Markoe, *Phoenicians* (Berkeley: University of California Press, 2006), p. 104.
18 Turley, *Slavery*, p. 63.

마의 황제 네로(Nero)는 이 조항을 강력히 적용하여, 한때 로마 도심의 어느 귀족에게 속한 수백 명의 노예를 한꺼번에 처형한 적이 있었다. 그 귀족이 집에서 사망한 것이 그 이유였다. 노예 대부분은 결백했지만 처형을 피할 수 없었다.[19] 그러나 이집트 제26왕조의 경우, 통치 엘리트 계층이 소유한 노예의 수가 그리 많지 않았으므로, 대규모 노예 인구에게 공포를 심어주기 위해 시행된 로마와 같은 법적 수단을 굳이 필요로 하지 않았다.

사회적으로 노예가 가지는 중요성은 사회 문화에 반영되기 마련이다. 로마의 문학, 철학, 역사, 법, 기념비적 건축물 등 어디를 보더라도 로마 문화에서 노예제의 흔적이 나타나지 않는 곳이 없다. 노예제 사회에서는 무엇보다 노예와 자유민의 구분이 가장 중심적인 세계관에 위치하고 있다. 고전기 아테네는 그런 면에서 가장 두드러지는 사례일 텐데, 시민 사이의 차이는 의도적으로 축소하는 반면 노예/자유민의 대립은 크게 강조되었다. 이러한 이데올로기는 아테네 경제 구조와도 복잡하게 연결되어 있었고, 시민 사이의 정치적 평등이 발달한 것도 이 문제와 관련이 있었다. "노예가 있는 사회"에서 노예는 단지 여러 가지 피지배 계층 중 하나일 뿐 사회 구조적으로 중요한 요소가 아니었다. 예컨대 춘추시대 중국의 사상가들은 사회 계급을 10등급으로 나누었지만, 그중에서 노예 대 자유민 같은 핵심적 구분은 딱히 존재하지 않았다.

노예제 사회와 관련하여 논의할 마지막 논점은, 사회 제도적으로 노

---

19 Tacitus, *Annals of Imperial Rome*, trans. Michael Grant (Harmondsworth: Penguin Books, 1971), 14.42-45.

예가 허용된 경우에도, 노예를 많이 거느린 사회보다 그렇지 않은 사회가 훨씬 더 많았던 현상에 대한 해석이다. 고대 사회에서 이방인을 낮추어보고 전반적으로 권리를 인정하지 않는 관습은 널리 퍼져 있었다. 여기에 비추어 도덕적으로 노예를 보호하지 않았던 이유는 충분히 설명된다. 가사 노동을 하거나 성 노동을 하는 노예는 주인의 부와 사회적 지위를 과시하는 역할을 하며 사치품 취급을 받았다. 사치를 추구하고 부를 과시하고자 하는 통치 계층의 욕망 또한 낯설지 않은 일이다. 정치·경제적 이유가 어떻게 결합된다 하더라도, 인구 구성의 대부분을 노예가 차지할 정도로 그렇게 많은 노예를 수입한 사회는 거의 없었다. 그러나 국가와 제국 체제 및 무역이 발달하는 과정에서, 완전한 노예제 사회까지는 아니더라도 노예의 수가 상당히 늘어나는 현상은 자연스러운 일이었다.

무역, 도시, 제국

이번 책에서 중점적으로 조명하는 주제는 기원전 1200년에서 기원후 900년 사이 전 세계의 국가, 제국, 네트워크다. 이 시기 인류의 상당수는 여전히 국가-이전(pre-state) 단계의 생활에 머물러 있었다. 공동체의 형태는 수렵채집 집단에서부터 작은 마을, 부족 사회 혹은 군장 사회까지 다양했다. 고대 국가-이전 단계의 사회들 중에는 노예가 전혀 없는 경우도 있었고, 매우 끔찍한 사례가 확인되는 경우도 있었다. 예컨대 북아메리카 북서부 지역의 경우, 인류학자들이 처음 그곳의 부족을 연구할 때도 그들은 옛날 방식을 그대로 유지하고 있었다. 그들에게 노예는 경제적 이득과 상관이 없었다. 다만 공짜로 노예를 주고받거나, 혹은 포틀래치(potlatch) 축제가 열릴 때 죽이기도 했다.[20] 아프리카에서는 "노예"를 의미하는 어휘가 여러 가지로 존재했다. 역사학에서는 이와 같이 다양한 용어가 나타나는 현상을 근거로, 아프리카의 여러 지역에서 먼 과거로부터 노예제가 독자적으로 발달해온 것으로 해석하고 있다.[21] 이를 뒤집을 만한 결정적 증거가 없다면, 지금으로서 우리는 아메리카 북서부나 아프리카의 사람들 사이의 노예 관습이 우리가 증거로 확인한 시점보다 1000여 년 이전부터 그대로 전해 내려왔다고 보아야 할 테지만, 이는 너무 낙관적 견해라고 할 수 있다. 다른 증거가 없다고 해서 전통이 먼 과거로부터 변함없이 그대로 유지되었다는 보장은 없기 때문이다. 많은 수의 개별 사회를 조사한 결과는 그러한 해석보다 좀 더 근거가 충실한 편이다. 그 결과를 보면 수렵채집 사회에서 노예 관습은 극히 드물었고, 초기 농업 사회가 시작되면서 노예가 나타나기 시작했으며, 농업이 발달한 사회에서는 공통적으로 노예가 존재했다. 그러므로 사회·경제적 복합 구조(complexity)가 증가함에 따라 노예 제도 또한 증가했다고 말할 수 있다.[22] 어로나 특히 목축 사회 또한 노예제의 발달과 무관하지 않았다. 이런 사회에서도 흔히 노예제가 목격되었다.[23] 노예를 수급하고 활용하는 방식에 있어서 국가-이전 단계의 사회는 국가 단계

---

20 Patterson, *Slavery and Social Death*, p. 84; contra Leland Donald, *Aboriginal Slavery on the Northwest Coast of North America* (Berkeley: University of California Press, 1997).
21 Paul E. Lovejoy, "Slavery in Africa," in Gad Heuman and Trevor Burnard (eds.), *The Routledge History of Slavery* (Oxford: Routledge, 2011), pp. 35-36.
22 Nils-Petter Lagerlöf, "Slavery and Other Property Rights," *Review of Economic Studies* 76 (2007): 319-42.
23 Goody, "Slavery in Time and Space," pp. 25-26.

의 사회와 차이가 있었다. 특히 국가-이전 단계 사회에서는 경제적 동기로 노예를 활용하려는 의도가 거의 없었다. 그때는 주로 여성을 성적 대상으로 삼기 위하여 유괴 및 납치하는 경우가 많았는데, 이 또한 노예 관련 풍습으로 보아야 할 것이다.[24]

신대륙에서 노예는 농업 현장에 투입되었다. 당시 산업 현장의 임금 노동 제도나 근대 기술의 관점에 비추어 노예는 악습이자 원시적인 관행으로 보였을 것이다. 그러한 관점의 옳고 그름을 떠나, 고대 세계에서의 관점은 정반대였다. 즉 노예가 전혀 낡은 악습으로 간주되지 않았다. 고대 사회에서 사회·경제적 발달, 혼란과 변화는 노예제가 발달하는 계기가 되었다. 활발한 변화가 일어나는 사회에서 노예제는 대개 핵심 역할을 했다. 경제적 전문화와 교환 체계 발달로 도시가 성장하고 확산되었으며, 그러한 도시는 노예 환경의 밑거름이 되었다. 도시의 시장을 겨냥한 다양한 상품과 용역이 개발되는 맥락에서 노예도 거래되었다. 그러나 도시와 달리 농업 사회는 그렇지 않았다. 역사적으로 농촌의 사회 조직은 오래도록 발달해온 착취와 종속 관계에 바탕을 두고 있었다(물론 일부 농민은 독립적인 경우도 있었다). 농촌 사회의 관계는 지역에 따라 달랐고 시대에 따라 변했지만, 재산으로서 동산(動産) 노예(chattel slavery)를 보유한 경우는 드물었다. 그러므로 노예 노동의 경제적 니치(niche, 틈새)는 도시와 함께 발달하는 경향이 있었다.

도시는 또한 무역과 관련이 있었다. 노예는 원거리 무역의 초기 품

---

24 Catherine M. Cameron, "Captives and Cultural Change: Implications for Archaeology," *Current Anthropology* 52 (2011): 169-209.

목 가운데 하나였고, 이후에도 몇 가지 이유에서 중요한 무역 품목으로 남아 있었다. 무엇보다 노예는 값어치가 있었다. 바다를 통해 운송하기도 했지만 필요한 경우 강제로 걸어서 이동하도록 했다. 이런 식으로 장소 이동을 할 수 있는 품목은 가축 말고는 없었다. 게다가 노예는 기술이 열등한 민족이 발달한 이웃을 상대로 무역 시장에 내놓을 수 있는 몇 안 되는 품목 가운데 하나였다. 예컨대 고고학자들은 다키아(Dacia, 오늘날 루마니아)에서 로마 공화정 당시의 동전을 대량 발굴했다. 기원전 130~30년에 주조한 동전 2만 5000여 개였다. 마이클 크로퍼드(Michael Crawford)의 설득력 있는 연구에 따르면, 이들 동전은 다키아의 노예를 구입한 대가로 로마가 지불한 것이었다. 연간 3만 개의 동전이 지불되었을 것으로 추정된다.[25] 무역 네트워크는 노예제 발달에 매우 크게 기여했다. 수천 명의 전쟁 포로가 즉시 노예로 전환되어 인접 지역에 분배될 수도 있었다. 이는 어렵고도 위험한 일이었으며, 도망칠 우려도 컸다. 그러나 만약 같은 수천 명의 집단을 수백 혹은 수천 킬로미터 떨어진 다른 곳으로 이동시켜 매매하고 소규모 단위로 혹은 개인적으로 흩어지게 한다면, 그래서 이해할 수 없는 언어, 관습, 심지어 자연환경 가운데 놓이게 한다면 그들을 노예로 다루기가 더 쉬울 것이다. 그리스와 로마의 문헌 자료에는 한 지역에서 너무 많은 노예를 사지 말라는 경고가 등장한다.[26] 같은 민족 집단은 위협이 될 수 있기 때문이다. 이와 달리 고립되

---

25 Michael Crawford, "Republican Denarii in Romania: The Suppression of Piracy and the Slave-Trade," *Journal of Roman Studies* 67 (1977): 117-24.
26 Plato, "Laws," in Plato, *Complete Works*, ed. John M. Cooper and D. S. Hutchinson (Indianapolis, IN: Hackett Publishing, 1997), 6.777c-d; Aristotle,

고 장소를 이동시킨 노예는 통제하기가 훨씬 더 쉬웠다.

거대 정치 단위뿐만 아니라 무역 네트워크 또한 노예의 장소 이동에 유리한 배경이었다. 이를 통해 지배 계층과 전쟁의 승자는 노예를 활용하여 이득을 취할 수 있었다. 활발한 노예 시장이 존재했다는 사실은 곧 전쟁 포로를 더 이상 살해하거나 쇠사슬에 묶어 엄격하게 감시할 필요가 없었다는 의미도 된다. 그 대신 노예로 팔아서 돈을 벌거나 다른 귀중한 물건과 교환할 수도 있었다. 통치 계층의 입장에서는 정치적 경쟁자들과 그 가족, 죄수, 채무자, 반란군 등 한마디로 제거하고 싶은 누군가를 처리해야 할 때 노예 상인을 떠올렸다. 이들을 노예로 팔아버리면 같은 공동체에 속한 사람을 죽였다는 오명을 감수할 필요도 없었고, 그들이 다시 돌아와서 복수를 하지 않을까 걱정할 필요도 없었다. 게다가 수익도 적지 않았다.

노예 무역은 몇몇 무역로에서 특히 활발했다. 오늘날 대서양의 이른바 "삼각무역"이 등장하기 전에 이미 악명 높은 무역로가 있었다. 올랜도 패터슨(Orlando Patterson)은 몇몇 무역로를 분석한 뒤 지중해가 특히 "인권 탄압의 측면에서 모든 인류에게 진정한 공포의 도가니"였다고 결론 내렸다.[27] 인도양 또한 노예 무역으로 악명이 높았다.[28] 이들 루트는

    Metaphysics: Books X-XIV, Oeconomica and Magna Moralia, trans. G. Cyril Armstrong (Cambridge, MA: Harvard University Press, 1958), 1.5.6, 1344b; and Marcus Terentius Varro, *On Agriculture*, trans. William Davis Hooper, Loeb Classical Library (Cambridge, MA: Harvard University Press, 1960), 1.17.5

27 Patterson, *Slavery and Social Death*, p. 171.
28 Gwyn Campbell, "Slavery in the Indian Ocean World," in Heuman and Burnard (eds.), *Routledge History of Slavery*, pp. 53 and 59.

모두 해상 무역로였다. 해상 운송은 원거리 운송에서 가장 비용이 적고 손쉬운 방법이었기 때문에 노예 무역에서도 해상 무역 관행이 확고히 굳어졌다. 이보다 불분명하지만 사막을 가로지르는 무역로도 있었다. 예를 들면 사하라 사막의 노예 무역로였다. 이슬람의 북아프리카 정복 이전에 이미 수 세기에 걸쳐 잘 정비된 무역로가 사하라 사막 지대에서 운영되고 있었다.[29] 노예 무역에 있어서 바다와 사막은 공통점이 있었다. 어느 쪽이든 물자와 지식과 조직이 구비되지 않으면 건널 수 없는 곳이었다. 이런 환경에서는 도망자가 쉽게 나올 수 없었다. 그러므로 노예 무역에서 해상 운송은 교통상의 편의뿐만 아니라 고립 면에서도 중요했다.

우리 책에서 주목하는 시대에 특히 대두된 제국 체제는 몇 가지 측면에서 노예 제도 발달에 유리한 분위기를 조성했다. 가장 직접적으로는 제국의 전쟁을 통해 간헐적으로 노예의 대량 공급이 이루어졌다. 아시리아, 바빌로니아, 그리스, 중국, 로마, 초기 이슬람 왕조의 군대에서 전쟁 포로를 노예로 팔았다. 그 이전 시기에는 이집트 신왕조, 이후 시기에는 잉카 제국에서도 그와 같은 사례들이 있었다. 전쟁 승자의 입장에서 노예는 가장 수익이 짭짤한 품목이었다. 노예제 발달과 관련하여 다른 두 가지 현상도 중요했다. 첫 번째, 정복은 사회적으로 거대한 부를 가져다주었고, 기존의 경제 양식, 특히 농업 중심 경제에 균열을 가져왔다. 공화정 당시 로마의 급속한 팽창과 노예제 사회의 발달은 이러한 변화를 보여주는 명백한 사례였다. 기원전 3세기부터 시작해서 로마는 거의 연속적으로 강도 높은 전쟁을 수행하여 이탈리아에서 지중해 전역으

---

29 Goody, "Slavery in Time and Space," p. 29.

로, 그리고 그 너머의 대륙을 차지해 나갔다. 스페인, 프랑스, 터키가 모두 로마의 수중에 떨어졌다. 이와 같은 전쟁의 결과로 직접적인 노예 공급이 막대하게 늘어났다. 그리스 서부 원정은 단 한 차례의 짧은 전쟁이었지만 그 결과로 15만 명의 노예가 공급되었다.[30] 그럼에도 불구하고 노예를 자유민으로 풀어주는 대가로 받는 노예 값이 같은 시기에 오히려 올라가는 모순 현상도 확인되었다.[31] 그리고 왜 로마인은 다키아(Dacia)에서 그토록 많은 노예를 사 와야 했을까? 그 이유인즉 정복 전쟁을 통해 로마로 끌려온 노예도 많았지만 빼앗아 온 돈은 그보다 훨씬 더 많았기 때문이다. 결과적으로 이탈리아에서 도시화 및 시장이 발달하고 생산이 증가했다. 대규모 군사 동원이 빈번해지면서 이탈리아 시골 지역에는 문제가 생겼다. 농민이 몇 년씩 전쟁에 나가 돌아오지 않았기 때문이다. 티베리우스 그라쿠스(Tiberius Gracchus) 같은 정치가는 이런 문제를 해결하기 위해 다양한 개혁을 시도했다.[32] 로마의 엘리트 계

30 Livy, *Rome and the Mediterranean*, repr. edn., trans. Henry Bettenson (Harmondsworth: Penguin, 2005) 45.34, and Polybius in Strabo, *The Geography of Strabo*, 7 vols., trans. Horace L. Jones, Loeb Classical Library (London: W. Heinemann, 1917-1933), 7.7.3.
31 Keith Hopkins and P. J. Roscoe, "Between Slavery and Freedom: On Freeing Slaves at Delphi," in Keith Hopkins, *Conquerors and Slaves: Sociological Studies in Roman History* (Cambridge University Press, 1978), vol. I, pp. 158-63.
32 Keith Hopkins, "*Conquerors and Slaves*: The Impact of Conquering an Empire on the Political Economy of Italy," in Hopkins, *Conquerors and Slaves*, vol. I, pp. 1-98. Contra: Willem Jongman, "Slavery and the Growth of Rome: The Transformation of Italy in the Second and First Centuries BCE," in Catherine Edwards and Greg Woolf (eds.), *Rome the Cosmopolis* (Cambridge University Press, 2003), pp. 100-22, and Walter Scheidel, "Human Mobility in Roman Italy II: The Slave Population," *Journal of Roman Studies* 95 (2005): 64-79.

층은 (이탈리아의 다른 지역에서도 마찬가지로) 신구 귀족을 막론하고 노예를 고용함으로써 이 문제를 공격적으로 해소하고자 했다. 대규모 농장을 조성해 생산한 물품을 새롭게 부상하는 도시에 팔았다.[33] 이렇게 로마 시기 이탈리아는 노예제 사회로 변해갔다. 이는 정치 및 경제적 혼란과 새로운 기회에서 비롯된 일이며, 단지 전쟁을 통한 노예의 대량 수급만으로는 설명될 수 없는 문제였다.

노예제 발달에 기여한 두 번째 현상은 강력한 중심 국가와 주변부 지역의 상호 교류였다. 주변부 지역은 직접적 점령의 대상은 아니었지만 외부의 적으로부터 스스로를 방어할 조직이 부족한 곳으로, 주변에 중앙 집권화된 부유한 이웃의 노예 시장에서 노예를 공급받아 내부적으로 분쟁이 격화되기도 했다.[34] 최근 연구에 따르면 고전기 아테네에서 노예의 가격은 극단적으로 저렴했다.[35] 낮은 가격의 원인은 그리스 도시국가의 군사적 우위와 그리스 세력권의 지리적 위치로 설명이 가능하다. 그리스는 지중해 및 흑해 연안 지역에 식민 도시를 건설했다. 그곳 도시를 거점으로 의도적으로 노예사냥을 나서기도 했다고 알려져 있는데, 문헌 자료에 기록된 것 이외에도 여러 차례에 걸쳐 노예사냥이 자행되었을 것으로 충분히 짐작할 수 있다.[36] 이와 같은 해안의 도시에서는

---

33 Joseph C. Miller, "Slaving as a Historical Process: Examples from the Ancient Mediterranean and the Modern Atlantic," in Enrico Dal Lago and Constantina Katsari (eds.), *Slave Systems: Ancient and Modern* (Cambridge University Press, 2008), pp. 70-102.
34 Goody, "Slavery in Time and Space," p. 24.
35 Walter Scheidel, "Real Slave Prices and the Relative Cost of Slave Labour in the Greco-Roman World," *Ancient Society* 35 (2005): 1-17.

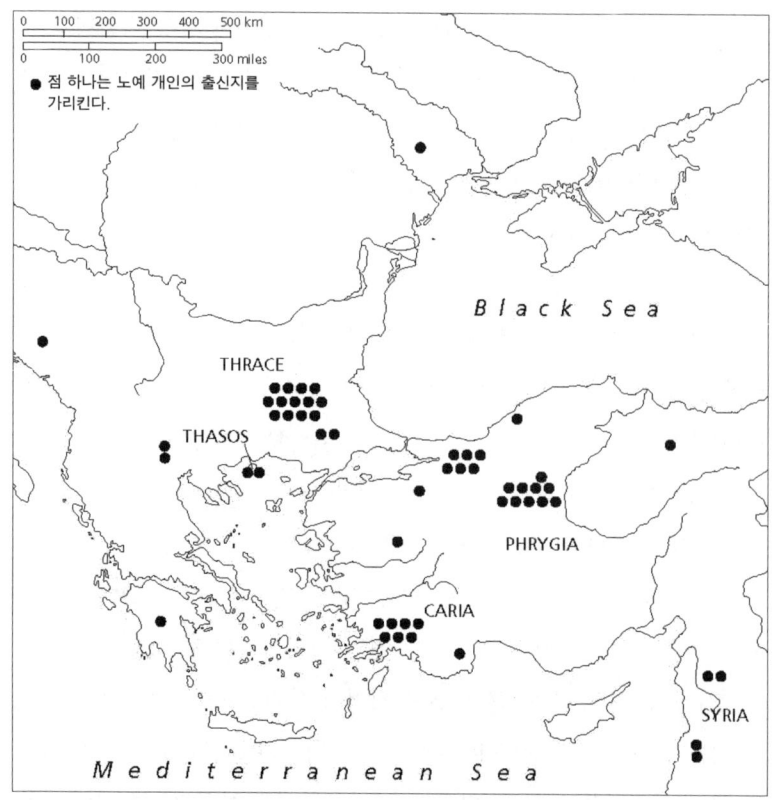

[지도 4-1] 아테네 노예들의 출신지 추정도(기원전 5~4세기)

전쟁, 습격, 내전의 과정에서 포로로 잡아 온 사람들을 노예 시장에 공급하기도 용이했다. 해양을 통해 무역이 활발했다는 것은 곧 예컨대 흑해

---

36 Xenophon, *The Persian Expedition*, trans. Rex Warner (Harmondsworth: Penguin, 1961), VI.3.

연안의 그리스 도시에서 포로를 팔았다는 의미이고, 그 노예는 곧바로 아테네에서 싼값에 거래가 되었다. 그러나 주변 환경은 노예사냥에 불리한 쪽으로 전개되었다. 예컨대 기원후 3~7세기에 아랍 유목민이 아라비아 사막에서 주도권을 장악했다. 그곳은 페르시아 제국과 로마(당시 비잔티움) 제국과 힘야르(Himyar) 왕국의 접경지였다. 그들은 노예 대신 더 크고 중앙 집권화된 이웃의 정주 제국을 먹잇감으로 노리고 있었다.[37]

국가와 노예

도시의 성장도 그랬지만 국가 권력의 확대 또한 부와 권력의 불평등을 심화했다. 그 과정에서 엘리트 계층은 일상생활의 편의, 사회적 지위 과시, 이윤 추구를 위해 노예를 원했다. 동시에 국가 기관을 비롯한 여러 기관도, 언제나 그랬던 것은 아니지만 종종 노예제와 공생하는 경우가 많았다. 대규모 노예 시스템이 작동하려면 강력한 국가 권력이 집중적으로 뒷받침되어야 했다. 국가는 노예화 또는 노예 획득으로부터 이익을 취하기 위하여 다양한 측면에서 권력을 사용했다. 노예화나 노예 획득은 모두 국가 권력을 강화하는 중요한 수단이었다.

국가 체제는 대규모 노예 집중화 현상의 필수 불가결한 전제 조건이었다. 국법으로 공표한 내용에는 대개 재산권이 포함되어 있는데, 심지어 고대의 초기 법률에도 인간을 재산으로 소유할 수 있는 권리를 명시해두었다. 사실상 최초의 법률로 알려진 기원전 2100~2050년의 수메

---

37 Noel Lenski, "Captivity and Slavery among the Saracens in Late Antiquity (ca. 250-630 CE)," *Antiquité Tardive* 19 (2011): 237-66.

르 법률에도 도망친 노예를 정당하게 취급하는 문제가 포함되어 있다.[38] 폭력 행사와 관련한 법조문을 배경으로, 귀족 집안에서 거느린 노예가 70명이나 100명 혹은 그 이상이 되는 상황에서도 노예 소유주는 비교적 안전하게 노예를 통제할 수 있었다. 중국 한(漢)나라에서, 이집트에서, 바빌로니아에서, 그리스에서, 로마에서 우리는 이러한 사례를 충분히 목격할 수 있다.

고대 국가에서는 두 가지 국가 권력을 통해 노예를 직접 확보할 수 있었다. 첫 번째 국가 권력은 전쟁 수행권이었다. 무엇보다 전쟁은 국가의 중요한 특권이었다. 국가 차원에서 병사 혹은 관리에게 때로 전리품을 약탈할 권리를 부여했는데, 전리품 중에는 노예도 포함되어 있었다. 그러나 대개의 경우는 이렇게 획득한 노예의 일부 혹은 전부를 국가의 이익으로 삼았다. 전쟁 포로는 때로 경매에 부쳐 그 수익금을 국고로 귀속시키기도 했고, 혹은 국가 기관에서 직접 노예로 사용하기도 했다(그림 4-4). 두 번째 국가 권력은 형벌권이었다. 대부분의 고대 국가에서 국가의 판결에 따른 형벌로서 노예가 만들어졌다. 로마에서 죄수는 아드 메탈룸(ad metallum) 선고를 받을 수 있었는데, 광산에서 노동을 해야 하는 형벌이었다. 중국 한나라에서 죄수는 노역을 하며 여생을 보내야 했다. 게다가 노역형에 처해진 죄수의 수가 적지 않았던 것으로 추정된다. 죄수는 마음대로 영원히 일을 시킬 수 있었기 때문에 국가의 입장에서는 이들의 수익 가치를 농부들의 노역보다 더 높게 보았다.[39] 중국의 역

---

38 Goody, "Slavery in Time and Space," p. 18.
39 Lewis, *Early Chinese Empires*, p. 215.

〔그림 4-4〕 쇠사슬에 묶인 노예를 끌고 가는 로마 병사(Landesmuseum Mainz)

사 시기에 따라 죄수나 정치범의 가족까지 노예가 되기도 했다. 풀리블랭크(E. G. Pulleyblank)의 연구에 따르면, 전해지는 해석 가운데 노예를 지칭하는 일반명사(탕幣, 전투에서 사로잡은 적군)의 어원을 "어린아이"로 보는 견해도 있다. 또한 한때 중국에서는 노예도 죄수와 마찬가지로 머리를 깎고 목에 사슬을 채운 뒤 적갈색 옷을 입혀 일을 시켰다고 한다.[40] 이처럼 형벌에 의거해 노예가 된 자들은 황제의 재산이었으나, 다른 누군가에게 하사될 수도 있었다.

이처럼 전쟁과 형벌을 통해 국가는 가장 큰 노예 소유주가 되었고, 국가 소유 노예를 팔거나 상으로 하사하는 방식으로 노예를 관리했다.

---

40 Pulleyblank, "The Origins and Nature of Chattel Slavery in China," 198 and 200-201.

상류층이 국가 관리를 독점하는 경우, 국가의 노예 운영은 전적으로 상류층의 이익에 부합하게 마련이었다. 그래서 예컨대 칼데아(신바빌로니아 제국)의 왕 나보니두스(Nabonidus)는 거의 3000명에 달하는 전쟁 포로를 몇몇 사원에 나누어 주었다. 이는 사원의 성직자들에게 굴러 들어온 복이나 다름없었다.[41] 나라마다 정도의 차이는 있지만, 통치자가 엘리트 계층과 경쟁하는 경우도 있었다. 이때 노예의 직접 통제 혹은 노예로부터 얻는 수익은 왕이 귀족과 권력 투쟁을 하거나 협상을 벌일 때 중요한 자원으로 활용되었다. 이런 점에서 중국은 또 다른 사례로 주목할 만하다. 황제 왕망(王莽)은 기원후 7년에 노예를 금지했으나, 그의 개혁은 귀족의 거센 저항에 부딪혔고 결국 정책을 철회할 수밖에 없었다.[42] 이 이야기는 무엇보다도 중국의 몇몇 역사 시기에 귀족이 노예에 의존한 정도가 생각보다 심대했음을 의미한다. 또한 황제의 입장에서는 노예 소유를 제한하려 했음을 알 수 있다. 국가 차원에서 관리하는 죄수나 일반 백성의 노역은 그대로 둔 상태에서 귀족 계층이 사적으로 소유한 노예를 폐지한다면, 황제의 권력을 상대적으로 강화하는 조치가 될 수 있었을 것이다.

노예는 사회적으로 고립되었기 때문에 오히려 국가 혹은 통치자의 권력 핵심부에 직속으로 들어갈 수 있었다. 국가에서는 군대, 경찰, 행정 관료의 임무에 노예를 활용했다. 일반적으로 사람들이 "천시한" 노예가 이런 역할을 맡았다는 사실이 일견 모순적으로 보일 수도 있지만, 어쨌

---

41 Dandamaev, *Slavery in Babylonia*, p. 472.
42 Lewis, *Early Chinese Empires*, pp. 23 and 69.

든 구체적 사례로 확인된 사실이다. 제대로 된 훈련 체계와 아마도 보상까지 약속한 조건에서 노예는 국가를 대신하여 외부의 적에 맞서 싸웠다. 그리스, 로마, 무슬림 세계에서 이런 사례가 충분히 확인되었다.[43] 이보다 더 중요한 기능은 내부적 활동이었다. 노예는 연고가 완전히 탈락된 존재로서 엘리트 가문과 아무런 상관이 없었으므로, 군주의 입장에서 노예 병사는 귀족이나 의심스런 측근으로부터 자신을 지킬 수 있는 강력한 수단이었다. 이방인 노예 가운데 선발된 병사는 군주의 독자적인 권력 기반이 되었다. 유명한 초기 사례가 9세기 이후 아바스 왕조에서 확인되었다.[44] 투르크족에서 선발한 노예 병사와 훈련을 마치고 노예 신분에서 벗어난 병사는, 후계의 정당성 논란에 휩싸여 내외부의 적들로부터 위협받는 통치자를 보호하는 역할을 했다. 예컨대 9세기 말 야쿠비(Ya'qūbī)가 쓴 《국가의 책(Kitāb al-buldān)》에는 투르크족 노예 병사들이 기원후 813~833년 칼리프 알 마으문(Caliph al Ma'mūn) 재위 시기에 땅을 하사받아 정착하는 과정이 서술되어 있다. 야쿠비가 강조했듯이, 투르크족은 도시에서 떨어져 별도의 장소에 정착했고, 현지인과 통혼이 금지되었다. 칼리프는 그들을 위해 노예 여인을 데려왔고, 노예 병사의 후손도 그들끼리 결혼하도록(족내혼) 명했다.[45] 투르크족의 고립

---

43 Peter Hunt, *Slaves, Warfare, and Ideology in the Greek Historians* (Cambridge University Press, 1998), and Christopher Leslie Brown and Phillip D. Morgan (eds.), *Arming Slaves: From Classical Times to the Modern Age* (New Haven, CT: Yale University Press, 2006).
44 Patricia Crone, *Slaves on Horses: The Evolution of the Islamic Polity* (Cambridge University Press, 1980), and Gordon, "Preliminary Remarks on Slaves," pp. 71-84.
45 Gordon, "Preliminary Remarks on Slaves," pp. 72-73.

과 그로 말미암아 칼리프에게 전적으로 의존해야 하는 처지는 그들이 노예 신분에서 벗어난 뒤 현지인과 결혼하기 시작하면서 달라지기 시작했다. 결혼은 전 세계 어디에서나 사회적 연대를 강화하는 수단이었기 때문이다.

행정 관리 문제에 있어서 통치자들이 역사적으로 거의 언제나 의존한 이들은 특수 노예 계층이었는데, 생물학적으로 가족 관계가 단절된 그들은 바로 환관이었다. 환관은 로마의 황제들을 위해 일했으며, 이 관행이 비잔티움 제국과 이슬람 세계에까지 이어졌다. 로마 이전에도 이런 관습은 근동 지역과 세계의 다른 지역 군주정에서 이미 존재했다. 예컨대 중국의 상앙(商鞅)은 기원전 4세기에 법가(法家) 철학을 기반으로 개혁을 시도했는데, 역사가 사마천(145~86 BCE)은 그가 처음 왕을 만날 때 환관 경감(景監)의 소개를 받았다고 비판했다.[46] 권력 있는 자리에 있었다 할지라도 환관은 전형적인 노예였고, 그들의 생물학적 조건상 가족 관계를 만들 수가 없었다. 그들이 다른 사람들과의 관계에서 아무리 권력이 있었다 한들 그들은 어디까지나 주인에게 절대적으로 의존해야 하는 존재였다.[47]

노예는 여러 분야에서 정부의 행정 관료로 일했다. 기원전 5~4세기 아테네의 민주정 치하에서 관리는 1년 임기로 돌아가며 임명되었다. 국

---

46 Ssu-ma Ch'ien, "Biography of Shang Yang," in Li Yu-Ning (ed.), *Shang Yang's Reforms and State Control in China* (White Plains, NY: M. E. Sharpe, 1977), pp. 104 and 110.
47 Patterson, *Slavery and Social Death*, pp. 314-31, and Keith Hopkins, "The Political Power of Eunuchs," in Hopkins, *Conquerors and Slaves*, pp. 172-96.

가에 소속된 노예는 그러한 관리의 비서나 보조 업무를 담당했는데, 정부를 원활히 운영하려면 그들 업무의 연속성과 전문성이 필요했다. 그들은 사실상 상당한 정도의 결정권을 가지고 막후의 실력자로 행세했다.[48] 초기 로마 제국에서는 황제의 노예 혹은 전직 황제의 노예가 측근의 관료 임무를 맡기도 했다. 황제가 긴밀히 들여다보아야 하는 업무나 특별한 전문성이 요구되는 업무 중에 로마의 귀족들이 감당하기 어려운 자리가 있었다. 그런 자리에 과거 노예 출신의 인물들이 임명되곤 했는데, 행정 관료 체제에서는 아마도 매우 중요한 자리였을 것이다.[49] 황제 가문(familia caesaris)에 소속된 수천 명의 노예는 노예 해방 이후 자유민 여성과 결혼할 수 있었고, 심지어 해방 전에 결혼하는 사례도 있었다.[50] 요컨대 국가 체제에서 노예제가 번성할 수 있었고 또한 노예제로부터 국가가 이득을 취했으며, 때로는 노예제 덕분에 엘리트 계층이 유리했고 또 때로는 서로가 경쟁 관계에 놓이기도 했다.

노예화 및 해방

역사적으로 보편적이었던 노예 관습에 비하면 신대륙에서 흑인 노예를 적대시하는 인종주의는 근대적 현상이며, 사회 체제와 관련된 극단적 사례다. 대개 노예는 외부인으로 간주되었다. (예컨대 중국에서는 한

---

48 Edward E. Cohen, *The Athenian Nation* (Princeton University Press, 2000), pp. 130-54.
49 Henrik Mouritsen, *The Freedman in the Roman World* (Cambridge University Press, 2011), pp. 93-109.
50 P. R. C. Weaver, *Familia Caesaris: A Social Study of the Emperor's Freedmen and Slaves* (Cambridge University Press, 1972), pp. 112-36.

漢나라때부터 9세기까지 남만南蠻, 곧 남방의 "야만인"을 노예로 부렸다.[51])
이런 상황에서 노예를 함부로 대하는 태도를 막아줄 권리 같은 것은 없었다. 노예제를 유지하기 위한 결정적 요소는 신규 노예 공급이 가능해야 한다는 점이었다. 신규 노예라면 이방인으로 잡혀 온 노예, 노예의 자식으로 태어난 노예, 혹은 사회 내부에서 노예 신분으로 강등된 노예 등이 있었다. 역사적으로 보자면 이 중에서 세 번째 경우, 즉 같은 사회 안에서 노예 신분으로 강등되는 경우는 비교적 드문 사례에 속했다. 누군가를 멀리 다른 지방으로 이동시키지 않고서는 가족, 부족, 마을 등의 연고를 단절하기가 쉽지 않았다. 아마도 더 중요한 문제는, 통치 계급의 입장에서 이미 자신의 치하에 있는 사람들이 줄어들기를 원치 않았다는 점이다. 즉 이미 자신을 위해 충성하고 있는 가족과 공동체의 질서를 굳이 뒤흔들 필요는 없었다.

그러나 이러한 일반적 원칙에 예외도 있었다. 형벌에 의해 노예가 된 사람들 이외에도 극도의 가난에 시달리는 부모가 내다 버리거나 팔아버린 아이들이 노예로 자라는 경우였다. 중국 한나라에서 새로운 노예가 수급되는 경로는 주로 아동 매매였다. 윌리엄 해리스(William V. Harris)의 주장에 따르면, 성숙기 로마 제국에서도 기아로 버려진 아이를 데려다 키워 노예로 삼는 관습이 노예 수급 방식 중 하나였다고 한다.[52] 버려

---

51 Pulleyblank, "The Origins and Nature of Chattel Slavery in China," 207.
52 William V. Harris, "Towards a Study of the Roman Slave Trade," *Memoirs of the American Academy in Rome 36* (1980): 117-40, and William V. Harris, "Geography and the Sources of Roman Slaves," *Journal of Roman Studies* 89 (1999): 62-75. Contra: Walter Scheidel, "Quantifying the Sources of Slaves in the Early Roman Empire," *Journal of Roman Studies* 87 (1997): 156-69.

진 아이들은 출생에 따른 시민권을 인정할 근거가 없었기 때문에 법적으로도 충분히 노예로 기를 수 있었다. 그래서 돈을 주고 아이를 사 오기보다는 버려진 아이를 주워 오는 편이 노예로 삼기에는 더 유리한 점이 있었다. 아동 매매도 비슷한 범주에서 고려해볼 수 있다. 극빈자 부모의 "자발적" 매매도 끔찍하기는 하지만 태생적 소외와 같은 범주에 속한다. 부모 말고 출생에 따른 권리를 보증해줄 사람이 누가 있겠는가?

빚 때문이라면 나이를 불문하고 누구나 같은 사회 안에서 노예로 전락할 수 있었다. 부채와 관련된 강제 노동 및 노예 관습은 복잡하고 다양했지만 어디서나 존재했다. 어떤 사회에서는 노동으로 부채를 갚는 관습이, 엘리트 계층이 가난한 사람들의 노동력을 착취하는 간편한 방식으로 사용되었다. 심지어 이자만 노동으로 갚을 뿐 원금은 계속 못 갚는 경우도 있었다. 그래도 그들은 노예가 아니었다. 즉 그들은 가족이나 사회적 지위에서 떨어져 나온 존재가 아니었다. 비슷한 사례로 빚보증을 들 수 있다. 자기 자신이나 가족을 부채의 담보로 제공하는 것이다. 빚을 갚지 못하면 담보로 잡힌 사람이 채권자 소유로 넘어가고, 그는 어디로든 팔려 갈 수 있었고 노예가 되었다. 사회 내부적으로 노예화를 막는 장애물이 있었다. 즉 외부인을 노예로 삼는 경우와 달리 사회 내부적으로는 빚 담보 노예를 금지하는 경우가 있었다. 그럼에도 현실적으로는 그런 법망을 빠져나가는 사례가 많았다.

이와 같이 공동체 안에서 노예를 수급하는 경우도 있었지만, 역사적으로는 외부에서 데려오는 경우가 더 일반적이었다. 특히 노예 인구가 많은 경우 이런 수급 방식을 택했다. 태생적 소외는 거리 때문에 쉽게 만들어졌다. 그들은 실제로 이방인이었고, 쉽게 경멸 혹은 천시의 대상이 되었다. 끊임없이 더 많은 노예를 외부에서 데려와야 유지되는 노예 시스템도 있었다. 전시 상황처럼 이방인 노예가 풍부한 경우, 그리고 힘든 노동에 사용할 남성 노예를 선호하는 경우에 이런 시스템이 만들어졌다. 후자의 경우 성비(性比) 불균형이 초래되고, 그래서 노예 인구의 재생산이 쉽지 않았다. 근대 카리브해 지역이나 브라질의 노예도 이런 사례에 속했다. 확인된 자료를 근거로 보자면, 고전기 아테네와 아마도 로마 공화정 시기의 노예 인구는 남성 비중이 월등히 높았다.[53] 이런 상황이라면 대부분의 노예가 고향에서 끌려온 1세대일 것이다. 이런 추정은 여러 가지 자료를 종합하여 내린 결론이다. 예컨대 당시에는 아테네의 노예가 그리스어를 구사하지 못하는 걸로 알려져 있었다.

노예 인구가 많고 성비가 자연스러울수록 노예제 유지에서 재생산이 중요한 비중을 차지했다. 우리가 참고한 자료에서는 태생적 노예보다 노예화된 경우가 더 많이 언급되지만, 노예가 많은 사회일수록 노예 수급에서 태생적 노예 비중이 높았다.[54] 한편 태생적 노예는 태어나면서부터 노예였고, 자유민을 노예화하는 과정에서 비롯되는 이념적 논란이 없었다. 예를 들어 아리스토텔레스는 귀한 신분의 사람이 전쟁 포로로 노예가 되는 것을 당연시하는 세태를 우려했다. 이는 그가 끝내 동의할 수 없었던 일이다.[55] 다른 한편 태생적 노예는 외부인도 아니었고 진

---

53 W. Kendrick Pritchett and Anne Pippin, "The Attic Stelai, Part II," *Hesperia* 25 (1956): 276; Harris, "Geography and the Sources of Roman Slaves," 63; contra Ulrike Roth, *Thinking Tools: Agricultural Slavery between Evidence and Models* (London: Institute for Classical Studies, 2007), pp. 1-52.
54 Patterson, *Slavery and Social Death*, p. 170.
55 Aristotle, *Politics*, trans. C. D. C. Reeves (Indianapolis, IN: Hackett Publishing,

정한 이방인도 아니었다. 노예의 주인은 태생적 노예라도 근본적으로는 이방인의 속성을 가진다고 주장했지만, 이와 관련하여 이념적 문제가 점점 커져갔다. 예를 들어 아테네에서 태어난 노예는 모국어로 그리스어를 구사했다. 대부분의 고대 사회에서는 예컨대 피부색처럼 자유민과 노예를 구분할 간편한 지표 같은 것이 없었다. 고대 유대 율법과 이슬람 율법에는 이 문제와 함께 종교 문제가 얽혀 있었다. 유대 율법에서 이방인 포로는 재산(chattel slave)으로 간주되었으나, 노예화된 유대인에 관해서는 다양한 보호 제도가 존재했다. 이슬람 율법은 무슬림을 노예로 삼는 것을 금지했고, 이 법에 따라 많은 노예가 이슬람으로 개종했지만, 현실에서는 법대로 지켜지지 않는 경우도 많았다.[56]

고대 세계에서 얼마나 많은 사람이 노예제로 고통을 겪었는지 알 수 없다. 그러나 그중 일부는 자유민 신분을 얻기도 했다. 고대 노예 시스템에서 유일하게 신분의 속박을 벗어날 수 있는 길은 노예 해방뿐이었다. 흔히 비교 대상으로 거론되지는 않지만, 사실은 오히려 미국 남부의 경우 특히 예외적으로 폐쇄적인 체제였다. 브라질의 노예제는 이보다 더 개방적이었다. 그렇다고 해서 브라질의 노예 해방을 근거로 브라질의 노예제가 "더 나은" 제도였다고 보아서는 안 된다. 브라질의 과거 노예 출신자는 주로 도시에서 생활했고, 나름대로 생동감 넘치는 문화를 만

1998), I.6, 1255a22-30.
56 Leviticus 25: 44-46; Exodus 21:2-6 with CatherineHezser, *Jewish Slavery in Antiquity* (Oxford University Press, 2005), andDavid Forte, "Law, Islamic Law," in Paul Finkelman and Joseph Calder Miller (eds.), *Macmillan Encyclopedia of World Slavery* (New York: Macmillan Reference, 1998).

들어냈다. 그러나 브라질의 사탕수수 플랜테이션 농장에서는 여전히 최악의 노예 생활이 지속되고 있었다. 사망률이 워낙 높아서 지속적으로 공급하지 않으면 금세 노예 인구가 급감했다.⁵⁷ 고대의 노예도 자유민의 신분을 얻는 경우가 종종 있었다. 노예 해방의 기회는 언제나 주인의 결정에 따라야 했다. 주인의 입장에서는 노예가 열심히 일하도록 동기를 부여하는 측면이 있었다. 그러나 로마처럼 우리에게 많은 자료를 남긴 경우에도 구체적으로 얼마나 많은 노예가 자유를 얻었는지 확실한 근거를 찾기는 어렵다. 사례가 있었다 하더라도 규모가 크지는 않았을 것이다.⁵⁸ 로마에서 해방된 노예는 최소한 시민권을 얻었다. 많은 사회에서 노예 출신자나 그 후손이 열등한 신분을 유지하거나 주류 사회에 속하지 못하는 경우가 흔했다. 아테네에서는 노예에서 해방된 자들을 메토이코스(metoikos), 즉 체류 이방인으로 규정했다. 대부분의 고대 사회에서는 해방된 노예를 확실하게 구별해낼 (피부색 같은) 지표가 없었다. 비록 우리가 참고한 자료에서는 해방 노예와 그 후손을 천하게 여기는 계급 의식이 충분히 확인되지만, 그럼에도 불구하고 해방된 이후 그들이 사회적으로 올라갈 수 있는 기회는 노예 신분에 비해 훨씬 더 커졌다. 결론적으로 말하자면 노예 해방의 가능성이 컸다고 해서 그것이 언제나

---

57 Richard Follett, "Demography of Slavery," in Heuman and Burnard (eds.), *Routledge History of Slavery*, pp. 122-14; Katia M. de Queirós Mattoso, *To Be a Slave in Brazil: 1550-1888*, trans. Arthur Goldhammer (New Brunswick, NJ: Rutgers University Press, 1991), pp. 177-212.
58 Thomas Wiedemann, "The Regularity of Manumission at Rome," *Classical Quarterly* 35 (1985): 162-75, and Scheidel, "Quantifying the Sources of Slaves," 167.

좋은 일은 아니었다. 노예제가 유지되는 한, 그리고 노예 인구 전체의 수가 줄어들지 않는 한, 더 많은 노예가 해방될수록 더 많은 자유민이 노예로 전락했다. 이는 추상적 이론이 아니다. 노예 해방의 비율이 높다는 것은 사실상 쉽고도 헐값에 대체할 수 있는 노예 인력이 대규모로 준비되어 있다는 의미였기 때문이다.

결론

고대 노예 시스템을 이해하려면 어떻게 노예가 되는지를 아는 것이 중요하다. 그러나 그것이 유일한 주제는 아니다. 역사가들은 고대 노예제에서 다른 많은 측면을 탐구하고 있다. 그중에는 우리가 아직 접근조차 하지 못한 주제들도 있다. 예를 들면 노예의 입장에서 가족 혹은 공동체 생활의 가능성은 어느 정도였고 어떤 특성을 가졌는지, 노예에게 별도의 출산 문화가 있었는지, 아니면 주인의 문화에 동화되었는지, 혹은 둘 다 약간씩 공존했는지, 노예의 입장에서 제도적 보호 장치가, 만약에 있었다면 어떤 것이 있었는지, 공공연한 저항이 드물었고 대개는 결과가 없었는데, 여기에 비추어 볼 때 노예는 어떤 식으로 억압에 저항했는지 등등의 주제. 이와 같은 문제들은 기존의 증거만으로 대답하기가 쉽지 않다. 혹 해답을 찾는다 해도 그것은 사회에 따라 편차가 굉장히 심했다. 로마와 이집트가 달랐고, 아바스 왕조와 중국 한나라가 달랐다. 물론 근대와 고대 노예제의 차이는 말할 것도 없다. 심지어 같은 사회 안에서의 노예끼리도 편차가 심했다는 사실은 아마 더욱 놀라운 점일 것이다. 예컨대 로마에서 쇠사슬에 묶인 농장 노예와 집에서 회계를 보는 노예, 매춘부 노예와 황실에서 행정 사무를 보는 노예는 형편이 전혀 달랐다. 그럼에도 불구하고 패터슨(Patterson)이 규정한 바와 같이, 노예라 하면 세계 어디에서나 어느 시대에나 공통적 특성이 있었다. 그래서 최소한 비슷한 주제로 이들에게 접근할 수 있다. 우리 시대에도 여러 선진국에서 비슷한 사상적 관습이 존재하며, 사회·경제적으로 발전할수록 노예 의존적 성향이 강화되는 쪽으로 나아가고 있다. 오늘날의 노예는 말하자면 "내부에 존재하는 타자(outsiders within)"의 범주에 속하는 사람들로서, 일을 하더라도 거의 아무런 권리가 없는 사람들, 일자리의 안정성이 극히 유동적인 사람들이다.

더 읽어보기

Comparative or multicultural works

Bradley, Keith, and Paul Cartlege (eds.), *Cambridge World History of Slavery*, Cambridge University Press, 2011, vol. I.

Cameron, Catherine M., "Captives and Cultural Change: Implications for Archaeology," *Current Anthropology* 52 (2011): 169-209.

Dal Lago, Enrico, and Constantina Katsari (eds.), *Slave Systems: Ancient and Modern*, Cambridge University Press, 2008.

Finkelman, Paul, and Joseph Calder Miller (eds.), *Macmillan Encyclopedia of World Slavery*, 2 vols., New York: Macmillan Reference, 1998.

Garnsey, Peter, *Ideas of Slavery from Aristotle to Augustine*, Cambridge University Press, 1996.

Heuman, Gad, and Trevor Burnard (eds.), The *Routledge History of Slavery*, Oxford: Routledge, 2011.

Patterson, Orlando, *Slavery and Social Death*, Cambridge, MA: Harvard University Press, 1982.

Rodriguez, Junius (ed.), *The Historical Encyclopedia of World Slavery*, Santa Barbara, CA: ABC-CLIO, 1997.

Watson, James L. (ed.), *Asian and African Systems of Slavery*, Berkeley: University of California Press, 1980.

Works on specific societies

Baker, H. D., "Degrees of Freedom: Slavery in Mid-first Millennium BC Babylonia," *World Archaeology* 33 (2001): 18-26.

Bradley, Keith, *Slavery and Society at Rome*, Cambridge University Press, 1994.

Cohen, Edward E., *The Athenian Nation*, Princeton University Press, 2000.

Crone, Patricia, *Slaves on Horses: The Evolution of the Islamic Polity*, Cambridge University Press, 1980.

Dandamaev, Muhammad, *Slavery in Babylonia: From Nabopolassar to Alexander the Great (626-331 BC)*, trans. Victoria Powell, DeKalb: Northern Illinois University Press, 1984.

Donald, Leland, *Aboriginal Slavery on the Northwest Coast of North America*, Berkeley: University of California Press, 1997.

Finley, M. I., "Was Greek Civilisation Based on Slave Labour?" in Brent D. Shaw and

Richard P. Saller (eds.), *Economy and Society in Ancient Greece*, New York: Viking Press, 1982, pp. 97-115.

Fisher, N. R. E., *Slavery in Classical Greece*, ed. Michael Gunningham, London: Duckworth / Bristol Classical Press, 1993.

Galil, Gershon, *The Lower Stratum Families in the Neo-Assyrian Period*, ed. Thomas Schneider, Leiden: Brill, 2007.

Gordon, Matthew S., "Preliminary Remarks on Slaves and Slave Labor in the Third/Ninth Century 'Abbāsid Empire,'" in Laura Culbertson (ed.), *Slaves and Households in the Near East*, Oriental Institute of the University of Chicago, 2011, pp. 71-84.

Harris, William V., "Geography and the Sources of Roman Slaves," *Journal of Roman Studies* 89 (1999): 62-75.

Hezser, Catherine, *Jewish Slavery in Antiquity*, Oxford University Press, 2005.

Hopkins, Keith, *Conquerors and Slaves: Sociological Studies in Roman History*, Cambridge University Press, 1978, vol. I.

Joshel, Sandra R., *Slavery in the Roman World*, Cambridge University Press, 2010.

Loprieno, Antonio, "Slaves," in Sergio Donadoni (ed.), *The Egyptians*, University of Chicago Press, 1997, pp. 185-219.

Markoe, Glenn E., *Phoenicians*, Berkeley: University of California Press, 2006.

Pulleyblank, E. G., "The Origins and Nature of Chattel Slavery in China," *Journal of the Economic and Social History of the Orient* 1 (1958): 185-220.

Roth, Ulrike, *Thinking Tools: Agricultural Slavery between Evidence and Models*, London: Institute of Classical Studies, 2007.

Scheidel, Walter, "Quantifying the Sources of Slaves in the Early Roman Empire," *Journal of Roman Studies* 87 (1997): 156-69.

Weaver, P. R. C., *Familia Caesaris: A Social Study of the Emperor's Freedmen and Slaves*, Cambridge University Press, 1972.

CHAPTER 5

세계사에서 축의 시대

비에른 비트로크
Björn Wittrock

최근 반세기 동안의 연구사를 개괄해 보면, 종교사 연구뿐만 아니라 인문학과 사회과학에서도 전반적으로 "기원전 제1천년기" 시대 해석이 점점 더 중요해졌다. 핵심 이유 중 하나는 이른바 "축의 시대(Axial Age)"라고 하는 개념 때문이었다. 철학자 카를 야스퍼스(Karl Jaspers)가 이 개념을 처음 제기한 때는 제2차 세계대전이 시작될 무렵이었다. 《역사의 기원과 목표》라고 하는 그의 짧은 저서에서 그 의미와 배경이 심도 있게 논의되었다.[1]

이 책에서 카를 야스퍼스는 유럽 중심적 혹은 기독교 중심적 역사 개념을 명시적으로 거부했다. 이는 유럽의 주도적 지식인으로서는 최초의 본격적 시도였다. 야스퍼스가 지적한 사실은, 유럽뿐만 아니라 구대륙의 여러 선진 문화권에서 혁신적 사상들이 출현한 시기가 거의 비슷하다는 점이었다. 모두가 "기원전 제1천년기" 중엽이었다. 당시의 새로운 사상적 흐름은 학문적으로 주목할 가치가 충분했다. 모두가 신화적 사유를 분명하게 뛰어넘는 면모를 보여주었기 때문이다. 당시는 부족 사회든 그보다 규모가 큰 원시 사회든, 사회적 형태는 다양했지만 모두

---

[1] Karl Jaspers, *Vom Ursprung und Ziel der Geschichte* [The Origin and Goal of History] (New Haven, CT: Yale University Press, 1953).

신화적 사유가 주도하고 있을 때였다. 당시의 새로운 사상적 흐름에 의해 인류의 사유는 완전히 새로운 가능성을 열게 되었다. 생활 용품이나 실용적 물건의 제작뿐만 아니라 우주론, 의례, 정치적 관습도 마찬가지였다. 심지어 사유 자체, 기존의 선입견 자체도 재검토할 수 있는 능력이 생겨났다. 야스퍼스는 이러한 특성이 나타난 시기를 기원전 600~350년 경으로 보았고(나중에는 기원전 800~200년으로 확대했다), 그 시대를 악센차이트(Achsenzeit)라 일컬었다. 이는 독일어로 중심축(axis) 혹은 회전축(pivot)을 의미하는 "악서(achse)"라는 단어를 이용해서 만든 개념이다.

야스퍼스보다 후대의 학자인 예후다 엘카나(Yehuda Elkana)는 당시의 새로운 사상을 "2차적 사고(second-order thinking)"라 표현했다. 엘카나에 따르면, 새로운 2차적 사고 덕분에 인류는 일상생활의 한계는 물론 기존 사회 의례에 내재된 우주론적 선입관을 넘어설 수 있었다. 신화적 사유가 당시의 사회를 주도했고, 그것이 의례에도 반영되어 있었다. 의례는 부족 사회 혹은 원시 사회의 응집력을 강화하는 방향으로 설계되어 있었다. 중국을 비롯한 여러 선진 문화권에서 의례는, 완벽한 하늘 세계와 현실적 인간 세계의 합일을 도모하는 방편이었다. 의례를 통해 세속의 현실 세계에 조화로운 하늘 세계를 구현할 수 있다고 믿었다. 최근에 발간된 어느 책의 제목을 빌리자면, 당시의 세계는 "천상에 순응하고자 하는 지상 세계"였다.[2]

축의 시대 사상 또한 이와 같은 사유의 연장선상에 놓여 있었으나

---

2 David Pankenier, *Astrology and Cosmology in Early China: Conforming Earth to Heaven* (Cambridge University Press, 2013).

초월적 세계와 세속적 현실을 보다 선명하게 구분했다. 그리고 이를 근거로 세속적 현실을 비판하고, 천상과 지상의 관계 방식을 재검토했다. 벤저민 슈워츠(Benjamin Schwartz)는 축의 시대 사상의 특징, 즉 기존 사회 비판과 초월적 사유의 의미를 다음과 같이 요약했다. "인도의 우파니샤드나 불교 혹은 자이나교, 그리스의 철학, 중국의 유가나 도가 혹은 묵가의 출현을 보면, 한결같이 새로운 관점과 예지뿐만 아니라 한 걸음 물러나 현실 너머의 세계를 바라보는 태도, 혹은 의문을 제기하고 돌이켜 반성하는 태도를 발견할 수 있다."[3]

축의 시대를 둘러싼 이론적 전개

카를 야스퍼스가 엑스 니힐로(ex nihilo), 즉 아무것도 없는 무(無)의 상태에서 이 개념을 제기한 것은 아니었다. 야스퍼스가 알고 있기로 용어 자체는 헤겔의 철학에서 파생된 것이었다. 그러나 나중에는 그것이 야스퍼스의 오해였다는 사실이 밝혀지기도 했다.[4] 또한 야스퍼스는 이전 시대의 학자들, 즉 빅토르 폰 슈트라우스(Victor von Strauss)와 에른스트 폰 라사울크스(Ernst von Lassaulx)의 저서를 참조했고, 나이는 더 많지만 같은 시대의 동료 학자였던 알프레트 베버(Alfred Weber)의 저작들도 참고했다. 상호 참조 문제는 개념사 연구자들에 따라 의견이 조금

---

3 Benjamin I. Schwartz, *The World of Thought in Ancient China* (Cambridge, MA: The Belknap Press of Harvard University Press, 1985), p. 3.
4 Hans Joas, "The Axial Debate as Religious Discourse," in Robert N. Bellah and Hans Joas (eds.), *The Axial Age and Its Consequences* (Cambridge, MA: The Belknap Press of Harvard University Press, 2012), pp. 9-29.

엇갈린다.⁵ 핵심적 차이는 라사울크스 관련 내용이다. 한스 요아스(Hans Joas)는 라사울크스가 (이미 1856년에) "글자 그대로 표현하지는 않았지만 축의 시대라는 주제를 분명하게 제기했다"라고 주장한다. 그러나 요한 아르나손(Johann P. Arnason)이 보기에 야스퍼스가 인용한 라사울크스의 이론은 "설득력이 없는" 것이었다. 한편 알프레트 베버의 저서에서도 이미 축의 시대라는 주제가 명백하게 드러났으나, 야스퍼스가 그랬던 것처럼 시대 전체를 보는 관점 자체를 바꾸어놓을 정도는 아니었다. 따라서 야스퍼스가 축의 시대라는 개념을 간단명료하게 제시했다는 점, 그리고 이후 학계의 심도 있는 실증적 연구가 그로부터 비롯되었다는 점은 분명해 보인다.

아르나손, 요아스, 쉬무엘 아이젠슈타트(Shmuel N. Eisenstadt)를 비롯한 몇몇 학자들은 알프레트 베버의 형인 막스 베버(Max Weber)의 저서도 같은 맥락에서 검토했다. 막스 베버 또한 거대 세계 종교들 가운데 고전기 그리스와 인도의 사상이 동시적이었던 현상에 주목한 바 있었다. 그러나 그의 저서에서 해당 내용은 비교적 간략하게 언급되었을 뿐이며, 따라서 막스 베버가 축의 시대 가설을 분명하게 도입했다고 보기는 어렵다. 또한 에른스트 카시러(Ernst Cassirer)의 역작《상징형식의 철학》전3권 가운데 제2권(1925)에도 신화적 사유에 관한 고찰이 포함되어 있다.⁶ 그 책에서는 후대에 야스퍼스의 저술과 궤를 같이할 뿐

---

5 Johann P. Arnason, "The Axial Age and Its Interpreters: Reopening a Debate," in Johann P. Arnason, Shmuel N. Eisenstadt, and Björn Wittrock (eds.), *Axial Civilizations and World History* (Leiden: Brill, 2005), vol. IV, pp. 19-49, and Joas, "Axial Age Debate," p. 15.

만 아니라 야스퍼스가 축의 시대 가설에서 핵심 요소로 제시한, 미토스(Mythos)에서 로고스(Logos)로의 이행 같은 주제들이 주요 논점으로 면밀히 검토되기도 했다.[7]

슈트라우스, 라사울크스, 베버 형제, 카시러는 (그리고 에릭 푀겔린Eric Voegelin 같은 학자들도) 넓게 보아 공통의 학문적 전통 위에서 연구를 진행한 학자들이었다. 철학적 분석을 역사적 차원에서 고찰한다거나, 인류의 실존적 상황을 역사적 관점에서 살펴본다거나, 분석과 과정 해석을 결합하여 어떤 주제에 접근하는 경향 등은 그들이 공통적으로 의거한 학문적 전통이었다. 또한 그들은 공통적으로 시공간의 경계를 넘어서서 역사와 철학과 종교가 서로 연결된 측면에 관심을 두었다. 그러나 이런 모든 점을 감안하더라도 근대 역사학, 인문학, 사회과학에서 다 같이 활발한 논의를 촉발한 "축의 시대 가설"의 출발점은, 역시 《역사의 기원과 목표》의 출간으로 보는 것이 타당할 것 같다.

1970년대에는 축의 시대 개념이 학술지 〈다이달루스(Daedalus)〉 특집호의 주제로 선정되었다. 하버드대학교 교수인 벤저민 슈워츠를 비롯하여 피터 브라운(Peter Brown), 루이 뒤몽(Louis Dumont), 에릭 베일(Eric Weil), 아르날도 모미글리아노(Arnaldo Momigliano) 등 일군의 학자들이 여기에 참여했다. 특집호의 제목은 "지혜, 발견, 의심: 기원전 제1천년기를 보는 다양한 관점들"이었다.[8] 여기에 참여한 필진 가운데 일부

---

6 Ernst Cassirer, *Philosophie der symbolischen Formen* [The Philosophy of Symbolic Forms] (New Haven, CT: Yale University Press, 1955), vol. II.
7 Hans Joas, *A German Idea of Freedom? Cassirer and Troeltsch between Germany and the West* (Malmö: Swedish Ernst Cassirer Society, 2006), vol. II.

는 나중에 이 주제를 더욱 깊이 탐구하여 저서를 출간하기도 했다. 그러나 "축의 시대 가설을 비교역사사회학에서 의미 있는 주제로 만든 탁월한 공로"는 아마도 다음 두 연구자에게 있다고 할 수 있다.[9] 바로 쉬무엘 아이젠슈타트(Shmuel N. Eisenstadt)와 로버트 벨라(Robert N. Bellah)다.

쉬무엘 아이젠슈타트는 베버 전문가인 볼프강 슐루흐터(Wolfgang Schluchter)와 더불어 축의 시대에 관해 지속적인 학계의 관심을 이끌었으며, 수많은 역사학자 및 언어학자와 함께 연구의 범위를 상당히 넓혀 나갔다. 로버트 벨라와 아이젠슈타트의 연구 경향은 서로 달랐지만, 축의 시대 가설을 둘러싼 학문적 논의의 시급함을 촉구했다는 점에서는 둘 사이에 차이가 없었다. 이들의 노력에 따라 이집트학, 아시리아학, 산스크리트어 연구, 종교사, 중국사 등 인문학의 여러 분야에서 역사사회학에 관심을 가지게 되었다. 최근 사회과학 논쟁과 이론의 중심 무대에 축의 시대 가설이 위치하게 된 것 역시 아이젠슈타트와 벨라의 공로였다. 또한 인문학과 인지과학 분야에서도 축의 시대 논쟁에 깊이 관여하는 학자들이 대거 출현했는데, 예를 들면 위르겐 하버마스(Jürgen Habermas), 한스 요아스(Hans Joas), 호세 카사노바(José Casanova), 멀린 도널드(Merlin Donald), 찰스 테일러(Charles Taylor) 등이었다. 축의 시대 가설은 갈수록 심도 있는 논의의 대상이 되었으며, 고대사, 종교사, 철학, 언어학 등 많은 내용이 이 논쟁에 포섭되었다.[10]

---

8 *Daedalus* 104 (1975), no. 2.
9 Robert N. Bellah, "What is Axial about the Axial Age?" *European Journal of Sociology* 46 (2005): 69-89, here 76. 이 논문에는 로버트 벨라의 기본 입장이 탁월하고도 명쾌하게 서술되어 있으며, 축의 시대 논점에서 그의 지속적인 기여를 확인해준다.

축의 시대의 의미

앞서 언급한 이들을 비롯하여 여러 학자들의 연구 결과, 시간(temporality)에 대한, 행위자(agency)에 대한, 사회(sociality)에 대한, 그리고 우주(cosmology)에 대한 새로운 사상들이 밝혀졌다. 축의 시대의 특징은 곧 사상의 개방성이었다. 새로운 사상이 등장한 곳이면 어디서든 수많은 개념 및 다양한 학파 간의 경쟁이 벌어졌다.[11] 새로운 학파를 주도한 사람들은 대개 사회적으로뿐만 아니라 지리적으로도 주변부 출신인 경우가 많았다. 그들은 정치 권력으로부터 거리를 두고 자율성을 향유했지만, 그 시간은 그리 길지 못했다. 사상의 체계가 확립되면서 정치적 관습 또한 형성되었기 때문이다. 그 과정에서 축이 처음 만들어질 당시(Axial breakthroughs)의 개방성은 점차 제한되었고, 해석의 규칙(rules of interpretations)이 등장했으며, 인가받은 공적 해석을 모은 경전(Axial inscriptions)이 지정되었다. 이러한 과정을 거쳐 새로운 형태의 종교-문

---

10 This fact is most evident in the following publications all edited by Shmuel N. Eisenstadt: *The Origins and Diversity of Axial Age Civilizations* (Albany: State University of New York Press, 1986); *Kulturen der Achsenzeit I: Ihre Ursprünge und ihre Vielfalt* (Frankfurt am Main: Suhrkamp, 1987), parts 1 and 2; *Kulturen der Achsenzeit II: Ihre institutionelle und kulturelle Dynamik* (Frankfurt am Main: Suhrkamp, 1992), part 1; and in the already mentioned volume (co-edited with Wittrock), *Axial Civilizations and World History*. Robert N. Bellah's magisterial works in this field in recent years are his monograph *Religion in Human Evolution: From the Paleolithic to the Axial Age* (Cambridge, MA: The Belknap Press of Harvard University Press, 2001) and his already mentioned volume (co-edited with Joas), *Axial Age*.

11 This feature has been particularly emphasized by Ian Morris, *Why the West Rules - for Now: The Patterns of History, and What They Reveal about the Future* (New York: Picador, Farrar, Strauss and Giroux, 2010), pp. 254-63.

화-정치적 관행이 형성되었다. 그런데 이 과정을 거치면서 새로운 사상은 새로운 잠재력을 갖추게 되었다. 다시 말해 지역과 문명의 경계를 넘어설 수 있는, 새로운 만남과 상호 작용으로 나아갈 수 있는 힘을 얻게 된 것이다. 그런 의미에서 축의 시대는 세계사적으로 큰 의미를 내포하게 되었다. 축의 시대 연구자들은 축의 시대가 처음 등장한 시기를 밝히는 데 연구의 초점을 맞추었다. 그래서 그 시기를 기원전 제1천년기 중엽으로 보았다. 그러다가 나중에는 기원전 800~200년으로 범위를 확대했다. 범위를 어떻게 설정하더라도, 축의 시대는 그 범위를 훨씬 뛰어넘는 의미를 가지고 있었다.

첫째, 축의 시대가 시작될 무렵 거대 세계 종교가 등장했다. 새로 등장한 종교적 관습은 부족 사회는 물론 대규모 원시 사회의 관습과도 달랐다. 대규모 원시 사회는 정치적으로 거대한 영역을 다스렸고, 흔히 위계질서 체계를 동반했다. 그 과정에 새로운 의례가 출현하여 과거 부족 사회의 의례를 대체했다. 새로운 의례는 비교적 소규모 엘리트 그룹 내부적으로 거행되는 경향이 있었다. 그 속에서 최고 통치자에게는 육체화된 신의 역할이 주어졌다. 그러나 사회적 불행이나 재난이 찾아올 때면 그들의 우주론과 관습이 전체적으로 흔들렸다. 그래서 신화를 재해석하는 복잡한 과정을 거쳐야 했다(이러한 과정을 신화적 추론mytho-speculation이라 한다).

둘째, 당시에 등장했던 거대 세계 종교는 새로운 형태의 정치 질서와 관련이 있었다. 새로운 정치 형태는 부족 사회 내지 대규모 원시 사회의 정치 구조와 근본적으로 달랐다. 기존 사회에 위기가 닥치면 정치-종교-문화적 경쟁이 촉발되었다. 축의 시대는 이러한 경쟁이 본격화되었던 시기다. 당시의 새로운 정치 형태들 가운데 가장 중요한 것은 바로 제국(empire)이었다. 축의 시대가 시작될 무렵 여러 제국이 출현했다. 모든 제국 체제는 부족 단위를 넘어서는 구성원들의 충성을 전제로 했다. 제국의 휘하에는 자율적 정치 단위가 포함되어 있었다. 제국은 그들로부터 필요한 자원을 수급하면 그만이었다. 이를 단순히 관료제 혹은 정치적 역량으로만 설명하기는 어렵다. 왜냐하면 여기서는 문화적 프로그램도 중요했기 때문이다. 물론 제국 체제 및 관행은 관료제와 폭력 기관을 기반으로 했다. 그러나 그 정당성을 뒷받침한 것은 바로 제국의 문화였다.

더욱이 축의 시대 종교적 상상력은 부족 사회나 원시 사회의 경계를 넘어서는 모든 인간의 공통점에 주목했다. 그래서 축의 시대에는 새로운 종교적 차원의 세계가 만들어졌다. 그 세계의 구성원들은 멀리 떨어져 있을지라도 서로 결합되거나 연결될 수 있었다. 이러한 차원의 세계 안에서 시간, 우주론, 복종과 충성의 관계 등 지역을 넘어서는, 그리고 지역을 관통하는 공통성이 창출되었다.

정치와 종교가 연결되는 방식은 지역별로 문화적 맥락에 따라 서로 달랐다. 중국의 경우 주로 신격이 배제된 종교-철학적 관습이 주도적이었다. 특히 유가나 도가, 그리고 나중의 불교가 그런 사례였다. 여기서도 제국의 질서와 종교적 관습은 강력한 결속 관계에 놓여 있었다.[12] 그

12 국가와 제국 체제에 관한 고대 중국인의 사고방식을 매력적으로 소개한 저서 세 편을 소개한다. Michael J. Puett, *The Ambivalence of Creation: Debates Concerning Innovation and Artifice in Early China* (Stanford University Press, 2001); Yuri Pines, *Foundations of Confucian Thought: Intellectual Life in the Chunqui*

럼에도 불구하고 이들 중 무엇도 정치적 탄압을 받은 적이 거의 없었고, 종교-철학적 관습이 억압받은 적도 없었다. 외부에서 중국으로 전래된 신격 중심의 종교도 마찬가지였다. 그러나 이와 다른 경우도 있었다. 종교와 정치가 일대일 대응 관계로 형성되어 다른 종교적 관습은 배제되는 경향이었다. 가장 극명한 사례는 이란 문화권의 아케메네스 제국과, 훨씬 나중에 등장한 사산 제국이었다. 이들 두 제국은 모두 여러 다른 종교에 자유를 허용하기는 했지만, 황실에서 가장 선호하고 또한 황실과 가장 밀접하게 연결된 종교는 하나뿐이었다.

당시 새롭게 부상했던 제국 체제는 축의 시대 종교 및 종교적 차원의 세계와 결합하여 훨씬 더 강화될 수 있었다. 그들의 결합은 결국 제국의 팽창에 도움이 되었다. 즉 제국은 종교를 통해 제국 설립의 정당성을 확보했고, 이를 근거로 사람들로부터 충성을 이끌어낼 수 있었다.

당시의 시대적 변화에 따라 통치자와 신의 관계도 달라졌다. 왕 또는 황제가 옛날처럼 하늘의 대리인으로서, 혹은 신의 은총에 의거해서 통치하는 것은 변함이 없었다. 다만 원시 사회와 달리 통치자가 실제로 신이 될 필요는 없었다. 축의 시대 우주론은 권위 있는 텍스트로 확정되는 과정을 거쳤다. 그럼에도 불구하고 다른 식의 해석 혹은 이단의 해석에

Period, 722-453 BCE (Honolulu: Hawai'i University Press, 2002); and Yuri Pines, *Envisioning Eternal Empire: Chinese Political Thought of the Warring States Era* (Honolulu: Hawai'i University Press, 2009). See also Michael Loewe and Edward L. Shaughnessy (eds.), *The Cambridge History of Ancient China: From the Origins of Civilization to 221 BC* (Cambridge University Press, 1999), and David W. Pankenier, *Astrology and Cosmology in Early China: Conforming Earth to Heaven* (Cambridge University Press, 2013).

도 열려 있었다. 물론 해석을 표준화하고 그를 유지하기 위해 권위 있는 스승들이 많은 노력을 기울였다. 그러나 이단의 가능성, 견해의 차이는 축의 시대 종교에 이미 내재된 속성이었다. 그러므로 사회·정치적 이견의 가능성도 열려 있었다. 새로운 도전자는 누구라도 신의 명령 혹은 하늘의 명령을 내세울 수 있었다.

셋째, 새로운 제국의 질서는 지역 내 및 지역 간 교역 네트워크에 도움을 주었다. 실제로 교역로가 만들어지는 데에도 일정한 역할을 했다. 예컨대 육로를 통한 유럽과 중국의 접촉은 기원전 제2천년기부터 시작되었다. 그러나 중국에서 전국(戰國) 시대의 오랜 혼란을 마감하고 기원전 221년에 중앙 집권화된 중화 제국이 성립된 뒤에야 비로소 국제 무역 네트워크에 도움이 될 만한 정치적 환경이 조성되었다. 여러 무역로 가운데 특히 한(漢)나라 때 만들어진 교역로가 유명한데, 19세기에 이르러 당시의 교역로에 "실크로드"라는 이름을 붙여주었다. 이는 곧 중국 중부 지역과 지중해 동부 지역을 잇는 육로 네트워크를 가리키는 말이었다.

범위가 이보다 제한적이기는 하지만 로마 제국과 그 변경에서도 비슷한 성격의 발달이 일어났다. 방대한 해상 교역 네트워크가 출현했고, 지중해와 인도양에서 상업뿐만 아니라 문화 교류도 이루어졌다. 이 무렵, 즉 기원전 제1천년기에 시작되어 이후로 오랫동안 영향을 미친 심층의 변화들은 여러 가지가 있었다. 축의 시대 가설의 핵심은, 그러한 여러 가지 변화를 서로 연결 지어 이해하려는 것이었다.

축의 시대 문명으로 우리는 여러 가지 사례를 언급할 수 있다. 각각의 문명에서, 적어도 초창기에는, 기원전 제1천년기에 등장한 여러 학파가 서로 경쟁했다. 그러나 그 과정을 거치면서 각각의 문명은 서로 다른 발달 경로를 거쳤다. 문명권마다 문화적·제도적 유산이 달랐기 때문에 구대륙의 지역별로 주도적인 사상이 따로 있었다. 서양에서는 고전기 그리스 도시국가의 철학 사상과 예언자 시대 유대인의 생활 양식이 서로 달랐고, 동양에서는 중국의 사상이 있었다.

그중 일부 사례로 종교와 제국의 통치가 밀접한 관계를 맺는 경우가 있었다. 아마도 가장 분명한 사례는 이란의 여러 왕조에서 확인할 수 있는데, 아케메네스 제국부터 그러했다. 또한 중국에서는 진(秦)-한(漢) 시기에 그러한 사례가 확인된다.[13] 아소카 대왕 재위 시기 마우리아 왕조에서도 이와 비슷한 사례를 찾아볼 수 있다. 그러나 대부분의 역사 시기 동안 종교-철학적 관습과 제국 체제의 정치적 관습이 서로 편안한 관계에 놓여 있지는 않았다.[14]

고전기 그리스의 종교-철학적 담론은 여러 도시국가가 공존하는 특수한 정치적 맥락에서 이해해야 한다. 헬레니즘 시기 및 이후 로마 시기 유대인의 종교적·정치적 생활은 외부 세력이나 외부 세력을 등에 업고 유대인을 다스리는 대리 권력의 통치에 저항하는 입장이었으며, 외부 권력의 억압 아래 놓여 있었다. 이와 같은 다양성에도 불구하고, 축의 시대 전환기는 깊은 의미를 내포하고 있다. 이후 시대의 발전 과정을 분석

---

13 See Michael Loewe and Denis Twitchett (eds.), *The Cambridge History of China* (Cambridge University Press, 1986), vol. I , but also Mark Edward Lewis, *The Early Chinese Empires: Qin and Han* (Cambridge, MA: The Belknap Press of Harvard University Press, 2007).
14 See Romila Thapar, *History and Beyond* (New Delhi: Oxford University Press, 2005).

하자면 가장 중요한 참조 시점이 바로 그때가 되기 때문이다.

시대적 배경과 축의 시대가 등장한 원인

축의 시대는 기원전 제1천년기 중엽에 등장했다. 야스퍼스에 따르면 기원지는 지중해 동부와 근동 지역, 그리고 동아시아와 남아시아의 주요 문명이었다. 축의 시대 문화 및 사회적 변화가 여러 지역의 다양한 문명에서 출현했기 때문에, 문명 간 비교의 틀을 어떻게 설정할 것인가 하는 문제가 대두되는데, 여기서 첫 번째 논점은 당시의 시대 상황이다. 즉 당시 변화가 출현한 원인이 무엇이었는가 하는 문제다.

축의 시대 논의에 동원되는 몇몇 용어 때문에 이른바 연속성(continuities)이라는 중요한 문제를 간과해서는 안 된다. 중국과 그리스와 근동 지역에서 모두, 표면적으로는 스스로를 돌이켜보는 논의, 즉 비판적 논의가 급증했지만, 그 이면에는 나름의 시대적 배경이 자리 잡고 있었다. 기존에 문명을 주도하던 관습과 고정관념이 쇠락해가고 있었던 것이다. 이집트나 그리스나 메소포타미아나 중국의 상(商)-주(周) 왕조를 막론하고, 야스퍼스가 축의 시대 이전 사회(pre-Axial societies)라고 일컬은 모든 문명은 분명 "역사의 바깥"에 존재하지 않았다. 사실은 오히려 그 반대였다. 축의 시대의 변화에는 이전 문명으로부터의 연속성이 상당한 정도로 포함되어 있었다.

축의 시대의 지식인과 철학자는 자신이 속한 사회와 문명의 유산을 거부하려는 경우가 많았고, 그들의 언어적 전략과 개념은 전통에 대한 나름의 독특한 해석을 포함하곤 했다. 예컨대 중국의 유가 사상에서 제시한 윤리 또한 전혀 새로운 것이 아니라 나름의 방식으로 전통을 분

석하여 재조합한 것이었다. 이를 통해 기존에는 귀족 계층의 전유물이
었던 중요한 미덕을 보편적으로 적용하고자 했다. 유가뿐만 아니라 축
의 시대의 여러 사상은 모두 새로운 상황에 대한 반응이었다. 당시의 개
인은 더 이상 친족 구조나 물리적 인접성, 혹은 제국이 내세우는 당위를
무조건적으로 받아들일 수도 없고 새로운 의미를 찾을 수도 없는 상황
이었다.

　이런 맥락에서 축의 시대 변화의 배경과 관련하여 몇 가지 단서가
발견되었다. 첫째, 이러한 변화는 부족 사회가 아니라 원시 사회의 초기
국가를 배경으로 했다. 즉 당시의 변화는 정치·문화적 질서와 관련된
내용이었으며, 공간적으로 상당한 범위를 지배하는 고도로 규범화된 엘
리트 계층의 의례와 관련이 있었고, 이 모두는 중앙의 정치 권력과 연계
되어 있었다.

　둘째, 중앙의 정치 권력이 포괄하는 공간적 범위가 광대했기 때문에,
그리고 권력의 문화와 의례가 지리적으로 중심 지역과 연계되어 있었기
때문에, 중심부와 주변부 사이에는 어쩔 수 없이 지나친 긴장 관계가 반
복되는 측면이 있었다. 그리하여 근본적 개선이 요구되는 조건이 만들
어졌으며, 근본적 변화가 바로 축의 시대의 변화로 나타났다. 더욱이 초
기 국가들 가운데 가장 강력했던 몇몇 세력은 주변 사회를 위협하고 악
영향을 미쳤다. 극명한 사례로는 아시리아와 신바빌로니아가 있으며, 기
원전 6세기 키수르(Cyrus) 대왕이 건설한 당대 최고의 아케메네스 제국
(최초의 페르시아 제국) 또한 마찬가지였다. 중국의 경우 생존의 위협은
유목민의 침략과 관련이 있었던 것으로 전해진다. 유목민 세력은 나중
에 훨씬 더 규모가 커졌지만 당시에 이미 위협이 되고 있었다. 중국에서

축의 시대 사상은 정치 질서가 쇠락하는 데 따른 대응의 측면이 있었다. 주(周)나라가 멸망한 뒤 반란과 내전이 격화되는 상황에서 문명 생활에 위협이 가해졌기 때문이다.

셋째, 축의 시대 변화의 시작, 그리고 지적 영감의 원천과 방법론은 정치적 중심부를 벗어난 주변부에서 비롯되었다. 그럼에도 그들은 중심부의 활동을 잘 알고 있었다. 주변부에서는 다양한 해석이 허용되었고, 중심부로부터 어느 정도 자율성을 얻어 새로운 우주론과 관습을 시도해 볼 수 있었다. 특히 아이젠슈타트(Eisenstadt)는 해석자 혹은 새로운 세계관의 집행자를 강조하여 이들을 "트래거(Träger, 기둥)"라 일컬었다.

넷째, 앞에서도 언급했듯이 축의 시대는 세계 종교의 출현 및 확산과 관련이 있었다. 획기적으로 평가되는 당시의 지적 전환이나 새로운 존재론은 종교적 관습과 깊이 연관되어 있었다. 당시는 근본 문제에 대한 새로운 해석이 열려 있는 시대였다. 세계 종교의 기원은 축의 시대에 있었다. 이후 종교적 예언(계시)이 확립되고, 경전의 성립과 제도화가 이루어지고, 종교 운동 등이 활성화되었지만, 그보다 앞서 이전 시대와의 단절이 선행되었다. 물론 축의 시대의 단절 이후에도 이전 시대의 의례 관습 가운데 상당수가 변형된 형태로 유지되었다. 그러나 핵심적 변화의 시기에, 변화의 가장 중요한 구성 요소들은 정치 및 문화적 주류의 주변부 혹은 반대편에 위치했다. 그곳에서 새로운 지평이 열렸고, 비판적 목소리가 다양하게 표출되었다. 축의 시대의 단절 이후 새로 등장한 흐름은 시간이 지난 뒤 새로운 표준이 되었다. 그리하여 새로운 정치 질서 및 새로운 문화-종교적 정통성과 긴밀히 얽혀들었다. 그럼에도 불구하고 또다시 새로운 해석이 출현할 여지는 남아 있었다. 만약 새로운 흐름이 출현한다면, 성직자나 종교 사상가가 중심부와 아무리 긴밀히 연결되어 있다 할지라도, 새로운 흐름은 또다시 중앙 정치 권력에게 위협이 되었을 것이다.

축의 시대가 등장하려면 동시에 세 가지 조건이 필요했다. 이 세 가지 조건은 역사상 어느 시대라도 심층적 변화의 시기 혹은 문화적 구체화(cultural crystallization)의 시기에는 그대로 적용될 수 있을 것이다. 첫 번째, 사회적 불안정과 동시에 새로운 가능성이 열리는 시기여야 한다. 흔히 새로운 경제적 기회나 신기술이 도입될 때 이런 상황이 만들어지게 된다. 축의 시대에는 제철 기술을 바탕으로 이와 같은 변화가 자주 등장했다. 새로운 도구와 무기가 도입되면서 결과적으로 경제, 농업, 도시, 인구의 성장을 가져왔지만, 동시에 전쟁이 더욱 폭력적인 형태로 더욱 널리 확산되는 양상이 벌어졌다. 역사적으로 볼 때 이와 같은 유형의 변화는 상속, 소유, 생산의 형태를 포함한 새로운 형태의 사회 조직 출현을 압박하는 경향을 띠었다.

두 번째, 정치적 위기 혹은 문명화된 일상생활의 위기가 존재하거나 최소한 널리 감지되는 상황이어야 한다. 이는 대체로 내전의 양상으로 나타나지만, 외부의 위협이 임박한 상황도 이런 조건으로 볼 수 있다. 그러나 경제-기술적 기회와 정치-사회적 위기가 동시에 주어지는 상황 그 자체만으로 새롭게 심오한 사상이 출현하고 근본적으로 새로운 길이 열리는 조건이 될 수는 없다.

새로운 사상이 출현하려면 반드시 세 번째 조건이 필요하다. 즉 새로운 사상이 등장하더라도 이를 해석하고 분석할 사람들의 포럼과 경쟁의 장이 존재해야 하는 것이다. 반드시 지식인 계층이 있어야 하고, 동시에 그들에게 중앙 정치 권력으로부터 어느 정도의 자율성이 주어져야 한다.

축의 시대 개념

로버트 벨라(Robert Bellah)는 마지막으로 발표한 그의 대표작 《인류의 진화와 종교(Religion as Human Evolution)》에서 축의 시대를 거론했다. 방식과 수준은 다양했지만 어쨌든 축의 시대 변화의 조건이 마련된 경우는 고대 그리스, 고대 이스라엘, 고대 중국이었으며, 그리고 인도도 포함할 수 있었다. (다섯 번째 경우로 이란을 꼽기는 했지만, 자료의 부족과 불확실성을 이유로 일단 결론을 유보했다.)

멀린 도널드(Merlin Donald)는 진화론과 인지심리학을 기반으로 단계론을 설정한 바 있는데, 로버트 벨라 또한 단계론에 맞추어 축의 시대를 해석했다. 즉 인류 문화의 발달 과정에서 진화론상 제4단계가 출현할 무렵 축의 시대가 그 가능성을 여는 계기가 되었다는 해석이다.[15] 진화론상 4단계에서 제1단계는 에피소드적 문화(episodic culture), 제2단계는 모방적 문화(mimetic culture), 제3단계는 신화적 문화(mythic culture)였다. 이러한 단계 변화는 언어의 발달에서 비롯된 것으로, "결과적으로 집단의 통일된 비유(metaphor) 체계가 만들어졌다." 비유에는 내용과 규칙이 담겨 있어서 "이를 통해 전체 인간 세계를 이해하는 모델을 설정할 수 있었다."[16] 이상의 세 단계 다음에 오는 제4단계가 곧 축의 시대로, 이른바 이론의 시대(theoretic age)였다. 이 시대에는 새로운 유형의 비판적

---

15 Merlin Donald, *Origins of the Modern Mind: Three Stages in the Evolution of Culture and Cognition* (Cambridge, MA: Harvard University Press, 1991), p. 214.
16 Donald, *Origins of the Modern Mind*, p. 214.

사유가 출현했고, 그것이 신체적 반응이나 모방적 행동 혹은 신화적 이
야기의 한계를 보충했다. 벨라의 의견에 따르면, 이상 4단계론에 입각할
경우 목적론을 피할 수 있다. 왜냐하면 진화란 한 문화의 내부에서 일어
났던 일이며, 그리하여 다섯 가지 축의 시대 사례 가운데 어느 쪽이 더
우월하다거나 선조가 되었다는 식의 해석을 할 필요가 없고, 또한 계보
나 영향 관계가 어느 방향으로 흘러갔다는 식의 해석도 불가능하기 때
문이다. 이는 매우 설득력 있는 논지로, 축의 시대 대표적인 네 가지 혹
은 다섯 가지 사례에는 정확히 들어맞는 주장이다. 그러나 축의 시대를
초래한 질적 변화가 진화론상 어떻게 발전되었는지를 설명하기에는 다
소 부족한 면이 있다.

    야스퍼스도 그랬고, 이후에 로버트 벨라나 아이젠슈타트 및 그들의
동료 연구자들도 그렇게 분석했듯이, 축의 시대 핵심 사상은 신화 및 의
례와 복잡하게 얽혀 있었다. 신화의 형태로 전해지는 수많은 이야기가
있었고, 그와 관련된 의례들이 있었으며, 축의 시대 사상 또한 여러 가
지 형태가 있었다. 그러나 또한 야스퍼스가 주장한바, 축의 시대에 출현
했던 다양한 사상 중에는 단지 신화적 설명이 자리를 바꾸거나 그 변이
정도에 불과한 것도 있었지만 전혀 새로운 것도 있었다. 그 새로운 사상
은 그때까지의 인류 사회가 봉착했던 한계를 분명히 뛰어넘었다. 로버
트 벨라를 비롯한 여러 학자는 이를 이야기 서술(신화)과 분석적 설명
(이론)으로 구분한다. 그리고 그러한 구분이 시작된 때가 축의 시대였다
고 해석한다. 이를 통하여 인류는 특정한 시공간의 제약을 넘어서는 비
전과 사상을 표현할 수 있게 되었다. 또한 물질적 및 사상적 관습과 신
념에 대해서도 비판적이고 분석적인 입장을 취할 수 있게 되었다. 야스

퍼스가 일찍이 지적했듯이, 이러한 변화는 곧 미토스(mythos)에서 로고스(logos)로의 이행이었고, 비판적 사유의 시작이었다. 이는 나아가 역사학의 출현으로 이어졌다. 인간이 처한 상황을 시대적 맥락에서 돌이켜 보는 것, 그것이 역사의식의 특징이었다.

과거 부족 사회에서는 대개 의례 관습 가운데 기도나 신화적 믿음이 집단의 사회문화적 응집력을 만들어내는 통로 역할을 했다. 그러한 의례에는 물론 일상적인 생산 및 재생산 활동에서 벗어나는 관습이 포함되어 있었다. 또한 그것이 공동체 집단의 생활 변화를 포함하거나 이끌어내는 역할을 하기도 했다. 이렇게 하는 과정에서 신화가 재해석되고 신화 속에서 신들의 지위가 바뀌거나 심지어 다른 신화로 대체되는 경우도 있었다. 다양한 세력 혹은 신격의 주도권은 다양한 형태의 신화와 얽혀 있었다. 그러나 이와 같은 변화는 지속이냐 부분적 치환이냐의 문제였을 뿐, 신화의 기본 전제 자체에 의문을 제기함으로써 그것을 비판적으로 검토하거나 거부하는 것과는 차원이 다른 문제였다. 예컨대 아리스토텔레스학파의 대화법은 비교를 통해 그 장단점을 터놓고 이야기하는 방식이었다. 이와 같은 의문의 제기는 고대 세계 몇몇 사회에서만 등장했고, 그 시기는 기원전 제1천년기 중엽이었다. 당시의 변화는 워낙 심대해서 그 시대를 축의 시대(Axial Age)라 하는 것이며, 최초의 변화가 일어난 그 문명들을 변화의 중심축(Axial)으로 일컫기에 충분했다.

야스퍼스의 입장을 정리하는 것으로 우리의 논의를 요약해보자. 야스퍼스의 전제는 기원전 제1천년기 중엽을 전후한 몇 세기 동안 유라시아 세계의 몇몇 선진 문화권에서 중요한 지성적·제도적 전환이 일어났다는 가설이다. 이러한 현상은 여러 문명권에서 서로 다른 방식으로 표출되었다. 그러나 어떤 경우건 공통적으로, 인간의 사유 능력 및 심오한 사유의 증대를 텍스트로 정리했고, 직접적 대상을 넘어서는 이성(reason)의 능력을 보여주었다. 이와 같은 사유는 네 가지 주요 차원으로 드러났다.

- 첫째, 깊은 사유를 반영한 정교한 우주론. 대개 근원적이며 복잡한 논의를 전개하는 경향이 있었지만, 어쨌든 세속과 초월적 세계를 나누었다. 그 해석이 구전이나 문자 기록으로 남겨졌고, 권위 있는 해석들이 모여 경전이 성립되었다.
- 둘째, 역사의식 강화. 시대적 위치와 인간 존재의 한계, 그에 따른 상대적이고 우연적인 존재의 의미를 분석한 글들이 남겨졌다.
- 셋째, 사회성 개념. 즉 사회적 집단과 상호 연결에 대한 새로운 이해가 등장했다.
- 넷째, 인간의 나약함. 인간의 행위가 세상과 시간의 속박 아래 놓여 있다는 인식이 증대했다.

이와 같은 변화의 맥락에서 여러 가지 다양한 제도적 장치가 만들어졌고, 그것이 이후로도 오래도록 중요성을 잃지 않았다. 역사적 해석을 둘러싼 분분한 논쟁들은 뒤로 하고, 일단 축의 시대(Axial Age) 개념을 이 정도로 정리하면 세계사 연구와 관련해서는 적절한 출발점이 되는 것 같다.

축의 시대 변화의 결과와 그 이후 등장한 여러 경향성

"축의 시대"란 세계사적으로 중요했던 한 시대를 일컫는 명칭이다. 세계사 전체를 놓고 볼 때 문화·제도적 구조의 심대한 변화가 일어난 시기가 역사상 유일했던 것은 아니지만, 적어도 기원전 시기로 한정해 보면 축의 시대는 가장 의미심장한 문화적 변화의 시기였다. 축의 시대의 우주론과 문화적 성취는 제도적 변화로 이어졌다. 이후 세계 곳곳에서 나타난 변화의 경향성(path)은 최소한 다섯 가지 이상이었다(아래에서 자세히 논의한다). 그러나 그중에서 무엇이 우선적이라거나, 혹은 무엇을 기준으로 다른 무엇이 뒤를 따랐다고 할 수는 없다. 그렇다고 해서 다섯 가지 문화적 경향성이 닫힌 구조의 시스템도 아니었다. 사실은 오히려 그 반대였다. 각각의 경향성은 밀도 높은 문화적 접촉과 지역 간 교류에 의거했고, 또한 그를 위한 계기를 만들어냈다. 이들 모두는 공통적으로 내부의 다양한 목소리가 특징이었다. 그에 따라 각각의 경향성 내부에서는 끊임없는, 때로는 극적인 논란과 변형이 계속되었다. 축의 시대에 등장한 여러 가지 문화·제도적 패턴의 대략적 모습을 파악하려면 핵심적 특징 몇 가지를 중심으로 살펴보는 편이 좋을 것이다. 내부적으로 다양한 목소리와 해석이 서로 경쟁하는 바람에 철학·종교적 입장의 편차가 워낙 광범위했기 때문이다. 또한 제도적으로 드러난 형태도 지역별로 전혀 달랐다.

첫째, 근동 지역에서는 복잡한 영향 및 대립 관계를 거쳐 모세의 구분(Mosaic distinction, 얀 아스만Jan Assmann의 개념)이 생겨났다(모세 이전에는 일신교와 다신교가 공존할 수 있었다. 그러나 모세는 야훼 이외의 다른 신을 진리와 공존할 수 없는 거짓으로 규정했다. 독일의 이집트학자 얀 아스만은 이와 같은 진리와 거짓의 배타적 구분을 모세의 구분이라 일컬었다. - 옮긴이). 여기서는 종교적 진리와 거짓을 확연히 구분했다. 그 결과 (진리를 추구하는 종교적 차원이 독립적으로 형성되면서 - 옮긴이) 고대 이스라엘에서 종교와 정치가 분리되기에 이르렀다(고대 이집트에서도 정교 분리의 방향에서 몇몇 예비 단계가 나타났지만 실질적 분리 단계까지 진행되지는 않았다). 유대교에서는 예언자 시대(prophetic age)와 제2성전(second temple) 시대에 이와 같은 정교 분리가 발달했으며, 이른바 초월-해석적 경향성(transcendental-interpretative path)이 나타났다.

이러한 경향성의 흐름 속에서 정통과 이단을 가르는 해석의 경쟁이 벌어졌다. 정통과 이단은 서로 영향을 주고받았으며, 그 과정에서 경전의 성립과 표준화 과정도 핵심적인 문화적 요소에 포함되었다. 해석의 경쟁에 참여한 세력은 정치 권력에서 확연히 독립되어 있었다. 그래서 기본적으로 정치 권력에서 물러선 태도를 취하기는 했지만, 그들의 활동이 통치에 악영향을 주는 경우가 더 많았다. 이는 때로는 공공연하게, 때로는 암묵적으로, 때로는 불복종 혹은 반란으로, 또 때로는 기존의 권력을 지지하는 형태로 나타났다.

둘째, 이와 관련된 또 하나의 경향성이 있었는데, 기본적으로 근동 지역의 영향을 받았지만 핵심적 부분은 완전히 달랐다. 그것은 바로 그리스 문화권에서 점차 등장했던 흐름으로, 말하자면 철학-정치적 경향성(philosophical-political path)이라고 이름 붙일 수 있겠다. 여기서도 여러 학파의 논쟁과 심사숙고가 이어졌는데, 인간의 잠재력과 행위에 대한 관심, 역사 속에서 개인의 위치, 인간의 조건에 대한 지속적 성찰을 보여주었다. 초월-해석적 경향성에서 초월적 세계와 세속의 구분이 절대적인 데 비해, 철학-정치적 경향성에서는 그 구분이 별로 중요하지 않았다. 철학-정치적 경향성에는 경전으로 성립된 우주론적 종교의 표준 같은 것이 없었다. 대신 대화를 통한 경쟁이 있었다. 대화의 내용은 대개 텍스트로 기록되어 전해졌는데, 철학적이고 크게 보아 실용적 성격을 띠는 내용이었다. 그들이 속한 공동체에서 일어나는 정치·도덕적 생활 문제가 토론의 주제였기 때문이다. 논쟁에 참가한 주요 인물들은 기존에 알려지지 않았던 완전히 새로운 지성적 맥락에 놓여 있었다. 즉 지적으로 독립적이었으며 기관에 소속되지 않았지만 정치에는 참여하고 있었다.

셋째, 또 하나는 중국 문화권의 경향성이었다. 이 경향성은 축의 시대 전성기보다 최소한 1000여 년 앞서 시작되었다. 여러 지역의 의례 관습과 정치 질서가 서서히 통합되어 폭넓은 문화적 전통이 형성되었는데, 말하자면 보편-포용적 경향성(universal-inclusive path)이라고 할 수 있겠다. 여기에 속하는 정치-문화적 질서의 핵심 요소는 축의 시대보다 수백 년 앞서 형성되었다. 어떤 측면에서는 공자, 묵자, 그리고 후대의 맹자와 법가도 (이들 각각의 입장은 상당히 다르지만) 모두가 과거 질서의 쇠락이나 심지어 소멸을 우려하는 의견을 피력했다. 그리고 개혁을 통해 옛 법도를 다시 회복하고자 했다. 문화와 학문의 발전은 점진적 변화로 설명될 수 있고, 또한 실제로 그렇게 설명되었다. 그러나 축의 시대에 등장한 몇몇 정치·사회적 사상은 그 이전과는 확연히 단절하고 진일보한 면모를 보였다. 그 내용은 전통, 역사, 인간의 역할을 더욱 강조하는 것이었다.[17]

이러한 경향성은 근본적으로 보편적인 동시에 포용성의 측면을 내포했지만, 동시에 정치적 상황에 긴밀하게 연결된 것이 특징이었다. 축의 시대 이전 주(周)나라의 정치 사상에서 이미 천명(天命) 개념은 정치 질서의 정당성을 담보하는 궁극적 근거로 이해되었다. 그러나 천명은 언제든 바뀔 수 있는 것이었다. 인간의 행동이 올바르지 않으면 천명은 유지될 수 없었다. 그러므로 제국의 통치를 과연 하늘이 허락했는지 여부는 때에 따라 달랐고, 의심과 비판과 반란의 여지는 상존했다. 또한 전혀 다른 전통들이 통합되어 문화적 질서를 구성했다. 그중 일부는 도덕 철학에 가까웠다. 유교와 도교의 경우, 초월적 차원과 세속적 차원의 구별 따위에는 별로 관심이 없었다. 이런 이유로 중국의 보편-포용적 경향성은 내부적으로 언제나 서로 다른 전통의 철학적 논쟁을 허용했다. 그러므로 모세의 구분 같은 것이 중국의 맥락에서는 별로 필요가 없었다. 정치 질서와 종교 질서는 모두, 이집트나 메소포타미아의 초기 정치에 비하면 훨씬 개방적이었다.

넷째, 인도에서는 베다 종교가 주류였는데, 여기에 축의 시대의 도전으로 초기 불교가 등장했다. 불교의 도전은 역사와 신분 문제에 초점을 맞추었고, 의미의 전용(轉用), 가치의 재평가, 논쟁 등의 과정을 거쳤다. 당시에 이미 자연스럽게 받아들여지지 않고 대체해야 할 인습으로 간주되는 관행들이 존재하던 상황이었다.

이러한 도전에 즈음하여 베다 종교 또한 새로운 양상으로 변모했다.

---

17 Christoph Harbsmeier, "The Axial Millennium in China: A Brief Survey," in Arnason, Eisenstadt, and Wittrock (eds.), *Axial Civilizations*, pp. 469-507, and Hsu Cho-yun, "Rethinking the Axial Age: The Case of Chinese Culture," in Arnason, Eisenstadt, and Wittrock, *Axial Civilizations*, pp. 451-67.

인도 문화권에서 베다 종교는 원래 축의 시대의 경향성이 아니었다. 그러나 베다 종교도 더 이상 시대의 흐름을 피할 수 없어 스스로 축의 시대 초기 변화의 문화적 시스템에 참여하게 되었다. 한편 축의 시대 그리스의 철학-정치적 경향성이나, 중국의 보편-포용적 경향성에는 그 핵심에 정치적 관심이 자리 잡고 있었다. 그러나 인도의 경향성에서는 정치적 의미가 표면화되지 않거나 매우 불분명했다(아소카 대왕 치하의 마우리아 왕국은 이런 면에서 예외적이었다). 인도 문화권의 경향성에 이름을 붙이자면 의미-복합적 경향성(pluralistic-semantic path)이라 할 수 있겠다.

다섯째, 지리적으로나 정치적으로 유라시아의 주요 전통이 모두 만났던 곳이 이란 지역이다. 그곳에서 아케메네스 제국이 성립되었고, 이후 헬레니즘 제국 및 이란인의 왕국이 그 뒤를 이었다. 이란 지역의 문화적 전통은 그곳에서 성립한 여러 세계 종교와 제국에 직간접적으로 영향을 미쳤다. 안타깝게도 오늘날 우리는 아케메네스 제국의 종교적 관행은 물론 정치의 핵심 요인들도 충분히 파악하지 못하고 있다. 그럼에도 불구하고 그 지역에서 발달했던 경향성은 이해할 수 있는데, 이름을 붙이자면 이원적-대리인적 경향성(dualistic-agential path)이라 할 수 있겠다. 이 지역에서 정치와 종교의 관계는 상호 의존적이었고, 닫힌 구조였다. 초월적 세계와 세속적 차원이 엄격히 구분되었음에도 불구하고 분파 간의 모든 분쟁은 세속적 의미를 함축하고 있었다.

이 경향성에 입각한 모든 분파는 나름대로 구체적 우주론을 가지고 있었고, 모두가 이원론적 구조였다. 그럼에도 각 분파의 우주론은 근본적으로 완전히 달랐다. 예컨대 유대교와 기독교와 이슬람의 경우가 그랬다. 그들의 우주론은 초월적 세계와 세속적 차원을 엄격히 구분했고, 정치 질서는 그중 세속적 차원에 치중되어 있었다. 현실적 정치 참여와 활동은 그들의 우주론과 모순되지 않았다. 우주론을 지탱하는 지성적-종교적 지도자와 정치 권력의 관계는 특히 가까웠고 상호 의존적이었다. 이단이라든가 반대파는 축의 시대 다른 지역에서 나타난 경향성에도 존재했으나, 전체적으로 볼 때 이란 지역에서 더욱 극명하게 나타났다. 또한 제국 체제의 권력에도 훨씬 더 직접적으로 연계되어 있었다.

이란 지역에서 성립한 아케메네스 제국은 이후로도 오래도록 지중해 및 근동 지역의 여러 제국에 영향을 미쳤다. 기원후 제1천년기에 사산 제국은 공공연히 아케메네스 제국의 후예를 자처했다. 간접적으로는 비잔티움 제국의 성격에도 아케메네스 제국의 영향이 있었지만, 비잔티움 제국과 사산 제국은 경쟁 관계에 놓여 있었다. 지중해 동부 및 근동 지역에서 양대 제국의 경쟁은 약 5세기 동안 지속되었다. 비잔티움 제국은 헬레니즘, 도시, 기독교를 기반으로 했으며, 사산 제국과는 구조적 차이가 있었다. 그럼에도 불구하고 비잔티움 제국에서는 기원후 7세기 이후 점차 이란 지역 제국 모델의 흔적이 나타나기 시작했다. 먼저 군사적-지역적 조직의 변화에서 그런 측면들이 나타났고, 점차적으로 정치 및 종교적 질서의 관계에서도 같은 경향성이 드러났다.

아케메네스 제국은 축의 시대 우주론을 바탕으로 성립한 최초의 제국 체제였다. 정치적 질서의 대표자와 우주론-종교적 질서의 대표자가 (대등한 관계까지는 아닐지라도) 동시에 밀접한 관계를 맺고 있었다. 이런 측면이 오랜 시간을 거쳐 사산 제국의 체제에 영향을 미쳤고, 사산 제국의 뒤를 이은 이슬람 정치 체제에도 그 영향이 남겨져 아바스 칼리프 왕조의 성립으로 이어졌다. 이 주제는 매우 흥미롭지만 아직 충분히 연구되지 못한 영역으로 남아 있다.

아케메네스 제국은 로마 제국의 경우와 마찬가지로 소수자의 문화와 언어에 관대하다는 특징이 있었다. 그런데 로마 제국과 달리 그들의 체제 아래에서 다른 언어를 사용하는 백성에게 통치자의 언어, 즉 고대 페르시아어를 진작하기 위해 별다른 노력을 기울이지 않았다. 그러나 이란 지역의 제국들과 고전기 로마 제국의 공통점도 있었다. 셸던 폴록(Sheldon Pollock)의 표현을 빌리자면 이들은 모두 민족-우월(ethno-transcendence) 정책을 사용했다. 즉 제국의 기획에서 중요한 핵심 위치에는 특정 민족 출신자만 배치했다. 이는 제국의 확장과 성직의 보호에 모두 관련되어 있었다.[18]

로마 제국과 이란 지역 제국 체제의 패턴은 인도의 그것과 확연히 달랐고, 축의 시대 초기 고대 이스라엘이나 고대 그리스의 정치-문화적 질서와도 차이가 있었다. 그리고 로마 권역에서 벗어나 있거나, 축의 시대가 아닌 시기의 유럽 체제와도 같지 않았음은 물론이다. 고대 그리스와 고대 이스라엘에서 지적 전통의 지도자들은 정치 권력에서 상당히 독립적인 특성이 있었고, 엄밀한 해석만을 담당했다. 그러므로 축의 시대 사상과 제국의 질서가 반드시 연계되어 있었다고 보는 것은 올바른 시각이 아니다. 축의 시대 이후의 제국에서는 이러한 측면이 더욱 분명하게 드러난다. 축의 시대에 기원을 둔 우주론이라 할지라도 이후 시대

---

18 See Sheldon Pollock, "Axialism and Empire," in Arnason, Eisenstadt, and Wittrock (eds.), *Axial Civilizations*, pp. 397-450.

지역	세계관-우주론의 중점	정치 권력과의 관계	민족-언어적 강제
고대 이스라엘	초월-해석적	매우 독립적	자율적
그리스	철학-정치적	매우 독립적	다소 폐쇄적
중국	보편-포용적	다소 독립적	매우 폐쇄적
인도	의미-복합적	매우 독립적	다소 폐쇄적
이란	이원적-대리인적	매우 독립적	인종 초월적-복합 언어적

[표 5-1] 축의 시대 다섯 가지 경향성

에 제도적으로 혹독한 탄압을 받기도 했고, 축의 시대 사상을 이어받은 지적 전통의 자율성이 쇠퇴하기도 했다.

이상에서 논의한 몇 가지 논점을 정리하면 [표 5-1]과 같다. 표에서는 앞서 논의한 내용을 세 가지 핵심 요소로 요약했다.

첫째, 축의 시대의 특징은 사상, 역사의식, 사회성, 능동적 역할의 질적 성장이었다. 이것이 정치적 질서와 종교-문화적 질서를 구분하기 위한 전제 조건이었다. 동시에 이 때문에 정치적 질서에 도전할 수 있는 가능성이 열리게 되었다. 얀 아스만의 표현을 빌리자면, "왕은 더 이상 신을 자처할 수 없게 되었다." 개념적으로 이와 같은 도전 가능성이 열리게 된 이상, 이후로는 그 잠재적 가능성을 결코 "못 본 체"할 수 없었다. 즉 축의 시대 이후로 기존 질서에 대한 근본적 도전의 가능성이 완전히 제거된 적은 없었다.

둘째, 제도적으로 문화적-종교적 우주론의 전통을 해석하는 위치에 있는 사람들은 해석의 유연성을 어느 정도까지 허용할 것인지 결정했다. 위에서 살펴본 다섯 가지 지역별 경향성에서 모두 정통과 이단의 시비가 언제나 존재했고, 기존의 문화적-우주론적 질서에 대한 도전이 끊임없이 이어졌다. 인도나 중국의 경우 전혀 다른 우주론들끼리 경쟁이 벌어지기도 했다.

셋째, 문화적 구체화(cultural crystalization)의 등장과 확산을 결정하는 데에는 다음 세 가지 경우의 상호 작용이 긴밀하게 얽혀 있었다. 즉 기존 정치·문화의 생존을 위협하는 내부의 뿌리 깊은 위기가 발생하는 경우, 경제적 기회 혹은 성장 잠재력이 대두되는 경우, 정치 권력에 소속되지 않고 별개로 동떨어진 세계에서 전통의 해석을 두고 치열한 경쟁이 펼쳐지는 경우가 그것이다.

앞에서 언급했던 축의 시대 다섯 가지 경향성(path)의 차이에는 민족적-언어적 측면도 포함되어 있었다. 우리 시대의 관점에서 보자면 축의 시대의 다양한 경험을 연구하는 것은 현대 사회의 사회·정치적 이해를 심화하는 데에도 도움이 될 것이다.

축의 시대라는 개념은 고차원적 학술 논의에 기여했고, 시대와 지역과 분과 학문의 경계를 넘어 이론적으로 확산되었다. 이 개념은 세계사뿐만 아니라 현대 세계의 이해 차원에서도 인류가 맞닥뜨린 상황을 이해하기 위한 연구를 촉진하고 있으며, 그런 측면에서 지금도 여전히 의미 깊은 연구 주제 중 하나로 자리하고 있다.[19]

---

19 현대를 이해하는 데 축의 시대가 어떤 관련이 있는지를 저술한 Charles Taylor의 권위 있는 저술은 *A Secular Age* (Cambridge, MA: The Belknap Press of Harvard University Press, 2007)이다.

더 읽어보기

Arnason, Johann P., Shmuel N. Eisenstadt, and Björn Wittrock (eds.), *Axial Civilizations and World History*, Leiden: Brill, 2005.
Bellah, Robert N., *Religion in Human Evolution: From the Paleolithic to the Axial Age*, Cambridge, MA: The Belknap Press of Harvard University Press, 2001.
_____, "What Is Axial about the Axial Age?" *European Journal of Sociology* 46 (2005): 69-89.
Bellah, Robert N., and Hans Joas (eds.), *The Axial Age and Its Consequences*, Cambridge, MA: The Belknap Press of Harvard University Press, 2012.
Cassirer, Ernst, *Philosophie der symbolischen Formen* [*The Philosophy of Symbolic Forms*], New Haven, CT: Yale University Press, 1955.
Donald, Merlin, *Origins of the Modern Mind: Three Stages in the Evolution of Culture and Cognition*, Cambridge, MA: Harvard University Press, 1991.
Eisenstadt, Shmuel N., *The Origins and Diversity of Axial Age Civilizations*, Albany: State University of New York Press, 1986.
Eisenstadt, Shmuel N. (ed.), *Kulturen der Achsenzeit I: Ihre Ursprünge und ihre Vielfalt*, Frankfurt am Main: Suhrkamp, 1987, parts 1 and 2.
_____, *Kulturen der Achsenzeit II: Ihre institutionelle und kulturelle Dynamik*, Frankfurt am Main: Suhrkamp, 1992, part 1.
Jaspers, Karl, *Vom Ursprung und Ziel der Geschichte* [*The Origin and Goal of History*], New Haven, CT: Yale University Press, 1953.
Lewis, Mark Edward, *The Early Chinese Empires: Qin and Han*, Cambridge, MA: The Belknap Press of Harvard University Press, 2007.
Morris, Ian, *Why the West Rules - for Now: The Patterns of History, and What They Reveal about the Future*, New York: Picador, Farrar, Strauss and Giroux, 2010.
Pankenier, David, *Astrology and Cosmology in Early China: Conforming Earth to Heaven*, Cambridge University Press, 2013.
Pines, Yuri, *Envisioning Eternal Empire: Chinese Political Thought of the Warring States Era*, Honolulu: Hawai'i University Press, 2009.
_____, *Foundations of Confucian Thought: Intellectual Life in the Chunqui Period, 722-453 BCE*, Honolulu: Hawai'i University Press, 2002.
Puett, Michael J., *The Ambivalence of Creation: Debates Concerning Innovation and Artifice in Early China*, Stanford University Press, 2001.
Schwartz, Benjamin I., *The World of Thought in Ancient China*, Cambridge, MA: The Belknap Press of Harvard University Press, 1985.

Taylor, Charles, *A Secular Age*, Cambridge, MA: The Belknap Press of Harvard University Press, 2007.
Thapar, Romila, *History and Beyond*, New Delhi: Oxford University Press, 2005.

CHAPTER 6

과학과 기술의 발전
(c. 800 BCE~c. 800 CE)

헬무트 슈나이더
Helmuth Schneider

자연에 관한 지식을 축적하고, 이를 통해 자연을 제대로 파악하는 일은 역사의 방향을 결정하는 핵심이었다. 어떤 사회건 목표를 달성하고자 할 때, 예컨대 식량 및 상품을 생산 혹은 유통하고자 할 때 동원하는 자원은 그 사회가 자연환경을 이용할 수 있는 능력에 따라 결정되었다. 발전의 시작은 이른바 신석기 혁명(Neolithic Revolution)이었다. 이후 인류는 원하는 식량과 물품을 얻기 위해 주변 환경에 전례 없이 막대한 영향을 끼쳤다. 기원전 제3천년기와 제2천년기 이집트와 메소포타미아에서는 거대한 강 유역의 자연 조건에 힘입어 여러 문명이 부상했다. 그들은 충분한 경제적·문화적 능력을 갖추었고, 그들의 생필품 생산력은 생존 최소한의 범위를 훌쩍 넘어섰다. 그 결과 종교적 신앙과 권력 및 신분 차등의 개념도 생겨났으며, 그것이 복잡한 무덤 장식이나 사원 혹은 궁궐 등 기념비적 건축물로 표현되었다. 이러한 결과는 그들에게 이미 갖추어져 있던 기본적 기술 문화를 전제로 하는 것이었다. 기원전 제3천년기부터 이집트와 메소포타미아에는 모두 문자, 숫자와 수학 지식, 달력이 있었고, 천체를 기록할 수 있는 천문학 지식도 갖추어져 있었다. 또한 농업 기술도 충분히 발달해서 상당한 규모의 집단이 식량 생산에 종사하지 않고도 먹고 살 수 있을 정도였다. 이들은 식량 생산 말고 공동체를 위한 다른 임무에 전념할 수 있었다.

자연에 관한 지식의 역사를 단지 별개의 분리된 사실들, 혹은 그러한 사실들의 집합이 양적으로 늘어나는 정도로 이해해서는 곤란하다. 언제나 명확히 들여다보아야 할 지점은, 자연에 관한 지식을 어떻게 무슨 의도를 가지고 획득했는가, 그렇게 획득한 지식이 어떻게 종교, 문화, 권력과 총체적으로 연결되어 있었는가, 그리고 그것을 사용함으로써 권력과 신분을 획득하는 데 어떤 유리한 점이 있었는가 하는 문제들이다. 지식은 (자연에 관한 지식도 마찬가지로) 다양한 경로로 확산 및 증가했다. 사회 안에서 폭넓게 보급되는 경로도 있었고, 문명의 경계를 넘어가서 다른 사회의 지식을 받아들여 더 깊은 단계로 발전시키는 경로도 있었다. 기존의 지식이 방법론으로 발달하여 미래의 다른 지식이 만들어지는 데 사용될 수도 있었다. 이러한 지식을 통해 기존에 알려지지 않았던 사실이 드러나고, 그 사실을 서술하고 설명할 수도 있었다. 지식은 구전을 통해 경험과 정보를 전달함으로써 세대를 거듭하며 전해질 수도 있었다. 문자가 만들어지면서 지식이 텍스트 형태로 저장되었고, 개인과 개인 간의 접촉 없이도 지식이 전달될 수 있는 조건이 마련되었다.

기원전 800년경부터 기원후 800년경까지의 오랜 기간은 인류 역사에서 단일한 시대가 아니었다. 아르카익기(Archaic Period, 800~500 BCE) 그리스에서는 독립적이고 자율적인 도시들이 등장했고, 이를 폴리스(polis)라 했다. 그리스 사람들은 해외로 나아가 정착했고, 나중에는 서쪽으로 남부 이탈리아, 시칠리아, 남부 프랑스까지, 남쪽으로 북아프리카까지, 그리고 북동쪽으로 흑해 연안까지 그리스인의 정착지가 확산되었다. 서부 지중해 지역에서 페니키아의 역할은 카르타고가 대신했다. 카르타고는 북아프리카와 스페인 지역뿐만 아니라 사르데냐와 서부 시칠리아까지 장악하고 있었다. 알렉산드로스 대왕이 페르시아를 꺾은 뒤 마케도니아와 이집트에서부터 오늘날 아프가니스탄과 파키스탄에 이르기까지, 유라시아의 서부와 중부 지역 대부분에 헬레니즘 문화가 확산되었다. 박트리아에서도 그리스 문화가 등장했고, 이는 이후 인도 지역의 문화적 발전에 영향을 미쳤다. 카르타고가 로마에 패한 뒤 로마인은 점차 거대 제국을 만들어 나갔다. 그 영토는 지중해 지역과 북서부 유럽 일부를 포괄했다. 이주의 시대가 도래하자 로마 제국은 게르만인의 침략으로 파괴되었다. 로마의 서부에서 (기원후 5세기) 게르만 왕국들이 일어섰고, 동부에서는 비잔티움 제국이 자리를 잡았다.

크게 보아 알렉산드로스 대왕 이후 유라시아 서부 지역에서 역사의 첫 번째 주인공은 파르티아였다. 그들은 기원후 2세기 메소포타미아와 이란 지역에서 마케도니아를 계승한 셀레우코스 왕국을 몰아냈다. 기원후 3세기에 파르티아의 뒤를 이어 사산 왕조가 성립하며 페르시아 제국 전통의 부활을 천명했다. 메소포타미아에서 아랍-무슬림이 확산되고 칼리프 왕조가 성립된 뒤로 북아프리카, 동방, 그리고 중앙아시아에서도 정치 및 문화적으로 뚜렷한 변화가 있었다.

기원전 800년 이후 시기의 인도와 중국은 결코 하나의 문화권이 아니었다. 인도와 중국 지역에서는 거대 제국을 수립하려는 시도가 여러 차례 거듭되었다. 그러나 지역 간 대립과 지역 패권이 형성되면서 제국은 붕괴되고 내부적으로 수 세기에 걸친 내란의 시기가 이어졌다. 인도에서는 마우리아 제국(기원전 3세기)과 굽타 제국(기원후 4~6세기)이 성립되었지만 오래 지속되지 못하고 지역별 패권에 자리를 넘겨주었다. 이와 달리 중국에서는 기원전 3세기에 한(漢)나라가 제국으로 성장했고, 중국 전체를 아울러 하나의 문화권이 형성되었다. 무역은 인도와 중국의 거리를 좁혀주었다. 중국에서 불교를 받아들인 뒤 두 지역의 거리는 더욱 가까워졌다. 중국은 인도 문화의 다양한 요소를 수렴했으며, 고유의 정신적 세계에 인도 사상을 통합했다. 무역은 또한 고대 지중해 지역과 인도-중국을 연결해주었다. 연결 통로는 중앙아시아를 거치는 실크로드와, 홍해에서 인도에 이르는 해상 루트가 있었다.

역사 발전의 다양한 경로에서 자연에 관한 지식의 역사는 유럽과 아시아와 아프리카에서 각각 다르게 펼쳐졌다. 이들은 연속적이지도 않았고, 정보의 축적이 단선적이지도 않았다. 연속성과 불연속성, 단절과 상실이 모두 지식사의 특성이었다. 기록 체계를 통해 경험적 지식과 목적의식적 탐구의 내용이 보관되고, 그 결과 사회 안에서 지식이 성장했다. 이와 함께 주로는 무역 중심지에서 이국적 문화들이 서로 직접 만나면서 이루어지는 지식의 전달 과정도 중요했다. 텍스트 번역을 통한 외국 지식의 수용은 특별히 권장되었다. 기술 문제도 지식 일반의 과정과 크게 다르지 않았다.

기원전 800년에서 기원후 800년 사이 유럽, 북아프리카, 아시아의 문명들은 심각한 변화의 시기를 거쳤다. 기원후 800년을 기준으로 자연과 기술에 관한 지식의 발전 정도를 보자면, 많은 지역에서 완성 단계라고는 할 수 없겠지만 발전을 위한 기본 바탕은 마련되어 있었다. 그 바탕 위에서 발달한 기술이 이후 시대의 지역 문화를 형성했다. 유럽의 중세 시대, 그리고 비잔티움 제국을 정복한 아랍 세계뿐만 아니라 왕조 시대 동아시아 문화도 마찬가지였다.

지중해 지역 기술의 발전

고대 그리스

아르카익기(Archaic Period, 800~500 BCE) 그리스의 정치와 경제 및 문화 발전은 역사적으로, 특히 자연과 기술에 대한 지식의 역사상 매우 중요한 과정이었다. 이 시기에 그리스와 소아시아, 시리아, 이집트 사이에는 밀접한 교류가 이어졌다. 고대 이집트 문화를 특히 동경한 그리스는 이집트와 메소포타미아뿐만 아니라 페니키아의 기본적 기술 문화를 받아들였다. 기원전 8세기 페니키아의 문자를 받아들인 것도 이와 같은 맥락에서 이해해야 할 것이다. 그리스에서도 모음이 포함된 알파벳이 발달했고, 그래서 구어를 기록하기에 적합했다. 그리스 알파벳은 포함된 철자 수가 많지 않았기 때문에 배우기가 쉬웠고, 그래서 그리스 도시 중심지에는 문자 능력이 널리 확산되어 있었다. 같은 시기에 (나일강 삼각주에서 생산되는) 파피루스가 필사 재료로 그리스에 들어와 긴 내용의 텍스트를 적어서 두루마리로 보관할 수 있게 되었다. 그 덕분에 고전기(Classic Period, 500~338 BCE) 그리스 최초의 도서관에는 많은 지식이 보관될 수 있었고, 지식인 계층이 이를 이용할 수 있었다. 결국 그리스 사회는 기존 지식의 보관 및 접근이 가능했고, 새로운 지식을 생산할 능력도 갖추었다.

그리스의 도시에는 종교적 정당성에 근거를 둔 군주가 존재하지 않았고, 신과 세계에 관한 지식을 독점한다고 주장하는 성직자도 없었다. 정치는 민회 혹은 의회에서 합리적 토론을 거쳐 결정되었고, 논쟁하고 근거를 대는 일이 그곳 도시 생활의 일상이었다. 소아시아에 위치한 이오니아의 도시들도 마찬가지였다. 그러한 상황에서 현자라고 하는 사람들은 지구와 세계를 탐구하는 데 몰두할 수 있었다. 그들은 해와 달 같은 천체에 관하여 자유롭게 얘기할 수 있었고, 그것을 굳이 신격이나 성스러운 특성과 연결시킬 필요는 없었다. 그리스의 도시에는 그러한 탐구를 가로막을 성직자나 통치자가 없었다.

소크라테스 이전의 철학에서 자연에 관한 성찰은 특히 하늘과 천체의 운행에 관심을 두었다. 여기에 더하여 세상의 기원 문제, 출생과 사망을 관장하는 근본 원리 문제, 그리고 다양한 사물의 과거를 추적할 수 있는 기본 문제들이 거론되었다. 하늘을 관찰한 목적은 해와 달과 행성과 항성의 위치를 기록하여 시간을 측정하려는 것이 아니었다. 초기 철학자들로서는 그런 문제보다 지구와 세계의 진정한 형태를 파악하려는 의도가 더 컸다.

그리스 자연철학은 탈레스(Thales of Miletos, 기원전 6세기 중엽)로부터 시작되었다. 그는 한동안 이집트에서 지내면서 기하학을 배운 뒤 그리스로 돌아왔다. 탈레스는 천체를 관찰하여 일식을 예측할 수 있었다고 전해진다. 추측건대 탈레스에게 메소포타미아 신화의 영향이 있었던 것 같은데, 그는 지구가 물 위에 놓여 있으며, 어떤 조건에서도 변치 않는 만물의 근원(아르케arché)이 바로 물이라고 믿었다. 탈레스의 제자 아낙시만드로스(Anaximandros)도 아르케에 관한 질문을 던졌다. 그는 모든 존재의 원리가 "아페이론(apeiron)", 즉 무한정자 혹은 무규정자라고 주장했다. 아낙시만드로스의 획기적 시도는 지구와 세계의 모양을 특정하고자 했던 것이다. 같은 방식으로 그는 천체의 운행도 설명하고자 했다. 그가 보기에 지구는 원기둥 모양이었고, 기둥의 높이는 지름의 3분의 1이었다. 양쪽 평면 중 하나에 사람들이 살고 있었다. 지구는 세상의 중심이며 움직이지 않고 고정된 실체였다. 해와 달은 두 개의 고리로 이해되었는데, 마차 바퀴와 비슷한 그 고리 안에 불이 들어 있었다. 불은 이들 고리의 구멍을 통해 보였다. 아낙시만드로스는 그때 이미 천체의 크기를 계산한 바 있다. 태양의 크기는 지구보다 27배 더 크고, 달보다 18배 더 크다고 했다. 아낙시만드로스는 최초로 천체와 지구의 크기를 측정하고자 했던 인물이다.[1]

후세대의 그리스 철학자들은 지구가 움직이지 않고 천체가 움직인다는 아낙시만드로스의 주장을 받아들이지 않았다. 예컨대 아낙시메네스(Anaximenes)는 지구가 평평하고 공기 중에 떠 있는데, 워낙 평평하고 넓어서 아래로 떨어지지 않고 떠 있을 수 있다고 했다. 천체는 불의 속성을 가지고 있는데, 해는 나뭇잎처럼 평평하며 지구 아래로 내려가는 법은 없고, 머리 위에 놓인 모자처럼 지구 위를 맴돈다. 해가 보이지 않는 것은 북쪽의 지구 높은 부분에 가려질 때로, 그때가 곧 밤이 된다.

엠페도클레스(Empedocles)에 따르면, 세상의 만물은 네 가지 원소로 이루어져 있다. 바로 불, 공기, 흙, 물이다. 그의 관점은 후대의 고전기 철학에서 중요한 의미를 지니게 된다. 처음에 그는 이 네 가지 원소에 제우스 혹은 헤라 같은 신격의 의미를 부여했다. 하늘과 천체 또한 원소와

---

1 소크라테스 이전 시대에 관한 논의. WilliamKeith Chambers Guthrie, *A History of Greek Philosophy* (Cambridge University Press, 1962), vol. I , pp. 45-115; Samuel Sambursky, *Das PhysikalischeWeltbild der Antike* (Zürich: Akademie-Verl, 1965), p. 107; G. S. Kirk, J. E. Raven, and M. Schofield, *The Presocratic Philosophers: A Critical History with a Selection of Texts* (Cambridge University Press, 1983), pp. 81-137; and Walter Burkert, W*eisheit und Wissenschaft: Studien zu Pythagoras, Philolaos und Platon* (Nuremberg: Hans Carl, 1962), p. 69.

연관이 있어 보였기 때문이다.

이와 근본적으로 시각을 달리한 철학자들이 피타고라스(Pythagoras)와 피타고라스학파였다. 그들에게 제1원칙은 숫자(number)와 비율(ratio)이었다. 비율은 특히 하모니를 만드는 데 중요한 의미가 있었다. 소리의 높낮이를 비교하면 그 간극이 숫자의 비율과 일치했다. 이암블리코스(Iamblichos)에 따르면, 피타고라스는 실험을 통해 이를 검증했다고 한다. 이 실험은 자연학에서 자연 현상과 수학을 연결한 최초의 사례였다.[2] 피타고라스학파는 또한 우주에 대해서도 기존의 인식과 다른 새로운 접근을 시도했다. 그들의 주장에 따르면 우주의 중심에는 불이 있다. 그리고 지구는 그 불을 중심으로 회전하는 하나의 천체다. 또한 회전 궤도의 반대편 끝에 또 하나의 지구(counter-earth)가 있다고 보았다. 그리스 우주론에 중요하게 기여한 또 하나의 인물로 아낙사고라스(Anaxagoras of Clazomenae, c. 500~428 BCE)를 들 수 있다. 그는 태양을 불덩어리로 가정했으며, 그 크기가 펠로폰네소스반도보다 더 클 것으로 예상했다. 우주의 중심에는 평평한 지구가 놓여 있고, 달이 해보다는 지구와 더 가까우며, 달빛은 햇빛으로부터 파생되는 것이라 했다.[3] 플라톤

---

2 피타고라스학파에 관한 논의. Guthrie, *History of Greek Philosophy*, vol. I, pp. 212-306; Sambursky, *Das Physikalische*, pp. 44-73; Geoffrey E. R. Lloyd, *Aristotle: The Growth and Structure of His Thought* (Cambridge University Press, 1968), pp. 24-35; Ivor Thomas (ed.), *Greek Mathematical Works* (Cambridge, MA: Harvard University Press, 1980), vol. I, pp. 66-141 and 172-225; and Kirk et al., *Presocratic Philosophers*, pp. 232-35 and 342-45.

3 Diogenes Laërtius, *Lives of Eminent Philosophers*, 2, 8-10; Guthrie, *History of Greek Philosophy*, vol. I, pp. 304-309; Sambursky, *Das Physikalische*, pp. 39-43; and Kirk et al., *Presocratic Philosophers*, pp. 380-82.

(Platon)의 증언에 따르면, 아낙사고라스는 누스(nous, 이성)라는 것을 믿었는데, 그것이 세계의 질서를 만들었다. 그래서 처음부터 인간이 이성으로 세계의 질서를 파악할 수 있는 가능성이 주어졌다.[4]

이와 같은 우주론들은 혹독한 탄압에 직면했는데, 심지어 민주정 아테네도 예외가 아니었다. 펠로폰네소스 전쟁(431 BCE)이 벌어지기 직전, 디오페이테스(Diopeithes)는 아테네의 민회에 사상 통제 정책을 제출했다. 누구라도 신을 믿지 않고 지구와 관련된 문제를 떠들고 다니면 처벌할 것이라는 내용이었다. 아낙사고라스는 아테네를 떠나 람프사코스(Lampsakos)로 갔기 때문에 신앙을 저버린 죄로 처벌받지는 않았다.[5] 그러나 소크라테스(Socrates)는 마침내 기원전 399년 땅과 하늘에 있는 존재를 탐구하고 젊은이들을 타락시켜 도시의 신들을 알지 못하게 한 죄로 재판에 넘겨졌다.[6] 소크라테스에게 사형이 선고되었다. 아테네의 관용은 한계에 이르렀다. 신에 의거하지 않고 자연을 연구하며 합리적으로 자연을 설명하려는 시도를, 아테네는 더 이상 허용하지 않았다. 그러나 자연에 관한 사유는 끝내 억누르지 못했다. 기원전 4세기 아테네에서도 플라톤과 아리스토텔레스 같은 학자들이 초기 철학자들의 연구를 이어 나갔다.

소크라테스 이전 철학자들의 저작은 대개 파편적으로 남아 있다.

---

4 Plato, *Phaedo*, 97b-98b; Diogenes Laërtius, *Lives of Eminent Philosophers*, 2,6; Guthrie, *History of Greek Philosophy*, vol. I, pp. 272-79; and Kirk *et al.*, *Presocratic Philosophers*, pp. 362-65.
5 Plutarch, *Pericles*, 32,2 and 32,5; Diogenes Laërtius, *Lives of Eminent Philosophers*, 2,12; and Guthrie, *History of Greek Philosophy*, vol. I, p. 268.
6 Plato, *Apologia*, 18a-19b, 23d, and 24b-c.

플라톤이나 아리스토텔레스 같은 고대 철학자의 증언에 의거하여 그들의 관점이나 저작의 일부를 알 수 있으며, (디오게네스 라에르티오스 Diogenes Laertios처럼) 철학사를 쓰거나 과거 텍스트에 주석을 남긴 학자들도 있었다. 이와 달리 플라톤과 아리스토텔레스의 저작들은 온전히 남아 있어서 고전기 그리스 철학의 입장을 충분히 분석할 수 있다. 플라톤(428~348 BCE)은 우주의 본성과 세계의 시초에 관한 이론을 《티마이오스(Timaios)》에 남겼다. 복잡한 플라톤의 텍스트를 우리 논의에서 모두 거론하기는 어려우므로 몇 가지 점만 주목하자면, 플라톤은 과거 수많은 철학자의 사상을 취합하여 자기만의 우주론으로 통합했다.

플라톤에 따르면 세상은 자비로운 신의 창조물이었다. 신은 혼돈에 질서를 부여함으로써 세상을 만들었다. 물질은 불과 흙에다 공기와 물을 더해 만들어졌다. 우주는 공 모양을 하고 있는데, 그것이 완전한 형태이기 때문이다. 하늘에는 고정된 별들이 있고, 중심으로부터 원형 궤도를 그리고 있다. 행성은 각각 원형 궤도를 따라 이동한다. 달과 태양은 지구를 중심으로 돌고 있으며, 태양보다는 달이 지구에서 가깝다. 천체의 이동을 근거로 시간을 계산할 수 있다. 달의 궤도로 1개월을 알 수 있고, 태양의 궤도로 1년을 알 수 있다. 지구는 지축(地軸)에 연결되어 있으며, 지구의 회전에 따라 낮과 밤이 생긴다. 엠페도클레스가 주장했던 것처럼 플라톤 또한 물질이 네 가지 원소, 즉 불, 흙, 물, 공기로부터 만들어진다고 보았다. 그러나 플라톤은 이러한 물질이 공통적으로 삼각형으로부터 만들어졌다고 주장했다. 그러므로 자연 연구의 수학적 근본은 삼각형(△)이다. 흙은 육면체(△×6), 불은 사면체(△×4), 공기는 팔면체(△×8), 물은 이십면체(△×20)다. 플라톤에 따르면 네 가지 원소는 각

기 불변이 아니라 변하여 다른 원소가 될 수도 있고, 하나가 다른 하나에 흡수될 수도 있다.[7]

플라톤은 여전히 창조주 신에 중요한 의미를 부여하며, 신의 영혼이 우주에 생명력을 불어넣었다고 생각했다. 아리스토텔레스(384~322 BCE)의 자연철학에서는 신에 대한 믿음이 거의 제거되었다. 그는 천체와 우주에 관한 별도의 논문(《천체론De Caelo》)을 남겼다.[8] 이 논문에서 그는 과거 자연철학자들의 입장을 검토하고 고대의 세계관에 권위 있는 해석을 부여했다. 아리스토텔레스에 따르면, 천체는 창조의 대상도 아니고 쇠락의 대상도 아닌, 다만 영원한 존재일 뿐이다. 그리고 오직 하나의 천체가 있을 뿐이며, 그것은 공 모양을 하고 정해진 속도로 원운동을 하고 있다. 그래서 천체는 마치 공 같다. 관찰을 통해 항성과 행성을 구별했으며, 그 빛을 분석하여 항성보다 행성이 지구에 가까울 것으로 추정했다. 지구도 공 모양인데, 움직이지 않고 우주의 중심에 놓여 있다. 지구가 공 모양이라는 것은 장소에 따라 보이는 별들이 다른 것으로 보아 분명한 사실이었다. 또한 아리스토텔레스는 이를 근거로 지구가 다른 별보다 특별히 크지 않을 것으로 예측했다. 이런 이유로 헤라클레스의 기둥(지브롤터 해협의 바위산)을 기준으로 서쪽 지역의 끝과 인도가 그리 멀리 떨어져 있지 않을 것으로 예측했고, 예컨대 아프리카와 인도에

---

7 Plato, *Timaeus*, 30a-d, 32b-33d, 38b-39e, and 53c-56c, and Guthrie, *History of Greek Philosophy*, vol. V, pp. 280-85.
8 Sambursky, *Das Physikalische*, pp. 112-43; Lloyd, *Aristotle*, pp. 133-64; and Hellmut Flashar, *Aristoteles: Lehrer des Abendlandes* (Munich: Beck, 2013), pp. 266-74.

서 다 같이 코끼리 같은 동물이 발견되는 것도 그러한 추측에 들어맞는다고 보았다. 아리스토텔레스는 이러한 견해를 수학적으로 계산했는데, 그에 따르면 지구의 둘레는 40만 스타디아(stadia, 약 7만 4000킬로미터)였다.[9]

아르카익기와 고전기 그리스에서 천문학과 우주론은 종교나 교리와 분리되어 있었다. 플라톤과 아리스토텔레스 같은 초기 철학자들은 지구와 천체에 대해 관찰을 근거로 설명하려고 했고, 실제로 크기를 측정해 보려 했다.

자연현상의 묘사와 설명은 천문과 우주에 국한된 문제가 아니었다. 소크라테스 이전의 철학자들도 이미 인체 해부학과 생리학 문제에 깊은 관심을 기울였다. 남부 이탈리아에서는 알크메온(Alcmaeon of Croton)이, 시칠리아에서는 엠페도클레스(Empedocles of Acragas)가 감각 기관을 명확히 파악하고 설명하려는 시도를 했다. 알크메온은 시신경과 뇌가 연결되어 있다는 사실을 발견했다고 전하며, 엠페도클레스는 눈동자의 해부학적 구조를 등불의 불빛과 비교하여 설명했다.

자연학 이론을 잘 설명한 데모크리토스(Democritos, 기원전 5세기 말)는 북부 그리스(Abdera) 지역에서 환영받았던 인물이다. 그는 모든 자연현상을 아톰(atom)의 운동으로 설명했다. 아톰이란 눈에 보이지 않으며, 아주 작고, 쪼갤 수 없는 원소였다. 아톰 운동이 가능하려면 빈 공간이 있어야 한다. 데모크리토스에 따르면, 물질의 서로 다른 성질은 아톰의 서로 다른 형태에 기인하는 것이었고, 아톰이 어떻게 결합되느냐에

---

9 Aristotle, *de caelo*, 283b-289a, 290a, 293a-297b, and 298a.

달려 있는 문제였다. 데모크리토스는 아톰이 필연에 따라 움직이지 않으며, 따라서 규칙성이 없다고 주장했다. 원자론에 근거한 우주론도 있었다. 데모크리토스는 셀 수 없이 많은 세계가 존재하며, 각각의 세계는 생성하고 또한 소멸하는 것으로, 영원한 것은 없다고 보았다.[10] 이 원자론은 플라톤과 아리스토텔레스에 의해 전적으로 배격되었다. 플라톤은 심지어 데모크리토스의 저작물이라면 구할 수 있는 모든 것을 모아다가 불태워버려야 한다고 말했으나, 피타고라스학파의 학자 두 사람이 만류하여 그렇게까지 하지는 않았다고 한다.

플라톤이 보기에 자연학(peri physeos istoría)은 이미 철학에 포함되어 있는 내용이었다.[11] 플라톤이 《파이돈》에서 다음과 같은 말을 했던 맥락은 특히 주목해볼 필요가 있다. 자연학은 생성과 소멸의 원인, 동물의 발생을 연구하며, 인간의 사유(thinking)가 피, 불, 공기 등으로 환원될 수 있는지, 그리고 모든 지각이 뇌와 연결되어 있는지 등을 연구하는 학문이다. 플라톤은 《티마이오스》에서도 이 주제를 거론했는데, 개별 신체 기관과 피의 기능을 묘사하고 호흡을 설명했으며, 노화 과정을 소상히 밝혔다.[12] 비록 플라톤의 견해가 사실 관계에 비추어 맞지 않는다 할지라도, 그리고 설명 방법 자체가 모호한 사실들의 조합에 불과하다 할지라도, 인간 존재와 자연의 문제를 우주론의 틀 안에서 함께 논의하고자 한 시도는 플라톤에서 비롯되었다고 보아야 할 것이다.

---

10 Sambursky, *Das Physikalische*, pp. 144-81, and Kirk *et al.*, *Presocratic Philosophers*, pp. 413-27.
11 Plato, *Phaedo*, 96a-c, and Aristotle, *de caelo*, 268a.
12 Plato, *Timaeus*, 69a-76e, 77c-79e, and 80d-81e.

동물학에 관한 아리스토텔레스의 저술과 식물학에 관한 테오프라스토스(Theophrastos)의 글은 과학의 근본적 진보를 나타내는 업적들이었다.[13] 아리스토텔레스의 저술은 동물의 세계를 체계적으로 연구한 결과가 아니었다. 다만 동물의 생식이나 행동 양식 같은 특정 주제를 살펴본 것이었다. 테오프라스토스 연구의 특징은 인간의 목적에 맞는 실용적 식물의 이용에 관심을 둔 것이었다. 그래서 숲에 관한 글에서 그는 집이나 배를 만들 때 어떤 종류의 목재가 적합한지 자세히 논했으며, 다양한 목적에 맞는 연료를 준비할 때는 어떤 목재를 이용하는 것이 좋은가 하는 문제도 검토했다.

과학적 업적의 측면에서 아리스토텔레스의 저작을 보자면 《자연학(Physica)》을 언급하지 않을 수 없다. 이는 오늘날의 물리학(physics)과는 다른 것으로, 자연(physis)을 학문적으로 연구할 때 근본적 문제가 무엇인지 성찰한 내용을 이론적으로 정리해둔 텍스트다. 아리스토텔레스는 자연적인 것과 인공적인 것을 구별하고, 어떤 종류의 원인이 얼마나 자주 발생하는지 검토했다. 그 뒤 운동과 변화의 이론이 서술되어 있다. 아리스토텔레스는 세 가지 변화를 거론했다. 바로 양적 변화, 질적 변화, 장소 이동이다. 장소 이동의 경우, 아리스토텔레스에 따르면, 자연에서 가벼운 것은 위로 이동하고 무거운 것은 아래로 이동한다. 또한 하늘에

---

13 Lloyd, *Aristotle*, pp. 68-93; Flashar, *Aristoteles*, pp. 319-50; Geoffrey E. R. Lloyd, *Greek Science after Aristotle* (London: W. W. Norton & Company, 1973), pp. 12-15; and Helmuth Schneider, *Das griechische Technikverständnis: Von den Epen Homers bis zu den Anfängen der technologischen Fachliteratur* (Darmstadt: Wissenschaftliche Buchgesellschaft, 1989), pp. 264-70.

서 관찰할 수 있는 자연 운동으로 원운동이 있는데, 그것은 오직 천체에서만 일어나는 독특한 운동이다. 아리스토텔레스는 물체의 이동을 (물체 자체의 속성이 아니라) 매개체의 이동으로 설명했다. 즉 추진력에 의해 물체를 둘러싸고 있는 공기가 흔들리고, 추진력이 소진될 때까지 공기가 물체를 떠밀어 이동을 시킨다는 이론이었다.[14]

아테네에서 철학적 탐구의 또 한 가지 혁신적 성과는 아카데미아(academia)와 페리파토스(peripatos)의 설립이었다. 이들 철학 학교에 있는 도서관에서는 교사와 학생이 과거의 철학적 저술에 접근할 수 있었으며, 플라톤과 아리스토텔레스의 저술들도 도서관에 모여 있었다. 학교에서 제도적 철학 교육이 행해졌고, 그 결과 자연학이 성립되었다.

자연학의 발전과 유사한 과정이 그리스 의학에서도 확인된다. 기원전 5세기의 의사들이 이미 질병의 자연적 원인을 추적했고, 그 결과 의사의 역할이 새롭게 규정되었다. 핵심은 질병의 자연적 조건을 분석하고 그에 따른 적절한 처방을 하는 것이었다. 질병과 건강을 이런 식으로 이해하는 변화는, 고대의 의사 히포크라테스(Hippocrates)의 저술로 전해지는 글들을 모아둔 책 《히포크라테스 전집(Corpus Hippocraticum)》에서 확인된다. "성스러운 질병에 관하여"라는 제목이 붙은 글에서 저자는, 간질(epilepsy)이 귀신에 의한 병이라는 개념을 단호히 거부하며 유전적 문제와 흔히 신체 구조의 문제가 이 병에 연결되어 있다고 분석했다. 간질 발병의 결정적 요인은 뇌의 질병이었다. 다시 말해서 간질병 발작은 자연적 원인에 의해 발생한다는 것이었다. 이러한 통찰의 근거로

---

14 Lloyd, Aristotle, pp. 159-80, and Flashar, *Aristoteles*, pp. 241-65.

염소를 들었는데, 병든 동물의 머리를 해부해보면 뇌가 "습하고 땀이 가득 차 있으며 고약한 냄새가 난다." 그래서 저자는 "육체의 상처는 신이 아니라 질병 때문에 생기는 것"이라는 결론을 내린다. 그리고 "결국 인간도 다를 바 없다"라는 주장으로 나아갔다. 이 책에서는 정화 의식이나 빙의를 통해 병을 치료하는 체한 기적의 치료사나 돌팔이 허풍선이 들을 강하게 비난했다. 비록 인체 해부학과 관련하여 많은 오해가 있었겠지만, 이 책은 합리적 근거에 바탕을 둔 의학의 시작을 알렸다. 이러한 태도는 곧 병의 경과와 의학적 조치 과정을 관찰함으로써 질병과 처방에 관한 지식을 확장하려는 시도였다.[15]

알렉산드리아

고대 그리스 자연학의 새로운 시대는 알렉산드리아에서 시작되었다. 페르시아 제국을 정복한 알렉산드로스 대왕이 일찍 사망한 뒤, 그의 휘하에 있던 장군 프톨레마이오스(Ptolemaeos)가 이집트를 장악하고 이집트에 프톨레마이오스 왕조를 설립했다. 알렉산드로스 대왕이 나일 강 삼각주 서쪽에 건설한 도시 알렉산드리아는 프톨레마이오스 왕조의 거주지가 되었고, 그들은 도서관과 연구소의 기능이 포함된 무세이온(Mouseion)이라는 기관을 도시 안에 설치했다. 기원전 3세기 그리스의 학자들은 알렉산드리아를 무세이온이라고도 불렀다. 고대 세계 학문 연

---

15 Huldyrch M. Koelbing, *Arzt und Patient in der antiken Welt* (Zürich: Artemis Verlag, 1977), pp. 65-77; Lloyd, *Aristotle*, pp. 50-65; and James Longrigg, *Greek Rational Medicine: Philosophy and Medicine from Alcmaeon to the Alexandrians* (London: Routledge, 1993), pp. 34-38.

구의 가장 중요한 중심지는 아테네에서 무세이온으로 바뀌었다.[16] 학문 연구에 우호적인 환경이 조성되자 알렉산드리아의 학자들은 획기적인 연구 성과에 도달했다. 예를 들어 기원전 3세기 후반의 에라토스테네스(Eratosthenes)는 지구의 둘레를 계산했는데, 그 성과는 과거 아리스토텔레스의 연구보다 훨씬 더 정확했다. 그는 정오 태양 빛의 입사각을 알렉산드리아와 시에네(Syene, 오늘날 아스완)에서 각각 측정한 뒤, 그 차이를 이용하여 지구의 둘레를 측정했다. 각도의 차이는 원(360도)을 기준으로 50분의 1(7.2도)이고 두 도시 간 거리는 5000스타디아(stadia)였기 때문에, 지구의 둘레는 25만 스타디아라고 계산했다. 스타디아 단위에 여러 가설이 있기 때문에(162~210미터) 에라토스테네스의 계산 결과를 미터로 정확히 환산하기는 어렵다. 그러나 에라토스테네스의 계산이 실제 지구 둘레 값(4만 74킬로미터)에 상당히 근접한 것만은 분명한 사실이었다(그림 6-1).[17]

천체 측정에서도 새로운 연구 성과가 제출되었다. 반달이 뜨는 날 지구와 달과 태양이 직각삼각형을 이룬다는 사실을 알게 된 아리스타르코스(Aristarchos of Samos)는 지구와 달, 그리고 지구와 태양의 상대적 거리를 파악할 수 있었다. 이 또한 지구와 달, 그리고 지구와 태양의

---

16 Bertrand Gille, *Les mécaniciens grecs: La naissance de la technologie* (Paris: Seuil, 1980), pp. 54-82, and Bernd Seidensticker, "Alexandria: Die Bibliothek der Könige und die Wissenschaften," in Alexander Demandt (ed.), *Stätten des Geistes: Große Universitäten Europas von der Antike bis zur Gegenwart* (Cologne: Böhlau, 1999), pp. 15-26.
17 Lloyd, *Greek Science*, pp. 49-50; Thomas (ed.), *Greek Mathematical Works*, vol. II, pp. 266-73; and Seidensticker, "Alexandria," pp. 28-30.

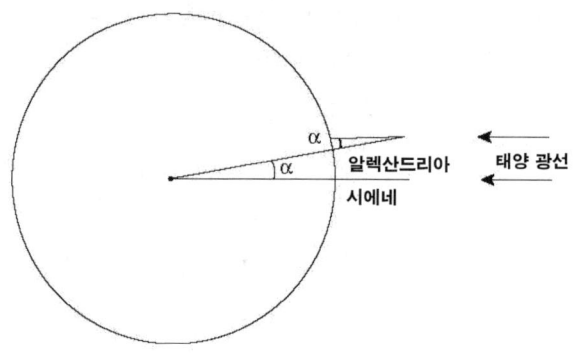

[그림 6-1] 에라토스테네스의 지구 둘레 계산법

각도를 가지고 계산하는 방식이었다. 아리스타르코스가 계산하기로 태양은 달보다 19배 더 먼 거리에 있었다. 이 계산이 실제 거리와는 오차가 크지만, 비교 계산을 통해 천체의 거리를 측정하고자 한 시도는 천문학에서 획기적 업적이었다.[18] 기원전 3세기에 비율에 근거한 천체의 크기를 계산하려는 시도도 있었다. 아르키메데스(Archimedes)의 증언에 따르면, 당시 천문학자들은 "지구의 지름이 달의 지름보다 크고, 태양의 지름이 지구의 지름보다 크다"고 알고 있었다.[19] 그러나 지구가 아니라 태양이 우주의 중심이라는 아리스타르코스의 생각은 고대 천문학에 아무런 영향을 미치지 못했다. 아르키메데스는 아리스타르코스의 태양중심

---

18 Sambursky, *Das Physikalische,* pp. 108-11, and Seidensticker, "Alexandria," pp. 33-34.
19 Archimedes, *Psammites* [The Sand-Reckoner], 1,8, and Thomas (ed.), *Greek Mathematical Works,* vol. II, pp. 6-15.

설을 이렇게 설명했다. "그의 가설에 따르면 여러 항성(fixed star)과 태양(sun)은 움직이지 않으며, 지구(earth)가 태양 주변의 궤도를 돈다. 항성은 천구(天球)의 표면에 박혀 있으며, 그 천구의 중심에는 태양이 있다. 천구는 워낙 거대하여, 지구의 회전 궤도에서 항성까지의 거리는, 천구의 중심에서 천구의 표면에 이르는 거리와 거의 비슷하다."[20]

기원후 2세기 알렉산드리아에서 활동한 프톨레마이오스(Klaudios Ptolemaios)의 저작에는 고대 천문학의 수준 높은 결론이 집약되어 있다. 프톨레마이오스는 지구가 공 모양이며, 우주의 중심에 놓여 있고, 우주의 형태 또한 공 모양의 천구(天球)이며, 천구의 끝에는 항성이 붙어 있다고 생각했다. 행성 중에는 수성(Mercury)과 금성(Venus)이 지구와 가깝고, 다른 행성들은 태양보다 더 멀리 있는 것으로 알았다. 히파르코스(Hipparchos, 기원전 2세기)의 연구 성과를 설명하면서 프톨레마이오스는 각 행성의 움직임을 두 가지로 설명했다. 하나는 지구를 중심으로 하는 원운동이고(주전원), 또 하나는 그 원운동 궤도 위에 있는 한 점을 중심으로 하는 원운동이다. 이를 주전원(周轉圓, epicycle, 원 위의 원) 이론이라 하는데, 지구에서 행성을 관찰할 때 이동 속도가 달라진다거나 반대 방향으로 움직이는 현상을 설명하기 위한 이론이었다. 이 이론을 이용하여 계산하면 행성의 운동을 간단하게 예측할 수 있었다(그림 6-2). 태양중심설은 기독교 유럽에서 15세기까지도 발을 붙이기 어려웠지만, 아랍 세계에서는 번역을 통해 널리 받아들여졌다.[21]

---

20 Archimedes, *Psammites* [The Sand-Reckoner], 1,4-6; Lloyd, *Greek Science*, pp. 53-7; and Thomas (ed.), *Greek Mathematical Works*, vol. II, pp. 2-5.

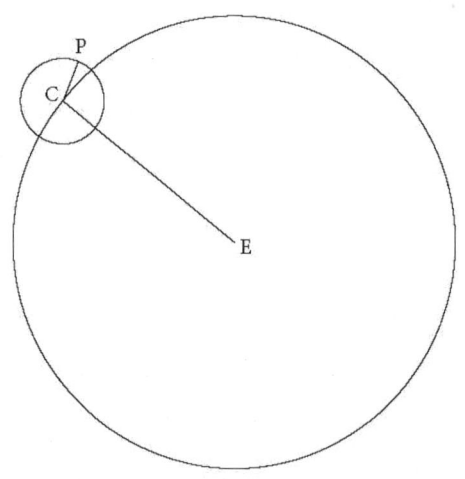

[그림 6-2] 프톨레마이오스, 행성의 주전원 운동
E=지구, P=행성, C=주전원의 중심.

    수학의 발달이 없었다면 고대 천문학이 그만한 성과를 내기 어려웠을 것이다. 그리스인 스스로 인정했듯이, 그들은 이집트로부터 기하학을 수용했다. 또한 대수학은 이미 피타고라스학파의 철학에서 중요한 의미를 지니고 있었다. 그들은 특정 대상을 특정 숫자로 환원했고, 자연현상을 숫자와 그 관계로 파악하고자 했다. 이러한 피타고라스학파의 태도를 아리스토텔레스는 이렇게 정리했다. "그들은 숫자의 원소와 사물의 원소를 동일시했고, 우주 전체를 음악적 비율과 숫자로 환원했다."[22]

---

21 Lloyd, *Greek Science*, pp. 113-31, and Menso Folkerts, "Klaudios Ptolemaios," *Der Neue Pauly* 10 (2001), 559-60 and 566-67.

기하학에서도 피타고라스학파의 이론을 적용하여 그 타당성을 입증했다. 플라톤은 응용수학과 이론수학을 명확히 구분하고, 둘 중에서 이론수학을 우선시했다. 이는 실제 응용을 넘어서는 순수 수학 연구를 선호하는 태도였다.[23] 기원전 3세기 초의 알렉산드리아에서 에우클레이데스(Eukleides)는 체계적인 수학 저서를 완성하고 제목을《원론(Stoicheia)》이라 했다. 이 책에서 수학적으로 중요한 모든 개념이 공리(axiom)와 명제(proposition)로 정리되었고, 기하학과 대수학을 모두 설명했다. 대수학에서는 짝수와 홀수의 속성을 분석했다. 수학의 고전적 증명은 에우클레이데스로부터 시작되었고, 그의 저서《원론》은 근대에 이르기까지 기본 교재로 사용되었다. 에우클레이데스 이후 세대로는 아르키메데스가 구체적 문제를 수학적으로 해결한 사례들을 보여주었다. 예를 들면 평면의 균형을 이루는 중심점을 찾는다거나 혹은 원기둥이나 원뿔, 구의 표면적을 구하는 등의 주제였다. 수학 연구 방법론을 기술한 그의 저서는 근본적으로 중요하다. 자연학의 영역에서 아르키메데스는 액체와 물체의 밀도를 이용하여 물체의 부력을 설명할 수 있었다.[24]

고대 로마와 후기 고대의 유럽

로마 시기에는 자연과학의 진전이 거의 없었다. 천체의 운행에 관한

---

22 Aristotle, *Metaphysics*, 986a.
23 Plato, *Respublica*, 525b-526c, and Plato, *Philebus*, 56d-57d.
24 Thomas (ed.), *Greek Mathematical Works*, vol. I, pp. 436-509; Thomas (ed.), *Greek Mathematical Works*, vol. II, pp. 18-257; Menso Folkerts, "Archimedes [1, aus Syrakus]," *Der Neue Pauly* 1 (1996), 997-1001; and Menso Folkerts, "Eukleides 3 (Euklid)," *Der Neue Pauly* 4 (1998), 238-39.

프톨레마이오스의 이론은 기본적으로 헬레니즘 시기의 천문학과 바빌론의 직접 관찰 경험에 바탕을 두고 있었다. 로마의 학자들은 자연에 관한 그리스의 지식을 집대성하려 했다. 예컨대 기원전 1세기 중엽 루크레티우스(Lucretius)는 모든 분야를 아울러 데모크리토스(Democritos)와 에피쿠로스(Epicuros)의 자연학을 요약한 교육적 시편을 저술했다. 또한 플리니우스 세쿤두스(Plinius Secundus)는 기원후 79년 이전에 여러 권으로 구성된 자연학 백과사전을 편찬했는데, 바로 《히스토리아 나투랄리스(Historia Naturalis)》다. 이 책에는 우주론, 지리학, 인간학, 동물학, 식물학, 광물학에 관한 고대 지식의 개관이 담겨 있다.

후기 고대의 인물 존 필로포누스(John Philoponus, c. 490~575 CE)는 아리스토텔레스의 자연철학을 근본적으로 비판하고 새로운 물리학적 통찰에 도달했다. 물건을 던지는 동작에 관한 그의 이론은 특히 중세 및 근세 초기 사상에 큰 영향을 미쳤다. 아리스토텔레스는 물건을 던졌을 때 물건이 이동하는 원인을 물리학적으로 설명하면서, 그 물건을 밀어 올리는 매개체(공기)에서 해답을 찾았다. 존 필로포누스는 아리스토텔레스의 이론을 거부하며 임페투스 이론(impetus theory)을 제기했다. 즉 던지는 사람의 힘이 던지는 동작을 통해 물건에 전달된다는 이론이었다.[25]

서유럽과 서부 지중해 지역에서는 게르만인의 침입과 서로마 제국의 멸망 이후 도시가 쇠퇴하고 도시를 기반으로 했던 고대 문화도 쇠락

---

25 Sambursky, *Das Physikalische*, pp. 465-70, and Michael Wolff, *Geschichte der Impetustheorie: Untersuchungen zum Ursprung der klassischen Mechanik* (Frankfurt: Suhrkamp, 1978), pp. 67-83.

했다. 문자의 사용, 수사학, 문학, 철학 또한 쇠락했으며, 도시 엘리트를 위한 도서관도 파괴되었다. 이후 도시를 대신하여 수도원이 문화의 중심지가 되었다. 수도원에서는 경전을 읽고 쓰는 일이 조직적으로 권장되었기 때문이다. 몇몇 주도적인 성직자들 덕분에 라틴어로 기록된 이교도 문헌들이 수도원 도서관에 수집되어 보존될 수 있었다. 8세기 말에 이르러 카롤링거 르네상스가 찾아왔고, 마침내 고대의 언어와 양식이 회복되었다. 고전기 라틴어 텍스트들은 특히 라틴어의 모범으로 간주되었다.

기독교에서는 성경이 곧 신의 말이라 했으므로 신앙으로부터 독립된 자연 탐구 철학은 아주 좁은 범위에서만 허용되었다. 성경의 우주관에 대해서는 더 이상 질문할 수 없었고, 그 자체로 하나의 교리였다. 알렉산드리아의 도서관은 후기 고대에 가졌던 연구 기관으로서의 지위를 상실했으며, 히파티아(Hypatia) 같은 철학자는 415년 기독교인의 시위 도중에 살해되었다. 529년에 공표된 로마법대전(유스티니아누스 법전)에서는 철학과 천문학에 관한 어떠한 교육도 금지했다. 플라톤이 세운 아테네의 아카데미는 이교도 철학 기관으로 간주되어 폐쇄되었다.

지중해 지역 기술의 발전

고대의 기술 발전에 기여한 요인은 발명과 혁신, 타문화의 기술 이전과 기계 및 처리 과정의 전파, 전통 기술의 보존, 느린 변화 속도의 점진적 발전 등이었다. 지중해 문명권에서는 고대로부터 근대 초기에 이르기까지 기술적 변화가 거의 없었다. 농업의 경우 소에 멍에를 씌우고 원시적 나무 쟁기를 끄는 기술이 있었고, 탈곡을 하거나 곡물 껍질을 벗기거나 간단한 갈돌로 곡물을 가루 내는 기술이 있었다. 이들은 모두 농업과 가정생활에서 중요한 공정이었다. 곡물, 올리브유, 와인은 식생활의 핵심 요소였다. 대장장이는 철을 붉게 달구어 모루에 얹어두고 두드려 가공했으며, 은이나 구리 같은 금속 재료도 망치로 두드려서 가공했다. 곡물뿐만 아니라 기름이나 와인을 저장하는 용기도 진흙으로 만들었고, 일상생활에 사용하는 접시와 그릇도 도기였다. 도자기는 윤대(輪臺, pottery wheel)라고 하는, 빠른 속도로 회전하는 도구 위에서 모양을 만들었다. 여인들은 방추를 이용하여 실을 잣고 세로형 직기로 천을 짰다. 그러나 고대 지중해 문명권에서 의미 있는 기술적 진보가 발생하지 않은 것 같은 인상은 오해다. 사실은 기원전 8세기부터 기원후 5세기 사이에 지중해 권역에서 일련의 혁신이 이루어졌고, 이는 문명 발달에 상당한 영향을 미쳤다. 산업화 이전의 농업 사회는 분명 기술과 경제적 측면에서 활력이 있었다. 고대 사회에서도 여러 시대를 거치는 동안 주목할 만한 기술의 변화가 누적되고 있었다.[26]

아르카익기 그리스에서는 이집트 및 동방 세계와 긴밀한 무역 관계가 있었다. 그래서 그들은 자신보다 오래된 여러 문명과 마주하게 되었다. 여러 측면에서 그리스보다 우월한 문명들이었다. 그리스에 미친 동방의 영향은 두 가지 분야, 즉 기념비적 건축물과 조각상에서 분명하게 나타난다. 기원전 6세기 초부터 그리스와 시칠리아섬에 있던 그리스 도시들, 그리고 이탈리아 남부 지역에서 기념비적 석조 건축물이 세워지

---

26 Kenneth D. White, *Greek and Roman Technology* (London: Thames and Hudson Ltd., 1984), pp. 27-48.

기 시작했다. 동시에 사망한 젊은 남성의 석상이 신체보다 큰 크기로 귀족 가문의 집안에 세워지기 시작했다. 건물과 조각상의 재료는 모두 아주 멀리서 가져온 것이었는데, 예를 들어 대리석은 파로스(Paros)에서 생산되었다. 이후 기원전 5세기에 이르러서는 아티카 지방의 펜텔리콘(Pentelikon)에서 가져오기도 했다. 사원 건축에서는 건축 설계 및 석재 처리 기술뿐만 아니라 도르래로 끌어올리는 기술도 발달했다.[27]

기원전 6세기 말엽에 이르러 고전기 그리스의 중요한 혁신이 이루어졌다. 그것은 바로 청동 주조 기술에서 중공식 실납법(中空式 失蠟法, hollow lost-wax casting)의 발견이었다. 아르카익기 그리스에서도 작은 크기의 청동상은 실납법(lost mold method)으로 제작이 가능했다. 다만 큰 동상은 석상을 만든 뒤 그 위에 동판을 입혀 망치로 두드려 맞추는 방식(hammering)으로 만들어졌다. 그러나 고전기 그리스에 이르러서는 대형 동상의 주조가 가능해졌다. 그리스에서는 먼저 진흙으로 형상을 만들고, 그것을 이용하여 네거티브 모형(negative mould)을 제작하는 방식을 사용했다. 틀을 이용하여 동상의 각 부위를 따로 제작한 다음 마지막에 하나로 붙이고 접합부와 표면을 다듬어 완성하는 순서였다. 이 기법으로 동상을 만들면 특히 팔다리가 허공에 뻗어 있는 동작을 표현하기에 유리했다. 그래서 시간이 지나면서 인간이나 동물 신체의 움직임(동세動勢) 표현이 발달했다. 로마 인근에 있는 트라스테베레(Trastevere)라는 곳에서 발견된 청동 마상(馬像)이 바로 이러한 기법으로 제작한 매

27　John Boardman, *The Greek Sculpture: The Archaic Period* (London: Oxford University Press, 1978), pp. 18-81, and White, *Greek and Roman Technology*, pp. 73-81.

혹적 사례라 하겠다.

기원전 4세기에는 군사 전략의 근본적 변화를 이끈 군사 기술의 혁신이 있었다. 가장 중요한 기술은 투석기와 공성탑으로, 이들은 성벽을 두른 도시를 공격할 때 사용하는 무기였다. 이로써 전쟁은 이제 기술자들의 전쟁이었다. 대표 사례가 바로 시라쿠사(Siracusa) 공성전이었다. 로마가 시라쿠사 성을 공격하자 이를 방어하기 위하여 아르키메데스가 무기를 제작했는데, 기계가 워낙 뛰어나서 로마인은 공격을 포기할 수밖에 없었다. 로마인은 이후 도시 내부의 배신자와 내통하고서야 비로소 성을 함락할 수 있었다.

헬레니즘 시대에는 알렉산드로스 대왕이 정복한 지역의 발전 과정에서 기술의 전파가 매우 중요한 의미를 지녔다. 특히 이집트가 그랬다. 프톨레마이오스 왕조 시기 이집트에는 새로운 품종의 곡물이 도입되었고, 관개 시설을 확충하여 농지가 크게 확장되었으며, 건축 기술에서도 전혀 새로운 방향이 시도되었다. 예컨대 당시에 건설된 둑길(방파제)이 1200미터를 넘었고, 둑길을 통해 알렉산드리아에서 파로스섬까지 연결되었으며, 둑길 안쪽으로 거대한 항만이 형성되었다. 파로스섬에는 거대한 등대가 건설되어 배가 항구로 들어오는 길을 안내했다.

로마 시대에는 두 가지 발명품이 로마 건축의 사실상 혁명을 가져왔다. 하나는 콘크리트(opus caementicium)였는데, 틀에 반죽을 부어서 벽뿐만 아니라 궁륭이나 돔 천장을 만들 수 있었다. 건조 후에 매우 단단해지는 특성이 있는 로마 콘크리트로 천장을 만들면 중간 기둥 없이도 넓은 공간을 덮을 수 있었다. 판테온(Pantheon, 기원전 2세기 초엽)이 바로 그러한 사례다. 판테온의 돔 천장 지름은 43.3미터로, 피렌체 대성당이나 성베드로 대성당 혹은 런던의 세인트폴 대성당보다 크다. 콘크리트 건축의 최고봉은 콘스탄티노폴리스의 하기아소피아(Hagia Sophia) 대성당으로, 아치로 연결된 네 개의 기둥이 돔 천장을 지탱하고 있다. 로마의 콘크리트는 물속에서도 견딜 수 있었으므로 항구를 건설할 때도 중요한 역할을 했다.

또 하나의 혁신은 아치형 건축 기술의 완성이었다. 콜로세움의 측면을 보면 아치를 건축 요소로 얼마나 잘 활용했는지 한눈에 알 수 있다. 아치는 무엇보다도 인프라 건설에서 중요한 역할을 했다. 로마인은 아치를 이용하여 곳곳에 다리를 설치했고, 그 덕분에 물길과 상관없이 원하는 대로 도로 네트워크를 만들 수 있었다. 로마 이외 지역에서도 많이 건설된 수로와 수도교(예컨대 남부 프랑스의 퐁뒤가르Pont du Gard)는 모두 성숙한 아치 건축 기술 덕분이었다.[28]

당시 농업 기술의 진보 또한 확인되었다. 기원후 1세기부터 압착기 기술이 크게 발달했다. 새로운 압착기는 와인이나 올리브유를 생산할 때 사용되었다. 압착기는 두 가지 방식이 있었다. 하나는 거대한 나무 기둥을 가로로 기댄 채로 스크루(나사)에 연결해서 스크루를 돌리며 높낮이를 조정하여 그 아래 놓인 재료를 압착하는 방식이었고, 다른 하나는 스크루가 직접 재료를 압착하는 방식이었다. 두 번째 방식의 기계는 천을 생산할 때도 압착기로 사용되었다.

쟁기도 발달했다. 북서부 지역의 경우 앞서 언급한, 바퀴가 부착되어

---

28 Jean-Paul Adam, *Roman Building: Materials and Techniques* (London: Routledge, 1994), pp. 158-95.

[그림 6-3] 갈리아식 수확기

여러 마리의 소가 동시에 끄는 쟁기가 있었다. 이런 쟁기를 이용하면 추운 지방의 단단한 땅도 뒤집을 수 있었다. 또한 로마 제국의 북서부 지역에서 갈리아식 수확기(Gallic reaper)라고 하는 기계도 확인되었다. 바퀴가 양쪽으로 달린 수레의 앞부분에 톱니처럼 생긴 날이 부착되어 있는데, 이것을 동물(당나귀 또는 말)에 매어 끌면 곡식 이삭이 절단되어 수레 안으로 떨어지는 구조였다(그림 6-3). 한편 아프리카 북부 지역에서 로마인은 탈곡 썰매(threshing sled)라고 하는, 이삭에서 알곡을 떨어내는 도구를 보급했다(밀의 줄기 밑동을 그대로 잘라 땅바닥에 펼쳐두고 말린 뒤, 그 위에 썰매처럼 생긴 얇은 나무판을 놓고 사람이 올라서서, 가축에 줄을 매어 썰매를 끌며 여러 차례 왕복하면 알곡이 탈락한다. 과정을 마치면 짚은 걷어내고 알곡을 쓸어 모은다. – 옮긴이). 철제 농기구는 농업에 반드시 필요한 도구였다. 철로 만든 자루가 긴 낫과 짧은 낫이 사용되었고, 쟁기 날 또한 철제로 만들어졌다.

광산에서의 기술 혁신은 경제적으로 매우 중요한 문제였다. 동전 주조와 화폐 경제 전반에 필수 불가결한 조건은 바로 은과 금 같은 귀금속

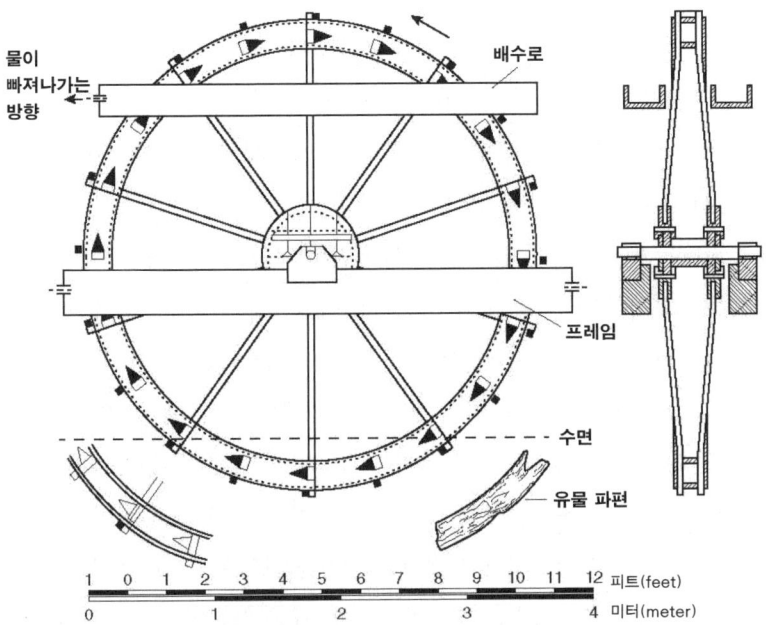

〔그림 6-4〕 광산의 바퀴형 양수기

채굴 기술이었다. 효율적인 양수기가 발달한 덕분에 로마 시대에는 지표수면보다 높은 곳에 있는 광산에서도 채굴이 가능해졌다. 아르키메데스의 나선형 양수기(Archimedean Screw)라고 알려진 펌프가 사용되었는데, 원래 아르키메데스가 이집트의 농지에 물을 대기 위한 목적으로 기원전 3세기에 개발한 기계였다. 이외에도 인력으로 회전시키는 거대한 바퀴형 양수기도 사용되었다. 이와 같은 양수기 여러 대를 설치하면 여러 갱도 입구마다 높이가 다르더라도 상당히 높은 곳까지 물을 공급할 수 있었다(그림 6-4).[29]

노천 광산에서도 금을 채굴할 수 있었다. 스페인 북서부의 산악 지대에서 로마인은 흐르는 물의 힘을 이용했다. 노천 금광에 거대한 물탱크를 건설한 뒤 수로를 만들어서 물을 끌어 채웠는데, 수로의 길이가 약 20킬로미터에 달했다. 물탱크가 열리면 금이 포함된 토양이 쓸려 내려가면서 금과 잡석이 분리되었다.

로마의 무역에서는 별다른 기술적 변화가 없었던 것처럼 보일 수도 있지만, 경제적으로나 기술적으로 다양한 측면에서 중차대한 변화가 있었다. 도자기를 제작할 때 형틀을 이용하는 기술이 있었는데, 테라 시길라타(terra sigillata)라고 하는 주황색 도자기를 생산할 때 이 기술이 사용되었다. 하나의 틀을 만들어서 똑같이 생긴 수많은 병이나 그릇을 생산하는 방식으로, 그렇게 만든 모든 도자기에는 틀에 박힌 문양이 똑같이 새겨졌으므로 그릇마다 색칠이나 장식을 하는 수고가 더 이상 필요치 않게 되었다. 이 기술은 도자기 제작의 생산성을 획기적으로 향상시켰다. 도자기를 굽는 가마의 발전에도 이 기술이 영향을 미쳐 수천 개의 그릇을 한꺼번에 구울 수 있는 가마가 만들어졌다.[30]

유리는 수많은 혁신을 거친 덕분에 재료로서 점점 더 중요해졌다. 로마 이전 시기의 유리는 단순한 구슬이나 채색 유리로 된 작은 용기가 전

---

29 John F. Healy, *Mining and Metallurgy in the Greek and Roman World* (London: Thames and Hudson, 1978), pp. 68-102; John G. Landels, *Engineering in the Ancient World* (Berkeley: University of California Press, 1978), pp. 58-83; and Claude Domergue, *Les mines antiques: La production des métaux aux époques grecque et romaine* (Paris: A&J Picard, 2008), pp. 120-28.
30 Donald Strong and David Brown (eds.), *Roman Crafts* (New York University Press, 1976), pp. 78-80 and 84-86.

부였다. 그러나 대롱불기(glass blowing) 기법이 도입되면서 기원전 1세기 중엽부터 반투명 유리 혹은 채색 유리로 병, 상자, 컵, 사발 등이 만들어졌다. 폼페이 유적 벽화에 그려진 유리그릇을 보면 알 수 있듯이, 유리는 당시 사람들에게 크게 인기를 모은 제품이었다. 창문용 유리판 제작이 가능해지면서 건축에도 상당한 변화가 찾아왔다. 건물 측면에는 거대한 창문이 만들어졌고, 이를 통해 햇빛이 건물 안으로 투과되어 들어왔다. 그 이전에는 햇빛을 받으려면 건물 외부의 냉기까지 유입되었지만, 이제는 햇빛만 방 안으로 들여올 수 있게 된 것이다.[31]

유럽 기술사에서 중요했던 혁신 중 수력을 빼놓을 수 없다. 기원전 30년경 비트루비우스(Vitruvius)는 곡물 분쇄를 위한 물레방아를 명확히 설명한 적이 있었다. 기어를 이용해 바퀴의 원운동을 전환하여 맷돌을 돌리는 방식이었다(그림 6-5). 후기 고대의 기술자들은 물레방아의 회전운동을 왕복운동으로 전환하는 데 성공했다. 그래서 대리석을 자르는 데에도 이 기계를 이용했다.[32]

이외에도 기술과 관련된 전문 서적의 출현이 자연의 정복과 기계 장치의 효과를 이해하는 데 진일보한 기여를 했다는 사실을 간과해서는 안 된다. 기계와 관련하여 현재 남아 있는 가장 오래된 문헌 자료는 아리스토텔레스의 저서에서 보이며, 시기는 기원전 4세기까지 거슬러 올라

---

31 Jennifer Price, "Glass," in Strong and Brown (eds.), *Roman Crafts*, pp. 111-25, and Axel von Saldern, *Antikes Glas* (Munich: Beck, 2004), pp. 200-202 and 218-322.
32 Vitruvius, *de architectura* 10.5, and Örjan Wikander, "The WaterMill," in Örjan Wikander (ed.), *Handbook of Ancient Water Technology* (Leiden: Brill, 2000), pp. 371-400.

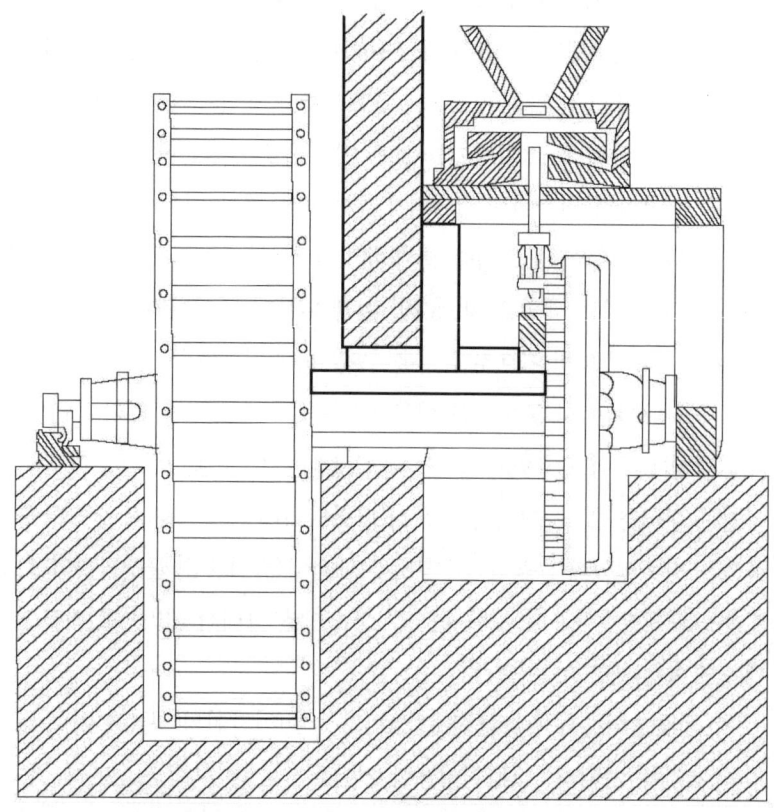

[그림 6-5] 로마의 물레방아
비트루비우스가 설명한, 위에서 떨어지는 물로 작동하는 물레방아. 기어를 통해 동력이 전달되어 다양한 목적에 사용되었다.

간다. 이 저서에서 아리스토텔레스는 상대적으로 작은 힘으로 어떻게 큰 무게를 움직일 수 있는지 설명하고자 했다. 이 현상은 지렛대 사용을 관찰함으로써 알 수 있었다. 아리스토텔레스는 지렛대의 법칙을 제시하고,

이를 근거로 원운동의 특성을 설명하고자 했다. 이어지는 글에서도 아리스토텔레스는 여러 도구의 효과를 지렛대의 원리로 설명했다.[33] 기원후 1세기에 이르러 알렉산드리아의 헤론(Heron)은 기계에 대한 체계적 설명을 남겼다. 다섯 가지 기본 도구와 작동 방식에 관한 이론이었다. 그가 설명한 다섯 가지 기본 기계는 바로 바퀴(축), 지렛대, 도르래, 쐐기, 나사였다. 스크루(나사)가 기계에 적용되어 와인이나 올리브 혹은 천을 압착하는 데 사용된 것처럼, 기계는 생활 관습과 밀접한 연관이 있었다.[34]

헬레니즘 시대의 알렉산드리아에서는 두 분야에서 중요한 기술적 성취가 이루어졌다. 아우토마타(automata)와 공기역학(pneumatics)이 그것이었다. 아우토마타의 목적은 인간의 개입 없이 기계가 스스로 움직이는 놀라운 효과를 만들어내는 것이었다. 기계 장치의 운동이 연쇄적으로 이루어지도록 구성하면 아우토마타를 만들 수 있었다. 아우토마타를 만들 수 있는 사람은 운동을 전달(전환)하는 새로운 방식도 만들 수 있을 것이다. 예를 들어 필론(Philon)이 설계한 "자동으로 움직이는 극장"이라는 기계가 있었는데(헤론의 책에서 언급되는 내용이다. – 옮긴이), 원운동을 왕복운동으로 전환하는 장치였다. 공기역학(pneumatics, 호흡을 의미하는 pneuma에서 파생)은 공기의 속성을 연구하는 학문이다. 헤론의 저서에는 공기를 불면 소리를 낼 수 있고, 공기를 데우면 압력이 발생한다는 사실이 등장한다. 당시 사람들은 이미 물을 데워서 증기를 발생시켜 운동을 일으킬 수 있다는 사실도 알고 있었다(그림 6-6). 알렉산드리

---

33 Schneider, *Das griechische Technikverständnis*, pp. 234-63.
34 Gille, *Les mécaniciens grecs*, pp. 122-45.

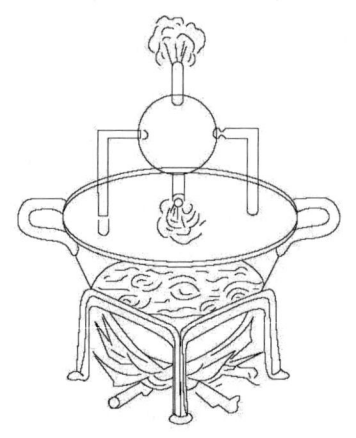

〔그림 6-6〕 헤론의 수증기에 의해 움직이는 공

아의 공기역학은 16세기와 17세기에 진행된 실험의 근거가 되었고, 마침내 증기 엔진 개발의 밑거름이 되었다.[35]

로마 제국으로 게르만족이 쳐들어오고 서양에서 게르만 왕국이 성립되면서 도시 중심의 로마 문명은 쇠락을 거듭했다. 기술적 변화는 특히 건축 분야에서 두드러졌다. 과거 서로마 제국 범위에서 건설된 거대 석조 건물은 극소수에 불과하며, 수로와 도시 인프라 구조물도 모두 쇠락했다. 상인과 수공업자가 거래하는 상품의 수준은 크게 떨어졌고, 석조상이나 동상은 대체로 혹은 완전히 사라져버렸다. 다만 농업 분야에서 철제 농기구만 겨우 유지되었다. 유럽에서는 기원후 800년이 되어서야 문명의 발달이 다시 시작될 수 있었다. 기념비적 성당 건축이나 거

---

35 Lloyd, *Greek Science*, pp. 91-112, and Gille, *Les mécaniciens grecs*, pp. 103-21.

대 석조 건물 건설은 카롤링거 왕조 시대에 와서 다시 시작되었다. 아헨(Aachen)에 있는 팔라틴 대성당이나 생드니 대성당(775년 축성)은 문명의 대전환을 증언하는 유산이다. 상아로 표지를 장식한 필사본(책)도 마찬가지로 8세기 말 수공예 발달의 성과를 분명하게 보여주고 있다. 수공예와 건축의 발달은 9세기와 10세기를 거치며 계속되었고, 성당 건축과 로마네스크 미술이 부상했다.

남아시아와 동아시아의 과학 및 기술 발전

유럽이나 북아프리카의 문명이든 근동이나 아시아의 문명이든, 그 어떤 문명도 결코 고립적으로 발달하지 않았다. 알렉산드로스의 원정과 함께 박트리아(Bactria, 대략 오늘날의 아프가니스탄과 파키스탄)에서 시작된 헬레니즘 문화는 인도까지 전파되었다. 로마는 인도와의 무역으로 인도 서부 해안과 긴밀한 경제적 관계를 맺었다. 그러나 중국의 상품들도, 대표적으로 비단 같은 경우 실크로드나 해양 루트를 통해 지중해까지 전해졌다. 이외에도 중국과 인도 사이에는 문화 및 종교적으로 긴밀한 관계가 존재했다. 예를 들면 인도에서 수입된 불교는 중국 문화에 심대한 영향을 끼쳤다.

기원전 800년에서 기원후 800년 사이 인도와 중국에서는 여러 제국이 번갈아 출현했다. 동시에 거대 제국에 포섭되었던 여러 지역이 각기 나름대로 정권을 수립하면서 제국의 시대와 지역 분열의 시대가 번갈아 이어졌다. 중국은 지중해 대부분의 지역과 마찬가지로 북방 스텝 지대 사람들의 침략에 노출되어 있었다. 해양 및 해안 루트가 지역 간 교류에서 중요한 의미를 지녔던 지중해 지역과 달리, 인도와 중국에서는 광대한 내륙 지역이 정치 권력과 경제와 기술의 각축장이었다.

중국

중국의 과학 기술 발전에는 여러 가지 전제 조건이 중요했다. 그중에서 가장 먼저 언급되어야 할 것은 바로 거대 제국이다. 오늘날 중국의 중부 지역을 아우르는 거대 제국이 출현하면서 관료 행정 조직이 반드시 필요해졌고, 문자의 출현과 도시화 및 인구 성장 등의 상황이 조성되었다. 지중해 지역과 동아시아 지역에서 비슷한 과정이 동시에 발생한 사실은 놀라운 일이 아닐 수 없다. 중국 최초의 문자는 동물 뼈에 새긴 글자였는데, 기원전 13세기부터 시작되었다. 최초의 중국 문자는 대상의 형태를 본뜬 그림문자였지만 동시에 소리를 나타내는 표음 기능도 있었다.[36] 문자의 수는 기원후 2세기 초를 기준으로 9353자였다. 이런 점은 페니키아 알파벳에 기반을 둔 지중해 권역의 문자와 극명하게 달랐다. 예를 들어 그리스 알파벳은 24자에 불과했고, 그래서 배우기도 더 쉬웠다. 결과적으로 고전기 그리스에서 문자 생활은 중국보다 더 널리 확산되었다. 이와 대조적으로 중국에서는 지식인 문화가 출현하기는 했지만 문자 생활은 대개 교육을 많이 받은 엘리트 계층에 국한되었다. 이와 관련해 필사 재료에 대해서도 주목할 필요가 있다. 중국에서는 죽간이나 목간 혹은 비단 위에 글씨를 썼는데, 이들은 모두 무게가 꽤 나가고 다루기가 쉽지 않은 재료다. 그러므로 식물 섬유질로 만든 종이의 출

---

36 Kai Vogelsang, *Geschichte Chinas* (Stuttgart: Ph. Reclam, 2012), pp. 54-55 and 73-75.

현은 획기적 진보였다고 평가할 수 있겠다. 종이가 필사 재료로 사용되기 시작한 시기는 후한(後漢, 기원후 1~2세기) 무렵이었다.[37] 인쇄는 훨씬 더 나중에 개발되었다. 기원후 800년 이전까지는 대개 인쇄가 필사를 대신할 수 없었다. 그럼에도 불구하고 명백하게 확인된바, 기원후 7세기경 불교계에서 인쇄 기술을 이용하여 경전을 제작 및 배포했다. 15세기 유럽의 인쇄 기술은 개별적으로 분리될 수 있는 활자를 사용했지만, 중국에서는 이와 달리 목판을 사용했다. 즉 페이지 전체가 하나의 목판에 새겨져 인쇄에 사용되었다.

초기 중국 문학 작품은 시와 노래뿐만 아니라 종교 및 철학적 내용도 포괄했다. 공자(孔子, 551~479 BCE)의 저서에서는 윤리적 행동이 강조되었다. 그러나 이외에도 천문학, 지리학, 수학, 기계학, 농학 관련 텍스트가 존재했다.[38] 학문 각 분야에 대한 관심은 한(漢)나라 시기(202 BCE~220 CE)에 특히 높았던 것 같다. 연구는 뚜렷한 성과로 이어졌다. 중국 천문학에서는 천상과 지상이 각각 돔 형태이며, 서로가 아래위로 겹쳐져 있는 것으로 이해했다. 이후 이러한 구도는 천구(天球) 개념으로 대체되었다. 세상의 모양은 달걀과 같다고 했다. 달걀 한가운데 노른자가 있듯이 지구가 천구의 중심에 놓여 있었다. 이후 이와 같은 이론적

---

37 Dorothea Kuhn, "Wissenschaften und Technik," in Roger Goepper (ed.), *Das Alte China: Geschichte und Kultur des Reiches der Mitte* (Munich: C. Bertelsmann, 1988), p. 264, and Vogelsang, *Geschichte Chinas*, pp. 98, 107, and 209-10.
38 Nishijima Sadao, "The Economic and Social History of the Former Han," in Denis Twitchett and Michael Loewe (eds.), *The Cambridge History of China* (Cambridge University Press, 1986), vol. I, pp. 550-51; Kuhn, "Wissenschaften und Technik," p. 258; and Vogelsang, *Geschichte Chinas*, pp. 107 and 205.

도식은 별과 행성을 관찰함으로써 보완되었다. 한나라 시기의 천문도에는 별자리 282개, 별 1465가 기록되어 있었다.[39] 수학의 중요한 성과로는 《구장산술(九章算術)》(기원후 1세기)을 들 수 있다. 여러 주제 가운데 파이(π) 값을 계산한 내용이 있는데, 계산 결과는 매우 정확했다. 기원후 1~5세기에 이러한 계산이 가능했던 것 같다. 기원후 3세기의 인물 유휘(劉徽)는 기하학적 방식을 이용하여 파이 값을 3.1415927과 3.1415926 사이로 계산했다.[40]

전근대 사회가 대개 그러했듯이 중국 문명의 경제적 기반 또한 농업이었다. 농업은 소농과 그의 가족뿐만 아니라 도시 인구도 먹여 살려야 했다. 벼농사는 중국 남부 지역에서 널리 확산되었다. 젖은 논에서 재배한 벼는 밀이나 다른 어떤 곡식에 비하더라도 단위면적당 칼로리 생산량이 높았다. 그러므로 벼는 대규모 인구를 먹여 살리는 데 적합한 식량 자원이었다. 농지를 조성할 때는 두 마리의 소가 끄는 쟁기를 사용했다. 농업 기술에 획기적 발전이 이루어진 계기는 기원전 6세기부터 시작된 철제 농기구의 사용이었다. 그 덕분에 생산성이 크게 증가했다. 기원전 6~2세기에 댐과 운하가 건설되면서 농지가 큰 폭으로 확장되었고, 그 결과로 대규모 인구를 먹여 살릴 수 있었다.[41]

---

39 Kuhn, "Wissenschaften und Technik," p. 260, and Ho Peng Yoke, "Astronomy in China," in Helaine Selin (ed.), *Encyclopaedia of the History of Science, Technology, and Medicine in Non-Western Cultures* (London: Springer, 1997), pp. 108-11.
40 Kuhn, "Wissenschaften und Technik," pp. 260-61; Ulrich Libbrecht, "Mathematics in China," in Selin (ed.), *Encyclopaedia of the History of Science*, pp. 626-29; and Lam Lay Yong, "Pi in Chinese Mathematics," in Selin (ed.), *Encyclopaedia of the History of Science*, pp. 822-83.

수공업 기술, 도시 계획, 인프라 구조의 발달이 중국 문화의 위대한 성과로 꼽힌다는 사실은 의문의 여지가 없다. 중국의 청동기 제작 기술은 오랜 전통을 가지고 있었다. 그 역사는 기원전 제2천년기까지 거슬러 올라간다. 거대하면서도 정교한 문양을 가진 청동 용기가 주조(鑄造) 방식을 통해 제작되었다. 기원후 2세기부터는 놀라울 정도로 아름다운 청동제 동물 인형이 제작되었는데, 이는 흔히 무덤 부장품으로 사용되었다.[42] 그리스나 로마와 달리 중국에서는 기원전 제1천년기 전반에 이미 철을 제작했다. 철을 제작하려면 가마의 온도가 섭씨 1100도 이상으로 올라가야 했고, 이를 위해 풀무가 사용되었다. 주철(鑄鐵, cast iron)에서 탄소 함량을 낮추어 강철(鋼鐵, steel) 수준의 철도 이미 제작되었다. 쟁기날이나 도끼날을 비롯해 수많은 도구가 주철로 제작되었으며, 이러한 도구 덕분에 숲이 농지로 바뀔 수 있었다.[43]

도자기 생산은 기원전 제2천년기 말엽에 이미 높은 수준에 도달해 있었다. 그때 이미 도기(陶器, earthenware)나 석기(炻器, stoneware)에 색깔이 있는 유약을 사용하기도 했다. 불을 다루는 기술이 진보함에 따라 한꺼번에 많은 수의 용기를 구울 수 있었고, 그 결과 막대한 양의 도자

---

41 Jacques Gernet, *Le monde chinois* (Paris: A. Colin, 1972), p. 125; Sadao, "Economic and Social History of the Former Han," pp. 554, 560-64, and 568-74; Francesca Bray, "Agriculture in China," in Selin (ed.), *Encyclopaedia of the History of Science*, pp. 17-19; and Vogelsang, *Geschichte Chinas*, p. 129.
42 Goepper (ed.), *Das Alte China*, pp. 331-42.
43 Gernet, *Le monde chinois*, pp. 68 and 123; Kuhn, "Wissenschaften und Technik," p. 253; Hua Jueming, "Metallurgy in China," in Selin (ed.), *Encyclopaedia of the History of Science*, pp. 725-26; Vogelsang, *Geschichte Chinas*, pp. 88 and 102; and Plinius, *Naturalis Historia*, 34,145. ("Ferrum Sericum" is the best iron).

기가 수출 상품이 되었다. 도자기 생산에 관해서는 당(唐)나라 시기(기원후 7~8세기)의 기록이 남아 있다. 기록에 따르면 중국에서는 도자기의 원료로 고령토(高嶺土, kaolin)를 사용했다. 고온에 구우면 푸른빛이 도는 흰색 용기를 만들 수 있었는데, 표면이 유리처럼 매끄러웠다. 14세기 이후로는 중국에서 도자기가 그리 비싼 상품이 아니었고, 비단은 이미 고대로부터 흔한 상품이었다. 그러나 로마 시기 지중해 지역에서 비단은 상당히 인기 있는 동시에 귀한 상품이었다. 중국의 비단은 육로(실크로드)를 통해, 혹은 인도를 거치는 해로를 통해 서양에 전해졌다. 비단 생산은 극도로 노동 집약적인 산업이었다. 먼저 누에를 길러야 했으며, 누에를 먹이기 위해 뽕나무 잎을 생산해야 했다. 비단의 원사는 누에고치에서 뽑아내는 것이었다. 생사를 뽑아낼 때는 발로 밟아서 물레바퀴를 돌렸고, 생사를 베틀에 걸어 천을 짰다. 베틀 또한 발로 작동하는 직조 기계였다.[44]

인프라 구조 건설이나 거대 규모 공사에서 중국의 성취는 특히 인상적이다. 명예의 전당에는 마땅히 만리장성이 올라야 할 것이다. 중국 북부 지역에서 수많은 요새를 연결하여 만리장성이 되었다. 기원전 3세기에 진(秦)나라는 곳곳에 산재한 기존의 성들을 확장하기 시작했다. 목적은 스텝 지역 유목민의 침략을 막기 위한 것이었다. 오늘날 남아 있는 유적과 달리, 진나라 때 건설된 장성은 돌을 쌓는 방식이 아니라 흙을 다져 쌓는 방식이었다. 만리장성과 함께 거대한 운하도 빼놓을 수 없다. 기원

---

44 Gernet, *Le monde chinois*, pp. 97-100 and 125; Sadao, "Economic and Social History of the Former Han," p. 585; Goepper (ed.), *Das Alte China*, pp. 163 and 343-56; and Vogelsang, *Geschichte Chinas*, pp. 133-34, 180-82, and 320-21.

후 3세기에 이미 황하에 운하가 건설되어 2만 5000헥타르에 달하는 농지가 조성되었다. 6세기 말에 중국을 통일한 수(隋)나라의 문제(文帝)는 600년경 대운하를 건설했다. 대운하는 배가 다닐 수 있는 통로였으며, 북중국에서 남쪽의 양자강까지 연결되었다. 그 결과 북중국 지역 사람들에게 쌀을 안정적으로 공급할 수 있게 되었다. 대운하 공사는 통치자가 동원할 수 있는 자원과 노동력의 규모가 과연 어느 정도였는지를 여실히 보여준다. 운하의 길이는 1800킬로미터, 너비는 40미터였다.[45]

기계 발명 분야에도 중국의 업적이 있는데, 특히 수력을 이용하는 기계가 중요했다. 한나라 시기(기원후 1~2세기) 수력을 이용하여 곡물을 분쇄한 증거가 남아 있다. 이때 시작된 물레방아는 송(宋)나라(10세기) 시기에 그림으로 남겨졌다. 형태는 수평 수차였다. 곡물을 분쇄하거나, 혹은 철을 만드는 과정에 필요한 풀무질에 수력을 사용한 것으로 보아 분명 회전운동을 왕복운동으로 변환하는 기술이 확보되어 있었을 것이다. 기리고차(記里鼓車)라고 하는 복잡한 기계 장치가 있는데, 말이 끄는 수레 위에 북을 달아서 일정한 거리를 움직이면 소리를 내는 방식으로 거리를 측정하는 기구였다. 우연히도 비슷한 기계 장치를 비트루비우스(Vitruvius)가 여정의 거리를 측정할 때 사용한 적이 있었다.[46]

특기할 만한 발명으로 《후한서(後漢書)》에 기록된 풀무가 있다. 남양군 태수를 역임한 두시(杜詩)는 백성의 노동을 안타까워했다. 그는 기계

---

45 Gernet, *Le monde chinois*, p. 202; Kuhn, "Wissenschaften und Technik," pp. 256-58; and Vogelsang, *Geschichte Chinas*, pp. 129 and 135.
46 Kuhn, "Wissenschaften und Technik," pp. 262-64, and Vitruvius, *de architectura*, 10,9.

장치(水排, 수력을 이용하여 풀무를 움직이는 기구 – 옮긴이)와 농기구를 고안하여 백성이 "작은 힘을 들여 큰 이익을 보도록(用力少, 見功多)" 했다. 오늘날의 연구에 따르면, 풀무에 수력을 연결함으로써 "지속적이면서도 보다 손쉬운 공기 조절"이 가능해졌다고 한다.[47]

중국에서 기원전 200년에서 기원후 800년까지는 기술 발전의 밑바탕이 마련된 시기였다. 이를 기반으로 이후 9세기에서 11세기까지 기술이 더욱 발전할 수 있었고, 특히 농업을 비롯하여 전반적으로 생산성이 증대했으며, 근대 중국 문화의 형성에도 크게 기여했다.

남아시아

인도에서 기술 발전은 여러 가지 측면에서 중국과 비슷했다. 제국의 등장과 몰락, 이주, 도시화, 내전, 지역 군벌 등이 인도 문명을 만들어간 핵심 요인이었다. 목축 및 반(半)유목 경제에서 정주 및 농업 경제로 전환된 것이 초기 인도사에서 획기적 계기였다. 기원전 5세기경 갠지스강 (강가강) 유역에 이전보다 큰 규모의 도시들이 등장했고, 대부분의 도시에는 그 지역의 군주가 살았다. 도시화는 물질문화의 변화를 가져왔다. 수 킬로미터에 달하는 도시의 성벽과 해자가 그 증거로 남아 있다. 당시 인도 사회는 그와 같은 대규모 건설 공사를 수행할 정도로 기술력과 조직력, 그리고 그에 필요한 노동력과 자원도 확보하고 있었다. 도시 인구를 먹여 살리기 위해서 농산물 교역이 강화되었고, 동전도 널리 보급되었다. 인도 문화 발전에서 무엇보다 중요했던 요소는 아람(Aram) 문자

47 Kuhn, "Wissenschaften und Technik," p. 263.

의 도입이다. 페르시아에서 사용하던 아람 문자가 북서쪽에서 인도로 전파되었고, 그 결과 갠지스강 유역권의 동부 지역에서 인도 문자가 출현했다. 아소카 대왕(Ashoka, 재위 c. 268~233 BCE)이 남긴 수많은 대형 기록 유산은 기원전 3세기에 이미 문자 생활이 널리 확산되어 있었다는 증거다.[48] 주요 필사 재료는 자작나무 껍질이었다.[49] 알렉산드로스 대왕이 페르시아 제국을 정복한 뒤 헬레니즘 문화가 박트리아 지역에 전파되었다. 특히 북서부 인도 지역에 미친 헬레니즘 문화의 영향은 상당히 강력했다.

중국에서 공자가 올바른 삶의 자세를 논했던 것과 마찬가지로, 인도에서 붓다는 인간의 고통에 대한 이해와 그것을 극복할 수 있는 가능성을 가르침의 핵심으로 삼았다.[50] 그러나 고행과 세속에서 벗어난 삶은, 영적 생활에서는 물론 중요했지만, 그것으로 인도 문명이 만들어지지는 않았다. 인도의 고대 문헌이라 하면 흔히 대규모 서사시를 들 수 있지만, 이외에도 방대한 문헌 자료가 남아 있는데, 그중에는 분야별 전문 지식에 관한 내용도 포함되어 있었다. 유명한 예로 파니니(Panini)의 《문법(Grammar)》(기원전 5세기 저술로 추정)이나 카우틸랴(Kautilya)의 《아르

---

48 Hermann Kulke and Dietmar Rothermund, *Geschichte Indiens: Von der Induskultur bis heute* (Munich: Beck, 2006), pp. 83-88.
49 Heinrich G. Franz (ed.), *Das Alte Indien: Geschichte und Kultur des indischen Subkontinents* (Munich: Bertelsmann, 1990), pp. 278-79.
50 Ainslie Thomas Embree and Friedrich Wilhelm, *Indien: Geschichte des Subkontinents von der Induskultur bis zum Beginn der englischen Herrschaft* (Frankfurt: Fischer-Bücherei, 1967), pp. 45-49; Stanley Wolpert, *A New History of India* (Oxford University Press, 2004), pp. 46-49; and Kulke and Rothermund, *Geschichte Indiens*, pp. 72-73.

타샤스트라(Arthashastra)》, 즉 국가 행정 관리에 관한 책이 있다. 메가스테네스(Megasthenes)는 기원전 300년경 셀레우코스(Seleucos) 1세의 사신으로 인도를 방문한 뒤, 인도 민속에 관한 내용이 담긴 여행기를 남겼다. 그의 여행기에 따르면 당시 인도에는 이미 자연철학(고대 그리스어 phusiología)과 천문학이 존재했다.[51] 바이셰시카(Vaisheshika)학파에서 제기한 자연관은 그리스의 원자론(atomism)과 닮아 있었다. 그들은 세상의 기본 원소를 네 가지(흙, 물, 불, 공기)로 보았는데, 이들 각각의 원소는 우리가 감지할 수 없는 어떤 작은 요소들이 모여서 이루어진 것이라 했다. 현실은 여섯 가지 범주(a-padrtha)로 파악된다. 실체(substance, 實, Dravya), 성질(quality, 德, Gua), 행위(activity, 業, Karma), 보편(generality, 同, Smnya), 특수(particularity, 異, Viea), 내재(inherence, 和合, Samavya)가 그것이다.[52] (범주의 한글 번역은 존경하는 김성관 선생님의 논문을 참조했다. - 옮긴이) 다양한 전문 지식의 장에서 근본적 통찰을 포함하는 이론들이 출현했다. 예컨대 인도의 천문학은 그리스 천문학의 영향을 받았으며, 그리스의 용어를 받아들인 점이 분명히 확인되는 용어들이 인도의 텍스트에 남아 있다. 기원후 500년경의 천체 운행에 관한 이론을 보면, 지구를 중심으로 천체가 회전하되 천체 궤도를 따라 움직이는 것으로 설명되었다. 건강과 관련된 지식은 체계적 의학으로 발달했다. 당시의 의학은 여전히 마법이나 주문의 효능을 인정하기는 했지만 기본적으

---

51 Strabo, 15,1,70 and 15,1,59. For Megasthenes: Embree and Wilhelm, *Indien*, pp. 65-69.
52 Walter Slaje, "Die brahmanisch-orthodoxe Scholastik," in Franz (ed.), *Das Alte Indien*, pp. 268-69.

로 약초나 약재의 사용에 관한 내용이었다.⁵³

도시화의 시작과 함께 다양한 교역 부문이 형성되었다. 메가스테네스의 증언에 따르면, 엄격한 사회 계급의 분리는 인도에서 매우 이른 시기부터 존재했다. 농부와 목부는 물론 수공업자도 하나의 계급을 형성했다. 다시 메가스테네스의 여행기에 따르면, 무기를 만드는 장인이나 배를 건조하는 장인이 있었고, 이들에게는 왕이 노동력에 따른 임금을 지불했다. 인도의 문헌 자료에서도 목수, 도공(陶工), 대장장이 등이 확인된다. 장인들은 금과 은은 물론 구리와 청동도 다루었다. 인도 문명의 발전 과정에서 철을 다루고 철제 도구를 제작하는 일은 매우 중요했다. 철제 도끼가 기원전 8세기부터 사용된 것으로 확인되는데, 덕분에 그 이전에는 접근하기 어려웠던 정글로 들어가 농지를 개간할 수 있었다. 제철 기술이 특히 고도로 발달한 시기는 기원후 4세기였다. 그때 세워진 높은 철제 기둥이 녹슬지 않은 채 지금도 남아 있다.⁵⁴ 도기를 제작할 때는 윤대(輪臺)를 흔히 사용했다. 벽돌로 쌓은 도시의 성벽은 높이가 10미터를 넘었는데, 이로 보아 건축 기술의 발달은 충분히 짐작할 수 있다. 주택 건설에는 가벼운 목재를 사용했다. 그래서 인도 문명 초기의 건물은 대부분의 지역에서 보존되지 못했다. 그러나 돌을 다듬어 쌓은 불교 문화 유적(스투파)을 통해 석재를 다루는 기술 수준을 알 수 있다.

---

53 Embree and Wilhelm, *Indien*, pp. 136-38, and Wolpert, *A New History of India*, p. 84.
54 Kulke and Rothermund, *Geschichte Indiens*, p. 55; A. V. Balasubramanian, "Metallurgy in India," in Selin (ed.), *Encyclopaedia of the History of Science*, pp. 728-30; and Franz (ed.), *Das Alte Indien*, pp. 333-42.

또한 동굴 사원이 있는데, 주요 순례지에서 끌로 바위를 뚫어 조성한 것으로, 그 내부는 풍부한 조각품들로 장식되어 있다. 농업 기술을 보자면, 소가 끄는 쟁기와 철제 쟁기날을 사용했다. 벼는 남인도 지역 강 유역에서 특히 중요한 작물이었다.

아시아 최대 크기의 포유동물, 즉 코끼리를 길들이는 능력 또한 인도의 독특한 풍습이었다. 길들인 코끼리는 농업을 비롯하여 다양한 작업에 사용되었다. 전쟁에 동원되는 코끼리도 적지 않았다. 플리니우스의 증언에 따르면, 어떤 인도 왕은 700마리의 코끼리를 전쟁에 동원했다고 한다.[55] 알렉산드로스의 원정 가운데 그리스와 마케도니아 군대가 전장에서 코끼리를 처음 마주한 때는 기원전 331년이었다. 가우가멜라(Gaugamela) 전투에서 페르시아 왕이 코끼리를 끌고 나왔다. 그 뒤 인도 파우라바(Paurava) 왕국의 라자 포루스(Porus) 또한 전투에 코끼리를 동원했다. 알렉산드로스의 군대는 기습 공격을 감행하여 말과 코끼리를 이용하는 인도 군대를 한때 격파할 수 있었지만, 북서부 인도 지역을 항구적으로 지배할 수는 없었다.[56] 이후 헬레니즘 시기의 왕들은 인도에서 코끼리를 수입했고, 그들 또한 동방 및 지중해 동부 지역의 헤게모니를 다툴 때 코끼리를 동원했다. 기원후 3세기에 에페이로스(Epeiros) 지역(유럽 남동부)의 왕 피로스(Pyrros) 또한 로마와 전쟁할 때 코끼리를 끌고 갔지만 승리를 거두지는 못했다. 코끼리는 인도 문명의 일부였고, 이 강력한 동물을 길들이는 것 자체가 인도 문명의 자연 극복 능력을 보여주

---

55 Plinius, *Naturalis Historia*, 6,66 and 6,68: 9000 elephants.
56 Arrian, *Anabasis* [History of Alexander], Gaugamela: 3,11,6, and India: 5,9,1, 5,10,1-3, and 5,15,4.

는 것이었다.

수학 부문에서도 인도 문명은 근대 과학에 근본적인 기여를 했다. 인도의 숫자 시스템에서는 숫자의 위치로 의미를 나타내는 것이 가능했다. 자릿수 시스템에서는 0의 개념이 반드시 필요했다. 0을 이용한 10진법 체계는 6~7세기 바라하미히라(Varāhamihira)와 브라마굽타(Brahmagupta)의 저서에서 이미 등장했다. 이는 알파벳 문자를 이용한 그리스 숫자 체계보다 훨씬 편리했다. 아랍 지역에서 이를 먼저 받아들였고, 나중에는 아랍을 거쳐 유럽에까지 인도의 숫자 시스템이 전파되었다.[57]

결론

7~8세기에 아랍 세력이 아프리카-유라시아 지역에서 급속히 확산되면서 정치 및 문화적 상황이 근본적으로 바뀌었다. 이베리아반도와 북아프리카에서부터 시리아, 메소포타미아, 페르시아를 거쳐 인도에 이르기까지 예외가 없었다. 이로써 9세기부터는 아랍어 사용 권역을 중심으로 고대의 철학, 의학, 기술 관련 문헌들이 수용될 수 있는 조건이 만들어졌다. 그리고 고전기의 지식과 철학이 스페인을 거쳐 유럽의 기독교 권역으로 전파되었다.

서유럽에서부터 중국 북동부 지역까지 문명을 탐색하다 보면 수많

---

57 Embree and Wilhelm, *Indien*, p. 138; G. G. Joseph, "Mathematics in India," in Selin (ed.), *Encyclopaedia of the History of Science*, pp. 634-37; and Takao Hayashi, "Number Theory in India," in Selin (ed.), *Encyclopaedia of the History of Science*, pp. 784-86.

은 융합 구조가 확연히 눈에 들어온다. 그리스-로마, 인도, 중국의 문명은 각자 기본적인 문명의 기술, 즉 문자나 달력 등을 보유했다. 도시화로 다양한 수공업 기술이 발달했는데, 특히 금속 제련과 도자기 생산 분야에서 고도로 복잡한 단계까지 수준이 높아졌다. 서양, 인도, 중국은 모두 거대한 기념비적 건물을 건설할 정도의 기술력과 조직력을 갖추고 있었다. 특히 사회 인프라 구조 건설과 관련해서 건축 기술의 수준이 높았다. 농업은 충분한 생산력을 확보하여 도시 인구에게 식량을 제공하고 직물 제작에 필요한 원재료(양털, 목화)를 공급했다. 생활 경제 전반에서 동물이 함께했다. 인간과 동물의 노동력이 함께 들어가는 작업이 굉장히 많았다. 소의 힘으로 쟁기를 끌었기 때문에 서양, 근동, 아시아를 막론하고 소는 없어서는 안 될 동물이었다. 수력 이용의 첫걸음은 로마 제국과 중국에서 시작되었으나, 사용 범위가 넓지는 않았다. 예컨대 지중해 권역에서 수력은 후기 고대 이전에는 단지 곡물을 분쇄하는 데만 사용되었다. 기술 관련 서적이 몇몇 지역에서 등장했고, 개인적으로 기존의 도구나 작업 과정을 개선하려는 노력들이 있었다. 고대 그리스에는 간단한 기계 역학이 존재했는데, 뚜렷하게 실용적인 목적을 염두에 둔 논의들이었지만 기술 영역에 대한 새로운 시각을 열어주었다. 특히 지렛대의 법칙과 그로부터 파생되는 힘의 원리에 관한 논의, 그리고 기계 장치에 관한 체계적 논의는 기술 지식을 확장하는 데 기여했고, 초기 근대 기계 발달에 미친 영향도 간과할 수 없다.

합리적으로 세계를 파악하려는 시도는 체계적 시간 및 날짜 계산과 밀접하게 연관되는 경우가 많았다. 천체, 해와 달과 행성과 별에 대한 관찰, 그리고 별자리 해석을 통해 징조를 읽어내고 일식과 월식을 정확히 예측하려 했다. 그리스 사람들이 현실적인 우주론 모델을 만들었지만, 중국 사람들도 천문학에서 수준 높은 성취를 이룩했다. 그리스와 중국 및 인도에서 공통으로 존재한 학문에는 의학과 수학도 있었다.

지중해, 동아시아, 남아시아 등지에서 수많은 문화적·기술적 발달이 독립적으로 이루어졌다. 그러나 분명한 것은, 여러 문화의 교류는 특히 페르시아의 팽창과 이후 알렉산드로스 대왕의 동방 원정으로 더욱 강화되었다. 이 과정을 통해 여러 문화권에서 동시에 영향을 받는 권역이 생겨났다. 특히 박트리아와 북서부 인도 지역이 그랬다. 무역이나 특히 비단, 상아, 향신료 같은 사치품 교역이 문화 교류에 중요한 역할을 했다. 결과적으로 항구 도시나 실크로드 선상의 무역 도시에서 다양한 문화권 출신의 상인들이 서로 만났다. 이와 같은 접촉과 연결이 북아프리카, 유럽, 근동, 동아시아 등지의 세계에서 형성되었고, 그 결과 서로가 주고받는 문화적 영향, 지식의 전파, 특정 기술의 수용이 그들 세계에서 가장 근본적인 일이 되었다. 수많은 다양성과 대립에도 불구하고 하나의 통합된 지식 문화가 출현했고, 이후 시대가 흐를수록 이러한 지식 문화는 더욱더 강화되었다.

더 읽어보기

Adam, Jean-Paul, *Roman Building: Materials and Techniques*, London: Routledge, 1994.

Balasubramanian, A. V., "Metallurgy in India," in Helaine Selin (ed.), *Encyclopaedia of the History of Science, Technology, and Medicine in Non-Western Cultures*, London: Springer,1997, pp. 728-30.

Boardman, John, *The Greek Sculpture: The Archaic Period*, London: Oxford University Press,1978.

Bray, Francesca, "Agriculture in China," in Helaine Selin (ed.), *Encyclopaedia of the Historyof Science, Technology, and Medicine in Non-Western Cultures*, London: Springer, 1997, pp. 17-19.

Burkert, Walter, *Die Griechen und der Orient*, Munich: Beck, 2003.

_____, *Weisheit und Wissenschaft: Studien zu Pythagoras, Philolaos und Platon*, Nuremberg: Hans Carl, 1962.

Clagett, Marshall, *Greek Science in Antiquity*, London: Abelard-Schuman, 1957.

Demandt, Alexander (ed.), *Stätten des Geistes: Große Universitäten Europas von der Antike bis zur Gegenwart*, Cologne: Böhlau, 1999.

Diels, Hermann, and Walther Kranz (eds.), *Die Fragmente der Vorsokratiker Griechisch und Deutsch*, Hildesheim: Weidmann, 1951.

Domergue, Claude, *Les mines antiques: La production des métaux aux époques grecque et romaine*, Paris: A&J Picard, 2008.

Edelstein, Ludwig, *Ancient Medicine: Selected Papers of Ludwig Edelstein*, Baltimore, MD: Johns Hopkins University Press, 1987.

Embree, Ainslie Thomas, and Friedrich Wilhelm, *Indien: Geschichte des Subkontinents von der Induskultur bis zum Beginn der englischen Herrschaft*, Frankfurt am Main: Fischer-Bücherei, 1967.

Flashar, Hellmut, *Aristoteles: Lehrer des Abendlandes*, Munich: Beck, 2013.

_____, "Athen: Die institutionelle Begründung von Forschung und Lehre," in Alexander Demandt (ed.), *Stätten des Geistes: Große Universitäten Europas von der Antike bis zur Gegenwart*, Cologne: Böhlau, 1999, pp. 1-14.

Folkerts, Menso, "Archimedes [1, aus Syrakus]," *Der Neue Pauly* 1 (1996): 997-1001.

_____, "Eukleides 3 (Euklid)," *Der Neue Pauly* 4 (1998): 238-42.

_____, "Klaudios Ptolemaios," *Der Neue Pauly* 10 (2001): 559-70.

Franz, Heinrich G. (ed.), *Das Alte Indien: Geschichte und Kultur des indischen Subkontinents*, Munich: Bertelsmann, 1990.

Furley, David, *Cosmic Problems: Essays on Greek and Roman Philosophy of Nature*, Cambridge University Press, 1989.
Gernet, Jacques, *Die chinesische Welt*, Frankfurt am Main: Insel-Ver, 1979.
_____, *Le monde chinois*, Paris: A. Colin, 1972.
Gille, Bertrand, *Les mécaniciens grecs: La naissance de la technologie*, Paris: Seuil, 1980.
Goepper, Roger (ed.), *Das Alte China: Geschichte und Kultur des Reiches der Mitte*, Munich: C. Bertelsmann, 1988.
Gotthelf, Allan, and James G. Lennox (eds.), *Philosophical Issues in Aristotle's Biology*, Cambridge University Press, 1987.
Guthrie, William Keith Chambers, *A History of Greek Philosophy*, Cambridge University Press, 1962-81, vols. I -VI.
Hayashi, Takao, "Number Theory in India," in Helaine Selin (ed.), *Encyclopaedia of the History of Science, Technology, and Medicine in Non-Western Cultures*, London: Springer, 1997, pp. 784-86.
Healy, John F., *Mining and Metallurgy in the Greek and Roman World*, London: Thames and Hudson, 1978.
_____, *Pliny the Elder on Science and Technology*, Oxford University Press, 1999.
Ho Peng Yoke, "Astronomy in China," in Helaine Selin (ed.), *Encyclopaedia of the History of Science, Technology, and Medicine in Non-Western Cultures*, London: Springer, 1997, pp. 108-11.
Hua Jueming, "Metallurgy in China," in Helaine Selin (ed.), *Encyclopaedia of the History of Science, Technology, and Medicine in Non-Western Cultures*, London: Springer, 1997, pp. 725-26.
Humphrey, John W., John P. Oleson, and Andrew N. Sherwood (eds.), *Greek and Roman Technology: A Sourcebook: Annotated translations of Greek and Latin texts and documents*, New York: Routledge, 1998.
Joseph, G. G., "Mathematics in India," in Helaine Selin (ed.), *Encyclopaedia of the History of Science, Technology, and Medicine in Non-Western Cultures*, London: Springer, 1997, pp. 634-37.
Judson, Lindsay (ed.), *Aristotle's Physics: A Collection of Essays*, Oxford University Press, 1991.
Kirk, G. S., J. E. Raven, and M. Schofield, *The Presocratic Philosophers: A Critical History with a Selection of Texts*, Cambridge University Press, 1983.
Koelbing, Huldyrch M., *Arzt und Patient in der antiken Welt*, Zürich: Artemis Verlag, 1977.
Kuhn, Dorothea, "Wissenschaften und Technik," in Roger Goepper (ed.), *Das Alte*

China: Geschichte und Kultur des Reiches der Mitte, Munich: C. Bertelsmann, 1988, pp. 247-79.

Kulke, Hermann, and Dietmar Rothermund, Geschichte Indiens: Von der Induskultur bis heute, Munich: Beck, 2006.

Lam Lay Yong, "Pi in Chinese Mathematics," in Helaine Selin (ed.), Encyclopaedia of the History of Science, Technology, and Medicine in Non-Western Cultures, London: Springer, 1997, pp. 822-23.

Landels, John G., Engineering in the Ancient World, Berkeley: University of California Press, 1978.

Libbrecht, Ulrich, "Mathematics in China," in Helaine Selin (ed.), Encyclopaedia of the History of Science, Technology, and Medicine in Non-Western Cultures, London: Springer, 1997, pp. 626-29.

Lloyd, Geoffrey E. R., Aristotle: The Growth and Structure of His Thought, Cambridge University Press, 1968.

_____, Early Greek Science: Thales to Aristotle, London: W. W. Norton & Company, 1970.

_____, Greek Science after Aristotle, London: W. W. Norton & Company, 1973.

_____, Magic, Reason and Experience: Studies in the Origin and Development of Greek Science, Cambridge University Press, 1979.

_____, Methods and Problems in Greek Science: Selected Papers, Cambridge University Press, 1991.

_____, The Revolutions of Wisdom: Studies in the Claims and Practice of Ancient Greek Science, Berkeley: University of California Press, 1987.

_____, Science, Folklore and Ideology: Studies in the Life Sciences in Ancient Greece, Cambridge University Press, 1983.

Longrigg, James, Greek Rational Medicine: Philosophy and Medicine from Alcmaeon to the Alexandrians, London: Routledge, 1993.

Needham, Joseph, Science and Civilisation in China, Cambridge University Press, 1959.

Nicolet, Claude (ed.), Les littératures techniques dans l'antiquité romaine: Statut, public et destination, tradition, Geneva: Fondation Hardt, 1996.

Oleson, John Peter (ed.), The Oxford Handbook of Engineering and Technology in the Classical World, Oxford University Press, 2008.

Price, Jennifer, "Glass," in Donald Strong and David Brown (eds.), Roman Crafts, New York University Press, 1976, pp. 111-25.

Sadao, Nishijima, "The Economic and Social History of the Former Han," in

Denis Twitchett and Michael Loewe (eds.), *The Cambridge History of China*, Cambridge University Press, 1986, vol. I , pp. 545-607.

Saldern, Axel von, *Antikes Glas*, Munich: Beck, 2004.

Sambursky, Samuel, *Das Physikalische Weltbild der Antike*, Zürich: Akademie-Verl, 1965.

Schneider, Helmuth, *Das griechische Technikverständnis: Von den Epen Homers bis zu den Anfängen der technologischen Fachliteratur*, Darmstadt: Wissenschaftliche Buchgesellschaft, 1989.

Seidensticker, Bernd, "Alexandria: Die Bibliothek der Könige und die Wissenschaften," in Alexander Demandt (ed.), *Stätten des Geistes: Große Universitäten Europas von der Antike bis zur Gegenwart*, Cologne: Böhlau, 1999, pp. 15-37.

Selin, Helaine (ed.), *Encyclopaedia of the History of Science, Technology, and Medicine in Non- Western Cultures*, London: Springer, 1997.

Slaje, Walter, "Die brahmanisch-orthodoxe Scholastik," in Heinrich G. Franz (ed.), *Das Alte Indien: Geschichte und Kultur des indischen Subkontinents*, Munich: C. Bertelsmann, 1990, pp. 264-75.

Spengler, Tilman, and Joseph Needham, *Wissenschaftlicher Universalismus: Über Bedeutung und Besonderheit der chinesischen Wissenschaft*, Frankfurt am Main: Suhrkamp, 1977.

Strong, Donald, and David Brown (eds.), *Roman Crafts*, New York University Press, 1976.

Thomas, Ivor (ed.), *Greek Mathematical Works*, Cambridge, MA: Harvard University Press, 1980, vols. I-II .

Twitchett, Denis, and Michael Loewe (eds.), *The Cambridge History of China*, Cambridge University Press, 1986, vol. I .

Vogelsang, Kai, *Geschichte Chinas*, Stuttgart: Ph. Reclam, 2012.

Waterlow, Sarah, *Nature, Change, and Agency in Aristotle's Physics: A Philosophical Study*, Oxford: Clarendon, 1982.

White, Kenneth D., *Greek and Roman Technology*, London: Thames and Hudson, 1984.

_____, *Roman Farming*, London: Thames and Hudson, 1982.

Wikander, Örjan (ed.), *Handbook of Ancient Water Technology*, Leiden: Brill, 2000.

Wolff, Michael, *Geschichte der Impetustheorie: Untersuchungen zum Ursprung der klassischen Mechanik*, Frankfurt am Main: Suhrkamp, 1978.

Wolpert, Stanley, *A New History of India*, Oxford University Press, 2004.

CHAPTER 7

문헌으로 본 젠더와 섹슈얼리티

스콧 웰스 Scott Wells
요평 姚平 Ping Yao

고대 세계에도 젠더(gender) 및 섹슈얼리티(sexuality, 성별을 구분하는 특징)와 관련된 전통적 담론이 존재했다. 이는 도시화 과정에 영향을 미쳤고, 상업화 및 국가 성립의 과정에도 기여했다. 또한 반대로 그러한 담론 자체가 정치 및 경제적 성장과 종교적 네트워크로부터 심대한 영향을 받기도 했다. 기원전 12000년에서 기원후 900년 사이 유라시아와 북부 아프리카 전역에서도 마찬가지였다. 이번 장에서는 2000여 년의 시간을 아울러 국가의 발달과 지역을 초월한 네트워크의 발전으로 성별에 따른 역할과 성적 관계가 어떻게 인식되었고, 어떻게 규정되었으며, 어떻게 교육되었는지, 그리고 어떻게 표현되었는지를 탐색해보고자 한다. 가장 먼저 우리는 "세계 어디서나 보편적인" 장르였던 서사시와 연애담(로맨스)을 살펴볼 텐데, 그 속에서 남성성과 여성성이 어떻게 표현되었는지를 알아볼 것이다. 이를 통해 남성과 여성의 이상적 모델이나 이상적 행동 양식이 얼마나 다양화 및 복합화되었는지, 또한 그것이 지역을 초월하는 정치 및 경제적 네트워크와 어떤 식으로 연결되었는지 보여줄 수 있을 것이다. 그리고 뒤이어서 여성 작가가 증가했던 이유와 그 의미도 살펴볼 텐데, 이는 국가 성립 및 지식인 계층의 증가와 관련된 문제였다. 다양한 목소리와 다양한 전형의 출현은 의학, 윤리학, 철학 및 정신세계와 관련된 글에서 뚜렷하게 확인되었다. 이 주제는 그다음의 논의로도 이어진다. 이어지는 주제는 신체의 건강, 모범적인 배우자의 조건, 성생활과 젠더에 관한 각 종교의 이해다. 마지막으로 우리는 에로틱한 텍스트의 등장 문제를 검토할 것이다. 이른바 "방중술(房中術, 침실에서 필요한 기술)"이라고 하는 것도 여기에 포함된다. 이러한 텍스트는 코즈모폴리턴 문화의 면모를 확연하게 갖추고 있었는데, 이는 도시화가 충분히 진행된 성숙 단계의 국가 및 제국 체제와 결부된 문제였다.

서사시, 연애담, 시에 등장하는 남성상과 여성상

유라시아 전역에 걸쳐 제국이 일어서고 국가가 성립하고 상업적 네트워크가 확장되는 중차대한 시기, 그때 등장한 문학 작품들에는 분쟁과 경쟁을 끝내기를 바라는 염원들이 흔히 담겨 있었다. 그 방법은 잃어버린 과거의 황금시대를 회복하는 것, 혹은 아직 도래하지 않은 미래의 이상향에 도달하는 것이었다. 그러한 염원 속에서 가장 기본적인 요소, 원하는 목표에 도달하는 것이 불가능할 때 그에 맞설 수 있는 필수적인 힘은 곧 젠더와 성적 관계의 완전한 회복 혹은 미완성의 완성이었다.

당시의 독특했던 장르로 전쟁 서사시가 있었다. 한 여인을 사이에 두고 여러 나라가 참전하는 전쟁이 그 내용이었다. 혹은 성적 관계를 통한 후손 혹은 상속자의 생산 문제에서 비롯된 전쟁도 있었다. 힌두 서사시 《마하바라타(Mahabharata)》(작품의 완성은 기원후 400년경으로 보지만, 핵심 내용의 기원은 기원전 500년까지 거슬러 올라간다)는 쿠루(Kuru) 왕국의 왕위를 두고 판다바(Pandava) 5형제가 사촌들(드리타라슈트라 Dhritarashtra의 아들들)과 싸우는 내용이다. 이는 논란의 여지가 없는 정통 왕위 계승자가 없어서 시작된 분쟁이었다. 인도아대륙의 모든 군주가 이 전쟁에 참여했고, 결국 판다바 5형제를 제외한 모든 군주가 제거되었다. 그러나 이들 또한 왕위를 계속 지키지 못했고, 왕국의 명백한 후계자는 모호한 채로 이야기가 끝난다. 《라마야나(Ramayana)》(기원전 300년경의 작품으로 저자는 발미키Valmiki라 전한다)에서는 악마 왕 라바나(Ravana)가 라마(Rama)의 아내 시타(Sita)를 납치해 전쟁이 시작된다. 이 줄거리는 트로이아(Troia)의 왕자 파리스(Paris)가 스파르타의 왕비 헬레네(Helene)를 데려갔다 벌어진 트로이아 전쟁과 비슷하다. 두 이야기는 모두 여인이 원래의 정당한 남편에게 돌아가는 것으로 마무리된다. 그러나 전쟁 비용과 여인의 순결 문제는 의문의 대상으로 남는다. 《일리아스(Iliás)》(기원전 8세기경)의 줄거리는 아킬레우스(Achilleus)의 분노를 따라간다. 이야기에 따르면 아킬레우스의 분노는 먼저 그리스인을 향했다. 아가멤논(Agamemnon)이 그의 애첩 브리세이스(Briseis)를 빼앗았기 때문이다. 그러다가 트로이아의 왕자 헥토르(Hector)가 아킬레우스의 연인이자 친밀한 동료인 파트로클로스(Patroclos)를 죽이자, 아킬레우스의 분노는 다시 트로이아를 향했다. 나중에 트로이아의 왕 프리아모스(Priamos)가 아들 헥토르를 잃고 슬퍼하는 모습을 보고 나서야 비로소 아킬레우스도 파트로클로스를 잃은 분노를 극복할 수 있었다. 그 와중에 전쟁은 계속되었다. 《오디세이아(Odýsseia)》(기원전 8세기경)에서 오디세우스(Odusseús)는 전쟁터에서 길고 험난한 길을 거쳐 집으로 돌아온다. 중간에 모든 부하를 잃었고, 여정은 몇 번이나 중단되었다. 키르케(Circe), 칼립소(Calypso), 나우시카(Nausicaa) 등 그의 아내가 아닌 다른 여인들과의 에로틱한 관계 때문이었다. 마침내 그가 고향 이타카(Ithaca) 섬으로 돌아왔을 때, 그는 자신의 아내 페넬로페(Penelope)를 되찾기 위해 섬의 모든 엘리트 독신 남성을 제거할 수밖에 없었다. 베르길리우스(Vergilius, 70~21 BCE)의 서사시 《아이네이스(Aeneis)》에서 주인공 아이네이아스(Aineías)는 트로이아에서 화재로 첫 번째 부인을 잃었다. 그리고 카르타고에서 두 번째 아내로 맞이하고자 했던 여인 디도(Dido)마저 포기해야 했다. 제우스(Zeus) 신의 명령에 따라야 했기 때문이다. 디도는 결국 자살에 이르렀다. 아이네이아스는 다시 라티움(Latium)으로 가 전쟁에 참여해야 했다. 그곳에서 아이네이아스는 운명의 여인 라비니아(Lavinia)를 만났다. 그녀에게는 이미 약혼자가 있었고, 여인의 어머니는 아이네이아스와의 결혼을 반대했다. 그럼에도 불구하고 결국 라비니아는 아이네이아스의 차지가 되었다. 그러나 그들의 결혼이 서사시의 끝이 아니었다. 아이네이아스는 라비니아의 과거 약혼자 투르누스(Turnus)를 살해했고, 주인공의 모호한 도덕성이 여운으로 남겨졌다. 페르시아의 서사시 〈로스탐과 소흐랍(Rostam and Sohrab)〉이 페르도우시(Ferdowsi, 혹은 Firdawsi, c. 935~c. 1020)의 저서 《샤나메(Shahnameh)》에 남아 있다. 아버지(로스탐)와 아들(소흐랍)은 서로 반대 진영에서 전쟁에 참전했고, 서로가 서로를 알지 못한 상태에서 아버지는 아들을 죽임으로써 후손이 끊기는 운명을 자초했다.[1]

끝없는 전쟁이 불러온 이별 혹은 강제 이주는 초기 중국 시편에서

---

1 Wendy Doniger, *Splitting the Difference: Gender and Myth in Ancient Greece and India* (University of Chicago Press, 1999); Patrick Colm Hogan, "The Epilogue of Suffering: Heroism, Empathy, Ethics," *SubStance* 30 (2001): 119-43; and A. M. Keith, *Engendering Rome: Women in Latin Epic* (Cambridge University Press, 2000).

두드러진 주제였다. 이들 시는 《시경(詩經)》에 수록되어 있다. 시적 화자는 주로 홀로 남겨진 아내 혹은 첩실이었다. 남편이 전쟁에 동원되어 오래도록 집을 비웠기 때문이다. "임께서 군역에 나가셨으니 어찌 그립지 않으리"(君子于役, 如之何勿思: 王風)라며 슬퍼하는 노래나,[2] "누구를 위해 얼굴을 단장해야 하나?"(誰適爲容: 衛風)라며 한탄하는 노래다.[3] 중국 최초의 두 제국(秦-漢)에서 군사적 팽창이 계속되는 가운데 "연가행(燕歌行)"이라고 하는 독특한 시가 장르가 출현했다. 주로 여인이 남편을 그리워하는 내용이 담겼는데, 남편은 북방의 연(燕) 지방 국경 부대에 배치된 상황을 전제로 했다. 연가행의 시초는 조비(曹丕, 187~226 CE)의 작품으로 알려져 있다. 그가 바로 위(魏)나라(220~266)의 황제 문제(文帝)였다. 이후 당(唐)나라 시기에도 연가행은 여전히 유행하는 시가 장르였다. 예컨대 고적(高適, 706~765)의 연가행에 "어린 아내 성남(城南)에서 애간장이 다 녹고, 군인 간 남편 계북(薊北)에서 먼 하늘을 돌아보네"(少婦城南欲斷腸, 征人薊北空回首)라는 구절이 있다(만리장성 13관문 중 제2관문이 계북에 있다. - 옮긴이). 여성은 상(商)나라 이후로 전투에 참여하는 것이 허락되지 않았지만, 영웅적인 여성 전사가 역사서나 문학 작품에 등장하기도 한다. 가장 유명한 여성 전사는 나이 많은 아버지 대신 전쟁에 참여한 목란(木蘭, 물란Mulan)이었다. 목란은 북위(北魏) 시대(386~534 CE)에 12년 동안 남자로 변장한 채 북방 스텝 지역의 유목민을 상대로 전쟁에 참여한 여인이다. 이 이야기를 담은 《목란사(木蘭

2 Arthur Waley, *The Book of Songs: The Ancient Chinese Classic of Poetry* (New York: Grove Press, 1996), p. 56.
3 Waley, *The Book of Songs*, p. 53.

辭)》는 6세기의 장편 서사시로, 많은 사랑을 받았던 작품이다.

국가가 성립되고 지역을 초월하는 네트워크가 만들어지는 동시에 분쟁이 발생하던 시기, 전쟁이 젠더 관계에 미친 영향이 수많은 서사시와 또 다른 시편에 기록되어 있다. 또한 이 시대에는, 특히 국가 및 제국 체제 아래에서 전쟁이 아닌 다른 주제를 강조하는 또 다른 문학 장르도 출현했다. 여기서는 관료 엘리트로서의 문필가 혹은 지식인이 전쟁 문학에서의 전사 위치를 대신하거나 보조했다. 이와 같은 새로운 장르에서 남성성과 여성성의 새로운 이상향이 만들어졌고, 성별 간 동등한 혹은 균형 잡힌 지위가 강조되는 경향을 보였다. 또한 복잡하고 위험한 세상에서 남성과 여성 사이의 에로틱하고 감성적인 애착 관계를 이해하고 충족하는 내용이 특징적이었다. 그리스 문화권에서 이와 같은 변화는 트로이아 포위 공격과 남성들 간의 전투 장면을 위주로 한 《일리아스》와, 전쟁 영웅이 집으로 돌아가는 과정을 그린 《오디세이아》의 차이에서 이미 드러나고 있었다. 《오디세이아》에서는 가장 기억에 남는 주요 등장인물이 대부분 여성이었다.[4] 새로운 젠더 역할 변화는 새로운 대중 문학 장르인 그리스 소설(Greek novel)에서 특히 뚜렷하게 나타났는데, 이는 팍스 로마나(pax Romana)의 전성기인 기원후 1세기에 출현한 문학 장르였다. 소설에 등장하는 세계는 평화로운 세상과 거리가 멀었다. 소설의 주인공은 언제나 짝을 이루었다. 높은 신분의 순수한 젊은 남성과 여성

4　Beth Cohen (ed.), *The Distaff Side: Representing the Female in Homer's Odyssey* (New York: Oxford University Press, 1995), and Richard Heitman, *Taking Her Seriously: Penelope and the Plot of Homer's Odyssey* (Ann Arbor: University of Michigan Press, 2008).

은 사랑에 빠지지만 고급 창녀, 해적, 도둑, 군인, 상인, 의사, 성직자, 마법사, 사랑을 질투하는 경쟁자 등의 방해로 헤어질 운명에 놓이게 된다. 잇달아 불운이 닥치는 가운데 사랑하는 남녀 주인공은 동로마 제국 전역에 걸쳐 티레(Tyre), 알렉산드리아(Alexandria), 델피(Delphi), 에페수스(Ephesus) 등 주요 항구와 종교의 중심지를 돌며 서로를 찾아다닌다. 젊은 남성과 아직 순결을 지닌 여성은 가까스로 함께 집으로 돌아와 결혼을 하고 같이 살면서 지고의 행복을 맛본다.[5]

성경(외경) 가운데 소설체로 기술된 유딧기(Judith)와 에스델기(Esther)가 있는데(기원전 4~2세기 성립), 모두 유대인 여성이 주인공으로 등장하여, 능숙하게 적군의 장수나 페르시아 황제와 애정 관계를 형성하고, 그들에 의해 위기에 처한 유대 민족을 구원하는 내용을 담고 있다.[6] 초기 기독교의 사도나 은자 혹은 순교자 이야기에도 비슷한 위협이 등장한다. 이는 곧 상업이나 제국, 혹은 세속의 사회 및 경제적 네트워크가 부여한 장애물이었다. 그러한 상황에서 성스러운 남성 혹은 여성은 세상의 에로틱한 애정을 멀리하고 신과 사후 세계에서 기쁨을 찾는다.[7] 그 비슷한 시기 남아시아에서는 타밀어나 산스크리트어 로맨스 장르가 있었다. 예컨대 시인 칼리다사(Kalidasa)의 희곡 《샤쿤탈라(Shakuntala)》(기원후 5세기), 일랑고 아디갈(Ilango Adigal)의 작품으로 전하는 《실라

5 Meriel Jones, *Playing the Man: Performing Masculinities in the Ancient Greek Novel* (New York: Oxford University Press, 2012).
6 Lawrence M. Wills (ed. and trans.), *Ancient Jewish Novels: An Anthology* (New York: Oxford University Press, 2002).
7 Kate Cooper, *The Virgin and the Bride: Idealized Womanhood in Late Antiquity* (Cambridge, MA: Harvard University Press, 1996).

파디카람(Shilappadikaram)》 등이다. 여기서도 이야기는 행복한 결혼으로 시작되지만 도시, 무역, 국가 등 인간 세상에서 질투와 유혹과 계급의식 때문에 부부가 갈라지게 된다. 부부는 다시 결합하지만 또다시 극심한 고통을 마주할 뿐이다. 결국 삶과 죽음의 윤회에서 벗어나고자 하는 의지를 가지게 되고, 그 뒤에야 지속 가능한 행복을 얻는다.[8] 이와 달리 중국과 일본 문학에서는 에로틱한 쾌락이 전혀 부정적인 의미로 등장하지 않았다. 도교, 밀교, 대승불교의 입장에서 성적 결합은 영혼의 속박을 풀어주는 긍정적 역할로 인식되었다. 뿐만 아니라 당나라의 지식인들은 성적 결합의 방법론을 집필하여 감각적 쾌락의 개발을 옹호했다. 예컨대 백행간(白行簡, 776~826)은 그의 저서 《천지음양교환대락부(天地陰陽交歡大樂賦)》에서 신혼부부를 묘사하면서 점차 서로를 조화롭게 받아들이는 과정을 설명한다. 봄, 여름, 가을, 겨울에 따라 다양한 환경(음악, 방의 장식, 좋은 음식 등)을 이용하여 친밀도를 높여 나간다.[9]

 기원후 제1천년기 중국 문학에서도 남성성과 여성성의 변화가 엿보인다. 초기 시편에서는 전쟁에 참여한 주인공이 이상적 인물로 등장했지만, 당나라 세속 문학의 주인공들은 전형적으로 과거 시험을 통과한 문인으로 제국 중앙 혹은 지방 관직에 있는 인물이었다. 마찬가지로 초기 중국의 시편에서는 여성의 외모(얼굴 모습)와 차림새를 강조했고, 이

---

8 Kalidasa, *The Recognition of Sakuntala*, trans. W. J. Johnson (New York: Oxford University Press, 2001), and Ilango Adigal, *Shilappadikaram (The Ankle Bracelet)*, trans. Alain Danielou (New York: New Directions, 1964).

9 Ping Yao, "Historicizing Great Bliss: Erotica in Tang China (618-907)," *Journal of the History of Sexuality* 22 (2013): 207-29.

상적 미인은 매혹적이지만 붙잡기 어려운 대상으로 묘사되었다. 여인의 외모를 묘사할 때는 아미(蛾眉, 누에 같은 눈썹), 미목(美目, 아름다운 눈), 호치(皓齒, 하얀 치아), 주순(朱脣, 붉은 입술), 옥지(玉指, 옥 같은 손가락), 교소(巧笑, 애교 있는 미소), 경거(輕裾, 가벼운 옷자락), 훈의(薰衣, 향기로운 옷), 세요(細腰, 가는 허리) 등 흔히 등장하는 문구가 있었다. 지은이를 알 수 없는 한(漢)나라의 어느 시에는 "미인은 구름 속에 있어 하늘길 닿을 수 없네"(美人在雲端, 天路隔無期: 《玉臺新詠》)라는 구절이 있다.[10] 《시경(詩經)》과 굴원(屈原, c. 340~279 BCE)의 《초사(楚辭)》 같은 시집이 있고, 또한 서릉(徐陵, 507~583 CE)이 편찬한 《옥대신영(玉臺新詠)》이라는 시 모음집이 있는데, 여기에는 동주(東周) 시대(771~221 BCE)부터 양(梁)나라(501~557 CE) 때까지의 시가 수록되어 있다. 이러한 시집에는 모두 가인(佳人)이 등장하는데, 아름답지만 도달할 수 없는 여성의 이미지를 담고 있다.

당나라 시기 성에 관한 개방적 태도 덕분에 여성을 묘사하는 방식이 더욱 확대되었다(그림 7-1). 그림을 곁들여 에로틱한 줄거리를 서술하는 성애 문학도 있었지만, 이외에도 당나라 시에서 "반쯤 벗은 가슴"(半露胸如雪: 白居易 〈吳宮詞〉)이나[11] "따뜻한 물로 목욕하는 여인의 맨살"(溫泉水滑洗凝脂: 白居易 〈長恨歌〉) 같은 표현이 직접적으로 등장했다.[12]

10 Xu Ling, *Yutai xin yong jianzhu*, ed. Wu Zhaoyi (Beijing: Zhonghua shuju, 1999), p. 20.
11 Bo Juyi, *Bo Juyi ji jianjiao*, ed. Zhu Jincheng (Shanghai: Shanghai guji chubanshe, 1988), vol. II, p. 1123.
12 Bo Juyi, *Bo Juyi ji jianjiao*, vol. II, p. 659.

〔그림 7-1〕 석가모니의 이상 세계를 그린 당나라 때의 작품
석가모니 아래에 그려진 음악가와 무용수는 몸에 달라붙는 짧은 옷을 입고 있다.

그러나 당나라 문학에서 이상적 여성상의 가장 큰 변화는 육체적 아름다움과 지적 능력을 동시에 갖춘 면모였다. 이러한 경향은 특히, 여성이 능동적 인물로 그려지는 대중 문학에서 두드러졌다. 원진(元稹, 779~831)의 작품 《앵앵전(鶯鶯傳)》에서 앵앵(鶯鶯)은 미모가 뛰어날 뿐만 아니라 "글도 잘 지었다"(善屬文). 그래서 "흔히 시의 구절을 읊곤 했다"(往往沈吟章句).[13] 이공좌(李公佐, c. 770~850)의 작품 《남가태수전(南柯太守傳)》에서도 주인공 순우분(淳于棼)이 여러 명의 여인을 만나는데, 그들은 모두 "넋을 잃을 정도로 아름답고 말도 우아하게 했다"(風態妖麗, 言詞巧艷).[14] 심아지(沈亞之, 781~832)의 작품으로 《이몽록(異夢錄)》이 있는데, 여기서 미인(美人, 여자 주인공)은 "우아하면서도 조용하게 걸으며, 손에 책을 들고 시를 읊는다"(環步從容, 執卷且吟)라고 묘사되며, 시를 애호하는 인물로 등장한다.[15] 이상화된 여성상으로 독서를 좋아하는 미인이 등장하는 현상은 과거 시험을 통과한 남성 지식인 엘리트 계층의 부상과 맥을 같이하는 것이었다. 학식을 갖춘 여성이라면 아들을 가르칠 수 있었고, 또한 남편의 동반자가 될 수 있었다. 국가 관료로 재직하는 남성이 시문의 능력으로 상을 받았고, 과거 시험에서도 가장 고귀한 과목이 시였기 때문에, 과거를 준비하는 남성은 지식과 감식안을 공유할 수 있는 학식 있는 여성을 우상화했던 것이다.

---

13 Li Fang (ed.), *Taiping guangji* (Shanghai guji chubanshe, 1994), vol. IV, p. 556.
14 Li Fang (ed.), *Taiping guangji*, vol. IV, p. 483.
15 Li Fang (ed.), *Taiping guangji*, vol. III, p. 125.

여성 작가

여성도 작가로서 젠더 관계나 성(sexuality)에 관한 글을 직접 남겼다. 이런 사례는 여러 장르에서 확인되는데, 이 또한 국가와 제국 및 네트워크 성장의 맥락에서 출현했다. 사포(Sappho)의 서정시(기원전 7세기)는 호메로스의 서사시에서 몇 가지 주제를 뽑아낸 것이었다. 사포의 작품 가운데 오래도록 유명했던 시편 중 하나는, 안드로마케(Andromache)가 트로이아에 도착해서 헥토르와 결혼한 일을 경쾌한 필치로 그려낸 작품이다. 작품 속에서 이러한 행복과 극명한 대립을 이룬 내용은 그리스와 트로이아의 전쟁, 그리고 전쟁이 그녀에게 가져다준 불행이었다. 즉 아킬레우스가 헥토르를 죽이고, 뒤이어 헥토르와 그녀의 아들 아스티아낙스(Astyanax)마저 살해되며, 전쟁이 끝난 뒤 안드로마케 자신이 노예로 전락하는 내용이었다. 그리스의 여류 시인 아니테(Anyte, c. 300 BCE)의 풍자시는 조국을 위한 전장에서 쓰러져간 용사들을 유창하면서도 충심으로 찬양했다. 아마도 그녀의 작품으로 잘못 알려진 듯한 어느 한 시편에서는 밀레토스(Miletos)의 세 처녀가 등장하는데, 그들은 골족(Gauls)의 침략에 맞서 포로로 잡히는 대신 자살을 선택했다.[16] 로마의 여인 비비아 페르페투아(Vibia Perpetua, 사망 203 CE)는 기독교도였는데, 감옥에서 사형 집행을 기다리던 중 아버지와 나눈 대화를 기록했다. 아버지는 자신이 얼마나 딸을 사랑하는지, 그리고 가족과 그녀가 낳은 아들에

---

16 Diane Rayor (trans.), *Sappho's Lyre: Archaic Lyric and Women Poets of Ancient Greece* (Berkeley: University of California Press, 1991), and Ellen Greene, (ed.), *Women Poets in Ancient Greece and Rome* (Norman: University of Oklahoma Press, 2005).

대하여 그녀가 어떤 책임감을 가져야 하는지를 설득했다. 제발 순교를 받아들이지 말라고 간청하는 마음에서였다. 그러나 그녀는 꿈속에서 어떤 장면을 보고 새로운 신념에 따른 행동을 더욱 확고히 결심했다. 그녀는 로마의 관습을 거부했고, 친족과 가정에 대한 고정관념도 배척했다. 꿈속에서 그녀는 미래에 자신이 순교한 뒤 어릴 적 죽은 남동생이 사후세계의 고통으로부터 구원되는 것을 보았다. 꿈속 장면의 상징이 여성적 모성애로 충만한 그녀를 남성적 전사로 바꾸어놓았던 것이다.[17] 신에게 헌신하기 위하여, 혹은 고차원의 영적 소명을 다하기 위하여 가족과 가정을 거부하는 여성은 이슬람교나 불교 혹은 힌두교 여성 시인들의 신비주의 시편에서도 확인할 수 있다. 예를 들면 라비아(Rabi'a, 8세기, 이슬람교), 파타차라(Patachara, 혹은 Patacara, 기원전 6세기, 불교), 안탈(Antal, 8세기, 힌두교) 등의 시인이 있었다.[18]

중국 당(唐)나라와 일본 헤이안(平安) 시대의 여성들은 시와 산문을 모두 남겼다. 그들이 남긴 글은 대부분 그들이 상대하는 남성에 순응하는 내용을 담고 있지만, 일부에는 뚜렷하게 여성애를 갈구하는 내용도 담겨 있다. 남성 중심적 사회에서 여성 간의 네트워크를 만들고자 했던 것이다. 당나라 도교의 여성 시인 어현기(魚玄機, 844~868)는 성적 관

---

17 Kate Cooper, "A Father, a Daughter and a Procurator: Authority and Resistance in the Prison Memoir of Perpetua of Carthage," *Gender & History* 23 (2011): 685-702.
18 Margaret Smith, *Rabi'a the Mystic and Her Fellow-Saints in Islam* (Cambridge University Press, 2010); Kathryn R. Blackstone, *Women in the Footsteps of the Buddha: Struggle for Liberation in the Therigatha* (Richmond, UK: Curzon Press, 1998); and Archana Venkatesan, *The Secret Garland: Antal's Tiruppavai and Nacciyar Tirumoli* (New York: Oxford University Press, 2010).

계보다 감정적 친밀함을 만들어가는 수단으로서 여성의 아름다움을 칭송하는 시편을 남겼다. 예컨대 어느 작품에서 어현기는 수도원 이웃에 사는 세 처녀의 뛰어난 미모를 칭송했다. 여성성을 공유하는 가운데 우정과 자존심을 강조했으며, 이들 여성이 태어날 때 남성성이 아니라 여성성을 선택했다고 보았다. "혼탁한 이 세상으로 유배 올 때 남자의 몸을 선택하지 않았어라(謫來塵世未爲男)." 같은 시편에 "아리따운 얼굴 한번 볼 수 있다면 죽음 또한 달콤하리니(若覩紅顔死亦甘)"라는 구절도 있다.[19] 일본 헤이안 시대 여성들은 남자의 글(즉 한문) 배우기를 좋아하지 않았다. 그 대신 히라가나로 자신의 생각 및 감정과 관찰한 내용을 기술했다. 히라가나는 9세기경에 개발된 소리문자인데, 여성 작가와 독자의 공동체에서 공유된 문자이기 때문에 특히 여성과 관련이 있었다. 그들이 남긴 글은 섬세하고 철학적이면서도 억압되지 않은 자아를 드러내고 있다. 10세기 말에 이르러 일본에서는 저명한 여류 문학가들이 등장했다. 이세(伊勢, ?~959)와 이즈미 시키부(和泉式部, 출생 c. 976) 같은 시인이 있었고, 유명한 산문집《마쿠라노소시(枕草子)》의 작가 세이 쇼나곤(淸少納言, c. 966~1017),《겐지 이야기(源氏物語)》의 저자 무라사키 시키부(紫式部, 973~1014?)도 있었다. 복잡 미묘한 궁중 생활을 아름답고 에로틱하게 그려낸《겐지 이야기》에서, 남성과 여성은 지성과 감성 면에서 동등하게 교류했으며 서로를 대할 때 윤리적 책임의 무게를 함께 나누

---

19 Suzanne Cahill, "Material Culture and the Dao: Textiles, Boats, and Zithers in the Poetry of Yu Xuanji (844-868)," in Livia Kohn and Harold D. Roth (eds.), *Daoist Identity: History, Lineage, and Ritual* (Honolulu: University of Hawai'i Press, 2002), pp. 102-26.

었다.

기원전 1200년에서 기원후 900년 사이의 시기를 보자면 여성 작가가 남성 작가에 비해 훨씬 적었지만, 시간이 지나면서 여성 작가의 수가 점차 증가하는 경향을 보였다. 그 배경에는 국가 관료 체제, 궁중 및 도시 문화, 상업이 발달함에 따라 문필의 가치가 갈수록 높아지는 맥락이 있었다. 여성 지식인의 수가 증가하면서 더 많은 여성이 글을 남겼다. 또한 중요한 점은, 그리스의 사포(Sappho)나 일본의 무라사키 시키부 같은 여성 작가들이 남녀를 막론하고 널리 명성을 얻었으며, 또한 남녀를 막론하고 후세의 작가들로부터 문학적 모델로 인정받았다는 사실이다.[20]

성, 건강, 웰빙

지역을 초월하는 네트워크는 공동체와 문화권의 범위를 넘어서는 인적 교류를 가능케 했다. 그 결과 지역을 초월하는 젠더 및 섹슈얼리티 관념이 생겨났다. 또한 새로운 관계를 규정하는, 지역을 초월하는 도덕적·윤리적 담론이 형성되었다. 그 형태는 철학적 이론 체계나 종교적 관습 및 신앙 등으로 나타났다. 이들은 모두 지역적 특성을 초월하는 보편타당성을 추구했으며, 이를 통하여 국가와 제국 및 무역로의 확장 과

---

20 Dolores O'Higgins, "Sappho's Splintered Tongue: Silence in Sappho 31 and Catullus 51," in Ellen Greene (ed.), *Re-Reading Sappho: Reception and Transmission* (Berkeley: University of California Press, 1999), pp. 68-78; Alexander E. W. Hall, "'And Cythera Smiled': Sappho, Hellenistic Poetry, and Virgil's Elusive Mechanics," *The American Journal of Philology* 132 (2011): 615-31; and Joe Parker, "Dreaming Gender: Kyōgoku School Japanese Women Poets (Re)Writing the Feminine Subject," *Tulsa Studies in Women's Literature* 27 (2007): 259-89.

정에서 알게 된 다양한 성 풍습과 젠더 정체성을 이해하고자 했다. 그러한 담론 중 일부는 출산을 목적으로 하는 부부 관계를 젠더 관계와 성 풍습의 보편적 규범으로 받아들였다. 다른 부류의 담론에서는 마음, 정신, 영혼의 만남을 중심으로 하는 모든 인간 존재의 평등을 강조하며, 모든 남자와 여자는 육체적 차이에도 불구하고 동등하게 취급되었다. 또 다른 부류의 담론에서는 성 풍습과 쾌락의 조건 및 의미를 분석하고 규명하려는 노력이 있었다. 그 시대에 출현했던 주요 세계 종교에서는 보다 높은 영혼의 목표로 나아가는 데 있어서 성적 재생산(출산)은 열등한 선(善)이고, 정신적 혼란 혹은 장애물로 여겨졌음에도 불구하고, 재생산을 전제로 하지 않는 성관계는 정상을 벗어난 것으로 간주하는 편이었다. 그래서 서로 대립하는 가치(영혼과 재생산)가 양립할 수 있는 다양한 해결책과 타협안이 만들어지기도 했다.

그리스-로마 문화권에서는 건강한 남성의 신체가 단단하고 뜨겁고 건조한 반면, 여성의 신체는 부드럽고 차갑고 습한 것으로 이해했다. 성적 재생산에서 남성의 정액이 발산하는 열과 에너지가 습한 자궁을 데우고, 그 결과로 자궁 속에서 열매를 맺는다고 믿었다. 이는 습하고 따뜻한 땅에서 씨앗이 싹을 틔워 식물이 자라는 것과 같았다. 이와 같은 과학적 담론에서 규범에 어긋난 행동은 모두 보편적 이상향에서 벗어난 일탈로 간주되었다(사내다운 성격의 여성, 여성스러운 남성, 양성구유자 등). 여성스러운 남성 개념에는 지나치게 성에 탐닉하는 사람도 포함되었다. 진정한 남자라면 건조하고 단단해야 하지만, 성에 탐닉하는 자들은 자주 관계를 맺는 바람에 정액이 지나치게 유출된 상태이기 때문이었다. 그리스와 로마의 학자들, 예컨대 헤로도토스(Herodotos,

c. 484~425 BCE), 스트라본(Strabon, c. 64 BCE~c. 21 CE), 타키투스(Tacitus, 56~c. 120 CE) 등은 이와 같은 모델을 적용하여 그들이 접했던 (현실과 상상 속의) 여러 문화권을 분류했다. 이들은 역사학 및 지리학 저서에서 자신들이 설정한 기준에 부합하면 칭송했지만 그렇지 않으면 비난하거나 뒤처진 것으로 판단하고, 비판하거나 잘못된 것으로 규정했다. 대표적 사례는 사내답지 못한 페르시아인과 남성적인 여성 부족 아마존(Amazons)이었다.[21]

그리스와 로마의 철학자들도 보편적으로 적용될 수 있는 젠더와 섹슈얼리티 이론을 제시했다. 아리스토텔레스(Aristoteles, 384~322 BCE)는 육체적·심리적·정신적으로 남성이 여성보다 우월하다고 주장한 반면, 다른 학파에서는 인간의 지성이 젠더의 차이를 넘어선다고 주장했다. 육체의 욕망을 넘어서는 영혼의 자유를 목적으로 보았기 때문이다. 피타고라스학파는 기하학의 조화로움을 강조하며 우주의 근본에 완벽한 기하학의 속성이 자리 잡고 있다고 믿었고, 남성과 여성의 구별 없이 모두 그 조화로움에 참여할 수 있다고 보았다. 피타고라스학파에 속하는 여성 학자들이 기원전 6세기에 저술한 글들이 헬레니즘 시대까지 전해졌다고 한다.[22] 플라톤(429~347 BCE)의 《대화편》이나 기타 플라톤주

---

21 Sophia M. Connell, "Aristotle and Galen on Sex Difference and Reproduction: A New Approach to an Ancient Rivalry," *Studies in History and Philosophy of Science* 31 (1999): 405-27; François Hartog, *The Mirror of Herodotus: The Representation of the Other in the Writing of History*, trans. Janet Lloyd (Berkeley: University of California Press, 1988); and Danela Dueck, *Strabo of Amaisa: A Greek Man of Letters in Augustan Rome* (New York: Routledge, 2000).
22 Sarah B. Pomeroy, *Pythagorean Women: Their History and Writings* (Baltimore, MD: Johns Hopkins University Press, 2013).

의를 표방한 글들을 보더라도 물질적 세계와 성적 재생산(출산)은 혼란으로 간주되었는데, 이는 인간 존재가 진정한 정신적 본성 혹은 영혼을 인식하는 데 방해가 되는 것이며, 존재의 진정한 고향은 이데아라고 하는 비물질적 세계였다. 이런 관점에서는, 플라톤이 《향연(Symposion)》과 《파이드로스(Phaidros)》에서 보여주었듯이, 남녀 간의 성적 욕망은 필연적으로 재생산과 연결될 수밖에 없기 때문에 남성 대 남성(또한 암묵적으로 여성 대 여성)의 관계가 실제로 더 우월한 관계였다. 동성 관계에서는 서로가 육체적 성관계에서 벗어나기가 상대적으로 더 수월하고, 그래서 육체 대 육체가 아니라 영혼 대 영혼, 즉 사랑의 정신적 본성을 인식하기가 더 유리하기 때문이었다. 남성뿐만 아니라 여성도, 적어도 이론상으로는 이와 같은 철학적 경지에 완벽하게 도달할 수 있었다. 남성에게 여성보다는 다른 남성과의 관계가 권장되었기 때문에 (플라톤 자신을 포함해서) 플라톤학파에 속하는 학자들 대부분은 남성 제자를 거느렸다. 그리고 피타고라스학파의 경우와 달리 플라톤학파에 속하는 여성의 문헌은 거의 남아 있지 않다.[23]

초기 중국 철학에서도 남녀 간의 성적 결합을 비유적으로 표현하거나 특징적 어휘들을 사용한 경우가 있었다. 《시경(詩經)》(공자가 편찬했다고 전한다)이나 《춘추좌씨전(春秋左氏傳)》(공자 저술의 주석 모음집, 기원전 4세기 초) 등에는 초기 중국에서 섹슈얼리티(성별을 구분하는 특징)에 대한 개방적 시선과 있는 그대로의 현실을 받아들이는 태도가 반영

---

23 See, e.g., Frisbee Sheffield, *Plato's Symposium: The Ethics of Desire* (New York: Oxford University Press, 2009).

되어 있다. 한(漢)나라 시기에는 젠더와 섹슈얼리티에 관한 글들이 상당히 증가했다. 이 시기의 가장 중요한 텍스트는 물론 마왕퇴백서(馬王堆帛書)다. 한나라 당시 마왕퇴라는 인물의 무덤에서 발견된 부장품으로, 15편의 의학 관련 텍스트가 포함되어 있었다. 그중 《십문(十問)》, 《천하지도담(天下至道談)》, 《합음양(合陰陽)》 등은 의문의 여지 없이 방중술(房中術)을 기술한 텍스트였다. 한나라 시기의 섹슈얼리티 담론은 주로 의례 아니면 방중술이었다. 여기서 우리는 중국 역사상 가장 오래된 성 관련 문화를 확인할 수 있다. 일반적으로 여성의 신체는 음(陰), 남성의 신체는 양(陽)으로 구분하는데, 마왕퇴백서의 의서들은 의학 지식과 도교 신앙을 결합한 독특한 경향성을 보여주었다. 일부 텍스트에서는 성적 결합을 음과 양의 결합으로 보았으며, 육체적 웰빙에 어떤 이로움을 주는지를 논했다.[24] 이와 같은 텍스트에서 보이는 젠더와 섹슈얼리티 관점은 이중적이었다. 한편으로는 성적 결합의 과정에서 여성의 쾌락의 중요성을 강조했으며, 모든 인간 존재는 음기(陰氣)와 양기(陽氣)의 건강한 균형을 필요로 하고 그 균형에 이르려면 남녀 간의 성관계가 필수적이라고 보았다. 다른 한편으로 이들 텍스트는 명백하게 남성을 위한 책이었다. 성적 행위가 의학적 가치를 얻으려면 남성은 반드시 여성을 오르가슴에 도달하게 만들어야 하고, 그래서 여성의 음기가 방출되도록 해야 했다. 아마도 이것이 고대 중국 문헌에서 동성애가 거의 등장하지 않게 된 이유였을 것이다. 또한 그래서 성적 재생산과 생산을 전제로 하

---

24 Donald Harper, *Early Chinese Medical Manuscripts: The Mawangdui Medical Manuscripts* (London: Kegan Paul, 1998).

지 않는 성관계의 윤리적 대립에 관한 내용도 거의 찾아볼 수 없다. 아마도 중국인은 성적 쾌락과 가문 유지 사이의 갈등을 그렇게 심각한 문제로 고려할 이유가 없었을 것이다.

이상적 배우자

한(漢)나라 시기 중국에서 여성의 전문성에 관한 글들이 등장했다. 중점은 가정과 사회에서 자신의 책임을 어떻게 완수할 것인가 하는 내용이었다. 이런 유의 글들은 대체로 유교에 입각했으며, 도덕적 권위를 뒷받침했다. 유향(劉向, 77~6 BCE)의 《열녀전(列女傳)》은 과거 모범적인 여성의 사례를 수록한 책이다. 딸이자 며느리로서 아들에게 현명한 어머니(현모賢母) 혹은 남편에게 이익이 되는 아내(양처良妻) 역할을 했던 사람들이다. 유향은 《열녀전》에 〈얼폐전(孼嬖傳)〉을 추가하여, 궁중 내 후궁 가운데 제국의 멸망에 기여한 사악하고 위험한 여인들을 기록했다. 이와 같은 열녀의 사례는 이후 왕조사마다 반드시 포함되는 내용이 되었고, 그 자체로 하나의 문학 장르가 되었다. 그리고 중국 전통 시대를 통틀어 여성의 도덕적 기준으로 작용했다.[25] 반소(班昭, 45~116)는 유명한 역사가이자 유학자인 반고(班固, 32~92)의 여동생으로, 〈여계(女誡)〉(여성을 위한 훈계라는 의미)라는 글을 남겼다. 이 글에 7가지 여성의 미덕이 기록되어 있는데, 열거하자면 다음과 같다.[26] (저자는 7가지 덕

---

25 See Lisa Ann Raphals, *Sharing the Light: Representations of Women and Virtue in Early China* (Albany: State University of New York Press, 1998).
26 Nancy Lee Swann, *Pan Chao: Foremost Woman Scholar of China* (Ann Arbor: Center for Chinese Studies, University of Michigan, 2001).

목을 영어로 "humility, resignation, subservience, self-abasement, obedience, cleanliness, industry"라고 번역했다. 중역을 해서는 한문 원문의 의미를 살리기 어렵기도 하고, 이 자체가 반소의 원문과 다소 차이가 있다. 특히 청결 cleanliness의 덕목은 원문에서 언급된 바가 없다. 그래서 부득이 조선 시대 언해본을 참조하여 반소의 원문을 직접 번역했다. – 옮긴이)

비약(卑弱): 몸을 낮추고 태도를 부드럽게 할 것.
부부(夫婦): 성관계를 소중히 여길 것.
경순(敬順): 남편을 공경하고 순종할 것.
부행(婦行): 행동거지를 바르게 하여 여자의 덕(婦德), 여자의 말(婦言), 여자의 용모(婦容), 여자의 솜씨(婦功)에 유의할 것.
전심(專心): 한결같은 마음을 가지고 다른 이성을 돌아보지 말 것.
곡종(曲從): 시부모님의 말씀을 (비록 틀린 말일지라도) 잘 따를 것.
화숙매(和叔妹): 남편의 형제자매와 화목하게 지낼 것.

당(唐)나라 시기에도 "열녀"의 전통은 계속되었다. 반소의 글 〈여계〉는 엘리트 가문 소녀의 필독서로 자리 잡았다. 교육 목적의 고전뿐 아니라 비문(碑文) 또한 여성의 역할과 미덕을 규정하는 대중적 담론의 주요 통로였다. 영웅적 업적을 기리는 열녀전의 주인공들이나 왕조사에서 탐욕과 탈선으로 정치적 파국을 초래한 악녀들과 달리, 당나라 엘리트 계층 여성의 비문에는 집안일을 근면하고 유능하고 지혜롭게 처리하고 문학적·종교적 통찰력이 뛰어났다는 인물평이 주로 기록되어 있다. 반소의 〈여계〉에 등장하는 여인의 미덕은 사망자의 과거를 기록하는 비문에서 가장 흔히 사용되는 내용이었다.

그리스-로마 문화권에서는 헬레니즘 시기에 스토아학파(Stoicism)가 출현했다. 이들은 결혼과 출산에 관련된 체계적 윤리 기준을 제시했는데, 그 배경에는 복잡하게 서로 얽힌 왕국과 제국 들의 세계적 맥락이 놓여 있었다. 기원 전후 1세기경 로마 제국에서는 팽창과 체제 안정이 가속화되고 있었다. 당시 로마 정치를 주도한 계층에서도 많은 수가 스토아학파에 참여했다. 그들의 결혼관은, 사랑으로 맺어진 남성-여성 동료가 서로를 후원하는 개념이었다. 자기 절제를 위해서는 육체와 욕망, 그리고 그와 관련된 쾌락과 고통의 감정을 다스릴 수 있어야 했다. 그것이 복잡하고 거대한 사회에서 살아남고 성공할 수 있는 비결이었다. 진정으로 내밀한 친밀감은 섬세하게 공들여 개발해야 하는 것이었다. 스토아학파는 남성의 공적 의무 및 사회적 책임을 강조했으며, 결혼하고 아이를 낳는 일도 그에 포함되는 임무였다. 그러나 그러한 책임을 다하면서도 자기 절제와 이성적 행동의 의무를 벗어나지 말아야 했다. 아내의 윤리적 의무는 결혼 상대자를 대하는 태도에 달려 있었다. 차분하게 남편을 대해야 하며 친절하게 상대해주어야 했다. 혼란과 소동이 발생할 경우, 예컨대 아이가 하나 죽는다든지(영유아 사망률이 워낙 높은 시대였으므로 드문 일이 아니었다) 불행한 사태가 일어났을 때 부부는 스스로 훈련한 침착함을 유지하며 상황을 받아들임으로써 서로에게 힘이 되어주어야 했다.[27]

---

27 Gretchen Reydams-Schils, *The Roman Stoics: Self, Responsibility, and Affection* (University of Chicago Press, 2005).

인도에서 브라만교는 두 가지 서로 대비되는 다르마(dharma), 즉 윤리적·도덕적 가르침을 개발했다. 《마누법전(Laws of Manu)》(c. 200 BCE~200 CE)이나 카우틸랴가 쓴 《아르타샤스트라(Arthashastra)》(기원전 300년경으로 알려짐)는 베다 시대 카스트 계급 구분의 전통을 고착화했다. 이들 텍스트에서는 남성-여성의 재생산(출산)을 성과 젠더의 규범으로 삼았다. 남성은 아이를 생산하고 여성은 아이를 품고 길러서 적법하게 자신의 카스트를, 즉 바르나(varna) 계급은 바르나를, 자티(jati) 계급은 자티를 재생산하는 것이 기본 조건이었다. 법전에 해당하는 《다르마샤스트라(Dharmashastra)》에서는 생산을 전제로 하지 않는 성적 관계는 도덕에 위배되며 불결한 것으로 명백히 규정하고 있다. 간통이나 남성 대 남성의 성교는 가혹한 처벌을 받아야 했다. 또한 여성은 남성에 도움이 되어야 하며, 여성이 열등하다는 점도 강조하고 있다. 이와 달리 기원전 10~5세기에 집성된 《우파니샤드(Upanishad)》에서는 브라흐만(brahman, 영혼)이 젠더나 카스트와 무관하며 중립적이고 보편적으로 모든 존재에 깃들어 있다는 점을 강조했다. 이 가르침에 따르면 남성과 여성은 누구나 고행(yoga)을 함으로써 해탈(moksha)에 이를 수 있고, 고통과 욕망과 물질 세계 및 신체에 대한 집착에서 벗어날 수 있다. 이런 점에서 《다르마샤스트라》와 《우파니샤드》는 뚜렷한 대비를 보이는데, 고전기 힌두교에서는 마침내 이들이 하나로 통합되었다. 즉 상류 카스트의 남성은 먼저 아내를 통하여 아이를 낳고 성인이 될 때까지 길러서 세상의 다르마를 다 마친 후에 세상에서 물러나 수행을 통한 자유를 추구한다는 절충점을 찾은 것이다. 바람직한 아내라면 남편이 은퇴하여 명상과 영적 훈련을 할 때 동참해야 한다. 그런데 정통 힌두교 교리에 따르면 여성은 해탈에 이를 수 없다. 그러나 여성이 아내의 다르마를 충족하고 남편의 수행 의무를 돕는다면 다시 남성으로 태어날 수 있고, 그렇게 하는 것이 전혀 불명예스러운 일은 아니라고 보았다. 고전 힌두교에서 젠더 및 카스트를 초월하는 중립의 전통도 명맥을 유지했다. 바로 바크티(bhakti)의 전통으로, 신을 개인적으로 경배하는 신앙 생활을 의미했다. 이들은 엑스터시를 통해 해탈을 경험함으로써 사랑스럽고 매력적인 종교인으로 거듭날 수 있었다.[28]

성, 젠더, 종교

국가와 제국을 비롯한 세계적 네트워크 환경에서 출현한 보편 종교는 성과 젠더에 대한 기존의 담론을 바탕으로 했지만, 동시에 그것을 완전히 재편하기도 했다. 앞에서 언급한 힌두교의 서사시는 이 과정을 극명하게 보여주는 사례였다. 그리스-로마인도 자신의 종교적 신앙과 숭배 의례를 보편화하려는 노력을 기울였다. 그들은 다른 지역의 신과 문화를 자신들의 판테온에서 동일한 신격으로 대우했다. 새롭게 제국에 편입된 민족들이 섬기던 신들도 마찬가지였다. 그래서 그리스 판테온은 올림포스 신들 이외에 로마 신들도 흡수했을 뿐만 아니라 동방(이집트, 바빌론)이나 북방(스키타이, 켈트, 게르만) 이웃 정복민의 신이나 숭

---

28 Kautilya, *The Arthashastra*, ed. and trans. L. N. Rangarajan (New Delhi: Penguin Books India, 1992); Brian Black, *The Character of the Self in Ancient India: Priests, Kings, and Women in the Early Upanishads* (Albany: State University of New York Press, 2007); and Arti Dhand, *Woman as Fire, Woman as Sage: Sexual Ideology in the Mahabharata* (Albany: State University of New York Press, 2008).

배 문화 또한 가급적 수용하려 했다.[29] 델포이(Delphoe)에 있는 아폴론 (Apollon) 신전에서 거행된 예배나, 엘레우시스(Eleusis)에서 거행된 페르세포네(Persephone)와 데메테르(Demeter)를 섬기던 신비주의 의례에는 그리스(나중에는 로마까지) 문화권의 거의 전역과 그 바깥 지역에서 젊은 남녀가 몰려들었다.[30] 한편 젠더 혹은 성적 요소가 가미된 숭배 문화 중에는 그리스-로마 문화권의 시각으로 보기에 너무 지나치다고 판단되어 수용할 수 없는 한계도 존재했다. 이른바 "성스러운 매춘"이라는 의례가 있었는데, 그리스 저술가들이 남긴 글에 따르면 메소포타미아와 시리아 지역의 경우 여신들에게 헌정된 사원에서 그런 일들이 있었다(여신을 섬기는 성직자와 몸을 섞음으로써 자신의 육신을 신에게 헌정하는 의례였다). 그리스 저술가들은 이와 같은 남자답지 못한 성적 도착을 이질적이며 생소한 짓이라고 비판했다. 성스러운 매춘 풍습은 코린토스 (Kórinthos)에도 있었다. 스트라본(Strabon)의 저서에 따르면, 그곳 그리스 폴리스에 있는 아프로디테(Aphrodite)의 사원에서 그와 같은 일이 거행되었다. 이외에도 사치품에 집착하는 등 항구 도시 코린토스의 풍습은 동방의 상업 도시를 닮아 있었다고 한다.[31]

그러나 실제로는 기존 상식에서 벗어난 성 문화 풍습도 그리스-

---

29 See, e.g., Petra Pakkanen, *Interpreting Early Hellenistic Religion: A Study Based on the Mystery Cult of Demeter and the Cult of Isis* (Helsinki: Suomen Ateenan-instituutin säätiö , 1996), and Stephanie L. Budin, "A Reconsideration of the Aphrodite-Ashtart Syncretism," *Numen* 51 (2004): 95-145.
30 Matthew Dillon, *Pilgrims and Pilgrimage in Ancient Greece* (New York: Routledge, 1997).
31 Mary Beard and John Henderson, "With This Body I Thee Worship: Sacred Prostitution in Antiquity," *Gender & History* 9 (1997): 480-503.

로마인의 생활 속으로 공공연히 소개되었다. 그중에서도 특히 바쿠스(Bacchus)와 마그나 마테르(Magna Mater, 위대한 어머니, 대지의 여신 키벨레Cybele)를 숭배하는 의례가 주목할 만하다. 이러한 의례는 풍요의 의미와 관련이 있었다. "동방"에서 수입되어 온 이러한 문화는 규범적 젠더 역할을 바꿈으로써 신격에 에로틱하고 신비로운 분위기를 더했고, 신도들은 그 과정에서 엑스터시를 경험했다. 즉 여성은 가정과 폴리스의 속박을 벗어나 야생의 세계에서 공격적으로 바쿠스를 추종했으며, 남성은 여성의 옷을 입거나 심지어 거세를 하면서까지 대지의 여신 키벨레(Cybele)를 위해 헌신했다. "보편적" 젠더 규범을 벗어나는 이와 같은 풍습은 평상 세계에서는 오히려 젠더 규범을 강화하는 의미가 있었고, 동시에 신의 세계에서는 동성의 사회 관계(남성은 남성끼리, 여성은 여성끼리)가 출산이 아닌 다른 식의 재생산 구조로 인식되었다.[32] 이와 비슷한 수입 문화의 사례로, 페르시아의 신 미트라(Mithra) 숭배가 있었다. 미트라를 숭배하는 신도는 모두 남성이었고, 미트라교를 믿는 사람이 동성 의례에 참여하면 죽지 않는다는 믿음이 있었다. 기원후 1세기 말에서 2세기 사이 로마 군대에서 미트라교가 유행했는데, 이 시기는 로마법이 군인에게 복무 기간을 통틀어 결혼을 금지했던 때와 정확하게 겹친다. 로마 군인의 미트라 숭배는 기원후 3세기 초 군인의 결혼 금지법이 폐지된 이후로도 널리 퍼져 있었고, 4세기 로마 제국 전체가 기독

---

32 Ross Shepard Kraemer (ed.), *Women's Religions in the Greco-Roman World: A Sourcebook* (New York: Oxford University Press, 2004), pp. 12-36 and 283-92, and Will Roscoe, "Priests of the Goddess: Gender Transgression in Ancient Religion," *History of Religions* 35 (1996): 195-230.

교화되기 전까지 그대로 유지되었다.³³

기독교는 그 뿌리가 유대교에 있었지만 스토아학파, 신플라톤주의, 조로아스터교에 점차 가까워졌다. 기독교에서 받아들인 다양한 철학 및 종교적 태도는 공통적으로 여성이 남성에게 종속되며, 재생산(출산)을 전제로 하는 남성-여성의 결합을 규범으로 삼았고, 동시에 인간의 영혼과 구원은 젠더와 무관한 현상으로서 성적 특징을 초월하고 차별을 거부하는 데서 비롯된다고 보는 입장이었다. 기독교에서는 출산을 전제로 하지 않는 성관계를 죄악시했는데, 세상에서 여성의 가장 중요한 공적 의무는 아내이자 어머니로서의 역할이었다. 결혼한 여성이 남편이 아닌 다른 남자와 성관계를 맺는 것은 간통죄에 해당했다. 아내가 남편 이외의 누구라도 성관계를 맺으면 그녀는 더럽혀진 죄인이었다. 그러나 남편이 매춘부 등 아내가 아닌 다른 여성과 성관계를 맺으면, 그것 또한 간통죄이긴 하지만 상대 여성이 결혼하지 않은 경우 죄의 심각성은 조금 덜했다. 기원후 4~5세기의 교부(敎父, Church Father) 철학에서는 육체의 욕망보다 영혼의 특권을 인정했지만, 미덕과 고행과 영혼의 구원은 남성성으로, 연약하고 타락한 육신은 여성성으로 이해하는 경향을 보였다. 여성이 정신적 목표를 추구하려면 남성에 비해 더 많은 난관을 극복해야 했다. 남성보다 여성의 신체가 더 연약하고 약점이 많기 때문이었다. 여성이 월경을 하는 것은 곧 육신이 부패했다는 증거

33 Manfred Clauss, *The Roman Cult of Mithras: The God and His Mysteries*, trans. Richard Gordon (New York: Routledge, 2000), and Brian Campbell, 'The Marriage of Soldiers under the Empire," *The Journal of Roman Studies* 68 (1978): 153-66.

였으며, 이는 제단과 성직자의 공간에서 (모세의 율법에 따라) 여성을 배제하는 근거가 되기도 했다. 그럼에도 불구하고 남성과 여성은 모두 자신의 순결을 신에게 바치고 장래 성적 재생산(출산)을 포기하며 더 높은 차원의 목적을 추구함으로써 영적 투쟁의 과정을 공유할 수 있었다. 출산을 악으로 규정하지 않는다(다만 정액을 흘리는 행위는 생리처럼 불결한 행위로 간주된다)는 점 이외에도 기독교와 조로아스터교 및 영지주의(Gnosticism)는 공통적 시각이 있었다. 즉 이들은 우주를 빛(선)과 어둠(악)이 벌이는 전쟁의 장으로 인식했다. 기독교 수도사에게는 성행위가 금지되었고, 수도사의 고행은 순교와 함께 선의 편에 서서 싸우는 가장 중요한 방편이었다. 수도원에서 생활하는 남녀 성직자 집단은 신앙으로 무장하고 영적 전쟁에 출전하는 전사였다. 후기 고대와 중세 초기 기독교의 가장 두드러진 특징은 바로 이들의 수도원 생활이었다.[34]

종교적 엘리트 계층의 수도원 생활은 또한 불교의 특징이기도 했다. 비구와 비구니로 구성된 최초의 불교 공동체(승가僧伽)는 기원전 6~4세기에 출현한 수도원의 일종이었다. 예컨대 자이나교(Jainism) 공동체도

---

34 Peter Brown, *The Body and Society: Men, Women, and Sexual Renunciation in Early Christianity* (New York: Columbia University Press, 1988); Lynda L. Coon, *Sacred Fictions: Gender and Hagiography in Late Antiquity* (Philadelphia: University of Pennsylvania Press, 1997); Lynda L. Coon, "Somatic Styles of the Early Middle Ages," *Gender & History* 20 (2008): 463-86; Kate Cooper, *The Fall of the Roman Household* (New York: Cambridge University Press, 2007); Mathew Kuefler, *The Manly Eunuch: Masculinity, Gender Ambiguity, and Christian Ideology in Late Antiquity* (University of Chicago Press, 2001); and Kristen E. Kvam, Linda S. Shearing, and Valarie H. Ziegler (eds.), *Eve and Adam: Jewish, Christian, and Muslim Readings on Genesis and Gender* (Bloomington: Indiana University Press, 1999).

이 무렵에 출현했다. 불교의 승려(비구와 비구니)는 욕망을 완전히 차단해야 했고, 분노나 증오 같은 부정적 감정을 극복함으로써 올바른 행동을 개발하고 무지 대신 지혜로 정신적 집중 상태에 도달해야 했다. 이와 같은 명상과 공부의 과정을 통해 불교 승려는 깨달음을 얻을 수 있었고, 설교나 문필 활동으로 자신이 얻은 지혜를 다른 사람들과 나눌 수 있었다. 평신도는 세속에서 남편이나 아내 혹은 가장으로 생활하며 수도원에서 행하는 설교 시간에 참석하여 영감과 정신적 이익을 얻는 대신 물질적으로 승려를 지원했다. 이와 같은 선한 일을 통해 긍정적 카르마(karma)를 쌓아 나가면 남성과 여성 평신도 또한, 대개는 다음 생에 다시 태어나 깨달음을 얻을 수 있었다.[35]

이슬람은 기독교와 같은 뿌리를 가지며, 세상을 선과 악의 전쟁으로 보는 시각 또한 같다. 그러나 젠더와 섹슈얼리티 담론에서 이슬람은 기독교와 달랐다. 랍비 유대교(rabbinic Judaism)와 마찬가지로 이슬람은 남녀의 성적 재생산(출산)을 전제로 한 쾌락을 절대 선으로 인정했다. 이와 관련하여 《쿠란》에서 제시되고 또한 기원후 7~9세기에 등장한 이슬람 율법 학파들에 의해 발달한 담론에 따르면, 모든 남성과 여성은 결혼해서 후손을 생산해야 한다. 출산을 전제로 하지 않은 성은 타락으로 여겨 금지되었다. 남성이 자유민 여성과 결혼하는 것은 자유였지만, 노예

---

[35] Mohan Wijayaratna, *Buddhist Monastic Life: According to the Texts of the Theravada Tradition*, trans. Claude Grangier and Steven Collins (Cambridge University Press, 1996), and Mohan Wijayaratna, *Buddhist Nuns: The Birth and Development of a Women's Monastic Order* (Kandy, Sri Lanka: Buddhist Publication Society, 2010).

와 결혼하려면 신붓값을 지불해야 했다. 기독교는 독신과 고행을 칭송했는데, 이는 예수를 신으로 간주하는 교리와 함께 이슬람이 기독교를 비판하는 핵심 교리 중 하나였다.《쿠란》에 따르면, 성적 쾌락은 구원을 받은 뒤 낙원에서도 계속해서 즐길 수 있는 것이었다. 재생산을 위한 남성-여성의 결합을 전제로 여성은 재산을 상속받고 또한 원하는 대로 관리할 수 있었다. 남성은 아내(들)의 이익을 위하여 재산을 사용해야 했다. 남성은 아내를 넷까지 둘 수 있었지만 여성의 입장에서 남편은 하나만 둘 수 있었다. 다만 일부다처제가 허용되려면 경제적 측면뿐만 아니라 감정적으로, 또한 성적으로도 남편이 모든 아내를 동등하게 지원할 수 있어야 했다. 혼외정사는 여성에게 절대적으로 금지되는 일이었지만, 남성에게는 상대가 결혼하지 않은 노예인 경우 첩으로 두는 것이 허용되었다. 신앙적 권리와 관련된 모든 신앙 생활(기도, 기부, 금식, 순례)은 모든 무슬림에게 동등한 의무였고, 수피즘(Sufism) 같은 신비주의적 신앙은 남성과 여성 모두에게 개방되어 있었다. 그러나 세속의 공적 생활에서 여성은 남성에게 종속되어야 했다.[36]

중국에서는 한(漢)나라 이후 양생(養生) 관련 담론에서 도교의 음양(陰陽) 개념과 성적 결합이 결부되어 성행위의 이익이 거론되기 시작했다. 후한 시기에 가장 영향력 있는 텍스트는 3~4세기의 《소녀경(素女經)》,《옥방비결(玉房秘訣)》,《황정경(黃庭經)》과, 4~5세기의 《상청황서

---

36 Kecia Ali, *Marriage and Slavery in Early Islam* (Cambridge, MA: Harvard University Press, 2010); Sherry Sayed Gadelrab, "Discourses on Sex Difference in Medieval Scholarly Islamic Thought," *Journal of the History of Medicine and Allied Sciences* 66 (2011): 40-81; and Kvam et al. (eds.), *Eve and Adam*.

과도의(上淸黃書過度儀)》 등이었다. 이러한 텍스트의 내용은 모두 방중술(房中術)로, 도교의 영향을 받은 것이며, 중세 초기 중국의 성적 관념을 잘 드러내고 있다. 전문가들의 해석에 따르면, 도교에서는 양기(陽氣)를 이 세상에서 불사의 단계에 도달할 수 있는 결정적 요소로 간주했으며, 성적 결합은 이러한 목적을 이루기 위해 필요한 가장 대표적인 기술이었고, 초기 방중술에서는 흡혈귀가 피를 빨아 먹듯이 남성이 여성으로부터 기를 빨아들이라고 권장했다. 그러나 이와 달리 해석하는 견해도 있다. 즉 《상청황서과도의》를 분석해보면, 초기 도교 전통에서 여성은 가장 중요한 대상이자 "동등한 파트너"로 간주되었다. 성적 결합은 도교 의례의 입문으로 권장되는 행위였다. 성행위 과정에서는 이른바 "합기(合氣)"가 중요했는데, 남성의 성적 에너지(황기黃氣)와 여성의 성적 에너지(홍기紅氣)가 결합하여 조화로운 우주를 만들어내는 것이었다. 흡혈귀든 조화로운 세계든 분명한 것은, 섹슈얼리티의 종교적 이해와 실천에서 한나라 이후 당나라 이전까지 분열의 시기(220~581 CE)에 음양의 결합 이론이 기본 바탕이 되었다는 것만은 틀림없는 사실이다.[37]

그러나 이 시기 섹슈얼리티 관련 담론이 도교에만 있었던 것은 아니다. 불교의 승려들도 성의 기술에 관한 대중적 설교를 했던 것으로 알려져 있다. 예컨대 위(魏)나라의 역사를 기술한 《위서(魏書)》에 따르면, 《열반경(涅槃經)》의 번역가로 유명한 담무참(曇無讖, 384~433)이라는 승려가 엘리트 계층의 젊은 부인네를 대상으로 "남성과 여성의 성적 결

---

37 후한 시기 문헌 자료에서 도교에서 말하는 남녀의 결합과 성관계를 통한 음양의 조화 개념에 대한 연구는 다음을 참조. Catherine Despeux, *Immortelles de la Chine Anncienne: Taoïsme et Alchimie Féminine* (Puiseaux: Pardès, 1990).

합"에 관한 교육을 했다고 한다. 뿐만 아니라 초기 불교 경전이 중국에 전해져 젠더 관계나 성행위에 관한 정신적 토대를 제공했다. 예컨대 안세고(安世高, 2세기 중엽)가 중국어로 번역한 경전《시가라월육방예경(尸迦羅越六方禮經)》에서는 남편-아내의 만족스러운 결합이 축복받은 가족의 윤리적 척도라고 설파했다. 4~5세기 중국 남부 지역에서《시가라월육방예경》의 세 가지 서로 다른 번역본이 유통되었다. 경전의 대중적 인기를 고려하자면 당시 불교가 가정 생활과 특히 부부 성생활의 지혜를 얻을 수 있는 원천으로 이해되었던 것 같다.

방중술(房中術)

당나라 성립 이전까지 분열의 시기 동안 유교는 불교나 도교와 경쟁하는 대신 그들의 관점을 기꺼이 받아들였다. 그렇게 할 수 있었던 이유는 성에 관한 그들의 해석이 유교 전통에서도 필요한 측면이 있었기 때문이다. 유교의 가부장제 아래 가장은 여러 첩실을 안채에 두고 관리하는 입장이었기 때문이다. 게다가 가문의 계보를 이어야 하는 의무를 생각할 때 유교는 성에 관한 그들의 견해를 더욱 적극적으로 받아들여야 했다. 이런 입장은 당나라 이전 중국에서 성과학이 부상하는 데 긍정적으로 기여했을 것이다.[38]

방중술과 관련된 초기 이론은 도교의 이론과 수행법에서 주도했다. 이들은 성에 관하여 낭만적이기보다는 합리적인 태도를 가지고 있었

---

38 R. H. van Gulik, *Sexual Life in Ancient China: A Preliminary Survey of Chinese Sex and Society from ca. 1500 BC till 1644 AD* (Leiden: Brill, 2003), p. 109.

다. 젠더와 섹슈얼리티에 관한 담론은 당나라 시기에 심대한 변화를 거쳤다. 이와 같은 변화는 불교의 영향이 증가했기 때문이기도 하지만, 중국에서 과거 시험을 통과한 새로운 지배 계층이 출현한 것도 관련이 있었다. 성에 관한 도교의 지식은 왕조 시대를 통틀어 지속된 것이 사실이지만, 당나라 이후로는 한나라 때나 당나라 이전 분열 시기만큼 확고한 발전의 면모를 보인 때가 없었다. 당나라 시기 성에 관한 담론은 종교적 측면에서는 아마도 불교가 가장 대중적인 영향을 미쳤던 것 같다. 특히 탄트라불교(밀교)가 들어오면서 신체와 젠더와 성적 결합에 관한 당나라 시대의 이상향이 새로운 차원을 맞이하게 되었다.

대승불교에 속하는 대부분의 종파는 인간의 욕망을 억제하려 했지만, 그럼에도 불구하고 섹슈얼리티 관련 담론은 불교 교리에서 핵심 지위를 차지하고 있었다. 불교의 욕망 해석에서 핵심은 성의 이해였다. 해탈, 구원, 혹은 깨달음은 경우에 따라 섹슈얼리티를 부정하거나 긍정하거나 혹은 대체하는 차이는 있었지만, 어쨌든 항상 성과 무관할 수 없었다.[39] 초기 인도 불교에서 극기(continence)는 절대적으로 필요한 덕목이었다. 섹슈얼리티가 인간을 존재의 사슬에 묶어둔다는 두려움 때문이었다. 그래서 고전 요가 수행에서는 금욕을 통해 혼란을 극복하고 자아를 되찾았다. 또한 욕망을 포기함으로써 에너지의 고양를 발견하도록 했다. 그러나 탄트라불교에서는 섹슈얼리티를 정신적 에너지의 원천으로 이용하고자 했다. 탄트라불교는 대승불교의 기본 교리를 가져와 절대적

---

39 See, Bernard Faure, *The Red Thread: Buddhist Approaches to Sexuality* (Princeton University Press, 1998), pp. 15-47.

진리의 차원에서는 열정과 깨달음이 다르지 않다고 보았다. "그러나 탄트라불교는 여기서 더 밀고 나갔다. 열정을 깨달음에 도달하기 위해 반드시 필요한 촉매로 인정했던 것이다."⁴⁰

탄트라불교에서는 열정과 깨달음의 동일성을 강조함으로써 쾌락은 곧 지혜라는 개념을 발달시켰다. 그리고 현재의 육신 그 자체로 부처가 될 수 있다는 즉신성불(卽身成佛)의 가능성을 주장했다. 탄트라불교 경전에서 지혜는 언제나 명상 혹은 정열과 쌍을 이루는데, 이는 성적 비유(예를 들면 남성과 여성의 생식기)를 통해 표현된다. 남성 수행자가 여성 상대자와 결합함으로써 비로소 완전한 한 쌍의 결합이 성취된다. "대락(大樂, mahāsukha)과 공(空)의 깨달음은 동전의 양면과 같다."⁴¹ 아누타라 요가(Anuttara yoga) 이론으로 가장 중요한 탄트라불교 경전 중 하나가《차크라삼바라탄트라(Cakrasaṃvaratantra)》인데, 경전의 시작 부분은 다음과 같다. "이제 이로부터 나는 간결하게, 장황하지 않게 비밀에 관해 설할 것이다. 이 비밀이란 성스러운 헤루카(Heruka)와의 합일이며, 모든 원하는 바를 성취하게 하는 방편이다."(인용문의 번역은《불교학연구》제65호에 수록된, 존경하는 방정란 선생님의 논문을 참고했다. – 옮긴이) 이 경전에서 말하는 비밀이란 바로 성적 결합이다.⁴²

탄트라불교는 중국어로 밀종(密宗)이라 번역되는데, 말 그대로 해석

---

40 Faure, *Red Thread*, p. 48.
41 Faure, *Red Thread*, p. 50.
42 See, David B. Gray, *The Cakrasamvara Tantra: The Discourse of Śrī Heruka* (*Śrīherukābhidhāna*) (New York: American Institute of Buddhist Studies, Columbia University, 2007).

하자면 "은밀한 불교"라는 뜻이다. 7세기 인도에서 탄트라불교가 체계화되고 철학적 이론을 점차 강조했지만 근본적 열정은 잃지 않았다. 실크로드를 통하여 탄트라불교가 중국으로 전해진 뒤 당나라 궁정에 공식적으로 소개된 때는 8세기였다. 9세기에 이르러 탄트라불교는 당나라 사회 곳곳에 파고들었다. 육체를 불성에 이르는 수단으로 강조한 탄트라불교는 당나라 시대의 섹슈얼리티 이해와 표현에 깊은 영향을 미쳤다.

방중술의 역사에서 당나라는 하나의 신기원을 이룩했으니, 바로 에로틱 문화의 출현이다. 섹슈얼리티 관련 저술들, 특히 에로틱하고 낭만적인 문학 작품에서는 노골적으로 성적 쾌락을 옹호했고, 관능미와 감정적 고조에 더욱더 초점을 맞추었다. 이는 중국 문학사상 전례 없는 장르였는데, 원인은 과거 시험과 관련하여 새로운 지식인 엘리트 계층이 부상했기 때문이다. 이들은 과거 집권 계층(七姓十家)과 스스로를 구별했다. 이들은 공공연히 매춘 여성들과 어울렸으며 성적 쾌락을 좇는 글을 쓰기도 했다. 중국 문학사상 최초의 에로틱 문학 작품, 곧 백행간(白行簡)의 《천지음양교환대락부(天地陰陽交歡大樂賦)》와 장작(張鷟, 660~740)의 《유선굴(遊仙窟)》이 모두 당나라 과거 시험 출신자의 저술이라는 사실은 단지 우연이 아니었을 것이다. 중국과 일본 문학에서 에로틱한 쾌락은 전혀 죄악시되는 문제가 아니었다. 이는 도교, 탄트라불교, 대승불교 등에서 모두 성적 결합을 통해 영혼의 속박에서 벗어나는 것을 긍정적으로 본 것과 같은 맥락이었다. 당나라 지식인들이 저술한, 성관계 기술과 관련된 텍스트에서도 감각적 쾌락의 개발을 옹호했다.[43]

《카마수트라(Kama Sutra)》와 그 저자로 전칭되는 말라나가 바츠야

야나(Mallanaga Vātsyāyana)도 비슷한 환경에서 등장했다. 당시 인도의 굽타 제국(c. 320~550 CE)에서는 남성 관료 집단이 행정의 주축을 담당하고 있었다. 여기서도 에로틱한 기술의 개발은 특히 새로운 지식인 계층과 관련이 있었다. 이들은 문학 교육을 받고 정부 관료로 일하면서 사회적 지위와 정치 권력을 획득했다. 《카마수트라》와 당나라의 방중술 서적은 모두 정교하고 감각적인 필치로 색채, 음향, 냄새, 그림, 음식, 자연을 설명하며 성적 결합을 풍부하게 묘사했다. 이들은 젠더에 대한 이해를 속속들이 분석했다. 그것이 곧 문학적 지식, 지식인의 에티켓, 미적 감수성, 세련된 감식안, 영혼의 감각으로 간주되어 남녀를 막론하고 갖추어야 할 이상적 능력으로 인식되었다. 성적 쾌락에 도달하려면 남녀 모두 이런 능력을 갖추어야 했다. 더욱이 《카마수트라》에서는 남성 대 남성 혹은 여성 대 여성의 관계에서도 그러한 쾌락을 얻을 수 있다고 했고, 또한 남녀성의 특성을 모두 간직한 "제3의 성"을 구체적으로 언급하기도 했다.[44]

예술과 문학 작품에서 이와 비슷한 에로티시즘이 고전기 그리스-로마에서도 뚜렷하게 나타났다(그림 7-2). 정치적·상업적·문화적 엘리트 계층에서 에로틱 문화 취향이 만연했다. 이러한 분위기는 문학 작품에서 흔히 패러디나 풍자의 대상이 되었다. 이러한 측면에서 고전 고대(classical antiquity)의 유산 가운데 대표적인 작품이 메난드로스 (Menandros, 341~290 BCE)와 플라우투스(Plautus, 254~184 BCE)의 풍

---

43 Yao, "Historicizing Great Bliss."
44 Wendy Doniger, "The 'Kama Sutra': It Isn't All About Sex," *The Kenyon Review* 25 (2003): 18-37.

[그림 7-2] 로마의 테라코타 램프
기원후 1세기 소아시아(Asia Minor)에서 제작. 한 여성이 다른 여성을 성적으로 자극하는 장면을 담고 있다.

자시였고, 호라티우스(Horatius, 65~8 BCE)와 유베날리스(Juvenalis, 활약 100 CE)의 작품도 유명했다. 지중해 연안에서 가장 부유하고 규모가 크며 다양성 또한 가장 풍부했던 도시는 프톨레마이오스 왕조 치하의 알렉산드리아와 로마 제국 팽창기의 수도 로마였다. 이들 두 도시는 에로틱 시편이 극히 풍성했던 곳이기도 해서 현란하고도 세계적인 작가들이 많았다. 예컨대 칼리마코스(Callimachos, 310~240 BCE), 카툴루스(Catullus, 84~54 BCE) 등의 작가들을 비롯하여, 특히 《사랑의 기술(Ars Amatoria)》의 저자 오비디우스(Ovidius, 43 BCE~18 CE)가 있었다. 소설로는 페트로니우스(Petronius)의 《사티리콘(Satyricon)》(기원후 1세기), 아풀레이우스(Apuleius)의 《황금 당나귀(The Golden Ass: Metamorphoses)》(기원후 2세기)가 있었고, 헬레니즘 시대로부터 로마 제국의 전성기를 거쳐 그 이후까지도 목가 문학(牧歌文學, pastoral literature)이 유행했다. 목가 문학이란 도시의 문란한 성 풍습과 대비되는 자연의 순수한 에로티시즘으로, 주인공은 남녀 목동이었다. 이들 작품을 통해 그리스와 로마의 담론에서 얼마나 광범위하고 다양한 성적 주제가 유행했는지를 엿볼수 있다. 이는 도시적이고 상호 연결된 세계의 여행자나 도시 거주자에게 유혹과 위험과 타락과 다양한 성적 쾌락의 내용을 제공하는 문학 작품들이었다.[45]

결론

성적 쾌락, 육체적 건강, 정신적 진보, 결혼의 의무, 이상적 남성 혹은 여성상과 관련된 담론을 통해 볼 때 국가와 제국 및 지역을 초월하는 네트워크의 발전은 위험의 원천인 동시에 기회의 원천이었다. 복잡한 행정과 광범위한 지역을 포괄해야 하는 정치 체계를 운영하기 위해 새로운 형태의 관료 조직이 필요했고, 이를 배경으로 문자 문화가 확산되었으며 지식인의 신분이 상승했다. 이러한 상황에서 새로운 남성상과 여성상의 이상형이 탄생했다. 기존의 남성 및 여성의 역할은 육체적 능력과 결부되어 있었다. 새로운 이상형은 기존의 역할 구분과 대립되기도 하고, 동시에 기존 개념이 확장된 면도 있었다. 경제 및 외교의 네트워크가 확장되면서 다양한 문화적 관습과 신앙 체계가 알려졌고, 그것이 때로는 기존의 젠더 및 성 관련 규범을 강화하기도 했지만, 또 때로는 그

---

45 Marilyn B. Skinner, *Sexuality in Greek and Roman Culture* (Malden, MA: Blackwell Publishing, 2005), and Martha C. Nussbaum and Juha Sihvola (eds.), *The Sleep of Reason: Erotic Experience and Sexual Ethics in Ancient Greece and Rome* (University of Chicago Press, 2002).

것을 근본적으로 거부하거나 개혁하기도 했다. 특히 성관계를 통하여 (혹은 성관계 거부를 통하여) 개인이 죽음을 피할 수 있다는 생각은 널리 공감을 얻었다. 이런 점에서는 기독교의 독신 성직자나 기(氣)의 조화를 도모한 도교도 같은 맥락에 놓여 있었다. 도시화가 진행되고 여행객(정부의 공식 업무, 상거래, 종교적 순례, 단순한 여행 등)이 증가하면서 결혼과 가족 재생산 구조의 책임과 안정에서 벗어날 (혹은 쫓겨날) 기회도 그만큼 더 많아졌다. 그러다 보니 안정적이고 행복한 결혼에 대한 염려도 더 커질 수밖에 없었다. 그리스의 소설이나 반소(班昭)의 〈여계(女誡)〉에서 우리는 그러한 측면들을 엿볼 수 있다. 이러한 상황에서 새로운 관점도 출현했다. 즉 성적 결합의 주요 목적을 재생산(출산)보다는 쾌락에 두는 관점이었다. 복잡하고 서로 연결된, 유혹이 많은 세상에서 건강과 완벽한 상태의 육체를 보존하는 일이 최고의 관심사로 부상했다. 이를 위하여 남녀를 막론하고, 흔히 전례를 찾아보기 어려울 정도로 다양한 방법이 개발되었다. 서사시, 연애소설, 의학, 철학, 관료제, 가정, 수도원, 혹은 젠더 관계와 섹슈얼리티의 에로틱한 모델을 포함하여 과연 어떤 방법으로 목표를 달성할 것인가? 이는 전례 없이 세계화된 사회에서 남성과 여성 모두가 직면한 도전 과제였다.

더 읽어보기

Primary sources

Birrell, Anne, *New Songs from a Jade Terrace: An Anthology of Early Chinese Love Poetry*, New York: Penguin Classics, 1987.

Cahill, Suzanne, *Divine Traces of the Daoist Sisterhood*, St. Petersburg, FL: Three Pines Press, 2006.

Kalidasa, *The Recognition of Sakuntala*, trans. W. J. Johnson, New York: Oxford University Press, 2001.

Kraemer, Ross Shepard (ed.), *Women's Religions in the Greco-Roman World: A Sourcebook*, New York: Oxford University Press, 2004.

Kvam, Kristen E., Linda S. Shearing, and Valarie H. Ziegler (eds.), *Eve and Adam: Jewish, Christian, and Muslim Readings on Genesis and Gender*, Bloomington: Indiana University Press, 1999.

Swann, Nancy Lee, *Pan Chao: Foremost Woman Scholar of China*, Ann Arbor: Center for Chinese Studies, University of Michigan, 2001.

Waley, Arthur, *The Book of Songs: The Ancient Chinese Classic of Poetry*, New York: Grove Press, 1996.

Secondary sources

Black, Brian, *The Character of the Self in Ancient India: Priests, Kings, and Women in the Early Upanishads*, Albany: State University of New York Press, 2007.

Blackstone, Kathryn R., *Women in the Footsteps of the Buddha: Struggle for Liberation in the Therigatha*, Richmond, UK: Curzon Press, 1998.

Brown, Peter, *The Body and Society: Men, Women, and Sexual Renunciation in Early Christianity*, New York: Columbia University Press, 1988.

Coon, Lynda L., *Sacred Fictions: Gender and Hagiography in Late Antiquity*, Philadelphia: University of Pennsylvania Press, 1997.

Cooper, Kate, *The Virgin and the Bride: Idealized Womanhood in Late Antiquity*, Cambridge, MA: Harvard University Press, 1996.

Dhand, Arti, *Woman as Fire, Woman as Sage: Sexual Ideology in the Mahabharata*, Albany: State University of New York Press, 2008.

Doniger, Wendy, *Splitting the Difference: Gender and Myth in Ancient Greece and India*, University of Chicago Press, 1999.

Greene, Ellen (ed.), *Women Poets in Ancient Greece and Rome*, Norman: University of Oklahoma Press, 2005.

van Gulik, R. H., *Sexual Life in Ancient China: A Preliminary Survey of Chinese Sex and Society from ca. 1500 BC till 1644 AD*, Leiden: Brill, 2003.

Heitman, Richard, *Taking Her Seriously: Penelope and the Plot of Homer's Odyssey*, Ann Arbor: University of Michigan Press, 2008.

Jones, Meriel, *Playing the Man: Performing Masculinities in the Ancient Greek Novel*, New York: Oxford University Press, 2012.

Keith, A. M., *Engendering Rome: Women in Latin Epic*, Cambridge University Press, 2000.

Nussbaum, Martha C., and Juha Sihvola (eds.), *The Sleep of Reason: Erotic Experience and Sexual Ethics in Ancient Greece and Rome*, University of Chicago Press, 2002.

Parker, Joe, "Dreaming Gender: Kyōgoku School Japanese Women Poets (Re)Writing the Feminine Subject," *Tulsa Studies in Women's Literature* 27 (2007): 259-89.

Pomeroy, Sarah, *Pythagorean Women: Their History and Writings*, Baltimore, MD: Johns Hopkins University Press, 2013.

Raphals, Lisa Ann, *Sharing the Light: Representations of Women and Virtue in Early China*, Albany: State University of New York Press, 1998.

Sayeed, Asma, *Women and the Transmission of Religious Knowledge in Islam*, Cambridge University Press, 2013.

Schulenburg, Jane Tibbetts, *Forgetful of Their Sex: Female Sanctity and Society, ca. 500-1100*, University of Chicago Press, 1998.

Sheffield, Frisbee, *Plato's Symposium: The Ethics of Desire*, New York: Oxford University Press, 2009.

Skinner, Marilyn B., *Sexuality in Greek and Roman Culture*, Malden, MA: Blackwell Publishing, 2005.

Wijayaratna, Mohan, *Buddhist Nuns: The Birth and Development of a Women's Monastic Order*, Kandy, Sri Lanka: Buddhist Publication Society, 2010.

Young, Serenity, "Female Mutability and Male Anxiety in an Early Buddhist Legend," *Journal of the History of Sexuality* 16 (2007): 14-39.

Zhou, Yiqun, *Festivals, Feasts, and Gender Relations in Ancient China and Greece*, Cambridge University Press, 2010.

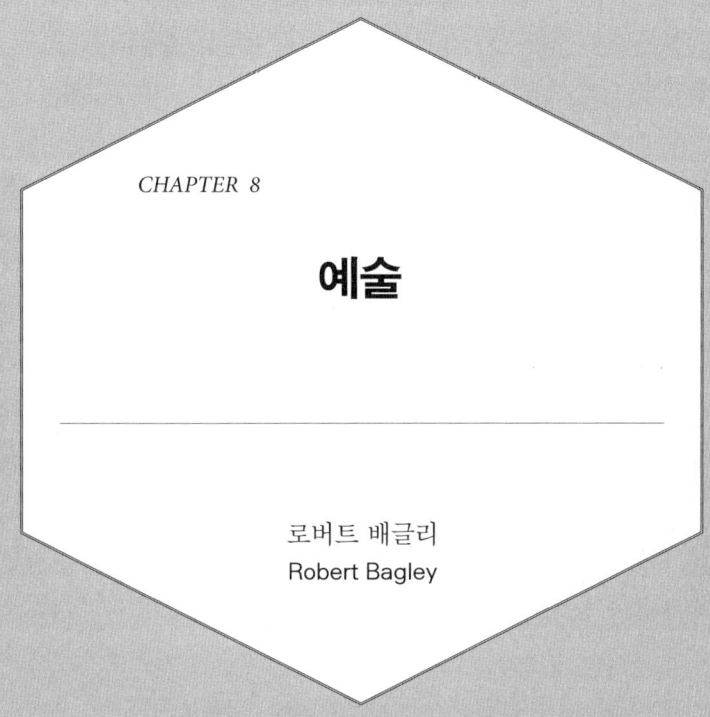

CHAPTER 8

예술

로버트 배글리
Robert Bagley

* 원고를 검토하고 고귀한 조언을 해주신 John Baines, Thomas Leisten, Hugo Meyer, Kyle Steinke, Wang Haicheng에게 감사의 말씀을 전한다.

서론

이번 장에서 포괄하는 시간적 범위는 2000여 년에 이른다. 그 기나긴 시간 동안 전 세계의 예술이 모두 연결되어 단 하나의 역사로 흘러갔을 리는 없다. 연대기적 서술 방식은 담아야 할 내용이 너무 많아 지나친 일반론으로 흐를 우려가 있으며, 여러 문화권을 아우르는 공통적 시대구분(혹은 시기 구분)도 그리 유용할 것 같지 않다. 또한 이번 장의 논의는 한 사회나 정치적 범위(국가, 제국) 안에서의 예술로 국한하지 않을 것이다. 앞으로 논의될 내용은 제국의 궁정뿐만 아니라 아일랜드의 수도원으로부터, 마야의 도시국가나 내륙 아시아의 유목 부족으로부터 나온 것들이다. 이번 장에서 우리가 의도하는 바는 합리적 논의를 통해 풍부하고도 다양한 전 세계 예술 전통을 들여다볼 수 있는 실마리를 제공하고, 그것을 이해하는 데 도움이 될 만한 시각의 틀을 간략히 그려 보이는 것이다.

논의할 내용의 범위를 결정하려면 먼저 예술이란 무엇인지 정의를 내려둘 필요가 있다. 예술을 어떻게 정의하느냐에 따라 어쩌면 논의할 내용이 아무것도 없을 수 있고, 이런 글이 존재할 이유 자체가 없을 수도 있다. 혹자는 예술이란 르네상스 시기 유럽이 고안해낸 것이며, 따라서 시간적으로 르네상스 이전, 지리적으로 유럽의 바깥에서는 예술이라고 부를 만한 것이 존재하지 않는다고 주장하기도 한다. 그러나 우리는 이러한 입장에 매혹되지 않는다. 비록 르네상스 시기 유럽의 예술이 무언가 특별한 측면이 있었고(그러나 르네상스 이후로는 기존의 주장처럼 특별한 점이 그리 많지 않았다), 비교적 최근에 유럽 지역 예술의 발전이 두드러졌던 것도 사실이지만, 예술을 르네상스 유럽의 산물로 규정하는 시각 자체는 서양 중심적이며 편협한 지역주의에 불과하다. 그림은 음악 못지않게 전 인류의 보편적 장르였다. 피카소(Picasso)는 프랑스 남부나 스페인 북부 지역 구석기 시대 동굴 벽화를 주저 없이 "예술"이라 불렀고, 우리 또한 주저 없이 피카소의 입장을 따르는 바이다. 어떤 기능적 목적을 위해 그려진 작품이라 해서 동굴 벽화를 예술의 범주에서 제외한다면, 같은 이유로 시스티나 대성당(Cappella Sistina)의 벽화 또한 예술이 아니라고 할 수밖에 없다.

이번 장에서는 의복에서부터 벽을 장식하는 벽화에 이르기까지, 나아가 거대한 계획도시에 이르기까지 그 필요한 기능이 시각적 효과를 위해 만들어진 인공유물(artifacts)이라면 무엇이든 예술로 규정하고자 한다. 즉 사람들의 시선을 끌고 경외감이나 놀라움, 찬양이나 기쁨의 감정 같은 반응을 이끌어내기 위해 의도적으로 만들어진 인공물이라는 의미다. 예술을 이렇게 규정하면 메트로폴리탄미술관(Metropolitan Museum of Art)에 전시된 대부분의 작품이 우리가 정의한 예술의 범위에 포함될 수 있을 것이다. 메트로폴리탄미술관의 관심 분야는 결코 르네상스 이후 유럽의 회화와 조각에만 국한되지 않았다. 평범한 미술관 관람자라면 누구나 우리가 규정한 예술의 정의를 당연하다고 생각할 것이다. (춤, 야외극, 행사용 임시 설치 작품 등 항구적 유물로 남지 않는 일시적 예술 작품이 우리의 정의에서 누락된 이유는, 그에 대한 직접적 증거가 남아 있지 않아서 단지 간접적 증거에 의존할 수밖에 없기 때문이다. 하지만 그 당시 후원자의 입장에서는 현재 남아 있는 유물보다 그러한 일시적 작품들이 훨씬 더 중요했을지도 모른다.) 기능과 의도한 효과(대중의 반응을 이끌어내려는 의도)에 중점을 두는 예술의 정의는 낭만주의 시대의 유산으로 물려받은 예술의 정의, 즉 자아실현과 커뮤니케이션 수단으로 예술을 언급하는 것보다 더 근본적인 동시에 유럽 중심주의를 약화시킨 입장이다. 우리의 정의에 따르면 파트롱(patron)의 역할 또한 자연스럽게 포괄할 수 있다. 시각예술(visual art)에서 다른 어느 요소보다 시각 요소를 우선시하는 입장은, 언어적 의미의 전달 혹은 확대·과장이 요구되는 예술의 측면을 간과하려는 것이 아니라, 시각예술 작품이 시각적 사고(visual thinking)의 결과물임을 주장하고자 하는 것이다. 단어는 음악적 사고를 표현하는 수단이 될 수 없는 것과 마찬가지로 시각적 사고의 표현 수단도 될 수 없다.

전근대 문화 혹은 비-서구 문화에서 "예술" 혹은 "예술가"라는 어휘가 사용되지 않은 곳들이 간혹 있었다. 만약 어떤 문화권에서 특정 어휘가 존재하지 않는다면, 그 문화에서는 그 어휘가 지칭하는 대상도 존재하지 않는다고 알려져 있다. 같은 논리로 보자면 많은 사회에서 종교나 경제가 존재하지 않았다고 말할 수 있다. 이런 문제는 다른 어휘로 확장되는 경우가 많은데, "미(美, beauty)"라는 어휘도 그중 하나다. 예컨대 어떤 사회에서 예술가들에게 그들이 만들어낸 무엇인가의 "미(아름다움)"를 찬양하는 대신 "영적 힘"만을 주입하려 했다면, 그 사회에서는 미에 가치를 두지 않고 오직 영적 힘만을 숭상했다고 말할 것이다. 그러나 이런 경우에도 대중이 "영적 힘", 혹은 영적 힘의 권위를 보장하는 것으로 이해하는 무엇인가가 곧 "미"였을 수도 있다. 《켈스의 서(Book of Kells)》(채색 필사본 복음서 – 옮긴이)를 제작한 사람들은 분명 이와 같은 노선을 견지했을 것이다. 책의 거대한 페이지 지면을 보는 사람은 경외감을 느낄 것이다(그것을 보면 기적이 일어난다고 알려져 있었다). 그러한 느낌이 결코 우연히 생겨나는 것은 아니다. 《켈스의 서》 지면을 제작하는 과정은 순전히 노동력에 의존했다. 그러한 작업이 어떠한 소명 아래 수행되었든, 결국 책의 아름다움은 정교하게 고안된 것이었다. 그게 아니라면 책 제작자들은 복음서의 내용을 다만 옮겨 적기만 했을 테고, 그런 기록물이라면 단 하루 만에도 만들 수 있었을 것이다. 문화적으로 어떤 작품, 제작자, 그 영향에 대해 어떠한 이름표가 부여되는가 하는 점들은 사회학적으로 관심을 가질 만한 사실이다. 그러나 그 이름표가 무엇이든 간에 그 전제는, 인간이 만들어낸 생산물은 대체로 사람들에게 미칠 효과를 염두에 두고 계획되었다는 사실이다. 이번 장에서 논의될 모든 작품도 관객에게 미칠 효과를 의식적으로 염두에 두었고, 또한 매우 정교한 노력 끝에 성취된 결과물이다.

"파트롱(patron)"이란 후원자 혹은 작품의 구매자 혹은 작가의 고용주를 간단히 표현하는 말이다. (이는 역할을 일컫는 명칭이다. 왕도 가끔 수하의 기술자들을 시켜 자신이 기획한 바를 실행하도록 하는데, 이때 왕은 기존 역할에서 잠시 벗어나 "예술가" 역할을 하는 셈이 된다.) 예술은, 특히 고대로부터 오늘날까지 남아 있을 정도로 견고한 물질로 만들어진 작품은 대개 값비싼 재료를 사용했다. 그래서 사회적으로 방대한 자원을 통제할 수 있는 지위에 있는 사람이 파트롱이 된다. 예를 들어 통치자, 국가, 교회, 때로는 부유한 중산층(예를 들면 도시 폼페이의 빌라 소유자들) 등이다. 파트롱은 자신들이 보기에 가장 좋은 것, 혹은 자신의 목적에 가장 부합하는 작품에 비용을 대줌으로써 예술의 발전 과정에 기여한다. 예술가가 무엇을 만들어야 할지 정해주는 파트롱의 능력에도 한계는 있다. 때로는 만들어야 할 대상을 정확히 말로 표현하는 것이 불가능할 경우도 있다. 그렇더라도 적어도 선택권은 주어진다. 예를 들면 어느 예술가를 고용할지 말지 결정할 수도 있다. 이는 절대적 권력이다. 자연선택(natural selection)에 비유하자면, 파트롱에게서는 변이가 일어나지 않는다. 다만 파트롱은 변이를 선택하는 역할을 할 뿐이다. 그리하여 그 변이가 후손에게 전해지는 것이다. 오늘날의 우리는 전근대의 예술가들을 측은하게 여기는 경향이 있다. 고용주의 요구를 무조건 따라야 하고 "예술적 자유"가 없었다고 생각하기 때문이다. 그러나 우리가 방문하는 박물관(미술관)은 파트롱의 욕구를 충족시키면서도 예술적 성취에 부족함이 없는 작품들로 가득 차 있다. 게다가 예술적 자유를 종합적으로 놓고 보자면, 오늘날의 예술가라 할지라도 파트롱의 욕구로부터 명백히 자유롭다고 보기는 어렵다. 특히 건축가의 경우라면 말할 것도 없다. 오늘날의 파트롱의 요구가 옛날의 파트롱과는 다를 수도 있고, 또한 ("시장의 힘"을 생각해보면) 오늘날의 예술가들이 직접적 압력을 덜 받고 있을 수도 있다. 그러나 전체적으로 그 힘이 더 약해지지는 않았다. 예술가들은 단지 그의 작품이 어느 누구의 관심도 끌지 못할 때, 그 자신이 어느 누구에게도 고용되지 않았을 때 자유로울 뿐이다.

최근 들어 예술은 엘리트주의라는 비판에 직면했다. 혹자는 예술이라는 단어 자체를 폐지하고 인간이 만들어낸 모든 대상을 "시각 문

[그림 8-1] 《켈스의 서》〈키로(XP) 페이지〉
벨럼에 잉크와 채색, 33×25센티미터, 더블린 트리니티칼리지 소장. 8~9세기 스코틀랜드 아이오나(Iona)섬의 어느 수도원에서 제작된 것으로 추정.
〈마태오 복음서〉의 한 페이지로, 크리스트(Christ)의 약자 세 글자(X, P, I)가 확대 장식되었고

화"라는 이름으로 대체하는 편을 선택했다. 예술과 비예술을 가르는 어떤 식의 낙인도 거부하면서 모든 인공물을 동등한 가치로 평가하는 관점이다. 그들의 주장은 과학적이고 객관적이다. 그러나 파트롱의 입장에서 모든 물질이 동등해 보일 수는 없다. 이집트의 파라오 투탕카멘(Tutankhamen)과 로마의 황제 하드리아누스(Hadrianus)는 모두 질적 평가를 했고, 그들의 판단은 역사에 영향을 미친 역사적 사실로 남았다. 게다가 그들의 판단이 우리에게도 어느 정도는 공감이 가는 바가 있다. 불교 문화에서 불상을 제작할 때 점토보다는 금을 선호했기 때문에 오늘날 우리가 불상에서 느끼는 영적 기운이 남겨졌으며, 이집트의 재상 라모세(Ramose)나 그의 아내가 가졌던 미적 취향도 우리에게 낯설지 않다. 호메로스(Homeros)나 호라티우스(Horatius) 같은 고대 저자들의 글을 오늘날 우리가 읽더라도 감정이 전혀 와 닿지 않는다고 볼 수는 없다. 다만 당시 독자들에 관하여 우리가 확보하고 있는 지식에 근거해서 우리의 반응을 신중히 해석하게 되는 것이다. 과거의 시각예술을 접할 때 우리의 자세도 이와 다를 바가 없다. 《켈스의 서》〈키로 페이지〉는 여느 성경책보다 더 화려해 보인다. 그 페이지를 처음 보았던 독자들의 느낌 또한 우리의 느낌과 크게 다르지 않았을 것이다. 이집트 재상 라모세

(X, P, I는 그리스어로 각각 chi, rho, iota로 읽는다. 그래서 이 페이지 명칭이 chi-rho page가 되었다. - 옮긴이), 그 바람에 나머지 텍스트의 내용은 다음 페이지로 밀려났다(오른쪽 아래에 약간의 흔적이 남기는 했다). "성스러운 단어의 부적 개념이 바탕이 되어 히베르노-색슨 가스펠(Hiberno-Saxon Gospel, 미술사에서 아일랜드-영국 지역 특유의 양식으로 제작된 필사본을 일컫는 용어 - 옮긴이)에서 텍스트의 시작 글자를 크게 하는 양식이 발달했다. 이 페이지는 그러한 양식이 극대화된 사례를 보여주는데, X자가 거대하게 자리 잡고 있으며 그 주위를 둘러싸고 마치 향이 피어오르듯 장식이 그려져 있다."(Nordenfalk)

의 무덤 부조(浮彫)를 보고 탁월한 세련미를 느낀다면, 라모세와 당시의 사람들 또한 우리의 판단을 굳이 반대하지 않을 것으로 확신할 수 있다. 어느 누구도 비판하지 못할 감식안을 가져야 한다고 스스로 위축될 필요는 없다. 파라오 투탕카멘 시대의 이집트 유물은, 그의 백성이 그랬던 것처럼 결코 평등하지 않았다.

몇 가지 사례

일반론에서 개별 작품으로 시선을 돌려보도록 하자. 지금부터 소개하는 작품들은 대략 시대순으로 나열했는데, 종합적으로 어떤 주장을 보여주려는 것이 아니다. 주요 예술 전통이나 세계의 거대 권역 등도 별도로 설정하지 않았다. 그보다는 논의할 문제를 제기하는 작품들, 논의의 구체성을 더해줄 사례가 되는 작품들, 그리고 비교에 도움이 될 만한 작품들이다. 일단 작품들을 소개한 뒤 다시 일반론으로 돌아가 예술의 환경과 기능을 검토해보고, 예술의 몇 가지 형태, 재료, 기법, 예술가 등을 논의해보도록 하겠다.

[그림 8-2] 라모세(Ramose)는 파라오 아멘호테프(Amenhotep) 3세 재위 시기 이집트의 재상이었다. 이집트의 도시 테베(Thebae) 묘지 구역에 바위굴을 파고 지은 그의 무덤은 미완성인 채로 방치되었다. 아마도 아멘호테프 4세 재위 기간에 궁정이 아마르나(Amarna)로 옮겨 간 때문이었을 것이다. 여러 개의 기둥이 세워져 있는 무덤 중앙 홀에는 입구와 안쪽 벽에 모두 부조가 새겨져 있다(그림 8-2). 안쪽 벽에는 왕을 나타내는 두 개의 초상화가 자리하고 있다. 입구 벽에는 라모세가 아내와 부모님 및 다른 가족과 함께 연회를 주최하는 모습이 그려져 있고, 그림의

[그림 8-2] 라모세(Ramose)의 형제와 그의 아내
대리석에 부조. 라모세 고분 출토. 기원전 14세기. 이집트, 고대 테베(오늘날 룩소르).

위와 주변에 그 내용이 문자로 기록되어 있다. 라모세의 형제와 그의 아내 초상은 연회 장면에 등장하는 그림이다. 라모세의 형제 또한 궁정의 고위 관료로 손에는 홀(笏)을 쥐고 목에는 금목걸이를 두르고 있다. 그를 감싸 안고 있는 그의 아내는 손에 팔찌를 하고 연꽃도 들고 있다([그림 8-2]가 아닌 다른 장면 – 옮긴이). 두 사람 모두 가발을 쓰고 있는데, 단정한 직선으로 마감된 패턴이 얼굴의 부드러운 곡선과 대비를 이루고 있다. 부조의 인물화에서 유일하게 색칠을 한 부분이 눈과 눈썹이다. 검정색으로 간단하게 칠한 것만으로도 상당한 생동감을 주고 있다.

부조 작품은 무덤 전체 장식 프로그램의 일부였다. 무덤 장식은 라모세가 사후에도 원하는 삶을 유지할 수 있도록 하는 것이었다. 완전한 젊음의 상태로 이승에서와 마찬가지로 사랑하는 가족, 풍성한 농장, 왕과 신들의 총애를 누리는 안락한 삶을 기원했다. 만약에 그의 무덤 공사가 완공되었더라면, 성직자들이 헌금을 받고 무덤 사원에 세워진 그의 석상에 정기적으로 공물을 바쳤을 것이다. 석상은 그의 외모를 닮아서가 아니라 그의 이름을 새김으로써 효력을 갖는다. 이집트의 조각가들로서는 실제 모습을 포착할 필요가 거의 없었다. 라모세 무덤 공사에 참여한 예술가들은 직접 본 얼굴을 묘사한 것이 아니었다. 부조에 표현된 인물들의 얼굴은 거의 차이가 없었다. 라모세의 부모님은 라모세는 물론 라모세의 형제나 그의 아내에 비해 전혀 늙어 보이지 않았다. 그들에게는 실제 모습과의 유사성보다는 완벽한 모습이 중요했다. 감정은 대상을 왜곡할 수 있고, 왜곡된 모습은 귀족에게 어울리지 않기 때문이다. 라모세의 초상을 이상적 남성상으로 표현하기 위해서 반드시 필요한 것은 이름표뿐이었다. 어떤 문화에서건, 피사체와의 유사성을 강조하는 문화건 그렇지 않은 문화건, 그림이 초상화로 인정되려면 이름표가 중요했다.

라모세 무덤 부조의 아름다움은 공사팀의 수고 덕분이었다. 이집트 무덤 벽면 장식은 전문가 집단이 맡았다. 벽면에 들어갈 내용과 텍스트 및 장면이 결정되면 마스터가 윤곽을 그렸다. 그 뒤 조각가가 윤곽의 바깥 부분을 음각으로 낮게 파내는 인고의 작업을 거치면, 그림과 상형문자만 양각으로 남는다. 그 상태에서 그림의 내부 상세 조각(가발의 지그재그 문양, 옷의 주름 등)이 진행되었다. 마지막으로 화가들이 전체적으로 채색을 하고 더욱 세부적인 요소들, 나무 열매나 새의 깃털, 돌 화분에

꽂아둔 나뭇잎 등 부조로 표현할 수 없는 장면들을 그렸다.

[그림 8-3] 이집트의 아비도스(Abydos)는 오시리스(Osiris) 숭배의 중심지였다. 이집트의 파라오 세티(Sety) 1세(재위 c. 1290~1279 BCE)는 그곳에 사원을 건설하고, 사원에 포함된 일곱 개의 예배실을 일곱 신격에 헌정했다. 그중 하나는 사망한 후의 세티 1세를 모실 예배실이었다. 오시리스 관련 의례를 거행하는 방들도 따로 있었고, 세케르(Seker)와 네페르템(Nefertem, 혹은 Nefertum) 신에게 헌정된 홀도 있었는데, 그 홀에서 다른 두 개의 예배실이 연결되었다. 그 벽면의 그림에는 세티 1세와 그의 아들 람세스(Ramses) 2세가 향을 바치는 모습으로 등장한다. 그리고 이집트 역사의 시초까지 거슬러 올라가는 조상들의 목록이 선별적으로 기록되어 있다. 당시까지 왕조의 정통성을 이어온 왕들로 기록된 인물은 모두 78명이었다.

[그림 8-3]의 부조는 세케르와 네페르템에게 헌정된 홀의 벽면에 속하는 장면이다. 여기에는 채색이 된 적이 없었는데, 원래는 채색을 해야 했던 곳이다(사원 안 다른 벽화에는 채색을 했었다). 세티 1세는 연기가 피어오르는 향로를 들고 연꽃 위에 물을 붓고 있다. 한편 세케르는 그에게 "생명"과 "권력"을 의미하는 그림문자를 준다. 세케르의 관에는 매의 깃털 같은 질감이 표현되어 있고, 왼쪽 하단에는 상이집트와 하이집트 통일의 문장(紋章, emblem)이 있다. 기둥 아래 대좌에는 그림문자 패턴이 기록되어 있는데, "모든 생명, 권력, 안정"을 의미하는 글자들이다. 왕의 위에서 독수리 여신이 보호를 해주며 또한 "모든 생명과 권력"을 주고 있다. 독수리 여신 옆에 적힌 문자는 세티 1세와 세케르의 대화로, 세케르가 주는 선물에 용맹의 기운을 더하는 내용이다. 세케르의 모습이

[그림 8-3] 세티 1세 사원의 대리석 부조
이집트 아비도스.

워낙 자연스러워 얼핏 보면 그의 머리가 새의 모습이란 사실을 알아차리지 못할 수도 있다. 표현이 명확하고 구도가 안정적인 부조의 미학적 특성은 신이 준 우주적 질서의 성격을 닮아 있다.

이 벽화의 내용은 당시 이집트의 모든 사원에서 매일 거행되던 업무를 표현한 것이다. 왕은 전 인류를 대신하여 신들에게 공물을 바치고 신들이 보장해준 질서와 안정에 감사를 표한다. 실제로 사원에서 매일 공물을 바치는 사람은 왕이 아니라 왕을 대신하는 사제들이었다. 그러나 사원 벽면의 모든 부조에는 오직 왕만이 신에게 헌정된 사원에서 공물을 바치는 것으로 표현되어 있다. 우주적 질서를 보장하는 왕의 역할은 오늘날 그곳을 방문하는 관광객의 눈에 매우 인상적으로 보일 것이다. 그러나 세티 1세의 생전에는 누가 이 벽화를 보았을까? 성직자들과 왕을 제외하고 누가 이 장면이 그려져 있는 방에 들어갈 수 있었을까? 왕실의 예술은 흔히 선전 활동과 관련이 있다. 왕에게 가장 위협이 될 만한 사람들은 오히려 왕의 측근에 있었다. 즉 왕의 친인척이나 고위 관료에게 왕의 거룩함을 느끼게 해줄 필요가 있었다. 그러나 만약 그러한 사람들조차 거의 혹은 전혀 사원의 내부에 들어가지 못했다면, 부조는 오로지 신을 위해 만들었다고 보아야 할 것이다.

[그림 8-4] 화려한 장식 문양이 가득하고 헌사(獻詞)가 기록되어 있는 청동 의례 용기는 중국 문명 최초 천년기 엘리트 물질문화의 핵심적 유물이다. 의례 용기는 무덤 안에 망자를 위한 음식이나 술과 함께 부장된 경우도 있고, 무덤 밖에 두고 장례 이후 정기적으로 제례를 지낼 때 사용하기도 했다. 당시의 제례에 관해서는 알려진 바가 거의 없다. 다만 매우 정교한 체계로 발달했다는 정도는 알 수 있는데, 그림에서 보는 바

와 같은 비교적 초기의 의례 용기가 가장 많이 출토된 무덤에서 이미 20여 종의 서로 다른 양식이 확인되었다. 오늘날 교회에서 예배에 사용되는 성물(聖物)과 마찬가지로 이 의례 용기 또한 아름답게 장식되어 의례의 품격을 높여주며, 의례를 집전하는 사람은 물론 관객의 시선까지 사로잡는다. 모든 엘리트 계층의 남성은 조상 제례에 참여했다. 그들이 참여한 의례의 대부분은 가문 차원의 일이었을 것이다. 그러나 안양(安陽) 유적에서 발굴된 초기 청동기, 즉 기원전 13~11세기의 유물에 적혀 있는 기록에 따르면, 왕이 주최하는 의례에 수많은 사람들이 참여했고, 때로는 수십 내지 수백 명의 사람들을 왕의 무덤에 순장했다. 후손과 조상의 관계를 이어주는 의례는 상속을 정당화하고 특권을 승인하는 방편이었다. 청동 의례 용기와 왕실 정통성의 관계는 이후 시대에도 강하게 인정되었다. 후대의 학자들은 특정 유형의 청동 의례 용기 일습을 보유한 것으로 과거 왕실의 정통성을 인정했다(저자는 왕실이라고 표현했지만, 더 구체적으로 보자면 제후국이다. 아직까지는 주나라 왕실姬氏에서 직접 사용하던 청동기가 발굴된 사례는 거의 없다. 또한 여기서 말하는 "의례 용기 일습"이란, 서로 다른 유형의 청동기에 같은 내용을 기록하는 관습을 의미한다. 예컨대 서주西周 시대의 사관 송頌의 경우, 같은 내용을 3개의 정鼎, 5개의 궤簋, 2개의 호壺에 기록했다. - 옮긴이).

[그림 8-4]는 청동 의례 용기로, 아래에 좁게 빠진 다리 세 개가 떠받치고 있다. 다리 위 몸통은 원통으로 둥근 모양이다. 몸통에 붙어 있는 손잡이 아랫부분에는 곱슬한 모양의 받침대가, 윗부분에는 고양이 같은 동물의 대가리 모양이 붙어 있다. 청동기의 최상단에는 기둥 모양의 장식 두 개가 붙어 있다. 같은 유형에 속하는 청동기 중에서 가장 오래된

(그림 8-4) 중국의 청동 의례 용기
높이 39.5센티미터, 청동기 초기, 기원전 13세기. 안양(安陽)에서 출토된 유물로 전한다.

사례를 보면, 최상단에 짤막한 토막 모양이 붙어 있는 것을 볼 수 있다. 이는 주조 과정에서 남겨진 흔적으로 추정된다. 토막 모양은 후대의 청동기에서 이내 기둥 모양으로 변해갔다. 기둥 모양은 기술상 혹은 기능상의 문제와는 전혀 관련이 없고 순전히 시각적 효과를 노린 장치였다.

청동 의례 용기를 주조하는 과정에서 첫 단계는 진흙으로 형태를 만드는 것이다. 이때는 모든 문양을 음각으로 새겼다. 그 뒤 쇳물을 부어 주조를 하게 되면 모든 문양이 양각으로 드러난다. 그러면 그 위에 다시 안료를 칠했다. 속에 움푹 들어간 부분은 황금색을 띠었고, 양각으로 두드러진 부분에는 채색이 되었기 때문에 색채 대비가 뚜렷했을 것이다(현재는 부식되어 모두 녹색을 띠고 있다). 의례 용기의 다리는 둥근 형태인데, 각각의 다리마다 장식 문양이 대칭으로 구성되어 있다. 다리 장식 문양의 상단에는 의례 용기의 다리 부분과 몸통 부분을 나누는 띠 모양이 새겨져 있다. 띠의 위쪽 몸통에는 복잡한 문양이 세 덩어리로 나뉘어 있다. 각각의 덩어리마다 중심선이 있는데, 그 중심선은 각각 다리와 다리 사이의 선과 일치한다. (몸통의 문양 위로 다시 한 번 띠 모양이 있는데, 부식 탓에 식별이 불분명하다.) 다리 부분의 문양은 마치 정면을 응시하는 눈과 같다. 띠의 위쪽 몸통의 문양에도 눈과 뿔의 형상이 들어 있다. 아마도 동물의 형상을 암시하는 듯하다. 각각의 문양은 비슷한 사례로 보건대 그 기원이 이미 200년이 넘는 것들이었다. 그러나 눈의 모양이 어떤 식으로든 얼굴 모양과 함께 등장한 사례는 없었다. 중국 문화에서는 처음부터 정교한 문양이 발달했지만, 서양에서 나타난 상상의 동물 표현과는 현저한 차이가 있었다. 이집트 벽화 중 세케르의 사례에서 보듯이(그림 8-3), 서양에서는 동물 형상을 실제 그대로 표현했다. 중국 청동기 전통에서는 이후로도 계속해서 상상의 동물 모티프가 사용되었다. 기원전 500년까지는 식물 비슷한 것이 등장한 적이 없었다. 중국에서 힐데스하임 접시(그림 8-9)의 사례와 같은 식물 문양이 등장하려면 다시 500년을 더 기다려야 했다. 식물 문양은 불교와 함께 도입되어 비로소 보편적으로 사용되기 시작했던 것이다.

[그림 8-5] 아시리아 제국이 성립한 후 약 300년 동안, 즉 기원전 900~600년경 아시리아의 왕들은 북부 메소포타미아 지역에 여러 차례에 걸쳐 수도와 궁전을 건설했다. 궁전의 건축 재료는 진흙 벽돌이었지만, 내벽 하단부에는 매끈한 석고판을 붙였다. 석고판에는 부조를 새기고 색칠을 했으며, 석고판 위쪽 상단 벽은 그냥 색칠을 했다. 부조를 새기는 기술자들의 작업 방식은 이집트의 기술자들과 크게 다를 바가 없었다. 이집트의 부조에서는 그림문자와 형상이 의미상 하나로 통합되어 있었고, 공정의 단계마다 문자와 그림 작업이 같이 이루어졌다. 처음 밑그림을 그릴 때부터 마지막으로 채색을 할 때까지 마찬가지였다. 아시리아의 부조에 있는 글에 사용된 문자는 이집트와 달리 도상의 형태가 아니었다. 그래서 다른 작업을 끝마친 뒤에 끌로 다듬어 글씨를 새겼다. 때로는 바탕의 그림을 관통하여 문자를 새긴 사례도 있다. 이미 그림으로도 내용은 분명히 전달되지만 추가로 다시 왕의 칭호를 새겼던 것이다.

부조의 내용은 의례, 전쟁, 왕실의 사냥 등이었다. 전쟁 장면에는 군대 행진, 도강(徒江), 야영, 도시 습격, 전투, 패잔병 추적, 전리품 점검 장면이 포함되었다. 다른 어느 지역의 사례와 비교하더라도, 어떤 사건의 줄거리를 그림으로 표현한 작품으로는 이것이 최초의 사례. 이집트 고분에 그려진 장면은, 물론 조성 시기는 아시리아보다 앞서지만, 이야기의 줄거리를 담고 있지 않았다. 나일강 유역에서의 소소한 일상생활 모습이나, 망자 소유의 들판에서 생산 활동을 하는 모습뿐이었다. 무덤

[그림 8-5] 사자 사냥(오르토스타트 석고판의 일부)
아슈르바니팔의 궁전, 니네베. 런던 대영박물관 소장.

마다 세부 구성은 달랐지만, 마치 무덤 주인이 패턴북에서 샘플을 고르기라도 한 것처럼, 전체적 분위기가 똑같았다.

[그림 8-5]는 도시 니네베(Nineveh)에 있는 아슈르바니팔(Assurbanipal, 재위 669~631 BCE)의 궁전에서 떼어낸 것으로, 왕이 사자를 사냥하는 독특한 장면을 담고 있다. 메소포타미아의 통치자들이 사자를 사냥하는 모습은 이르면 기원전 3000년경부터 그려지기 시작했다. 그러나 극적인 장면과 동물의 사체 및 죽어가는 모습을 표현한 작품 중에서 아슈르바니팔의 사냥은 비할 데 없는 탁월한 걸작이다. 그림에

서 보이는 장면은 현재 대영박물관에 소장된 벽화의 느낌을 아주 약간 보여줄 따름이다. 우리에 갇힌 사자들을 사냥터로 데리고 가서 병사들과 사냥꾼들과 사나운 개들이 빙 둘러싸고 있는 가운데 풀어놓는다. 왕은 때로 걸어서, 때로 전차를 타고 원 안으로 들어간다. 우리가 보는 그림에서 왕은 거대한 전차를 타고 있다. 전차 마부가 전차를 조종하고 창을 든 병사 두 사람이 함께 타고 있다. 왕은 앞으로 나아가고자 한다. 말은 이미 죽어 쓰러진 사자를 뛰어넘는다. 이때 창을 든 병사들이 뒤에서 덮치는 사자를 막아내고 있다. 네 가지 서로 다른 동작이 복합적으로 하나의 장면을 구성하는데, 구성이 워낙 치밀하여 각각의 동작이 전혀 별개로 보이지 않는다. 전차와 바퀴살, 그리고 대각선으로 내리꽂히는 창과 사자가 함께 안정적인 삼각 구도를 이루어 승리를 확신하는 왕의 신념을 드러내 보인다. 오늘날 이 부조를 보는 관객이라면 아마도 상처 입은 동물의 고통에 공감할 것이다. 이 부조를 새긴 작업자들도 마찬가지였다. 그들은 그 고통을 연구하고 완벽히 표현하려고 노력했다. 그러나 왕의 단호한 공격 장면은 위험천만한 세계에 살고 있는 아시리아 사람들에게 환영받았을 것이고, 궁전을 방문하는 외교 사절에게는 일정한 위협도 되었을 것이다.

[그림 8-6] 헤로도토스(Herodotos) 덕분에 우리에게 익숙한 그 당시의 페르시아는 아케메네스 왕조가 통치했고, 다리우스(Darius)라는 이름을 가진 왕이 세 명 있었다. 그중 첫 번째 다리우스 대왕이 페르세폴리스(Persepolis)를 건설했다. [그림 8-6]의 황금 사발에 새겨진 문자는 쐐기문자로, "다리우스, 위대한 왕"이라는 의미다. 당시 제국의 공식 언어가 세 가지여서 같은 내용이 고대 페르시아어, 엘람어, 신바빌로니아어

[그림 8-6] "다리우스, 위대한 왕"이라는 글귀가 새겨진 황금 사발
높이 11.1센티미터. 페르시아, 아케메네스 왕조, 기원전 5세기. 뉴욕 메트로폴리탄미술관 54.3.1.

로 적혀 있다. 왕은 이 사발을 직접 식탁에서 사용했을 수도 있고, 아니면 조공 사절이 그에게 가져다준 귀금속 등 다른 보물들과 함께 보물 창고에 간직했을 수도 있다. 페르세폴리스의 계단 벽면에는 조공 장면도 그려져 있다.

황금 사발은 원래 납작한 금판을 두드려서 만든 것이다. 즉 금판을 두드려가며 조금씩 조금씩 모양을 만들어 완성하는 방식이었다. 철은 가열된 상태에서 두드려야 했기 때문에 집게가 필요하지만, 차가운 상태에서 두드리는 다른 금속들은 직접 손으로 잡을 수 있어 보다 섬세한 작업을 할 수 있다. 망치의 재질은 부드러운 물질, 뼈나 돌 등이었다. 그래야 금속이 찢어지지 않기 때문이다. 고대 세계에서는 금이든 은이든 동이든 상관없이 두드려서 모양을 만들었다. 그래야 금속을 절약할 수 있기 때문이다. 두드려서 모양을 내면 주조할 때보다 훨씬 얇게 만들 수 있었다. 세계 어느 지역에서나 주조는 두드려서 만들 수 없는 형태를 원할 때 불가피하게 선택하는 최후의 수단이었다(이런 점에서 중국은 예외였다). 금은에 비해 힘은 더 많이 들었겠지만 청동에도 이와 같은 경제 논리가 적용되었다. 대장장이라면 대체로 금속을 절약해야 한다는 압박감이 있었기에, 때로는 각 부위별로 다른 기법을 적용하기도 했다. 만약 파트롱의 요구에 따라 돌출된 동물 머리가 새겨진 돌 사발의 복제품을 황금으로 만들어야 한다면, 머리 부분은 주조 방식으로 만들어 나중에 못을 이용하여 사발에 부착하는 방식을 썼을 것이다([그림 8-9] 힐데스하임 접시의 여신 아테나 참조). 그러나 이 황금 사발에서 작가는 나름의 기법을 사용했고 결과적으로 부드럽게 부풀어 오른 형태를 만들어냈다. 이 유물에서는 무엇보다 재료(material) 자체가 많은 이야기를 들려준다.

[그림 8-7] 전형적인 동물 투쟁 양식의 유물에는 육식동물이 초식동물을 잡아먹는 장면이 표현되어 있는데, 그 모티프는 기원전 제4천년기 메소포타미아 지역에서 유래했다. 다리우스 대왕이 기원전 5세기에 건설한 페르세폴리스 궁전의 계단에도 같은 내용의 장면이 웅장하게 그려져 있다. 그러나 이러한 장면을 담고 있는 유물의 대다수는 기원전 제1천년기 내륙 아시아 유목민의 것이며, 운반할 수 있는 작은 크기의 유물이 많다(장신구, 옷, 심지어 문신). 유목민은 이 양식을 나름의 방식으로 소화하여 스텝 지대를 건너 멀리 중국과 시베리아까지 전해주었다. 유목민이 선호한 장신구 가운데 금이나 동으로 만든 허리띠 장식(帶鉤)

[그림 8-7] 전국(滇國)의 청동 허리띠 장식(帶鉤)
높이 8센티미터, 길이 16센티미터. 기원전 2~1세기. 중국 서남부 운남성 석채산(石寨山) 출토.

이 있는데, 여기에 표현된 동물 투쟁 장면은 사실적이기보다 패턴화되고 형식화된 경향을 보였다. 예컨대 어떤 유물을 보면 희생 동물의 몸통 뒷부분이 180도로 꺾여서 뒷다리가 공중을 향하기도 하는데, 이는 고통의 몸부림을 강렬하게 표현한 것이다. 그러다가 나중에는 (꺾인 모양이 패턴화되는 바람에) 포식자의 뒷다리도 같은 식으로 꺾인 모양으로 표현되었다.

[그림 8-7]에서 보이는 동물 투쟁 장면은 그러나 스텝 지대 유목민의 유물이 아니다. 스텝 지역에서 소화한 동물 투쟁 양식의 영향을 받기는 했지만 또 다른 측면이 있다. 청동을 주조하여 만든 허리띠 장식인데, 오늘날 중국 남서부에 위치하며 농경과 목축을 겸했던 나라의 유물이다. 기원전 2세기에 기록된 중국의 자료에 따르면 그 나라의 이름은 전국(滇

國)이었다. 기원전 시기가 끝나갈 무렵 약 2세기 동안에 조성된 전국의 무덤에서는 청동 유물이 대거 출토되었다. 3차원의 인형으로 일상생활의 여러 가지 모습을 표현한 유물들도 있었다. 동물 투쟁 양식의 허리띠 장식만도 내용이 무척 다양했다. 동물 투쟁 양식의 미술품 전체를 역사적으로 놓고 보더라도 이토록 폭력적인 장면은 비할 데가 없다. 그중 한 사례를 우리는 보고 있는데, 표범 두 마리와 뱀 한 마리가 멧돼지 한 마리를 공격하는 중이다. 표범이 으르렁거리고 멧돼지는 겁에 질려 있다.

[그림 8-8] 중국 남부 지역에 남월(南越)이라는 나라가 있었다. 기원전 122년경 사망한 그 나라 왕의 무덤이 1983년 중국 광주(廣州, 광저우)에서 발견되었다. 왕의 시신 근처에서 약 200여 점의 옥 유물이 발굴되었다. 그중 일부는 그가 살아생전에 수집한 것들이었다. 목걸이부터 칼집에 이르기까지 대다수가 장신구였다.

옥(玉)이란 연옥(軟玉, nephrite)을 비롯해 비슷한 성질의 석재를 일컫는데, 중국 북동부 지역에서는 이르면 기원전 제4천년기부터 귀중품으로 간주되었다. 재질이 워낙 단단하기 때문에 (자르거나 구멍을 뚫거나 모양을 만드는 등의) 작업을 하려면 연마재를 써야 했다. 작업 공정의 첫 단계는 둥글둥글하게 생긴 원석을 납작하게 잘라내는 것이었는데, 그래서 옥 장신구들은 대개 납작한 형태를 띠고 있다. 그다음 단계로 전문가가 납작한 판 위에 그림을 그렸다. 먼저 밑그림을 그려두어야 제작 과정에서 실수를 피할 수 있고, 또한 재미있는 패턴을 고안해볼 수도 있었기 때문이다. 그림이 완성되면 그림에 따라 옥을 자르고 구멍을 냈다. 그리고 형태가 완성되면 표면을 갈고 다듬어 완성했다. 이런 공정 때문에 표면과 윤곽선을 강조하는 예술의 형태가 탄생했다. 재료의 특성 때문에 예

[그림 8-8] 남월(南越) 왕의 무덤에서 발견된 옥 장식
지름 10.6센티미터. 기원전 2세기. 중국 광주(廣州, 광저우) 출토.

술가의 고민이 깊어졌다. 단순히 익숙한 기존의 디자인을 따를 것인가, 아니면 값비싼 원재료인 자연산 옥돌의 독특한 모양을 살려서 디자인을 할 것인가? 형태와 주제를 선정할 때 참고할 자료는 많았다. 원반과 도끼날 모양은 선사 시대부터 유행한 패턴이었다. 용(龍)도 인기 있는 주제였다. 용의 형태는 자유롭게 변형이 가능했기 때문이다. 무엇보다 중요했던 요소는 색깔과 광택이었다. 그리고 창의성과 시의 적절한 주제도 그에 못지않게 중요했다. 재료가 워낙 귀하다 보니 부러진 것을 가지고 다시 형태를 만들어 완성한 경우도 많았고, 도저히 어찌할 수 없는 조각에는 금을 붙이는 경우도 있었다.

남월 왕이 소유했던 옥 장신구 가운데 아마도 가장 세련된 것이 [그림 8-8]에서 보이는 옥 원반이었을 것이다. 이 장신구는 시신의 얼굴을 가리는 천 위에 놓여 있었다. 두 동물이 두 개의 동심원을 따라 공간을 꽉 채우고 있다. 안쪽 원 안의 용은 밖에까지 삐져나와 있다. 오른쪽을 향한 용의 얼굴에서 사나운 송곳니가 튀어나온 턱은 목 위로 크게 벌어졌고, 앞다리와 뒷다리는 안쪽 원을 벗어나 바깥 원까지 뻗어 있다. 용의 앞발 위에 서 있는 새는 뒤를 돌아보며 비명을 지르고 있다. 두 개의 원 사이 공간은 대개 새의 머리에서부터 뻗어 오른 볏이 가득 채우고 있고, 새의 꼬리털이 아래로 그보다 더 길게 뻗어 있다. 용의 꼬리 또한 뻗어나가 한두 번 구부러지며 바깥 원의 일부를 채우고 있다. 우아하면서도 재치 있는, 분노한 두 동물의 형상에서 우리는 중국의 예술가들이 북방 유목민의 동물 투쟁 모티프를 어떻게 변형했는지 엿볼 수 있다.

[그림 8-9] 이 접시는 1868년 하노버(Hannover) 근처의 이른바 힐데스하임 호드(Hildesheim Hoard)에서 발견된 유물이다. 힐데스하임 호드는 로마 제국 국경 바깥 지역에서 발견된 규모로는 역대 최대의 은 유물 비장처(祕藏處)로 알려져 있다. 아마도 야만족에게 준 로마 제국의 선물이었던 것으로 추정된다. 제2차 포에니 전쟁(218~201 BCE) 이후로 로마의 귀족 생활에서 은접시 수집이 유행하게 되자, 로마는 스페인의 은광을 공격하여 시라쿠사(Siracusa)나 타렌툼(Tarentum) 등지에서 많은

[그림 8-9] 로마의 은접시
독일 힐데스하임 출토. 부분 금박, 지름 25센티미터. 아우구스티누스 재위(27 BCE~14 CE) 직후 제작.

전리품을 빼앗아 왔고, 여기에 그리스 문화 선호의 영향이 더해졌다. 골동품 수집을 위해 많은 비용이 지출되었고, 그리스의 대장장이들에 의한 새로운 작품 수요도 거대했다. 로마 제국 시기 중산층 가정이라면 마땅히 식탁용 은식기 세트와, 힐데스하임 접시 같은 사이드테이블에 올려놓고 보는 감상용 전시품(유산, 결혼 선물 등)을 갖추고 있어야 했다. 폼페이 벽화에 그와 같은 장면을 그린 그림이 남아 있다.

접시는 가운데 돋을새김과 테두리 식물 문양 장식으로 구성되어 있다. 돋을새김 부분은 아테나(Athena) 여신상인데, 주조 기법으로 제작한 것으로 보인다. 그리고 여신상을 붙여놓은 접시 바닥은 두드려서(단조 기법) 만든 것이다(손잡이 두 개가 붙어 있는데 위 그림에서는 보이지 않는다. 이것도 별도로 제작해서 붙인 것이다). 테두리 장식은 팔메트(palmette) 무늬와 나뭇잎 모티프가 결합되어 아치 형태를 이루고 있는데, 그 부분이 줄기에 해당한다. 이런 문양은 그리스와 로마의 예술이 융합된 방식이다. 식물 문양의 배경에는 금박이 입혀져 있다. 아테나 여신의 가운과 앉아 있는 바위에도 금박을 입혔다. 아테나 여신은 한 손에 방패를 들고 다른 한 손으로 지팡이를 짚고 있다. 그리고 조그만 부엉이 한 마리가 아테나 앞에 있는 바위 위에 앉아 있다.

가운데 있는 아테나 여신과 무엇보다 여신이 입고 있는 가운이 우선 시선을 끈다. 고전기 예술에서 주름 잡힌 옷자락 표현에는 최소한 세 가지 기본기가 있었다. 그중에서도 옷감의 사실적 표현이 가장 기본이었다. 그리고 더욱 중요한 것은 그 아래 신체를 정확하게 드러내고, 빛과 그림자의 보기 좋은 패턴을 만들어내는 것이었다. 고전기 조각상의 개념이 다른 예술 전통(불교 미술, 네덜란드 회화 등)에 영향을 미쳤을 때 이러한 기본기의 중요성은 극적 변화를 맞이하게 된다.

[그림 8-10] 이 그림은 폼페이 중산층 가정의 어느 방을 보여준다. 건축 구조를 보면 벽을 나누어놓았는데, 가로로 하단·중단·상단을 구분했다. 또한 벽면에 얇은 벽감을 두 개 설치하여 그 안에 그림을 넣었고, 그림과 그림 사이에 창문이 있다. 창문 너머로 건축물의 윗부분과 하늘이 보이는데, 무슨 무대 장치처럼 생겼다. 하단에는 가로로 길게 붉은색 대리석으로 사각형을 만들고 그 사이사이로 노란색 사각형이 보인다.

[그림 8-10] 펜테우스의 방, 베티의 집, 폼페이
기원후 1세기, 62년 지진 이후 79년 베수비오 화산 폭발 이전.

벽면의 중단 윗부분에 약간 돌출된 부분이 중단과 상단을 구분하며, 중단에 흰색의 가느다란 기둥이 몇 개가 보이는데, 모두 하단의 노란색 사각형 위에 놓여 있다. 흰색의 둥근 기둥은 뒷면 벽에 붙은 기둥과 짝을 이루는데, 중단 윗부분의 에디쿨라(aedicula, 벽면에 설치하는 돌출 지붕 모양의 장식을 일컫는 말로, 앞서 언급한 중단과 상단을 구분하는 돌출 부위를 말한다. – 옮긴이)를 받치고 있다. 이 에디쿨라는 중단에 그림이 들어 있는 벽감의 위를 보호하는 모양새다. 벽감 안에는 노란색 벽면에 커다란 그림 패널이 걸려 있다(창문 주위의 벽이나 상단 벽도 모두 노란색으로, 이방의 주조색이다). 이 방은 피나코테카(pinacotheca), 즉 그림을 전시하는 갤러리 룸으로, 걸려 있는 그림은 유명한 그리스의 걸작들을 모방한 작품들이다. 왼쪽의 그림은 어린 헤라클레스(Heracles)가 뱀을 목 졸라 죽이는 장면이며, 오른쪽 그림은 펜테우스(Pentheus)가 바카이(Bacchae, 바쿠스를 추종하는 여인들)로부터 집요하게 공격당하는 장면이다.

이상과 같이 방의 모습은 실상 그대로 묘사했지만, 이 모든 구성 요소는 사실 회반죽 벽(석고 벽) 위에 채색을 해서 만든 것이다. 실제 방에는 창문도 없고, 에디쿨라도 없고, 대리석도 없고, 회화 작품 패널도 없다. 풍성해 보이는 방의 모든 요소는 환영이고 환상이다. 실내 장식을 담당한 작업자는 원근법, 단축법, 빛과 그림자의 기교에 완전히 숙달된 사람이었다. 그들은 실제로 방에 들어오는 빛을 감안했고, 방에 들어온 사람들의 시선까지 고려해서 채색했다. "대화가의 작품"은 분명 작업자들이 주인에게 추천했을 테고, 집주인은 몇 가지 사례집을 보고 골랐을 것이다. 헬레니즘 시대부터 로마의 화가들은 궁전을 모방한 그림을 벽에다 그리기 시작했다. 과거 궁전에는 실제로 대리석과 벽감과 회화 작품 패널이 있었고, 벽감에 조각상을 놓기도 했다. 값비싼 실내 장식을 대신했던 값싼 모방은 이내 지나친 기교의 각축장으로 변해갔다. 베티의 집(House of the Vettii)과 같은 시기에 로마에서 조성된 황제 네로(Nero)의 도무스 아우레아 (Domus Aurea, 황금의 집)에는 지방의 중산층이 발주했던 화가들보다 훨씬 실력 좋은 화가들이 그림을 그렸다. 그렇지만 층층이 환상의 요소를 더해가는 즐거움을 추구하는 방식에는 다를 바가 없었다.

[그림 8-11] 님프의 샘(nymphaeum)은 샘물을 둘러싼 건축물이다.

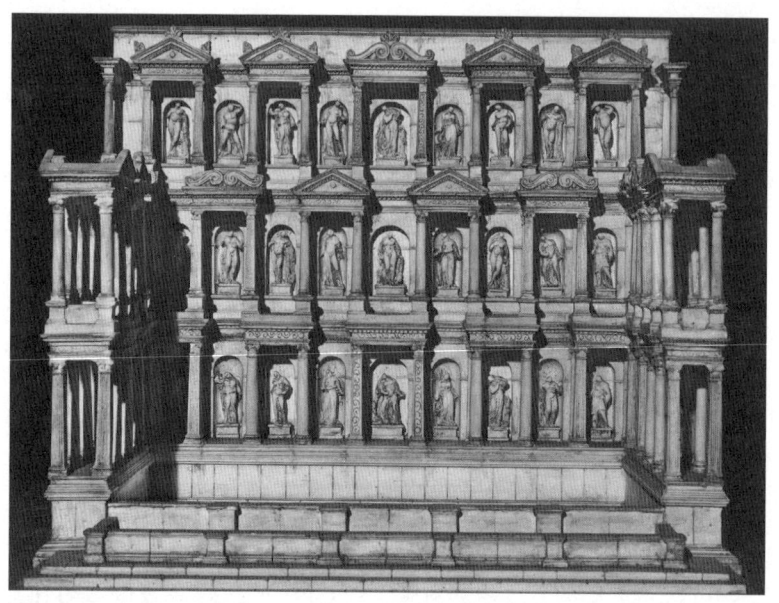

[그림 8-11] 님프의 샘(모형)
소아시아 밀레토스 소재, 트라야누스(Traianus) 황제의 아버지를 위해 건설. 기원후 2세기. 로마, 로마문명박물관 소장.

로마 시대에는 실내가 없이 모두 노출된 건축물 양식 몇 가지가 있었는데(예컨대 극장 무대), 이와 같은 배경막 형식도 그중 하나였다. [그림 8-11]에서 노출된 벽면은 세 층으로 구성되어 있다. 포치(porch, 건축물의 현관) 형태의 에디쿨라(aedicula, 벽 돌출 장식)를 서로 어긋나게 배치함으로써 역동성을 더했다. 각각의 포치는 아래위층의 대각선에 위치한 포치끼리 깊이가 같다. 포치와 포치 사이의 벽감에도 조각상이 위치해 있다.

여기서 원래의 건축물이 아니라 복원 모형을 제시하는 이유는, 모형에는 애초에 있었던 조각상도 모두 복원되어 있기 때문이다. 만약 조각상이 없다면 이 건축물은 기둥(column)과 엔타블러처(entablature, 기둥 위 수평부)와 페디먼트(pediment, 삼각 박공)만 늘어서 있는 우스꽝스러운 모양이 될 것이다. 조각상이 있어야 벽감이 왜 설치되었는지를 이해할 수 있고, 또한 벽감이 있어야 조각상이 왜 설치되었는지를 이해할 수 있다. 두 개의 요소는 서로가 건축물의 표면에 활기를 불어넣고 있다. 여기서 조각상은 고전기 조각상이 제공하는 기능 중 하나의 사례를 보여준다. 그것은 바로 익명으로서의 기능이다. 콘스탄티누스 개선문 꼭대기에 새겨져 있는 바바리안 조각상 또한 이와 비슷한 사례에 속한다(그림 8-12). 이와 다른 조각상의 기능은 독립적으로 세워져 있는 조각상, 신이나 황제나 영웅의 모습을 나타내는 조각상이 보여준다. 이 경우 조각상은 아주 분명하게 주목을 요하는 대상이며, 그 조각상이 누구를 나타내는지 누구나 알 수 있게 만들어져야 한다.

[그림 8-11]에서 볼 수 있는 장식 요소는 아주 기본적인 것으로, 건축물에서든 건축물 이외에서든 모두 매우 중요한 의미를 지녔다. 넓은 공간 혹은 넓은 화면을 하나로 처리하지 않고 질서 있는 구획으로 나눈 뒤 그 경계에 어떤 장치를 함으로써 틀을 만들어가는 방식이었다. 예컨대 유니우스 바수스의 석관(Sarcophagus of Junius Bassus, 359 CE)에도 에디쿨라 형태의 틀이 표면을 구획하여 각각의 칸 안에서 기독교 관련 내용을 표현했다. 이런 구획 방식에 주안점을 두고 보면 시스티나 대성당에서부터 캄보디아 사원에 이르기까지 어디서나 이런 사례가 눈에 들어온다(후자의 경우 무성한 식물 장식이 광활한 공간을 나누는 틀이다). 한때 조각상으로 가득 차 있던 많은 건물이 오늘날에는 비어 있다. 수 세기

동안 수집가들이 조각상을 탐내어 가져갔기 때문이다(고전기 조각상 가운데 가장 세련된 작품들은 금속으로 만들어졌기 때문에 아주 옛날에 이미 누군가 가져가서 녹여버렸다). 박물관에서 우리가 만날 수 있는 홀로 서 있는 조각상들은 대개 전체에서 일부를 떼어내어 가져다둔 경우다. 그렇게 떼어내면 수준이 떨어지게 마련이다. 홀로 주목을 요하는 작품이 아닌, 그저 시야를 채우는 정도의 기능으로 만들어진 작품들도 때로는 주목해볼 필요가 있을 것이다.

[그림 8-12] 개선문은 기념비적 건축물로서 로마의 영광을 기억하고자 하는 이들에게는 그 존재감을 잃어버린 적이 없었다. 이와 같은 형태의 개선문을 처음 돌로 제작한 사례는 기원전 2세기로 알려져 있다. 애초에는 전쟁에서 승리하고 돌아오는 장군들을 위해 임시 건물을 건설하는 전통이 있었는데, 그것을 더 확장하고 오래 유지될 수 있는 건축 재료를 써서 재건축한 것이 돌로 만든 개선문이었다. 기념비적 건축물로서 개선문은 로마의 건축 기술을 신격화하는 사례 중 하나였다. 로마인은 다른 건물에 기대지 않고 독자적으로 서 있는 아치 형태의 건축물을 연달아 세워서 수도교나 다리를 건설하기도 했다. 남아 있는 개선문은 대부분 출입구가 하나인데, 콘스탄티누스(Constantinus) 개선문은 출입구가 세 개다. 개선문의 맨 위에는 대개 금박을 입힌 청동 조각상들을 배치했는데, 말이 끄는 전차를 탄 승리자의 모습도 포함되어 있다. 측면에도 조각상과 부조가 새겨졌고, 맨 꼭대기층 가운데에는 돌에 새기거나 동판에 새긴 글귀가 배치되었는데, 모두 기념해야 할 사건과 관련된 내용이다. 로마 제국 시기 개선문은 제국 전역에서 건설되었다. 도시 로마에서만 50개 이상의 개선문이 기록으로 알려져 있다.

〔그림 8-12〕 콘스탄티누스 개선문
기원후 315년. 높이 21미터, 너비 25.9미터, 깊이 7.4미터.

　　콘스탄티누스 개선문은 그중에서도 가장 큰 규모로, 승리를 거둔 황제가 도시로 들어오는 길목에 설치되었다. 콘스탄티누스 황제가 312년에 경쟁자인 막센티우스(Maxentius)를 상대로 승리를 거둔 후, 로마의 원로원과 민회에서 이를 기념하여 315년 황제에게 헌정한 건축물이 바로 콘스탄티누스 개선문이었다. 거대한 돌을 다듬어 쌓은 이 개선문에는 가운데 큰 출입구가 하나 있고 양쪽으로 작은 출입구가 두 개 있다. 스팬드럴(spandrel, 아치와 아치 사이 부분)에는 승리자들의 모습이 그려져 있다. 아치의 양쪽 옆으로 수평 띠 모양의 벽면이 있고, 그 안에 동그라미 형태가 들어 있다. 아치를 떠받치는 양쪽 기둥 앞에는 다시 코린트 양식의 둥근 기둥이 서 있는데, 그 기둥을 받치는 높은 대좌에는 부조 패널이 부착되어 있다. 두 개의 코린트 양식 기둥은 엔타블러처(entablature, 기둥 위 수평부)를 떠받치고 있고, 그 위에 위치하는 다락층에 원로원의 헌사가 적혀 있다. 부조로 글씨를 새긴 거대한 패널이다. 그리고 기둥 꼭대기에는 홀로 서 있는 야만인 조각상이 설치되어 있다(승리를 자축하는 의례에서는 언제나 승리자뿐만 아니라 야만인도 등장한다). 기둥과 상인방(上引枋, lintel, 문이나 창문의 위를 가로지르는 건축 재료 - 옮긴이) 구조는 그리스 사원의 형태를 따른 것이지만, 구조적 이유로 채택된 것은 아니고 자칫 밋밋할 수 있는 공간을 구조적으로 조직화하는 기능을 담당하고 있다. 콘스탄티누스 개선문은 건축적 구성으로 완성도가 매우 높으며, 르네상스 이후 고전 건축을 염두에 둔 많은 건축가에게 영향을 미쳤다. 예컨대 성당 건물의 서편 출입문은 언제나 이와 같은 형식을 취하는 등 관습적 고정 형식으로 자리 잡기도 했다.

교황청의 고미술 감독관으로 근무했던 화가 라파엘로(Raffaello)도 콘스탄티누스 개선문을 분석한 적이 있었다. 그래서 아치 위 부조 작품들의 스타일이 서로 다르다는 점, 그리고 모두가 4세기에 만들어진 작품은 아니라는 점 등은 이미 르네상스 시기부터 알려져 있었다. 아치 위의 동그라미 양식은 하드리아누스(Hadrianus) 황제(재위 117~138 CE)의 개선문에서 따왔으며, 원 안에 그려진 황제의 얼굴만 하드리아누스 대신 콘스탄티누스 황제의 얼굴로 바꾸어 그렸다. 또한 다른 부분에서는 트라야누스(Traianus) 개선문이나 마르쿠스 아우렐리우스(Marcus Aurelius) 개선문의 양식을 차용하기도 했다. 어쩌면 새로운 개선문을 건축하면서 과거 양식만 차용하는 것은 적절치 않다는 생각을 했는지도 모르겠다. 최근 조사 결과, 아치 하단 부분은 하드리아누스 개선문을 참조하되 과감하게 개조한 사실도 밝혀졌다.

동그라미 안에서 보이는 하드리아누스 개선문의 느슨한 양식과, 그 아래 엔타블러처에서 보이는 콘스탄티누스 개선문 특유의 엄격한 양식은 일견 모순되어 보인다. 이런 대비는 많은 비평가의 의견을 불러일으켰다. 르네상스 시기에는 그리스와 로마의 고전 양식을 유일하게 올바른 규범적 예술 양식으로 받아들였다. 그런 관점에서 콘스탄티누스 개선문의 양식적 모순은 도저히 설명할 수 없는 부분이었다. 그래서 이 개선문이 곧 고전기 예술의 종말과 중세 예술의 탄생을 동시에 알리는 사례로 간주되었다. 그러나 1900년경, 중세 예술에 보다 친숙한 학자들은 이러한 평가와는 다른 의견을 제시했다. 즉 콘스탄티누스 개선문은 고전기의 기준을 유지하는 데 실패한 것이 아니라, 혹은 예술적으로 문명의 황혼을 드러내는 것이 아니라, 새로운 목적 때문에 의도적으로 그러한 선택을 했다는 평가였다. 그렇다면 "왜 그 시기에 예술이 쇠락했을까?"하는 의문은 더 이상 올바른 질문이라 할 수 없다. 그럼에도 불구하고 이전 세대 학자들이 양식의 변화에 대해 남겼던 부정적 평가는, 적어도 어느 측면에서는 여전히 의미심장한 여운을 드리우고 있다.

[그림 8-1] 《켈스의 서(Book of Kells)》는 《신약성경》의 4복음서를 손으로 쓴 필사본이다. 8세기 혹은 9세기 스코틀랜드 앞바다 아이오나(Iona)섬에 있었던 아일랜드의 수도원 필사실에서 제작된 것으로 추정된다. 수도원은 6세기 아일랜드로부터 처음 영국의 섬 지역에 뿌리내리기 시작했다. 아일랜드 수도사들은 오늘날 인슐라 대문자체(Insular majuscule, 인술라는 섬이라는 의미)로 불리는 서체([그림 8-1] 우측 하단에 조금 보인다)를 개발했다. 대륙에서 가져온 성경책을 필사하는 과정에서 만들어진 서체로서, 머지않아 잉글랜드에도 그 서체가 전파되었다. 인술라 서체는 켈트 예술과 게르만 예술의 전통을 물려받아서 장식 요소를 선호했는데, 평면의 페이지에 깊이감과 덩어리감을 표현하는 일루전(illusion) 기법이 동원되었다. 그래서 환영(幻影)과 문자가 자연스럽게 어우러졌으며, 대륙의 필사본을 변형한 그들의 성과는 선교사들을 통해 거꾸로 대륙에도 영향을 미치게 되었다. 결국 필사본에서 텍스트의 첫 글자를 로마네스크 양식과 고딕 양식으로 장식하는 기법은 영국의 섬 지역에서 비롯되었다.

《켈스의 서》는 남아 있는 인술라 서체 복음서들 가운데 가장 최후의 가장 화려한 걸작이다. 장식 요소가 굉장히 많이 포함된 《켈스의 서》를 보면, 그 이전의 필사본들(《더로의 서Book of Durrow》 혹은 《린디스판 복음서Lindisfarne Gospels》)과 마찬가지로, 필경사가 고대 파피루스 필사본의 유산을 전혀 접하지 못했던 인물로 추정된다. 인술라 필사본은 두루마리가 아닌 책의 형태였다. 책을 장식할 때 필경사들은 사각형 지면을 채우는 데 집중했다. 4복음서가 시작할 때 첫 페이지에 각 복음서 저자의 얼굴을 그린다든지, 화려한 장식의 십자가로 페이지를 가득 채운다든지, 페이지의 첫 글자를 크고 화려하게 장식하는 등의 방식이 전형적이었다. 다른 페이지에도 특별한 장식이 더해졌다. [그림 8-1]의 〈키로 페이지〉는 예수의 집안 계보로 시작되는 〈마태오 복음서〉의 한 페이지다.

인술라 필사본의 문화적 영향은 오늘날의 북디자인에도 미치고 있다. 각 장 텍스트의 시작 글자를 큰 크기의 문자로 장식하고 이후 점점 작은 글자를 나열하여 디미누엔도(diminuendo, 점점 여리게) 효과를 주는 방식이다. 〈키로 페이지〉는 디미누엔도 효과의 극단적 사례였다. "크리스티(Christi, 그리스도)"라는 단어를 세 개의 철자로 표현했는데, 첫 번째 글자 키(X)는 불가사리 모양으로 뻗어서 페이지 하단까지 내려온다. 두 번째 글자 로(P)와 세 번째 글자 이오타(I)는 서로 얽혀서 첫 번째 글자 키(X)를 떠받치는 팔과 같은 모양이다. 이 세 글자 이후에 우측 아래로 텍스트의 시작 부분이 짧게 이어지고 있다. 그 아래 반전된 L자 모양 다음부터 평범한 서체로 이어지는 글(내용은 "autem generatio")이 그 부분이다. 장식의 색채는 주로 빨강, 노랑, 검정, 파랑, 보라이며, 동물이 얽힌 모양, 기하학적 문양(마름모, 동그라미, 나선 모양이 역동적 느낌으로 글자를 에워싼다), 황홀한 모티프(지면 하단의 고양이와 쥐, 글자 키와 로 사이, 그리고 이오타 아래에 수달과 물고기) 들이 펼쳐져 있다. 《켈스의 서》에서 다른 페이지들에는 텍스트가 더 많고 장식 요소가 더 적지만, 두 요소의 혼합은 언제나 놀라움을 자아낸다. 때로는 첫 글자에, 또 때로는 소소한 장식에 등장하는 그림들은 텍스트의 내용과 직접적 관련이 없는 기발한 요소들이다. 필경사는 우아한 서체를 써나가면서도 언제나 장식 요소를 고안하느라 고민했던 것 같다. 글자와 장식 요소가 자연스럽게 어우러지는 것으로 보아 글자를 쓴 사람과 장식을 한 사람은 동일 인물일 것이다. 물론 책 한 권을 한 사람이 모두 제작하지는 않았을 테고 여러 사람이 참여했을 것이다. 인술라 필사본은 화려한 장식의 필사본으로 나중에는 책 자체가 숭배의 대상이 되었다. 예배 시간에는 제단을 장식하는 주요 성물(聖物) 중 하나로 자리 잡았다. 필경사의 노동은 신을 위한 봉헌이었으며, "신과의 소통에 이르는 또 하나의 길이었다(Karl Nordenfalk)."

[그림 8-13] 우마이야 모스크는 메디나(Medina)에 있는 예언자의 집(Prophet's house)에서 영감을 받은 최초의 무슬림 대중 예배 장소로, 사방이 막힌 안마당 구조로 건설되었고, 지붕이 있는 측면의 기도실(prayer hall)은 메카(Mecca)를 향하고 있다. 우마이야 왕조(661~750)의 수도였던 다마스쿠스(Damascus)에 위치하며, 비교적 원형에 가까운 형태를 간직하고 있는 모스크 중에서는 거의 최초의 사례에 속한다(그림 8-13a). 칼리프 알-왈리드(al-Walid)가 건설한 이 모스크 자리에는 원래 유피테르(Jupiter) 신전이 있었고, 나중에는 기독교 성당이 들어섰다. 우마이야 왕조는 건축물 자체를 새로운 신앙을 홍보하는 상징물로 삼기 위하여 새로운 유형의 건물을 짓고자 했다. 종교적 용도에도 걸맞아야 했지만, 기독교 성당에 필적할 만큼 화려한 면모도 놓칠 수 없었다. 그들에게는 새롭게 정복한 제국의 곳곳으로부터 예산과 헬레니즘 및 비잔틴 문화의 건축 유산을 끌어올 힘이 있었다.

칼리프 알-왈리드가 다마스쿠스에 건설한 모스크의 마당은 세 벽면이 회랑으로 막혀 있었고, 네 번째 남쪽 벽면에는 기도실이 있었다. 기도실의 두 모서리에 우뚝 솟은 미나레트(minaret, 첨탑)는 도시의 스카이라인에 이슬람의 출현을 알렸다. 기도실 가운데는 돔 천장을 덮었고, 마당을 향해 박공 구조의 건물이 이어져 있어서 마치 기독교 성당의 정면을 보는 듯하다. 그 좌우로는 세 겹의 지붕이 길게 뻗어 있다. [그림 8-13]에서 보듯이 내부 인테리어에서 가운데 부분에는 아무것도 없이 텅 비어 있고, 다만 두 개의 거대한 아치 구조만이 눈에 들어온다. 이 또한 얼

〔그림 8-13〕 **우마이야 모스크**
다마스쿠스. 기원후 706~715년.

핏 보면 바실리카(basilica, 로마의 공회당)의 형태 비슷한데, 가운데 홀을 중심으로 양쪽으로 날개 공간이 붙어 있다. 만약 이 공간이 기독교 성당이었다면 동쪽 끝에 제단을 설치하고 그 반대편 서쪽 끝이 주 출입구가 될 것이다. 그러나 무슬림 형제들이 생각하는 이 공간의 정면을 보려면 사진가가 바라보는 방향에서 왼쪽으로 돌아서야 한다. 왼쪽 벽이 키블라(qibla), 즉 모스크에 모인 무슬림이 기도할 때 앉는 방향이다(메카의 성소 카바Kaaba를 향한다. – 옮긴이). 오른쪽에 창이 가득 찬 벽면은 마당을 향한 출입구다. 돔이 설치된 가운데 공간은 칼리프의 자리로 예비되어 있다. 아마도 로마 궁전에서 왕의 집무실(throne room) 형식을 차용한 것으로 보인다. 다만 그 뒤쪽으로는 왕좌 대신 미흐라브(mihrab), 즉 메카를 향하는 벽감이 설치되어 있다(모스크의 대중 공간에 두 개의 미흐라브가 더 있다). 이처럼 모스크 건물은 이슬람 이전 시기 성당 및 궁궐 건축을 창의적으로 재구성했다. 애초에 몇몇 측면에서 세속적 건축 양식을 차용하기는 했지만 이후의 모스크로 이어지며 형성된 전통에서는, 예컨대 정면에 돔을 얹은 미흐라브가 모스크의 중요한 상징으로 자리 잡으며 세속 건축과의 연관성은 이내 사라져버렸다.

    거석으로 만든 기도실의 코린트 양식 기둥은 옛날 건물을 해체하고 가져온 전리품이었다. 이집트에서는 다른 건축 재료뿐만 아니라 기술자들까지 데려왔다. 애초의 건물 장식은 아주 작은 부분만 살아남았다. 대리석 조각은 창살이 교차하며 구멍이 뚫려 있는 모양인데, 로마식 인터레이스(interlace) 문양(끈을 꼬아 교차한 모양)의 영향을 받았다. 앞서 보았던 인술라 필사본에도 이 문양의 영향이 있었다. 대리석으로 만든 다도(dado, 기둥의 받침대)의 패널은 비잔틴 양식을 따온 것이며, 녹색과 금색이 주조를 이루는 벽면의 모자이크 또한 비잔틴 양식에서 가져온 것이다. 마당을 둘러싸고 있는 회랑의 벽은 가장 화려한 모자이크로 뒤덮여 있다. 모자이크화의 주제는 로마의 벽화를 떠올리게 하는데, 커다란

(그림 8-14) 화장토를 바른 도기 대접
아랍어로 "일을 시작하기 전에 계획하면 후회를 막을 수 있다. 번영과 평화"라는 글귀가 적혀 있다. 지름 45.7센티미터, 높이 17.8센티미터. 9~10세기. 이란 니샤푸르(Nishapur) 출토. 메트로폴리탄미술관 65.106.2.

나무와 싱싱한 식물과 환상적인 건물 들이 펼쳐진 풍경이다. 그러나 사람이나 동물의 모습은 보이지 않으며, 시골 마을 풍경에도 사람이 없다. 아마도 그것은 낙원의 풍경으로, 신앙심이 깊은 신도들을 위해 예비된 곳인지도 모르겠다.

[그림 8-14] 이 대접 역시 힐데스하임 은접시(그림 8-2)와 마찬가지로 부유한 집안에서 감상용으로 만들어진 것으로 추정된다. 우아하고 절제된 아름다움을 지닌 이 대접의 미학은 아마도 귀금속이나 인물상 모티프를 거부하는 종교적 이유와 관련이 있어 보인다. 사진으로 보

는 것보다는 깊이가 더 깊은데(측면 경사가 약 45도), 중국에서 수입된 백자를 이란에서 나름대로 따라 만든 것이다. 아바스 왕조 치하 이란의 도공들은 희고 단단한 중국 백자 표면의 매끄러운 재질을 만들 수 없었다. 그 대신 도기 표면에 불투명한 백색 화장토(化粧土)를 발랐고, 장식 요소로 문자를 써 넣었다. 글씨는 전문 서예가의 솜씨로 진한 갈색의 화장토를 찍어 쓴 것이다. 글씨의 가로획이 대접의 테두리 대부분을 가득 채우고, 세로획은 대접의 중심을 향하도록 구성되었다.

이슬람 예술에서는 대접부터 건물에 이르기까지 어느 표면에든 문자가 등장한다. 이체자가 계속 중첩되어, 때로는 뚜렷하게 읽을 수 있지만 또 때로는 도저히 읽을 수 없는 문양처럼 그려져 있기도 하다. 그림에서 보는 바와 같은 이란의 대접은 문자를 모티프로 하는 예술 작품 중에서는 시기적으로 가장 이른 사례에 속한다. 그 내용은 대개 속담이나 소망을 담고 있는데, 모호하고 신비로운 언어로 적혀 있으며, 때로는 구성미를 위하여 철자법을 희생하는 경우도 있다. 여기에 사용된 서체를 쿠파체(Kufic script)라 한다. 획의 모양이 각이 지고 깔끔하며, 공식 문서나 기념비에 사용되는 서체다. 최초의《쿠란》필사본도 쿠파체로 기록되어 있다. 이슬람 캘리그래피(서예)는 단순한 갈대 펜을 사용하는데, 자간 및 행간 구성의 방식에서 라틴어 필사본과 유사한 점이 있다.《켈스의 서》에 나오는 인술라 대문자체도 그런 사례에 속한다. 이슬람과 라틴 유럽의 캘리그래피는, 부드러운 붓을 사용하여 자간과 행간 구성이 매우 다양했던 중국식 서예와 전혀 달랐다.

[그림 8-15]는 여신 아마테라스(天照らす)를 모시는 신전으로, 아마테라스는 일본 왕실의 시조로 간주된다. 이 신전은 대규모 신토(神道)

[그림 8-15] 이세신궁 내궁의 본전(本殿, 正宮)
일본. 685년 이래 20년마다 같은 양식으로 재건축되었으며, 최초 건축 연도는 이보다 2~3세기 이전으로 추정된다.

사원인 이세신궁(伊勢神宮) 안에 있는 내궁(內宮)의 한 전각이다. 사원은 이세시(伊勢市)에 위치하는데, 거대한 숲속 자연의 아름다움을 간직하고 있다. 신토(神道)란 원래 불교가 도래하기 이전에 일본에 존재했던 종교를 통칭하는 불교 용어였다. 내용적으로 신토는 애니미즘을 기반으로 하는 종교로, 자연 속에 신령이 깃들어 있다고 보고, 신이 거주할 것 같은 빼어난 자연환경이 있는 곳이면 어디든 신사(神祠)를 세웠다. 이세 신궁의 내궁은 세 개의 목조 건물과 이를 둘러싼 네 개의 목책으로 구성되어 있다. 아마테라스는 청동거울의 형태로 모셔져 있는데, 내궁 중에서도 아마테라스를 모신 전각을 정궁(正宮)이라 한다. 아마테라스를 모시는 신전의 위치는 고정되어 있으며, 일본의 왕은 그곳에서 신과 소통할 수 있다. 사원의 관리를 책임지는 고위 성직자(남 혹은 여)는 언제나 왕실 인물 중에서 임명되었다. 기원후 7세기 이래로 20년마다 한 번씩 전각을 다시 건설하는 의례(시키넨센구式年遷宮)를 거행했다. 역사적으로 혼란스럽던 시기에는 의례가 중단되기도 했지만, 제62차 시키넨센구가 2013년에 거행되었다. 사원 형태는 불교가 일본에 도래하기 이전의 건축 양식 그대로 보존되었다. 청동거울에 비슷한 모양의 그림이 그려져 있어 보존 사실을 신뢰할 수 있다.

　정궁 지붕은 짚으로 이었고, 낮은 기둥을 박아서 둘레에 난간을 설치했다. 출입구는 가로로 기다란 건물의 정면으로 나 있으며, 계단을 통해 출입한다. 처마를 포함하는 거대한 지붕이 건물의 외양을 압도한다. 지붕의 양 끝에는 거대한 기둥이 교차하며 건물을 지탱하고 있다. 기둥이 지붕의 끝을 뚫고 올라온 모양이다. 지붕 경사를 따라 올라와 서로 교차하는 기둥의 모양은 (그리스 신전도 그랬듯이) 원래는 기능적이었던 구성요소가 변형된 것이다. 요소를 결합시키는 약간의 금속 부자재와 지붕을 덮은 갈대를 제외하고는 건물 전체가 편백나무로 만들어졌다. 가로 보와 판자는 모두 사각형으로, 기둥은 원형으로 만들었다. 표면은 부드럽게 다듬은 뒤 색을 칠하지 않았다. 건축 기술은 매우 세련되었으며, 특히 지붕을 잇는 솜씨가 빼어나다.

오늘날 이 건물은 매우 정교한 소박함과 극단적으로 자연미를 살린 건축 재료의 조합으로 일본의 미학적 절제미를 가장 잘 보여주는 사례 중 하나로 평가된다. 그러나 이 건물이 처음 건축될 때는 보는 이에게 아마도 지금보다는 더 화려한 느낌을 주었을 것이다. 당시로서는 이보다 자연적이지 않은 재료도 별로 없었을 테고, 그 옛날에 이 건물을 보고 소박하다는 생각을 했을 것 같지도 않다. 62차례에 걸쳐 재건축하면서도 건물 형태는 그대로 유지되었고, 오히려 건물을 바라보는 사람들의 마음이 변해온 셈이다.

[그림 8-16] 이 불상은 인도 북동부 지역의 사르나트(Sarnath)에서 제작되었다. 기원후 5세기 당시 사르나트는 거대한 사원의 중심지였다. 불상은 아마도 대중이 예배할 수 있는 개방된 공간에 놓여 있었던 것 같다. 그곳이 야외의 대좌였을 수도 있고, 작은 사원의 벽면 앞이었을 수도 있다. 불상에 새겨진 글씨는 없지만 사르나트의 다른 불상들에는 조성된 날짜와 후원자의 이름, 간혹 승려의 이름이 새겨져 있다.

과거 왕자의 신분이었던 석가모니는 깨달음을 얻은 뒤 붓다가 되어, 사르나트의 녹야원(鹿野園, 사슴 동산)에서 설법을 베풀며 환생의 고난에서 벗어나는 길을 사람들에게 알려주었다. 이 불상은 설법하는 모습을 나타낸 것이다. 불법을 상징하는 바퀴 좌우로 여섯 명의 제자가 무릎을 꿇고 앉아 설법을 듣고 있다. 그 아래로 지금은 부분적으로 지워졌지만 사슴이 새겨져 있는데, 이는 설법의 장소(사슴 동산)를 나타낸다. 그러나 하단의 그림에 붓다는 존재하지 않는다. 설법 장면의 주인공이 되어야 할 붓다는 화면에서 빠져 있다. 주인공은 화면 위로 들어 올려 크게 확대해서 예배를 위한 형상으로 바꿔놓았다. 명상과 예배에 초점을 맞추

〔그림 8-16〕 설법하는 붓다
사암(沙巖). 조성 당시 채색, 높이 158센티미터. 기원후 5세기 말 굽타 왕조 시대. 인도 사르나트. 사르나트 고고박물관 소장.

는 바람에 설법의 장면은 불상을 부연 설명하는 주석처럼 보인다.

이 불상은 상징이 가득한 상징적 도상이다. 붓다는 승려의 옷을 입었는데, 붉은색을 칠했던 흔적이 남아 있다. 불상 곳곳에는 붓다가 속세를 떠났다는 의미가 표현되어 있다. 곱슬머리는 과거 왕자였던 신분을 나타내는데, 지금은 짧게 잘라내어 곱슬머리의 흔적만 남은 상태다. 넓게 확장된 귓불은 과거 왕자 시절에 장신구를 착용했던 흔적이지만, 지금은 장신구 없이 넓은 귓불만 남아 있다. 불상의 머리 위에 불룩 솟은 육계(肉髻)는 초월적 지혜를 나타내며, 다리를 교차한 결가부좌는 명상의 자세를 의미한다. 손의 모양은 수인(手印)이라고 하는데, 법륜(法輪, 바퀴)을 굴린다는 의미이며, 법륜은 녹야원에서의 설법을 상징한다. 붓다는 대좌에 앉아 있고, 그의 등 뒤에는 상상의 동물들과 장식 패널이 부착되어 있다. 그의 머리 뒤에 있는 원반은 그의 몸에서 뻗어 나오는 빛을 의미한다. 넝쿨이 패널을 가득 채우고 있으며, 하늘의 선인 둘이 꽃을 흩뿌리고 있는 모습이다. 가운데 원을 둘러싸고 진주 같은 알갱이들이 박혀 있는데, 이는 시선을 가운데로 모아주는 요소다. 설법하는 이의 얼굴은 청중을 향하고 있지 않다. 조각가의 임무는 인간의 형상에서 성스러운 느낌을 뽑아내는 것이었다. 그래서 일반인도 접근 가능하지만, 동시에 열반의 세계(고통의 소멸, 자아의식이 사라진 축복의 상태)로 건너간 존재를 나타내고자 했다. 이를 위하여 조각가는 감각이 살아 있는 육체를 표현하고, 그 육신을 장식이 풍부한 대좌 위에 올려두고 뒤에는 원광을 배치했다. 전체적 구도는 안정적인데, 가운데 수인을 중심으로 등변 삼각 구도가 만들어졌다. 그리고 무엇보다도 (사진에서 보는 것보다 더 둥글고 풍성한 느낌의) 온전한 얼굴과 내면을 향한 고요한 미소, 아래로 내려다보는 차분한 눈빛을 표현했다.

기원후 1세기 불교 미술이 막 형성될 당시 간다라(Gandhara) 지역에서 불교 미술과 그리스 고전 미술이 서로 만났다. 간다라는 알렉산드로스 대왕의 정복 범위로 동쪽 끝에 위치했다. 위 불상에서 두 가지 요소, 즉 광배의 식물 장식 문양과 승복의 옷 주름에는 고전기 그리스의 영향이 보인다. 힐데스하임 접시(그림 8-9)에서도 여신 아테나는 주름 옷을 입고 있으며, 그 주위로 식물 문양 장식과 진주 모양 알갱이가 원을 그리고 있다. 그러나 인도의 조각가는 식물에 좀 더 비중을 두고자 했던 것 같다. 옷자락보다는 식물 문양이 더 풍성한 기여를 한 것이 바로 그의 솜씨다. 붓다의 온전한 육신을 가리는 것을 그는 원치 않았던 것 같다. 붓다의 대좌 앞부분에 반원 모양의 천 조각이 보이는데, 무언가 중요한 요소는 아닌 듯하다. 조각가로서 의미를 부여해야 할 곳은 육신 그 자체였기 때문이다.

[그림 8-17] 불교가 중국에서 한반도를 거쳐 일본에 전래된 시기는 기원후 6세기였다. 호류지(法隆寺)는 불법이 융성하는 사찰이라는 의미로, 607년 당시 일본의 수도였던 나라(奈良)에 건설되었다. 이 삼존불은 623년 호류지 금당(金堂) 안에 있는 제단(수미단須彌壇)에 안치되었다. 불상을 제작한 작가의 이름은 도리(쿠라츠쿠리 도리鞍作止利)라고 하는데, 불상의 제작 시기로부터 약 1세기 전인 522년에 중국에서 일본으로 귀화한 중국인 조각가의 손자다. 도리가 제작한 불상은 할아버지 시대의 중국(북위北魏) 불상 양식에 충실했다.

삼존불의 가운데는 승려 옷을 입고 있는 석가모니의 형상이다. 여기서 석가모니는 평범한 인간의 모습이며, 시선과 손동작은 경배하는 사

[그림 8-17] 석가삼존상(석가모니와 두 보살)
청동, 좌상의 높이 86센티미터, 623년. 호류지(法隆寺), 일본 나라현.

람을 향하고 있다. 초기 불교에서는 속세의 생활을 단절하고 깨달음을 얻은 석가모니가 불법을 설하고 열반에 들어갔다고 했으며, 붓다가 더 이상 이 세상에서 활약하지 않는다고 보았다. 불상 좌우에 있는 협시보살은 왕관을 쓰고 왕자의 옷을 입고 있다. 이들은 정신적으로는 깨달음에 도달했지만 살아 있는 모든 것을 구원하기 전까지 열반에 들어가지 않겠다고 맹세했다. 불교에서 보살(菩薩)이라 일컫는 이들은 살아 있는 자비의 화신이다. 이들은 교조가 설정한 개인의 고행을 넘어 종교적 매력을 넓히는 과정에서 불교 교리가 확장되면서 등장한 존재였다. 붓다와 두 보살의 삼존상은 설법하는 장면이라기보다 초월적 영역을 표현하는 구도로, 가장 넓은 범주에서 불상의 유형을 구분할 때 가장 핵심에 속하는 원형에 해당하는 구성이다(Dietrich Seckel).

인도의 불상은 동아시아 불상의 원형으로 신성시되었다. 도리가 제작한 석가모니상의 머리 뒤에 있는, 진주 알갱이가 박힌 원반 모양과 넝쿨 줄기는 사르나트 불상의 머리 뒤에 있는 광배를 연상케 한다. (원 바깥에 있는 불꽃 문양은 붓다의 빛을, 7위의 자그만 화불化佛은 《법화경》에 나오는 끊임없이 이어질 미래불의 약속을 의미한다.) 그러나 인도의 원형이 아시아를 거쳐 가는 동안 아무런 변형이 없을 수는 없었다. 조각상에서도 회화에서도 인간의 신체는 중국에서 예술가의 주안점이 되지 못했다. 도리가 제작한 석가모니 삼존불은 사르나트 불상의 주안점을 뒤집어놓은 셈이다. 석가모니가 입고 있는 승복 부분은 그리 진지하게 고려하지 않은 것 같다. 심지어 신체 부분이 끝난 뒤에도(아랫부분) 계속해서 옷자락이 펼쳐진다. 제단 위로 늘어진 부분은 특이한 형상 때문에 시각적 논쟁의 초점이 되었다. 고전적 불상의 옷자락과 달리 도리의 불상에서는 옷자락 아래 신체의 형태를 짐작하기가 어렵다(하단 옷자락의 비중이 큰 반면 그 아래에는 아무것도 없다). 게다가 옷자락은 천의 모양을 닮지도 않았다. 3단으로 이어진 패턴은 대단히 화려해 보일 뿐이다.

석가모니의 두상 뒤에 있는 넝쿨 문양은 종려나무 줄기의 절반 모양으로 일컬어지는데, 이 또한 상상의 식물군에 속하는 문양이다. 힐데스하임 접시의 넝쿨도 마찬가지였다. 힐데스하임 접시에는 나뭇잎처럼 생긴 네 종류의 문양이 보이는데, 모두 식물학자들이 특정하기 어려운 모양이다. 이들 문양은 모두 반복되는 아치 모양을 만들며 이어지는 넝쿨에 붙어 있다. 도리가 제작한 불상에서는 반으로 자른 나뭇잎 문양이 보이는데, 그 반대쪽에는 구불구불한 줄기가 연결되어 있다. 아시아와 유럽을 통틀어 이와 같은 모티프는 수천 년 동안 수없이 반복되고 또한 재해석되었다. 시작은 기원전 제2천년기 이집트로, 대개 연꽃 봉오리와 꽃, 파피루스로 구성된 꽃 테두리가 그려졌다([그림 8-3]에서도 세티가 세케르에게 두 개의 봉오리와 두 개의 꽃을 건네주고 있다). 모호하지만 식물 비슷한 미노아(Minoa)의 문양은 실제 세상의 어떤 식물을 표현한 것이 아니었다. 아시리아는 그리스의 영향을 받아 나름대로 독특한 문양을 만들었으며, 이는 다시 서쪽으로 로마까지, 동쪽으로는 알렉산드로스 대왕의 정복 전쟁을 거쳐 불교 미술에까지 전해졌다.

[그림 8-18a, b, c] 불교는 인도에서 다른 곳을 거치지 않고 곧장 동남아시아와 인도네시아로 전해졌다. 인도네시아 최대 규모의 기념비적 건축물인 보로부두르(Borobudur)는 기원후 8세기에 건축된 스투파(stupa)다(그림 8-18a). 인도에서 스투파는 원래 무덤이었다. 부처의 사리를 간직한 스투파는 최초의 불교 건축 양식이었으며, 순례와 경배의 대상이었다. 또한 불교의 중심적 상징으로서 붓다, 열반, 절대적 진리를 의미하기도 했다. 스투파의 양식은 다양했지만(동아시아의 경우 탑 형태로 변모), 스투파를 경배하는 의례는 모두 걸어서 주변을 도는 방식이었다.

보로부두르에서는 순회 경로를 계단식 테라스 형태로 만들어두었다(그림 8-18b). 처음 4단계의 테라스는 사각형이고(제5단계 테라스는 미완성인 채로 기단 아래 묻혀 있는데, 아마 안전상 문제로 완공하지 못한 것으로 추정된다), 테라스에 처음 들어서는 순례자는 어느 미술관의 전시실

[그림 8-18a] 보로부두르
자와 중부. 화산암(andesite) 석조에 흙을 채움. 8세기 후기.

에 들어와 있는 느낌이 들 것이다. 테라스의 한쪽은 높은 난간으로, 다른 한쪽은 벽면으로 가로막혀 시선이 앞뒤 방향으로만 트여 있어서, 정해진 경로에 따라 나아갈 수밖에 없다. 좌우측 벽면에는 어떤 이야기를 담은 부조가 가득 채워져 있다. 부조를 모두 합하면 몇 킬로미터의 길이가 되는데, 자와 사람들이 굽타 양식을 재해석한 것이다. 우리는 앞서 사르나트의 불상에서 굽타 양식을 본 적이 있다. 순례자의 걸음은 부조가 담고 있는 이야기를 따라 테라스를 돌게 되며, 다 돌고 나면 다시 위층의 테라스로 이어진다. 이 테라스는 존재와 의식의 단계를 나타낸다(높이 올라갈수록 깨달음의 더 높은 단계를 표현하고 있다). 그리고 그에 따라 부

(그림 8-18b) 보로부두르 평면도
외곽 테두리 한 변 최대 100미터.

조의 내용도 바뀐다. 기층의 부조는 세속의 욕망을 그리고 있다. 욕심은 환생으로 이어진다. 그 위층의 테라스는, 오늘날의 순례자는 여기서부터 보게 되는데, 석가모니의 생애를 표현하고 있다. 이는 곧 윤회의 고리를 벗어나는 경로를 가리키는 내용이다. [그림 8-18c]는 붓다가 깨달음을 얻기 직전 강에서 목욕을 하는 장면의 세부다. 천상의 존재가 위에서

〔그림 8-18c〕 보로부두르, 붓다의 목욕 장면을 그린 패널
자와 중부. 석가모니 붓다가 깨달음을 얻기 직전 강에서 목욕하는 장면을 그린 패널.

꽃잎을 흩뿌리고 있다. 그 위층의 테라스에는 《화엄경》의 내용이 표현되어 있다. 수다나(Sudhana)라는 소년의 기적으로 가득한 여행기인데, 수다나가 끊임없이 스승을 찾아다니며 가르침을 구하다가 마지막에 미륵불(Buddha Maitreya)을 만나는 이야기다. 한 층씩 올라갈 때마다 부조의 분위기가 달라진다. 욕망의 세계는 폭력으로 가득하다. 석가모니의 생애를 표현한 부조는 고요한 장면들이다. 그 위층의 부조는 수다나가 화려한 미륵불의 세계에 도달했을 때로, 완벽히 고요한 축복의 세계가 펼쳐진다. 사각형의 테라스를 모두 돌고 공부를 다 마친 순례자는 계단을 통해 원형 테라스로 올라간다. 지금까지 닫힌 방 같은 테라스를 걸어온 순례자는 이제 사방 어디로도 막힌 데 없이 탁 트인 개방 공간으로 나오게 되었다. 형식의 틀에 갇혀 있던 세계에서 형식의 틀이 없는 세계로, 삼사라(samsara) 곧 윤회의 세계에서 열반의 세계로 건너온 것이다. 이곳 원형 테라스에는 72개의 종 모양 스투파가 서 있고, 그 사이사이로 앉아 있는 불상이 보인다. 한가운데 꼭대기에는 문이 없는 스투파가 서 있다.

보로부두르의 아래쪽 사각형 테라스와 위쪽 원형 테라스를 합해서 보면, 간다라의 초기 불교 미술에서 유래한 스투파 양식을 띠고 있다. 헬레니즘 건축의 장식 요소를 간다라에서도 받아들였는데, 그것은 바로 벽감에 조각상을 배치하는 구조였다. 우리는 앞서 트라야누스 황제가 건설한 님프의 샘(그림 8-11)에서 그 사례를 본 적이 있다. 이 양식이 인도 문화의 영향이 미치는 범위로 확산하는 과정에서 매우 복잡한 구조의 장식 요소로 발달했다. 보로부두르에서도 사각형 테라스의 내벽 상단에 벽감이 조성되고 그 안에 불상이 안치되었다. 불상의 수인(手印)을 통하여 어느 부처인지 알 수 있는데, 모두 건축물의 외부를 향해 배치되어 있다. 건축물 전체는 동서남북 정방향에 맞추어 설계되었는데, 방향마다 92개의 벽감이 조성되어 92위의 동일한 불상이 안치되어 있다. 동쪽에 아촉불(阿閦佛, Akshobhya), 남쪽에 보생불(寶生佛, Ratnasambhava), 서쪽에 아미타불(阿彌陀佛, Amitabha), 북쪽에 불공성취불(不空成就佛, Amoghasiddhi)이다. 8세기에 이르러 힌두교의 영향을 받은 인도 불교 신비주의가 자와로 전해졌다. 이를 밀교(密敎, Vajrayana)라 하며, 밀교에서는 만다라(曼荼羅, mandala)를 많이 사용했다. 만다라는 우주의 형이상학적 구조를 표현한 다이어그램으로, 중앙에는 성스러운 존재가 위치한다. 명상을 통해 신도들은 자기 자신과 신비로운 절대자를 동일시하는 수련을 하며, 합일의 순간이 곧 깨달음이다. 밀교의 만다라에서 가장 핵심적인 두 요소는 절대자를 의미하는 중앙의 비로자나불(毘盧遮那佛, Buddha Vairocana)과 그를 둘러싼 사방불이다. 보로부두르의 사방불이 바로 그 내용이다. 그래서 보로부두르는 스투파이면서 동시에 만다라를 담고 있다. 테라스를 한 층씩 올라가는 순례자는 곧 만다라의 중앙을 향해 나아가는 것이다.

이런 간략한 설명으로 복잡다단한 기념비적 건축물을 충분히 설명했다고는 결코 말할 수 없다. 디트리히 세켈(Dietrich Seckel)이 말했듯 신성한 건물은 언제나 생각하기 어려운 깊은 의미를 지니는 법이며, 보로부두르 또한 해석하기 어려운 수많은 의미를 담고 있다. 건물에 새겨진 문자 기록이 없고, 건축 당시 자와 불교의 텍스트 또한 전하지 않기 때문이다. 그러나 테라스의 부조들은 놀라운 자와 예술의 고전적 성취를 보여주고 있다. 벽면을 가득 채운 풍부하고 생생한 이야기들, 믿을 수 없을 만큼 신비롭게 표현된 식물과 동물의 삶, 동작을 고스란히 포착한 무용수의 음악성 등 모든 요소가 아름다움에 취하게 만든다. 혹시 타히티(Tahiti)를 그린 폴 고갱(Paul Gauguin)의 회화 작품을 알고 있는 방문객이라면, 보로부두르의 부조에서 그의 작품 중 구성이 일치하는 몇몇 장면을 알아볼지도 모르겠다. 고갱 또한 보로부두르의 사진을 여러 장 소장하고 있었다.

[그림 8-19] 약스칠란(Yaxchilan) 유적의 사원 건물 23번. 약스칠란의 통치자 이트삼나 발람(Itzamnaaj B'alam, 재규어 방패 2세, 재위 681~742)의 왕비에게 723년에 헌정되었다. 건물 아래에 있는 무덤이 왕비의 무덤으로 추정된다(사망 시기는 749년이므로 건물이 완공된 후 상당한 시간이 지나 매장이 이루어졌다). 도시의 중심 광장을 향하는 건물 정

[그림 8-19] 약스칠란 사원 23의 상인방 25
왕비 카발 숙(K'ab'al Xook)의 궁전. 석회암. 118×74센티미터. 상인방의 제작 연도는 기원후 723년. 대영박물관 소장.

면으로 세 개의 문이 나 있고, 문틀 위에는 모두 상인방(上引枋)이 설치되어 있는데, 그중 가운데 문 위의 것이 [그림 8-19]다. 상인방이 설치된 상태에서는 그림에 보이는 면이 바닥을 향하도록 되어 있다(즉 육면체인 상인방의 아랫부분에 그림이 새겨져 있다. – 옮긴이). 상인방의 앞면, 즉 광장을 향하는 면에도 문자가 새겨져 있다. 그러나 상인방 아래에 서서 우리 책에 실린 그림을 바라보는 방향에서는 그 문자가 보이지 않는다. 주변에 적혀 있는 문자들을 포함해서 읽어보면, 이 그림이 무슨 의미인지 이해하는 데 도움이 된다. 그러나 의미는 상당히 복잡하고 아직도 모호한 측면이 많이 남아 있다.[1]

　왕비(우측 아래)는 화려한 장신구와 풍성한 드레스를 착용하고 있다. 왕비는 전쟁의 신에게 음식을 바친다. 무릎을 꿇은 채 사발을 들고 있는데, 사발 안에 들어 있는 형상은 몸에 상처를 내어 피를 뽑는 도구(흑요석으로 만든 칼날, 가오리의 등뼈)를 나타낸다. 핏자국(동그라미 안에 빗금 친 모양 – 옮긴이)이 뚝뚝 떨어져 있는 종이 비슷한 것도 접어서 사발에 담았다. 의례가 거행되는 동안 이것을 불에 태울 것이다. 왕비의 앞 땅바닥에도 사발이 하나 있다. 거기에도 칼날이 들어 있고, 핏방울 자국이 찍힌 종이 비슷한 형상이 표현되어 있다. 더불어 가시가 돋친 밧줄이 늘어져 있는데, (우리가 보는 장면은 상인방 25번이며, 그 옆의 문 위에 설치된 상인방 24번에는 – 옮긴이) 왕비의 혀에 구멍을 뚫고 그 구멍 사이로 밧줄을 통과시키는 장면이 새겨져 있다. (상인방의 장면을 순차적으로 해석하면, 왕비는 먼저 혀를 뚫고 밧줄을 이용하여 피를 뽑는 의례를 거행한 뒤, 그

1　필자의 그림 해석은 Stephen Houston을 따랐다(pers.comm. Dec. 2011).

도구를 사발에 담아 불에 태우며 그다음 의례, 즉 전쟁의 신을 불러내는 의례를 거행하고 있다. – 옮긴이) 왕비의 손목 아래 빗금이 그려진 갈고리 모양이 있는데, 이것은 연기를 표현한 것이다. 연기는 피어올라 위쪽의 더 큰 갈고리 모양으로 이어지며, 큰 갈고리는 네 개의 그림문자를 감싸고 있다. 왕비의 얼굴은 젊은 전사를 쳐다본다. 전사는 방패와 창으로 무장한 채 머리가 둘 달린 괴물 같은 뱀의 턱에서 솟아오르는 중이다. 전사의 자세는 마치 나비 같다(마야에서는 전사의 영혼이 나비에 깃든다고 믿었다. 나비는 전쟁터에서 흐르는 피를 맛보기 위해 날개를 펄럭이며 핏물에 내려앉는다). 또한 전사에게는 폭풍의 신 틀랄록(Tlaloc)의 특징이 부가되어 있다. 전사의 머리 장식에 표현된 일부 도상과 얼굴 앞에 떠 있는 고글 모양의 외눈, 그리고 이빨 모양이 그것이다. 완전한 틀랄록의 형상은 뱀의 반대편에 보인다(좌측 아래). 꼬리 부분에도 뱀 대가리가 있는데, 쩍 벌린 아가리에서 (머리 장식-외눈-이빨로 구성된 – 옮긴이) 틀랄록이 튀어나오는 중이다.

그림의 맨 꼭대기, 즉 상인방 끄트머리에 새겨진 그림문자의 내용에 따르면 건물은 723년에 왕비에게 헌정되었다고 한다. 그러나 맨 윗줄에서 좌측 아랫부분까지 이어지는 기록에 따르면, 재규어 방패 2세(이트삼나 발람)의 즉위 연도는 681년이었다. 종합적으로 보자면, 왕이 왕국의 신령을 불러냈는데 그 신령은 뱀의 턱에서 솟아 나오는 전사였으며, 아마도 그 신령은 왕 자신이었을 것이다. 그런데 신령을 불러낼 당시, 즉 상인방이 만들어질 당시는 왕이 즉위할 때가 아니라 왕의 나이가 60세가 넘은 때였다. 그러므로 왕의 늙은 자아가 즉위할 당시의 젊은 자기 자신을 불러낸 것이다. 상인방의 그림을 순차적으로 해석해보면, 왕은 신령을 불러내는 도구로 왕비를 이용했다. 그림에서 상단 첫 번째 행은 왕에 관한 텍스트다. 거기에 매달린 작은 그림문자(왼쪽에서 세로줄 두 번째) 기록은 그 아래에 갈고리 모양이 감싸고 있는 네 개의 그림문자와 연결된다. 그것이 여신의 역할을 맡았던 왕비와 관련된 텍스트다. 문자를 해석해보면, 왕비가 연기를 피우는 제물을 들고 있던 장소의 명칭은 약스칠란(Yaxchilan)으로 추정된다. 그러므로 이 장면은 왕비가 남편인 왕의 즉위를 돕는 내용으로 해석된다(왕비가 수행하는 의례는 광장에 모인 청중에게 과시하기 위하여 극단적으로 과장되었을 것이다). 즉 42년 전(681 CE)의 행사를 기념하여, 이 건물을 왕비에게 헌정한다는 내용이다. 이 상인방이 설치된 문의 좌우에 각각 한 개의 문이 더 있고, 모두 상인방이 설치되어 있다. 양쪽 문의 상인방 그림에는 왕과 왕비가 함께 등장한다. 내용상 세 장면은 연속적인 줄거리를 표현했다. 다만 연도의 표기가 하나는 709년, 다른 하나는 724년으로 기록되어, 우리가 해석한 장면(723 CE)과는 차이가 있다. 세 개의 상인방에는 모두 조각가의 이름이 새겨져 있는데, 이름으로 보아 그들은 약스칠란 출신이 아니었다.

 왕과 왕비에 관련된 그림문자 기록은, 마야의 그림문자를 읽을 줄 모르는 사람들도 그림 속에서 어느 것이 문자인지 쉽게 짐작할 수 있다. 그러나 그림 속에서 문자가 이것만 있는 것이 아니다. 표면의 도상이 대부분 그림문자로 구성되어 있거나, 혹은 문자 자체다. 예를 들어 가오리 뼈와 흑요석으로 만든 칼날 그림은 그 자체로 가오리 뼈와 흑요석 날을 의미하는 그림문자다. 연기를 표현한 갈고리 모양(왕비의 턱 아래)은 "검정"을 의미하는 그림문자에서 따온 것이다. 종이 비슷한 것에 찍혀 있는 핏방울, 전사의 머리장식에 찍혀 있는 둥근 점도 모두 마찬가지다. 머리 장식에서 이 점은 표범 가죽으로 만들었다는 의미다. 이 모든 요소가 그림의 풍성한 시각 요소인 동시에 풍성한 의미 요소이기도 하다. 이는 마야 예술에서 흔히 볼 수 있는 방식이었다. 마야의 언어 기호는 그 기원에 있어서는 그림이었다. 그리고 기호의 의미는 기호의 형태로 확정되는 것이 아니라, 분석을 통해 내용을 해석하게끔 만들어둔 표식 같은 것이었다. 그래서 마야의 기호는 실제 사물의 그림과 결합되어 끝없는 변화가 가능했다. 그림문자, 혹은 그중에 어떤 특정 부분이 나타내고자 하는 대상의 이름을 대신할 수 있었다. 어떤 내용을 담는 기호에는 그 내용 자체가 이름표처럼 달려 있을 수도 있다. 예컨대 왕이 앉아 있는 왕좌가 곧 왕의 이름일 수도 있고, 왕의 이름이 머리장식의 일부를 구성할 수도 있었다. 파편적 기호의 일부는 오직 지식인들만 알아볼 수 있었다. 그림과 문자의 상호 침투 현상은 석조 조각뿐만 아니라 수준 높은 도자기 그림에서도 확인되었다. 이로 보아 당시의 예술가와 파트롱은 단순히 문자를 아는 정도가 아니라 대단히 현란한 지식의 소유자들이었다. 마야의 문자 체계 그 자체가, 적어도 남아 있는 유물만으로도 위대한 예술가들의 세계를 가리키고 있다.

배경과 청중

이상에서 소개한 작품들의 배경이 어떠했는지, 누구를 대상으로 만들어졌는지에 대해서 우리가 아는 바는 편차가 무척 크다. 콘스탄티누스 개선문은 처음 건설된 이후 그 자리를 떠난 적이 없다. 그 주변의 도시 환경은 변해왔지만 로마의 시민들이 그것을 바라본 배경, 그 아래를 통과하는 행진로 등은 지금도 재구성할 수 있을 정도다. 오늘날의 우리는 도시 폼페이의 빌라에 있는 실내장식을 (가장 좋은 것들은 잘라서 박물관으로 가져갔지만) 누구를 위해서, 누가 보라고 만들었는지도 알고 있다. 그들은 무엇보다도 힐데스하임 접시 같은 물건을 수집한 사람들이었다. 그러나 약스칠란의 상인방 같은 경우, 우리가 알고 있는 정보는 훨씬 더 제한적이다. 고고학자들은 상인방이 속한 건물의 전모를 이해했고, 심지어 거기서 내려다보이는 광장을 둘러싼 복합 건물의 구성이 어떠했는지를 밝혀냈다. 그러나 그 건물 안에서 혹은 그 앞에서 무슨 일이 벌어졌는지, 그리고 누가 그 건물에 출입했는지는 아주 일반적인 사실 이외의 구체적인 정보가 밝혀지지 않았다. 《켈스의 서》를 제작하는 행위 자체가 하나의 수행이었고, 완성된 후에는 책 자체가 신에게 바쳐진 공물이었던 것은 분명하다. 그러나 그 책을 어디에 보관했는지, 어떻게 사용했는지를 알려주는 자료는 없다. 도리(鞍作止利)가 제작한 석가삼존상은 지금도 사찰 안 금당(金堂)에 자리 잡고 있는데, 그 위로 천상의 존재들이 음악과 함께 내려오는 화려한 차양이 드리워져 있다(불상의 배경과, 불상의 광배 또한 우리 책의 그림에서는 잘려서 보이지 않는다). 그러나 사르나트의 설법하는 붓다는 애초의 배경과 분리된 채 우리에게 전해졌다. 아마도 불상의 의미와 형태를 강화할 수 있는 다른 건축물 혹은 그림이 그 배경을 채우고 있었을 것이다. 니샤푸르에서 발굴된 대접의 경우, 오직 아바스 왕조 시기의 도공들만이 사회적으로 어느 계층이 그런 그릇을 좋아하며 대접에 쓰인 명구과 캘리그래피를 선호하는지 알고 있었을 것이다.

배경과 청중이 왜 문제인가? 그것이 작품을 만든 목적, 작품이 가진 의미를 파악할 수 있는 실마리가 되기 때문이다. 유물 자체 말고는 우리에게 주어진 것이 거의 없기 때문에 우리는 이러한 실마리를 찾을 수밖에 없다. 앞에서 소개한 여러 작품의 경우에도 대부분 파트롱이 누구였는지 우리는 알지 못한다. 파트롱이 원한 것이 무엇이었는지 기록으로 남아 있는 경우는 하나도 없다. 우리가 추측할 수 있는 정보라곤 그가 그 물건을 가지고 싶어 했다는 정도뿐이다. 그러나 과연 콘스탄티누스 황제가 개선문을 만드는 사람들에게 엔타블러처와 고전적 동그라미 모양을 그토록 꽉 짜인 구성으로 만들라고 주문했을까? 혹은 양식의 차이 정도에는 관심을 두지 않았을까? 어느 경우든 우리는 새로운 양식의 출현을 어떻게 설명해야 할까? 어떤 작품을 이해할 때 우리의 목표는, 발주자와 작업자가 그들이 발 딛고 있는 상황에 대하여 서로 어떻게 반응했는지를 알고자 하는 것이다. 여기서 "상황"이란 파트롱의 요구와 비용의 한계를 포함하며, 그들이 활용할 수 있는 재료와 기술의 한계, 교육수준과 기존 작품의 경험 등을 포함하는 의미이다. 이에 관한 우리의 탐구는 결코 완전할 수 없다. 어떤 역사가도 완전한 지식을 전제로 논의를 전개한 적은 없다. 가능한 한 최선을 다할 뿐이다. 다만 분명히 알아두어야 할 것은, 우리가 연구하는 유물 대부분이 박물관을 장식하기 위해 만들어진 것은 아니라는 사실이다.

예술의 기능

철학적 경향이 강한 글에서는 때로 예술을 "실용성이 없는 것"으로 규정하기도 한다. 그러나 "순수하게 미적인 것"과 "실용적인 것"을 굳이 구분하려 한다면 혼란이 따를 뿐이다. 예컨대 건축을 미의 영역에서 제외한다면, 그런 예술의 정의를 어디에 쓸 것인가? 예술 작품에 실용성이 없다고 가정하는 것은 곧 파트롱의 목적을 망각하는 것이거나, 혹은 파트롱의 존재 자체를 망각하는 것이다. 그와 같은 예술의 정의 때문에 우리는 흔히, 어떤 유물이 원래의 맥락(배경)에서 벗어나 박물관으로 옮겨졌더라도 실상 아무런 잃어버린 것이 없다고 생각하는 경향이 있다. 그러다 보니 그 유물은 원래 우리가 박물관에서 보는 바와 같이 전시를 목적으로 만들어졌다는 암묵적 전제가 쌓여가게 된다. 적어도 메트로폴리탄미술관에 있는 거의 모든 유물에 대해서 이러한 전제는 사실이 아니다. 우리가 앞에서 살펴본 유물들은 어떤 기능을 염두에 두고 시각적 효과를 위해 만들어진 것이다. 한때 혹은 여러 차례에 걸쳐 어떤 목적에 사용되지 않은 예술 작품을 제시할 수 있는 사람은 거의 없을 것이다.

세켈(Seckel)은 불교가 예술에 부여한 임무를 다음과 같이 정리했다.

- 의례 거행과 수도 생활을 위한 종교 건물 건축
- 붓다, 보살, 승려, 기타 성스러운 인물의 사상을 표현하는 그림 제작
- 단순한 이야기와 전설에 풍부한 서술적 모티프를 부가하여 "성스러운 역사"를 만들어냄
- 종교의 주요 사상을 전달하기 위하여 상징적 용어 체계 설정
- 세상의 형이상학적 구조를 표현하는, 무엇보다 중요한 시각적 이미지 고안
- 특히 세속적 경험 세계의 한계를 초월하는 새로운 세계의 구조 창안

불교 예술 작품들은 대부분 세켈이 정리한 목적에 부합했다. 이 목록을 기독교 예술에 적용하는 일 또한 어렵지 않을 것이다. 이러한 작품들

은 종교적 교리가 사회의 모든 계층에게 전달될 수 있도록 하는 종교적 임무를 지니고 있었다.

통치자를 위해 제작된 예술 작품은 통치자의 관심사를 위해 사용되었다. 통치자의 첫 번째 관심은 권력에 있었다. 공적 공간에서 왕의 동상은 그가 영원히 존재하는 인물로 만들어주었다. 콘스탄티누스 개선문은 의회에서 제작을 의뢰한 것이지만 통치자의 권력을 강화하는 수단이었다. 의회에서는 이를 통하여 혼란의 시기에 안정을 도모하고자 했다. 약스칠란의 상인방은 물론 우리가 잘 알지 못하는 점이 많지만 그 또한 권력 강화와 관련이 있었다. 그리고 아시리아 왕의 사자 사냥은 권력을 극적 장면으로 연출한 것이다. 권력은 신으로부터 부여된다는 이데올로기 때문에 왕실의 종교와 정치적 정당성은 뗄 수 없는 관계에 놓여 있었다. 왕의 종교는, 이집트 파라오 세티의 종교건 마야 왕 재규어 방패의 종교건 신과의 관계에, 혹은 상나라 왕의 경우 조상과의 관계에 초점을 맞추고 있었다. 캄보디아나 중국의 통치자가 붓다의 화신으로 자처할 때, 혹은 유럽의 왕들이 신성 권력을 자처할 때, 예술 작품은 종교적 사명과 세속적 권력이 서로 거래 관계에 놓여 있었음을 보여준다. 이탈리아의 도시 라벤나(Ravenna)에 있는 산비탈레(San Vitale) 성당의 모자이크는 유스티니아누스(Iustinianus) 황제와 황비와 시종들이 높은 제단을 향해 가는 모습을 보여준다(548 CE). 또 북중국에 있는 빈양(賓陽) 석굴사원에는 북위(北魏)의 황제 효문제(孝文帝)와 황비, 그리고 궁인들이 붓다에게 공물을 바치는 장면이 조각되어 있다(523 CE). 이들 작품 중 어떤 경우도 세티의 부조나, 심지어 약스칠란의 상인방보다 목적이 뚜렷하지 못하다고 할 수 없다. 왕실의 예술 중에서 또 한 가지 반복적으로 등장하는 주제는 왕이 적을 상대로 승리를 거두는 장면이다. 예를 들자면 이집트의 파라오가 적들을 격퇴하는 장면, (이란의 도시 베히스툰Behistun 절벽에 새겨져 있는) 왕 중 왕 다리우스 대왕이 포로를 접수하는 장면, (또 다른 절벽에 그려져 있는) 사산 왕조의 왕 샤푸르(Shapur)가 로마의 황제를 상대로 승리하는 장면, 마야의 왕들이 죄수들에게 굴욕을 안기는 장면 등이다. 승리자는 더 크고 화려하게 치장한 채 말 등에 올라 있거나, 혹은 패배자를 밟고 올라서 있다. 장면에서 이와 같은 도상의 표현은 문화권을 막론하고 보편적인 것이었다.

엘리트 계층의 수요 또한 왕의 그것과 비슷했다. 다만 사치스러운 측면이 조금 덜했을 뿐이다. 왕의 경우와 마찬가지로 엘리트 계층 또한 과시를 통하여 지위 경쟁에 참여했으며, 상상할 수 있는 모든 수단을 동원하여 부를 과시하고자 했다. 궁전에서 폼페이의 빌라에 이르기까지, 마야의 왕 재규어 방패의 왕비가 입은 예복에서 남월국 왕의 옥에 이르기까지 모두 그러한 사례였다. 그러나 이러한 작품이 만들어진 배경이 오직 사회적 경쟁 하나뿐이었다고 가정하는 실수를 범해서는 안 된다. 화려한 옷과 보석은 다른 사람들의 부러움을 사기 위해서만 착용하는 것이 아니었다. 사치품은 그 자체로 즐거움을 준다. 폼페이의 빌라는 특정한 형태의 사회적 삶에 부응하는 것이었다. 그렇지만 동시에 그 안에서 살기에도 좋았다. 벽에 아무런 그림이 없었다면 아마도 즐거움이 덜했을 것이다. 오늘날의 우리로서는 상상하기 어렵지만, 과거의 부자나 권력자의 일상을 둘러싼 모든 것(책, 집, 여흥, 옷)은 예술가의 손으로 만들어진 작품이었다. 왕이 소유한 가장 평범한 물건조차 아름다운 것이었다. 왜 그는 아름답지 않은 측면을 조금도 나타내 보이지 못하도록 강요

받았을까? 예술사가들은 메시지가 담겨 있는 예술 작품에 비해 장신구나 사치품에는 관심을 덜 기울이는 경향이 있다. 언어적 내용과 결합된 작품은 어떤 식으로든 해석이 필요하고, 학계에서 학자들이 하는 일이 바로 그것이기 때문이다. 그러나 역사를 통틀어 볼 때 파트롱은 사치품을 만들기 위해 막대한 비용을 지불했다.

엘리트 계층이 더욱 강한 매력을 느낀 예술 영역은 죽음 및 사후 세계와 관련된 주제였다. 사후의 삶이 어떻게 이해되었든, 그 또한 어떤 식으로든 삶이라고 한다면 예술이 필요했다. 이집트의 무덤에는 망자의 조각상이 있었는데, 공물로 바치는 음식을 제공할 대상이 필요했기 때문이다. 무덤 벽면에는 망자가 생전에 소유하고 내세에 기대하는 그의 부와 즐거움이 그려졌다. 장례 미술에는 산 자들을 위한 목적도 있었다. 유족을 위로하고 상속 문제를 확정해주는 기능이었다. 로마의 귀족이 소중히 간직한 조상의 초상은 가문의 자부심의 핵심이었고, 성취와 이상을 나타내는 상징이었다. 조상을 모시는 중국의 사당에 모아둔 청동 제기도 같은 기능이었다. 기원전 제1천년기 초에 청동 제기에 기록된 내용이 이를 입증하고 있다.

인간의 목적은 단순한 경우가 거의 없다. 대부분의 예술 작품은 하나 이상의 용도가 있다. 종교 예술은 교육을 목적으로 했지만, 동시에 설득을 위한 것이기도 했다. 무덤은 어떤 왕의 사후 세계를 보장하기 위한 목적도 있었지만, 동시에 후계자의 정당성을 보증하기 위한 목적도 있었다. 정원은 휴식을 위한 공간이었지만, 동시에 낙원을 상징하는 은유이기도 했다. 파르테논(Parthenon)은 신들이 거주하는 집이었고 신들을 경배하기 위한 공물과 축제를 바치는 곳이었지만, 동시에 시민의 자부심과 그리스 전체 세계를 향하여 권력을 내보이는 수단이기도 했다. 이 모든 목적에 쓸모가 있으려면 설계가 필요했다. 혹은 설계가 좋으면 목적에 더 알맞은 쓰임새가 있었다.

예술 작품을 수집하는 것은 곧 작품의 배경을 제거하는 것이며, 따라서 작품은 애초의 용도를 잃어버리게 된다. 이러한 수집 관행은 오늘날 새삼스러운 것이 아니다. 로마인의 수집 규모는 거대했다. 그리스 예술을 애호한 로마인은 그리스의 신성한 장소에서 작품을 떼어 갔고, 이로부터 고전기의 전통이 시작되었다. 로마인에게 그랬고, 그들 이전이나 이후의 많은 이에게도 그랬지만, 예술은 정복의 열매였다(나폴레옹을 생각해보라. 그는 파리를 새로운 로마로 만들고자 했다). 중국의 귀족도 이미 기원전 1200년경에 더 옛날의 옥(玉)을 수집했고, 메소포타미아와 이집트에서는 그 이전에 벌써 골동품을 수집했던 것으로 알려져 있다. 수집가가 황제든 박물관이든, 수집 자체는 작품의 용도와 목적을 바꾸어놓게 마련이다. 원래 경배 대상이었던 그리스의 조각상은 로마의 빌라나 박물관에서 전시 대상이 되었다. 박물관은 예술의 최고 수호자인 동시에 예술의 이해를 방해하는 최고의 장애물인 셈이다.

재료

엘리트 계층에 속하는 파트롱은 최상의 원자재와 예술가를 독점했고, 그들에게 고용된 예술가는 대개 당대 최고의 기술을 보유했다. 전근대 기술의 가장 경이로운 업적은 불가사의한 건축물에서 확인된다. 예를 들면 로마의 판테온(Pantheon)이나 콘스탄티노폴리스의 하기아소피아(Hagia Sophia) 대성당 같은 경우다. 전근대 금속 기술에서 가장 높은 수준의 성과는 장식 예술에서 확인된다. 누금법(鏤金法, 알갱이 세공), 도금법, 원형 주조법, 용접, 표면의 화학 처리 같은 기법이다. 희귀하거나 이국적인 재료로 만드는 귀중품, 멀리서 운반해 온 건축용 석재, 다루기 힘든 단단한 원자재 등은 모두 부와 권력을 과시하는 수단이 되었다. 오래 지속되는 물질은 시간을 정복하려는 욕망을 담고 있었다. 문명의 중심지에서는 원재료를 소중히 여겼으며, 원재료에 대한 그들의 갈망은 때로 수천 킬로미터나 떨어진 더 단순한 사회에 변혁적 영향을 미쳤다. 멕시코 중부 지역에서 터키옥 수요가 일어나자 아메리카 남서부 지역이 바로 그런 영향을 받았다. 고대 세계에서 아프가니스탄은 유일한 청금석(lapis lazuli) 생산지였다. 투탕카멘의 황금 마스크 수염 부분에도 청금석이 사용되었고, 《켈스의 서》〈키로 페이지〉에도 청금석을 갈아 만든 군청색 염료가 사용되었다. 예술에 사용되는 원자재의 수급은 많은 고대 사회에서 중요한 산업으로 자리 잡고 있었다. 그들이 구입한 물품은 귀금속뿐만이 아니었다. 기원후 1세기 플리니우스의 저서에 따르면, 그리스 로도스(Rhodos)섬에는 3000개의 청동상이 있었으며, 아테네와 올림피아, 델포이에도 비슷한 수량의 청동상이 있었다. 기원전 5세기의 어느 중국 무덤에서는 10톤에 달하는 청동기가 발견되었다.

특정 원자재에 대한 문화적 선호 현상은 인류 역사상 매우 이른 시기부터 나타났으며, 선사 시대에도 그런 경우가 많았다. 그중 일부는 오늘날까지 지속되고 있다. 여러 문화권에서 공통적으로 선호한 원자재(금, 은, 터키석)도 문화권마다 가치 부여의 정도는 달랐다. 이집트에서는 매우 이른 시기부터 상아, 금, 리넨, 고급 석재를 선호했다. 중국에서는 비단, 옥, 청동, 칠기, 고온에서 구운 도자기를 선호했으며, 콜럼버스 이전 메소아메리카에서는 터키석, 옥, 흑요석, 깃털을 선호했고, 안데스 지역에서는 금, 은, 양모를 선호했다. 이와 같은 선호 현상이 어떻게 나타났든 그 원자재가 현지에서 수급되는 것만은 아니었다. 중국과 이집트는 모두 고급 석재를 가지고 있었지만, 중국에서는 비교적 늦은 시기까지 고급 석재를 심지어 건축 자재로도 사용하지 않았다. 반면 메소포타미아에서는 고급 석재가 나지 않았는데, 수입을 할지언정 석상을 만들 때는 고급 석재를 사용했다.

디자인은 어떤 의미에서 원자재에 이미 내재되어 있다고 볼 수도 있다. 단단하지 않은 돌을 가공하는 조각가는 기이한 3차원의 형상을 조각하더라도 크게 어려움이 없을 테지만, 판금 기법으로 그와 같은 모양을 만들라고 한다면 아마도 상당한 어려움에 부닥칠 것이다. 또한 같은 모양을 청동으로 주조해야 한다면 원형을 만들어서 그 문제를 해결할 것이다. 금속 공예를 맡은 사람은 파트롱의 주문에 대응하기 위하여 디자인을 바꾸거나 혹은 신기술을 개발할 것이며, 둘 다 동시에 할 수도 있을 것이다. 주조에서 실납법(lost-wax casting)이 개발된 과정도 바로 이와 같았을 것이다.

어떤 원자재에 적용되었던 디자인이 다른 재료로도 표현되는 일은 흔했다. 매력적인 디자인은 애초에 적용된 원자재가 아닌 다른 어떤, 혹은 이용할 수 있는 모든 원자재에 적용되었다. 특정 기능상 어떤 원자재를 다른 원자재가 대체하는 경우(건물에서 목재를 석재가 대체한다든가 그릇에서 도기를 금속기가 대체하는 등) 애초 원자재 때문에 생긴 미진한 부분들도 그대로 복제되는 경향이 있다. 기존의 디자인이 워낙 익숙해서 그 부분이 없으면 이상해 보이기 때문일 것이다. 예컨대 로마의 도기에는 바구니를 의미하는 모자이크 문양이 흔히 사용되었는데, 애초에 그 이유는 단순했을 것이다. 즉 바구니의 입체적 질감을 2차원 평면에 손쉽게 표현하기 위해서였다.

어떤 예술 장르는 투자되는 자원이 막대하고, 그 때문에라도 완성 후 결과물이 매력적인 경우가 많은데, 이런 경우 특히 디자인이 풍부하게 적용된다. 건축에서는 밋밋한 공간에 변화를 주거나 지루해 보이는 부피감을 세분하기 위해 장식 요소가 필수적으로 요구되었다. 건축에 적용된 디자인은 다른 장르의 예술에도 풍부한 영감을 제공했다. 로마인은 그리스의 기둥과 상인방 구조를 건축물 벽면의 그림으로 표현했고 여러 다양한 구조와 결합시켰다(아치 구조와 콘크리트 사용을 기반으로 했던 건축 기술 덕분이다). 이러한 건축 양식은 로마 제국 전역으로 보급되었다. 처마의 띠돌림과 몰딩, 그리고 식물 문양 장식 모티프는 건축물뿐만 아니라 우리 주변의 크고 작은 유물들에서도 흔히 발견할 수 있다. 건축물에 적용해서 보기 좋았던 요소들(공간을 나누고 꾸미고 단조로움을 걷어내는 등)이 단지 건축물에서만 좋으란 법은 없었기 때문이다. 또한 그러한 요소들이 유럽과 지중해 지역에만 국한된 것도 아니었다. 고전적 건물의 식물 문양은 애초 이집트와 크레타섬에서 기원했는데, 아시아로 전파되어 자와섬과 일본에까지 이르렀다. 전 세계 사람들에게 거부할 수 없는 매력으로 다가간 그리스 예술은 신이나 운동선수의 조각상이 아니라 바로 그 문양이었다.

장식

장식(ornament)이라는 범주 자체가 논란이 분분하다. "구조적 장식

(ornament)"과 "부가적 장식(decoration)"이라는 단어가 공통으로 가리키는 대상을 모두 포괄할 수 있는 정의를 내린 사람은 아무도 없다. 어느 것이 "구조적 장식"에 속하고 어느 것이 "부가적 장식"에 속하는지, 명확한 정의로 구분된 적은 없었다. 그러나 세 가지 중요한 디자인 요소(식물, 동물, 기하학)가 장식이라는 범주에서 논의되어야 한다는 점에 대해서는 이론의 여지가 없다. 무엇보다 중요한 요소는 식물 문양이었다. 힐데스하임 접시, 사르나트의 불상, 호류지의 석가삼존상(그리고 보로부두르의 부조를 둘러싸고 있는 장식 틀)에 모두 식물 문양이 있었다. 식물 문양은 대개 상상의 식물로, 때로는 2차원으로(그리스의 도기 그림에서) 때로는 3차원으로(특히 건축물에서) 표현되었고, 또 때로는 2차원과 3차원이 동시에 등장하기도 했다. 로마의 모자이크화는 환각의 3차원 표현이 매력적인데, 기이하게 3차원으로 보이는 식물 문양을 그리고 그 사이에 새와 동물이 함께 들어가 있다. 끝까지 거슬러 올라가면 이집트와 미노아에서 기원한 식물 장식은 그리스의 팔메트(palmette) 문양(종려나무 잎을 모티프로 한 좌우 대칭 연속 문양)과 코린토스의 기둥 장식에서부터 이슬람 장식의 모든 아라베스크 문양을 거쳐 페르시아 러그의 테두리 장식까지 포함된다. 역사적 및 지리적 분포로 보건대 아마도 예술사를 통틀어 식물 문양에 필적할 상대는 없을 것이다. 1492년 이전 신대륙에서는, 비록 신대륙의 예술에서 식물이 중요한 요소이기는 했지만, 구대륙의 식물 문양과 비슷한 것이 없었다. 식물 문양의 일반적 기능은 공간을 나누고(구조를 만드는), 풍성해 보이도록 하고(이로써 대상이 귀중품임을 알림), 틀을 만드는(틀 속 장면이 자족적으로 일단락된다는 의미) 것이었다.

동물 모티프에 기반을 둔 문양은, 그것이 상상의 동물이든 실제 동물이든 예술 작품에서 식물 문양에 비해 제한적으로 사용되었다. 다른 어떤 장면의 틀을 만들기에는 동물 문양이 적당치 않았기 때문이다. 동물 형상은 주목성이 높다. [그림 8-4]에서 유물의 세부를 둘러보다 보면 언제나 눈 모양이 시선을 사로잡는다. 기원전 2세기경 남월(南越) 왕의 용-새 문양 옥이 만들어질 때까지만 해도 중국 예술의 중심 테마는 상상 속의 동물 문양이었으나, 그 이후로는 인물 형상이 중심에 놓이고 동물 장식은 주변으로 밀려났다. 유럽 최고의 동물 장식은 인술라 필사본이었다(그림 8-1).

식물 문양도 아니고 동물 문양도 아닌 것은 기하학 문양이라고 할 수 있겠다. 간단한 예로 반복되는 마름모 문양(뇌문雷紋이라고도 한다)이 있다. 기하학 문양이 가장 복잡한 형태로 구현된 것은 이슬람 예술에서 볼 수 있다. 또한 《켈스의 서》〈키로 페이지〉에 있는 동그라미 문양도 비근한 예인데, 컴퍼스로 그린 원 모양이 서로 고리처럼 걸려 있는 구성은 켈트 예술의 유산이다. 이 범주에는 또한 세계 도처에서 바구니와 천을 모방한 데서 비롯된 교착(交錯) 문양도 포함될 수 있다. 로마의 모자이크에서 리본이 교차하는 모양은 특히 흥미를 자아내는데, 명암 배열을 통해 리본이 아래위로 교차하는 착시 현상을 일으키는 기법이기 때문이다. 인술라 복음서를 만든 장인들도 이 기법을 능숙하게 구사했다(명암을 뚜렷하게 이용하는 기법은 3차원 구현의 원리를 충분히 이해했다는 증거다). 그리하여 매듭의 중심과 곁가지를 매력적으로 엮어냈다. 동물 문양이 부분적으로라도 포함된 경우 보는 사람은 언제나 나머지 부분을 찾으려 하게 마련이다. 리본 모양을 동물 문양과 연결함으로써 환상적인 분위기를 만들어내기도 했다. 여기에다 색채를 더했는데, 이로써 때로는 매듭이 풀려 보이거나 방향이 달라지기도 했다. 최고의 사례는 기원후 700년경 제작된《린디스판 복음서(Lindisfarne Gospels)》의 카펫 페이지(carpet pages)다(복음서의 시작 부분에 텍스트 없이 문양만 가득하여 카펫처럼 보이는 페이지들이 있다. 이 또한 인슐라 필사본의 특징 중 하나로 꼽힌다. - 옮긴이).

문자

문자 예술은 오늘날 문화에서 그리 고급으로 평가되지 않지만, 모든 고대 문명에서 핵심적 예술 장르였다. 언제부터인지는 알 수 없으나 문자가 만들어진 때부터 줄곧 그러했다. 우리 책에 제시된 사례 중에서도 3분의 1에 문자 예술이 포함되어 있다. 이집트와 마야의 도시에서 아름다운 문자는 그 자체로 예술 작품이 될 수 있었으며, 직물이나 다른 그림 속에 포함되기도 했다. 콘스탄티누스 개선문, 판테온, 트라야누스의 기둥 등에는 수려한 글자로 유물을 봉헌하는 내용을 기록하여 대중적으로 위엄을 부여했다.《켈스의 서》에서 문자는 경외의 대상이자 마법적 요소가 되었다. 이슬람 문화권에서 문자는《쿠란》과 연관되면서 특별한 지위를 부여받았다. 중국에서는 오래도록 문자 예술이 가장 존경받는 시각예술 장르였다. 기원후 5세기에 이르면 중국에 서예 작품 시장이 활짝 열려 있었다. 동시에 위조 작품을 만드는 모사꾼도 많았고, 이를 감정하는 비평가도 많았다. 일상생활에서 사용되는 어떤 문자에도 세련된 서체를 사용하면 보다 고상한, 위엄 있는, 혹은 유쾌한 성격을 더할 수 있었다. 문자는 성스러운 텍스트를 치장하는 역할도 맡았다. 또한 니샤푸르의 대접에서 보듯이 포춘쿠키 같은 느낌으로 물건에 재미 요소를 더하기도 했다. 《기도서(Book of Hours)》(아름답게 장식된 중세의 필사본으로, 기도문과 잠언이 주요 내용 – 옮긴이)의 독자를 위하여, 절벽에 크게 새겨진 왕의 포고문을 위하여, 세상 사람들의 눈으로부터 가려진 공간에서 오직 신을 위하여 문자 예술이 사용되었다. 문자 전시의 기능은 역사적으로 끊임없이 바뀌었지만, 문자가 없는 지식인 문화는 상상하기도 어렵다.

문자 예술의 기원은 몇 가지가 있고, 그 형태도 여러 가지였다. 메소포타미아의 문자는 회계 장부 기록에서 시작되었다. 처음에는 예술적 기능이 부여되지 않았으나, 왕의 업적을 기리는 기념비적 건축물에 얼굴이 등장하는 장면에서 이름표 기능으로 문자가 사용되면서 비로소 문자도 예술로 기능하기 시작했다. 이후 문자의 아름다움은 필경사의 자존심과 전문성을 나타내는 것으로 여겨져 더욱 개발되었고, 문자의 발전은 언제나 지식인의 손에 달려 있었다. 그러나 일단 엘리트 계층에서 문자의 전시 기능을 확인한 뒤에는 문자 예술가 또한 전문가로 인정되었다. 중국에서는 청동기에 글자를 새길 때 전문 서예가가 참여했다. 그들은 평소에 붓과 먹으로 글씨를 썼지만 청동기 주조를 위한 원형을 만들 때는 첨필을 사용했다. 청동기에 새기기 위해 사용되는 서체는 다른 목적으로는 사용되지 않았고, 그 과정에서 독특한 청동기 고유의 서체(금문金文)가 만들어졌다.

중국과 메소포타미아의 문자 체계는 대개 그림문자에서 시작되었으나, 몇 세기를 지나는 동안 오늘날의 알파벳과 비슷한 문자로 발달하며 애초의 도상적 흔적은 모두 사라졌다. 반면 이집트와 메소아메리카에서는 문자가 도상의 성격을 결코 잃어버린 적이 없었다. 이들 두 지역에서는 문자와는 별도로 문자와 그림이 결합된 예술 양식이 공존했다. 마야 문자의 조상은 종교적 도상과 관련된 어휘에 기원을 두고 있는 것으로 보인다. 이집트 문자는 왕권을 과시하는 맥락에서 시작되었다. 이들 두 문명에서 그림의 내용을 제거한다면 종교 혹은 왕권을 과시하는 문자의 필수 기능에 혼란을 가져올 위험성이 있었다. 이집트 문자 체계는 실제로 왕권의 부상과 함께 시작된 측면이 있다. 문자와 그림이 혼합되어 이데올로기를 담고 있는 뚜렷한 사례로 세티의 사원을 들 수 있는데, 이를 고안해낸 사람은 기원전 제3천년기 초의 인물로서 예술적 재능과 정치적 야망을 함께 지니고 있었다. 세티의 사원에 있는 부조나 약스칠란 유적의 부조가 그 지역 문자 체계의 시초라고 보기는 어렵다. 짧은 우리의 논의에서 복잡한 그들의 문자 체계를 온전히 설명하려면 이야기가 너무 복잡해질 것이다. 다만 강조하고자 하는 바는, 문자가 엘리트 예술의 중심에 놓였던 곳 어디에서든 그 엘리트는 문자 능력을 갖춘 지식인이었다는 점이다. 마야의 사원, 로마의 기념비적 건축물, 중국의 청동기에서 쓰인 문자는 언제나 그것을 쓴 사람의 이익에 부합했다.

문자 미학의 발달 경로는 다양했다. 로마의 기념비적 건축물에 새겨진 글자는 각각의 철자가 완벽하게 조화를 이루는 데 주안점을 두었다. 단조로움을 피하고 활력을 불어넣기 위해 문자의 크기와 간격을 조절했지만, 문자의 주요 구성 요소와 획의 굴절을 섬세히 계산했으며, 끌을 이용하여 정교하게 새겨 넣었다. 이집트의 그림문자도 이와 비슷했다. 그림과 함께 사용되거나 혹은 그림문자만 사용되는 경우에도 단순히 문자를 기록하기보다는 정교한 디자인이 수반되었다. 모든 필선과 제작 과정은 극도로 신중했다.

중국의 문자에서는 이와 같은 목적이 전혀 존재하지 않았다. 중국의 서예가들은 똑같은 형태의 글자가 반복되면 생기가 없다고 교육을 받았다. 한 편의 글에서 두 번 이상 등장하는 글자는 모두 조금씩 다른 형태로 써야 했다. 기념비에 새겨진 문자에도 같은 미학적 원칙이 적용되었다. 비문의 글씨는 원본을 손으로 썼을 때의 뉘앙스를 최대한 간직해야 했다. 감식안이 있는 독자라면 쓰는 과정에서 의도한 필획 하나하나를 알아보았다. 필획과 과정을 그토록 강조한 이유는 아마도 서여기인(書如其人, 글씨가 곧 그 사람의 인격이다)의 관습과 관련이 있을 것이다. 아름다운 서체는 이미 청동기 시대부터 존재했지만, 기원후 4세기에 이르러 지위가 높은 사람들이 서예를 그들만의 여흥으로 삼았고, 곧이어 왕실에서 이를 지원하면서 서예 자체가 고귀한 예술의 지위에 올랐다. 문자 예술은 하나의 문화 현상으로서 서예가 되었으며, 문자 그 자체라기보다는 문자를 둘러싼 일련의 사회적 관습의 총합으로써 차별화된 문화 요소가 되었다. 이슬람 문화권에서도 비슷한 의미가 문자에 주어졌다.

《켈스의 서》에 보이는 장식은 문자 예술의 제3의 길 혹은 고유의 독특한 예술성을 보여준다. 본문에 사용된 서체는 인술라 대문자체(Insular majuscule)인데, 지금까지 논의된 다른 모든 문자와 마찬가지로 철자 각각의 미적 가치를 추구했다. 그러나 〈키로 페이지〉에 사용된 거대한 문자에는 현란한 장식 요소가 부가되었다. 문자 자체와는 별 상관이 없는 그야말로 장식 요소들이었다. 같은 책의 다른 페이지에서도 작은 문자와 함께 조그만 장식 요소들이 가미되었다. 문자를 다른 장식 요소로 치장하려고 한 것은 다만 문자를 귀중한 대상으로 여겼기 때문이며, 문자 자체 혹은 텍스트의 내용과는 관계가 없었다.

재현, 인간의 활동, 인간의 형상

재현(再現, representation)이란 대상을 있는 그대로 묘사하는 예술 방식을 의미하지만, 개념적 정의를 내리기란 장식 개념 못지않게 어려운 면이 있다. 힐데스하임 접시에 등장하는 식물이나 중국의 청동기에 등장하는 동물은 상상 세계의 산물이다. 접시에 그려진 팔메트(palmette) 문양은 예술가가 실제 팔메트를 보고 그린 것이 아니다. 그와 같은 식물은 현실 세계에 실재하지 않는다. 그러므로 이러한 것들을 묘사(depiction)라고 한다면 무언가 잘못된 것으로 보인다. 그런 문양이 탄생한 방식은 묘사가 아니었다. 그러나 묘사의 길을 거쳐 탄생한 예술과 그렇지 않은 예술을 과연 칼로 무 자르듯 명확히 구분할 수 있을까? 세티의 사원에 등장하는 세케르는 묘사가 아닌가? 호류지의 석가모니 불상은 또 어떤가? 신이나 인간 등 초상(肖像)이 등장하는 (활동적이거나 정태적인) 장면에 대해서도 비슷한 의문을 제기할 수 있으며, 풍경에 대해서도 마찬가지다. 보로부두르의 사원 벽면에 새겨진 부조는 예술가들이 실제 벌어진 행동을 관찰한 결과로 만들어진 것이 아니다. 라모세의 형제 부조가 새겨질 당시 이집트인은 그 그림이 누구를 의미하는지 알아보았을 테지만, 그 그림이 고대 테베의 길거리에서 그를 찾는 데 도움이 되지는 않았을 것이다. 이집트 말고 다른 문화권에서도 객관적 외양으로는 인간의 모습을 훨씬 더 닮지 않은 그림을 보고도 인물의 초상으로 인정했다. 우리가 속해 있는 문화권도 크게 다르지 않다(피카소가 그린 〈칸바일러의 초상Portrait of Kahnweiler〉을 보라). 대리석으로 만든 소크라테스의 두상(頭像), 큐비즘 회화 작품 〈칸바일러의 초상〉, 혹은 라키시(Lachish) 정복을 그린 아시리아의 부조 등에서 우리는 이름표가 있어야 그 대상을 알아볼 수 있다. 그렇다면 일단 사진 이론(photographic theory of representation)은 한쪽으로 제쳐두고 생각해보아야 할 것 같다. 사진 이론이란 이른바 "현실"이라고 하는 세계를 카메라가 촬영하듯 정확히 포착할 수 있다는 전제 아래 예술은 (정도의 차이는 있겠지만) 사진처럼 현실을 재현(representation)하는 것이라고 이해하는 이론이다. 앞에서 보았던 사례들에서 우리는 현실과 닮은 정도(resemblance)보다는 오히려 예술가의 의도(intention)에 주목해야 한다. 이름표에 의지하여 그 그림이 어떤 맥락에서 어떤 용도로 사용되었는지를 살펴보고, 예술가의 입장에서 관객이 자신의 도상을 어떻게 이해할 것으로 예측했을지, 그것을 신중하게 추론해보아야 한다. 모든 가능성을 열어둘 필요가 있다. 아시리아의 왕이 사자를 죽이는 부조 장면은 어떤 사냥 행사를 축하하는 것일 수도 있고, 혹은 그림 속에서 왕실 의례가 영원히 실행되도록 하기 위한 것일 수도 있고, 혹은 동시에 두 가지 목적을 모두 의도했을 수도 있다. 부조의 장면은 스냅숏을 촬영하려고 만든 것이 아니었고, 보는 사람이 감동한 핵심도 그것이 얼마나 현실의 스냅숏과 비슷하게 그려졌는가 하는 점이 아니었다.

　재현의 기법을 사용한 예술 전통에서 중점은 인간, 신, 동물, 그리고 그들의 행동에 놓여 있었다. 이외의 다른 주제들은 부차적 산물일 뿐이었다. 예컨대 풍경은 인물의 배경에 지나지 않았다. 2차원이든 3차원이든 인물의 형상은 크게 두 가지 범주로 나뉜다. 첫 번째 범주는 인물과 행동 혹은 서사가 결합된 것이고, 두 번째 범주는 단순히 인물만 표현된 것이다. 세케르 앞에 서 있는 세티, 아슈르바니팔의 사자 사냥, 뱀을 목 졸라 죽이는 어린 헤라클레스, 강에서 목욕하는 붓다, 이들은 모두 첫 번째 범주에 속한다. 예술적 장치는 여기에 수많은 서사를 덧붙인다. 두 번째 범주의 핵심은 비대칭이다. 우리가 경험하는 현실이 비대칭이기 때문이다. 호류지 석가삼존상에서 보듯이 성상(聖像)은 흔히 대칭적이며, 크기가 크고 전면에 대두되어 있다. 이런 점은 우리가 살아가는 현실 세계와는 확연히 구별된다. 수인(手印)을 제외하면 호류지의 석가삼존상 그 자체에서 우리는 아무런 이야기의 흔적을 발견할 수 없다. 전체 구성에서 세 불상의 상대적 위치를 보고 우리는 그들이 우리의 세계 혹은 어느 속세가 아닌 다른 곳에 있는 존재들임을 짐작할 수 있고, 그들이 종교적으로 어떤 관계인지 알 수 있다. 왕과 궁인들도 비슷한 방식으로 묘사되었고, 그 이유 또한 비슷했다. 기원후 388년에 만들어진 비잔티움 제국의 은접시에는 세 인물이 있는데, 가장 크게 묘사된 인물이 테오도시우스(Theodosius) 황제이며, 좌우의 두 인물은 그의 아들들이다(나중에 한 명은 서로마 제국, 다른 한 명은 동로마 제국의 황제가 된다. - 옮긴이). 접시 속 황제의 모습에는 신적 면모와 세속적 활동이 절충해서 표현되어 있다. 황제의 오른쪽에 조그마한 인물이 절을 하고 있는데, 황제는 그에게 조심스레 은접시를 건네준다(세속적 활동). 그럼에도 불구하고 황제의 (신적) 권위는 전혀 손상되지 않았다. 이와 같은 대칭 구도는 콘스탄티누스 개선문 상단의 좁은 엔타블러처(기둥 위 수평부)에도 그대로 표현되어 있다. 그 장면에서 황제는 정면을 향해 관객을 응시하고 있다(그 위 고전적 기법의 동그라미 그림이 있는데, 그 속에서는 황제가 누구인지 알아보기 힘들다). 라벤나의 모자이크화에서는 가운데 제단을 사이에 두고 왼쪽에 유스티니아누스 황제를, 그리고 오른쪽에 그의 아내 테오도라를 대칭으로 배치하여, 그들이 성스러운 영역의 가장 가까운 곳에 위치하도록 구성했다. 대칭 구도는 예술 작품에서 워낙 강력한 장치여서, 우리는 흔히 그것이 우리에게 영향을 미친다는 사실 자체를 알아차리지 못할 때가 많다.

단독 인물상도 2차원(그림)이든 3차원(조각)이든 비슷한 표현 효과를 지녔다. 비대칭적 인물상, 예컨대 원반을 던지는 모습은 유한한 현실의 세계에 속한다. 이집트 무덤에서 보이는 대칭적 인물상은 무한성을 상징한다. 그림 속 인물과 눈을 마주치게 된 관객은 심리적으로 영향을 받는다. 인물상으로부터 그 인물 혹은 신의 성격을 어떤 식으로든 느끼게 된다(그 느낌 때문에 인물상이 생생해 보인다). 그러한 느낌은 물론 인물상의 매력 중 하나다. 그러나 같은 이유로 인물상은 불편한 감정이나 공포를 불러일으킬 수도 있다. 그래서 때로 어떤 맥락에서는 그러한 인물상을 그리지 못하도록 금지하기도 했다(유대교, 이슬람, 비잔틴 성상파괴주의, 종교개혁 등). 신의 이미지(숭배를 위한 신상, 혹은 성당 돔 천장에 그려진 모자이크화 그리스도)는 신이 스스로를 드러낼 수 있는 곳, 인간이 신과 소통할 수 있는 곳에 그려졌다. 인물상은 비슷하게 그려질 수도 있었으나, 앞에서 언급했듯이 그것이 작동하는 방식이 언제나 현실과의 닮음에 있는 것은 아니었다. 백성은 어떤 이상적 얼굴 혹은 위엄 있는 얼굴, 통치자다운 모습을 원했다. 통치자는 그들이 섬기는 신을 닮은 모습으로 자신이 표현되기를 원했다. 혹은 백성이 원한 것은 단지 통치자를 대신할 대체재였을 수도 있다. 그 기능만 할 수 있는 일반적 얼굴이라면 그게 누구를 닮았든 상관없었다. 이 모든 사례에서 인물상의 정체성을 확보하는 요소는 함께 있는 글귀나 어떤 특징, 혹은 맥락이었다.

3차원 세계를 2차원으로 표현해야 하는 미술에서는 그 나름의 독특한 문제와 가능성이 함께 존재한다. 그러한 문제 중 하나가 바로 작품에 등장하는 인물이 누구인지를 알아보게끔 만드는 일인데, 아슈르바니팔의 사자 사냥(그림 8-5)에서는 이 문제를 절묘하게 해결했다(그림 속에서 누가 왕인지 단번에 알아볼 수 있다). 또 하나의 문제는 2차원적 디자인과 그림의 표면을 넘어서는 3차원적 환영(幻影)을 어떻게 절충할 것인가 하는 점이다. 이집트의 화가들은 평면적 디자인을 선택했고, 그래서 그림과 문자를 함께 배열할 수 있었다(그림 8-3). 한편 로마의 화가들은 소실점을 선택했다(그림 8-10). 로마 예술의 라이트모티프(leitmotif, 되풀이되는 주제)인 그림의 틀 문양은 창문의 틀을 나타낸다. 관객에게 "여기서부터 다른 차원의 공간이 시작된다"라는 신호를 보내는 것이다. 3차원의 환영은 상당히 매혹적인 기법으로, 로마인만큼 창의적으로 그것을 탐구한 이들도 없었다. 회화 작품뿐만 아니라 기하학적 문양에서도 3차원이 표현되었다. 그러나 3차원 표현에는 대가가 따랐다. 바로 가독성의 문제였다. 스토리텔링은 훨씬 더 직접적이고 3차원의 개입 없이도 가능했다. 마야의 그릇에 그림을 남긴 화가들은 이 점을 잘 이해하고 있었다. 그들은 보디랭귀지를 절묘하게 포착했다. 이에 필적할 만한 상대라면 인도 무용의 장면을 남긴 인도의 화가들 말고는 없을 것이다. 지금으로부터 한 세기 전의 미술사가들은 미술 역사를 단 하나의 줄거리로 구성했다. 크게 보자면 고전 고대에서 시작하여 중세 암흑기에 쇠퇴했다가 르네상스에서 다시 회복되는 줄거리였다. 이런 서사 구조에서 역사적으로 가장 근본적인 기법을 제공한 업적은 그리스인의 몫이었다. 예를 들면 원근법 같은 것으로, 다른 어느 문명도 도달하지 못했던 기법이다. 미술사가 유럽 이외의 문화까지 포괄하게 되자 표현 기법들 가운데 서양에만 존재하지 않는 것들도 발견되었다. 그 뒤 서양 미술은 상당히 특이한 존재로 보이기 시작했고, 그것을 두고 시각적 진실(optical truth)에 대한 과학적 탐구로 특징짓기가 더욱 어려워졌다. 3차원 공간의 모든 내용을 2차원 장면에 표현할 수는 없으므로 화가로서는 반드시 선택해야 했다. 선택의 문제로 보면 미술사의 줄거리는 여러 가지 가능성에 열려 있다. 시각적 진실이라는 한 가지 관점에서만 볼 일이 아니다. 물론 시각적 진실을 추구하지 않은 전통은 여러 가지가 있었다. 시각예술에 여러 가지를 요구한 문화권에서는 여러 가지 그림이 제작되었다(예를 들면 《켈스의 서》에 등장하는 사도의 초상). 전통적 관점의 틀은 "시간이 흐를수록 점점 더 정밀하게 자연에 가까워졌다"는 입장이었다. 그러나 이러한 관점은 서양 미술에 국한해 보더라도 적절하지 않다.

　미술사의 지리적 범위를 확장해서 보면, 인간의 생활, 그림, 심지어 재현 그 자체가 비록 널리 만연한 현상이기는 하지만 결코 보편적이지 않다는 사실을 발견하게 된다. 버나드 베렌슨(Bernard Berenson, 1865~1959, 미국의 미술사가 – 옮긴이)은 여성의 누드를 그리는 것이 최고 수준의 예술적 임무라고 말했다. 5세기 아테네 사람들은 남성의 누드가 그렇다고 말했을 것이다. 오늘날에 와서는 그것이 미술 자체보다는 문화적 의견이라는 점이 명백해졌다. 몇몇 예술 전통, 특히 고대 중국 문명이나 안데스 문명의 경우, 그들 또한 재현의 작품을 많이 제작했지만 인간의 초상이나 활동에 관해서는 거의 관심을 보이지 않았다. 잉카 문명은 금과 은으로 숭배를 위한 신과 통치자의 그림을 제작했다. 그러나 그 이외에는 주로 실용적 도구, 개인의 장신구, 문양이 찍힌 천과 도기, 거석 건축물 등이었다. 그들의 가장 놀라운 시각적 표현은 돌벽이었다. 불가사의한 석조 기술로 그들은 풍경에 권력을 심어놓았다. 중국의 미술을 보자면, 중국 미술사상 최초의 1000여 년은 상상 동물을 모티프로 하는 장식의 제작이 대부분을 차지했다. 인간의 초상은 거의 없고 전혀 중요하지 않았다. 그림도 없었고, 신이나 통치자의 초상도 전혀 없었다. 숭배를 위한 인물상(혹은 신상)이 중국에 등장한 때는 불교의 도래 이후였다. 중국 통치자의 조각상이 대중적 공간에 최초로 등장한 때는 20세기였다(소파에 앉은 모택동 주석의 동상으로, 링컨기념관의 동상을 모방한 것이었다). 인물의 초상이나 재현에 대한 미온적 관심은, 그 반대편의 경향도 마찬가지겠지만, 하나의 문화적 지향일 뿐이다. 그 기원은 우리가 도저히 알아낼 수 없을 것 같은 선사 시대까지 닿아 있다. 그 기원은 알 수 없지만, 그 결과는 과거의 시각적 유산에 큰 차이를 낳았다. 투탕카멘의 이름을 들으면 우리는 즉시 그의 얼굴을 떠올리게 되지만, 중국의 통치자에 관해서 우리가 알고 있는 것은 그의 이름뿐이다. 이집트 무덤 벽화는 고대 이집트의 일상생활을 우리에게 알려주지만, 중국 미술은 유물 그 자체를 넘어서서 고대 중국의 일상이 어떠했는지 우리에게 알려주는 내용이 별로 없다.

예술가

예술 작품 제작자들의 사회적 지위는 매우 다양했다. 하기아소피아 대성당의 건축가들은 성당 안 모자이크화 화가들보다 사회적 지위가 높았다. 로마 궁중에서 장신구를 만들던 공예가들은 때로 조각가나 화가들보다 더 큰 명성을 얻었다. 마야 그릇에 그림을 그리던 화가가 왕실의 일원으로 확인된 사례도 있었다. 예술 분야나 사회적 지위를 막론하고 예술가라면 누구나 어떤 식으로든 수습 기간을 거쳐야 했다. 훈련 내용은 기존의 작품을 똑같이 따라 만드는 것이었다. 수습생은 오랜 훈련 기간을 거쳐 스승이 만든 것을 그대로 따라 만들 수 있는 능력을 얻었으며, 스승의 기술을 충분히 습득했다. 동시에 스승의 감식안과 기준이 수습생에게 내면화되었다. 스승이 자신의 예술 분야에서 최종적으로 성취한 성과와 기존에 개발한 디자인 레퍼토리가 수습생에게 전달되었다. 이런 환경에서 수습생의 능력은 금세 파악할 수 있었다. 오늘날처럼 예술성의 판단이 어렵지 않았다. 특정 시대 혹은 지역에서 예술가의 능력이라 하면 모방(mimesis)의 기술을 포함하는 경우가 있었다. 그러나 모방의 방향은 한 가지가 아니었다. 그리스와 로마 회화의 신중한 그림자 표현에서부터 마야 그릇의 그림 속 생생한 이야기 내용에 이르기까지 다양한 방식이 존재했다. 또한 모방은 다른 목적에 부수적으로 포함되는 경우가 많았다. 예를 들면 이집트의 파트롱이 요구한 질서와 가독성, 비잔티움 교회나 마야의 사원에서 영감을 받은 초자연적 경외감은 모방보다 더 중요한 목적이었다.

새로운 작품의 출발점은 기존의 작품이었다. 이는 예술가와 파트롱에게 모두 마찬가지였다. 예술사의 모든 연속성(스타일, 기법, 대상의 유형, 디자인, 주제 등의 연속성)은 이로부터 유래되었다. 파트롱은 기존에 알고 있던 바를 요구했다. 예술가는 자신이 예전에 제작했던 것 혹은 견문했던 것으로부터 새로운 작업을 시작했다. 그러나 변화를 촉진하는 많은 요소가 있었다. 그중 일부는 사회적인 것이었다. 예컨대 위신을 세우려는 파트롱들의 경쟁도 있었고, 파트롱의 후원을 얻어내기 위한 예술가들의 경쟁도 있었다. 파트롱은 기존에 자신이 알고 있던 것 말고 무언가 변형을 요구했을 수도 있고, 그래서 새로 제작된 작품이 기존 작품들을 그늘에 가려버리기를 원했을 수도 있다. 예술가가 파트롱의 관심을 끌기 위해 무언가 새로운 것을 만들어냈을 수도 있다. 새로운 창조는 기본적으로 예술가와 파트롱 모두에게 매력적이었다. 미적 반응에는 차별화가 포함되어 있다. 이는 사회적 요소라기보다 심리적 지각의 문제다. 동일한 것의 반복은 지루하다는 반응을, 변화는 새롭다는 반응을 이끌어낸다. 때로는 강력한 힘에 의해 기존의 양식과 타협해야 하는 경우도 있고, 또한 어떤 사회에서든 무언가 새로운 것이 기존의 것을 따라잡지 못할 때도 많다. 그러나 특이한 전통을 유지하고자 하는 것은 대개 무언가를 잘 모르는 사람들에게 매력적일 뿐이다. 관객의 관점에서 이집트의 조각상, 그리스의 그릇, 마야의 부조는 모두 비슷해 보인다. 그들은 각각을 별개의 존재로 보는 훈련을 받지 않았기 때문이다. 그러나 과거에 그 작품을 보았던 사람들의 생각은 달랐을 것이다. 또한 이집트 전공 학자, 헬레니즘 연구자, 마야 전문가가 보는 관점 또한 일반 관객과는 다를 것이다. 훌륭한 이집트 전공 학자라면 조각상의 양식만 보고도 제작 시기를 알아볼 수 있을 것이다.

    예술사학자들은 수백 년 동안의 예술 작품을 한꺼번에 돌이켜보는데, 때로는 장기적 변화의 패턴을 발견하기도 하며, 변화의 과정이 워낙 논리적이어서 무언가 예정되어 있지 않았을까 하는 추측을 하기도 한다. 특히 워낙 멀리 떨어진 과거에 예술가 혹은 파트롱이 아무런 문자 기록을 남기지 않은 시대를 연구할 때는 더욱 그러하다. 이 경우 예술사학자들은 개별 인간이 아니라 무언가 육신을 초월하는 정신적 원인이 있었을 것으로 추정하기도 한다. 예를 들면 시대정신(Zeitgeist)이라든지 민족정신(Volksgeist) 같은, 예술의 형태에 내재된 무언가가 있지 않을까 하는 생각들이다. 그들만의 신비로운 법칙에 따라 그 무언가가 변하게 되면, 그 변화는 예술 작품의 변화로 드러나게 된다고 한다. 이런 식으로 설명할 경우 파트롱과 예술가의 주체성은 사라져버리는 효과가 있다. 예술가는 선택의 여지가 없이 다만 시대정신이 요구하는 바를 구현할 뿐이다. 이와 같은 형이상학적 함정에 빠지지 않기 위해 우리는, 심지어 작가의 이름을 모르는 경우에도 작품을 만든 개인에 주목하지 않으면 안 된다. 많은 요소가 파트롱의 요구로 만들어진 것이며, 더욱 많은 요소가 요구에 대한 예술가의 대답이다. 모든 외부적 요소는, 그것이 지나가는 유행이든 정치적 억압이든, 그 무엇이라도 개인을 거치지 않고 바로 작품에 투영될 수는 없다. 결과로서의 작품은 만들어보기 전에는 결코 모두 다 예측할 수 없는 것이다. 주어진 시공간적 범위에서 만들어진 작품들이 공통점을 가질 수는 있다(시대별 양식이나 국가별 양식을 말할 때면 우리도 이런 측면을 언급하기도 한다). 왜냐하면 그들의 출발점, 즉 기존의 작품이 그들에게 공유되어 있었기 때문이다. 궁정 예술가들이 외부의 경쟁자들로부터 전혀 영향을 받지 않은 채 집중적으로 양식의 통일성이 강한 작품들을 생산할 수도 있다. 또한 한 가지 이상의 장르를 다루는 예술가들이 여러 장르에 걸쳐 일관된 통일성을 진작할 때도 있다. 그러나 과거를 돌이켜보아 그 변화가 아무리 논리적이고 체계적으로 보일지라도 그 작품이 만들어질 당시에는 모든 방향이 열려 있었다. 예술의 역사에서 주체는 파트롱과 예술가였을 뿐 다른 존재가 아니었다. 예술의 역사는 곧 그들의 선택에 따른 결과였다.

시대정신 혹은 민족정신 같은 이야기는 일부 예술사가들에게 매력적으로 다가갔다. 그런 개념을 사용하면 장기적 패턴을 설명하기 좋을 뿐더러 미래 전망도 할 수 있을 것 같고, 그러면 예술사도 "진짜" 역사학에 기여할 수 있을 것 같았기 때문이다. 어떤 양식(콘스탄티누스 개선문에 표현된 밀집된 인물상 등)이 시대정신의 표현이라면, 전문 예술사학자들은 작품에서 시대정신을 읽을 수 있지 않을까? 그러면 "진짜" 역사학자들은 잘 모르는 새로운 예술사만의 내용을 역사학자들에게 제공할 수 있지 않을까? 예술 작품의 해석은 그 예술을 생산한 사회의 징후를 읽는 것이고, 그 핵심이 되는 본질 혹은 정신 혹은 내재적 생명력을 연구하는 것이다. 예술사가 전념해야 할 임무는 개별 작품의 성공이 아니라 바로 그 핵심을 파악하는 것이다. 그림 자체보다는 그림에서 찾아야 할 그림 외적인 의미가 더 많은 셈이다. 이와 비슷한 경향으로 시각예술과 음악, 문학 등 같은 시대의 다른 예술 장르를 연결해 모두가 공통으로 하나의 시대정신을 표현하는 것으로 이해하려는 태도도 있다. 바흐(Bach)와 렘브란트(Rembrandt)는 언제나 바로크 예술의 대표적 예술가로 거론되곤 하지만, 오늘날 이것은 (시대정신이 아니라) 단지 그들이 수백 년 전에 함께 유럽에서 살았을 뿐이라는 의미로 해석되는 경향이 강해지고 있다. 시대정신 혹은 한 시대의 내적 생명력은 역사가들이 상상 속에서 만들어낸 허깨비일 뿐이며, 과거의 존재를 사후에 돌이켜보면서 꿰맞춘 일반화에 불과하다.

예술과 예술가에 대한 우리의 이해는 불행히도 최근 수 세기 동안 유럽의 발전에 기대어 형성되어왔다. 이탈리아 르네상스 시기에 특정 장르의 예술가들이 보다 높은 사회적 지위를 획득했는데, 그로부터 "예술가"(이른바 순수예술 작품을 만드는 사람)와 "장인"(열등한 예술 작품을 만드는 사람)을 구분하는 관습이 생겨났다. 그러나 작품의 가치를 작가의 사회적 지위로 판단할 수는 없다. 그러므로 우리는 "예술가"라는 단어가 암묵적으로 가치 판단에 개입하지 않도록 신중을 기해야 할 것이다. 예술을 르네상스 시기의 범주(건축, 조각, 회화, 기타 열등한 예술)로 구분하면 심지어 르네상스 예술조차 곡해하게 되고, 특히 "조각"과 "회화"를 그 작품이 속한 전체적 맥락에서 분리하여 이해할 위험성이 있다. 이에 못지않게 예술가의 고뇌를 사회적으로 높이 평가하고 정해진 노동을 하는 직업을 폄훼하는 태도 또한 불행한 결과를 초래했다. 작품을 만드는 과정을 두 단계, 즉 작품이 예술가의 머릿속에서 완성되는 창작의 단계(이른바 "구상")와 주목할 가치가 없는 기계적 제작의 단계("실행")로 나누어 보는 것은 예술가 개인을 구별하는 관점을 낳았다. 작품을 제작하는 과정에서 전혀 변함이 없는 완벽한 아이디어를 머릿속에 탑재하고 있는 화이트칼라 노동자인 예술가가 따로 있고, 손과 재료의 상호 작용 과정에서 결코 아이디어를 머릿속에 탑재하지 못하는 블루칼라 노동자인 예술가가 따로 있다는 관점이다. 이처럼 창작과 실행의 과정을 분리하는 관점은 대부분 예술가의 실제 경험에는 부합하지 않는다. 심지어 건축과 산업디자인의 영역에서조차 최초의 구상이 최종 결과물을 완벽히 확정하지는 못한다.

더욱 심각한 왜곡은 예술가의 천재성이라는 낭만주의적 숭배 관념으로, 예술 작품은 혼자만의 고독한 영감(靈感)을 얻은 손에 의해 만들어진다고 믿는다. 사실 대부분의 예술 작품은 공동 작업의 결과물이다(건물, 영화, 청동상, 이집트의 부조 등). 그 작품을 생산한 집단 중 오직 한 사람만이 창작자이고 나머지 모두는 "단순 실행자"라고 여기는 관념은 현실에 눈을 가린 고집일 뿐이다. 협업 과정에서 자극을 받아 최고의 걸작을 만들어낸 예술가들의 사례 또한 적지 않다. 또 한 가지 낭만주의의 유산은 독특한(unique) 작품을 숭배하며(이런 입장에서는 과거 거장들이 남긴 판화 작품의 가치를 논리적으로 설명할 수 없다) 다른 것은 다 제쳐두고 우선 독창성(originality)을 요구하는 태도다. 이러한 선입견은 워낙 깊고 넓게 퍼져 있어서 예술 연구에도 상당히 크고 부정적인 영향을 끼치고 있다. 아마도 최악의 오해는 오늘날의 예술가가 과거의 예술가와 근본적으로 다르다는 생각이다. 어느 평론가의 말처럼 만약 우리 시대의 예술가들이 "개인의 창조적 개성으로 기존의 미적 전통을 초월한다"면, 그 이유는 단지 예술 시장이 그것을 요구하기 때문일 뿐이다.

결론

고대의 예술품들 가운데 오늘날 살아남은 것은 주로 오래도록 지속 가능한 재질로 만들어진 작품들이다. 대개는 어떤 식으로든 변형이 가해지거나 폐허가 되었다. 별다른 접촉이 없었던 기념비들조차 화려한 표면이 벗겨지거나 원래의 색채를 잃어버렸다. 원래 다채색의 화려했던 유물들도 지금 우리의 기억 속에서는 빛바랜 모습으로 남아 있을 뿐이다. 유물 혹은 파편이 원래 있던 자리에서 박물관으로 옮겨지면 더 큰 손상이 가해지기 마련이다. 박물관 전시실에 있는 예언자의 조각상은 성당 입구의 여러 조각상 중 하나로 서 있을 때와 달리 애초에 그 조각상이 가졌던 효과를 잃어버렸다. 더욱이 우리는 유물을 실물 그 자체보다는 책에 실린 도판으로 경험하고 있다. 책에서는 거대한 건물이 축소되고 아주 조그만 장신구도 건물과 같은 크기의 평면화된 사진으로 실린다. 또한 전부는 아니지만 흑백 사진으로 수록되는 경우가 대부분이다. 건물 안으로 들어가면 건물의 구성이 우리의 경험을 주도하게 되지만, 사진 속 건물에서는 그런 일이 있을 수 없다. 우리 책에 실린 유물들도 사진으로 축소되어 애초에 그 유물의 존재 이유(raison d'être)였던 시각적 힘을 상당 부분 잃어버린 상태다. 어떤 예술 작품을 주문한 파트롱에게 그 작품이 왜 중요했는지 이해하려면, 고대의 관객에게 그것이 어떻게 보였을지 알아내기 위해 노력해야 하고, 안 되면 적어도 상상이라도 해보아야 한다. 그러려면 지식과 공감이 모두 필요한데, 쉽지 않은 일이다.

　예술 작품은 역사가들에게 많은 정보를 제공한다. 예를 들어 전근대 기술에 관한 지식은 문헌 자료가 아니라 가장 고도로 발달한 유물을 기술적으로 연구해야 얻을 수 있다. 지리적으로 널리 퍼져 있었던 동물 투쟁 모티프는 아시아 전역에 걸친 문화 접촉과 교류에 관한 이야기를 들려준다. 이집트 고분의 부조를 통해 우리는 문헌 기록에 전혀 남아 있지 않은 고대 이집트의 일상생활을 엿볼 수 있다. (그림 유물에서 정보를 얻고자 하는 역사가라면 반드시 신중을 기할 필요가 있다. 애초에 그 그림이 제작된 목적을 간과한다면 피상적으로 눈에 보이는 것만 가지고 의미를 곡해할 소지가 있기 때문이다.) 그러나 이와 같은 공헌이 세계사에 예술 관련 내용을 포함시키는 이유의 전부는 아닐 것이다. 예술이 세계사에 포함되는 것은 그것이 다른 무언가를 알려주는 정보의 원천이어서라기보다 예술 그 자체가 역사의 일부였기 때문이다. 만약 오늘날 우리의 사회에서 "순수예술"이 차지하는 역할을 기준으로 과거의 예술을 본다면 별로 중요치 않은 부분이 있을 수도 있다. 그러나 이런 식의 평가는 매우 온당치 못한 판단이다. 대부분의 시대 및 지역에서 예술은 수많은 이유로 엄청나게 중요한 문제였다. 훌륭한 역사가라면, 과거에 그 작품을 후원한 파트롱과 실제로 제작한 예술가가 그러했듯이, 과거의 예술을 신중히 들여다보아야 할 것이다.

더 읽어보기

Bagley, Robert, *Gombrich among the Egyptians and other Essays in the History of Art*, Seattle, WA: Marquand Books, 2015.
_____, "Meaning and Explanation," *Archives of Asian Art* 46 (1993): 6-26.
Baines, John, "What Is Art?" in Melinda K. Hartwig (ed.), *A Companion to Ancient Egyptian Art*, Chichester and Malden, MA: Wiley-Blackwell, 2015, pp. 1-2.
Belozerskaya, Marina, *Rethinking the Renaissance: Burgundian Arts across Europe*, Cambridge University Press, 2002.
Boas, George, "Historical Periods," *Journal of Aesthetics and Art Criticism* 11 (1953): 248-54.
Brilliant, Richard, *Roman Art from the Republic to Constantine*, London: Phaidon, 1974.
Bunzel, Ruth, *The Pueblo Potter*, New York: Columbia University Press, 1929. Repr. New York: Dover Publications, 1972.
Cooper, Jerrold, "Writing," in Eric Barnouw (ed.), *The International Encyclopedia of Communications*, New York: Oxford University Press, 1989, vol. IV, pp. 321-31.
Cormack, Robin, *Byzantine Art*, Oxford University Press, 2000.
Davies, W. V., *Egyptian Hieroglyphs*, London: British Museum, 1987.
De Hamel, Christopher, *Scribes and Illuminators*, London: British Museum Press, 1992.
Dehejia, Vidya, *Indian Art*, London: Phaidon, 1997.
Gombrich, Ernst, "In Search of Cultural History," in Gombrich, *Ideals and Idols*, Oxford: Phaidon, 1979, pp. 24-59.
Haskell, Francis, and Nicholas Penny, *Taste and the Antique*, New Haven and London: Yale University Press, 1981.
Hillenbrand, Robert, *Islamic Art and Architecture*, London: Thames and Hudson, 1999.
Honour, Hugh, and John Fleming, *The Visual Arts: A History*, 7th edn., Englewood Cliffs, NJ: Prentice Hall, 2009.
Jettmar, Karl, *Art of the Steppes*, New York: Crown Publishers, 1967.
Kesner, Ladislav, "On Alien Art and Experiencing Art Fully," *Umění* 42 (1994): 107-15.
Kitzinger, Ernst, *Early Medieval Art*, London: British Museum, 1940, 2nd edn., 1955, rev. edn. 1983.

Ling, Roger (ed.), *The Making of Classical Art: Process and Practice*, Stroud: Tempus, 2000.

Miksic, John, and Marcello Tranchini, *Borobudur: Golden Tales of the Buddhas*, Boston: Shambhala, 1990.

Miller, Mary, and Simon Martin, *Courtly Art of the Ancient Maya*, New York: Thames and Hudson, 2004.

Morphy, Howard, and Morgan Perkins, "The Anthropology of Art: A Reflection on Its History and Contemporary Practice," in Morphy and Perkins (eds.), *The Anthropology of Art: A Reader*, Oxford: Blackwell, 2006, pp. 1-32.

Nash, Susie, *Northern Renaissance Art*, Oxford University Press, 2008.

Nishi, Kazuo, and Kazuo Hozumi, *What Is Japanese Architecture?* Tokyo: Kodansha International, 1983.

Nordenfalk, Carl, *Celtic and Anglo-Saxon Painting*, New York: George Braziller, 1977.

Pächt, Otto, *The Practice of Art History: Reflections on Method*, London: Harvey Miller, 1999.

Pye, David, *The Nature and Art of Workmanship*, Cambridge University Press, 1968.

Reade, Julian, *Assyrian Sculpture*, London: British Museum, 1983, 2nd edn., 1998.

Robins, Gay, *The Art of Ancient Egypt*, Cambridge, MA: Harvard University Press, 2000, rev. edn., 2008.

Seckel, Dietrich, *The Art of Buddhism*, New York: Crown Publishers, 1964.

Simpson, William Kelly, "Aspects of Egyptian Art," in Denise Schmandt-Besserat (ed.), *Immortal Egypt*, Malibu, CA: Undena, 1978, pp. 19-25.

Smith, Cyril Stanley, *A Search for Structure* (Cambridge, MA: MIT Press, 1981), chapters 8 ("Art, Technology, and Science: Notes on Their Historical Interaction") and 9 ("Metallurgical Footnotes to the History of Art").

Snyder, James, *Medieval Art: Painting, Sculpture, Architecture, 4th-14th Century*, New York: Abrams, 1989.

Stalley, Roger, *Early Medieval Architecture*, Oxford University Press, 1999.

Stone, Andrea, and Marc Zender, *Reading Maya Art: A Hieroglyphic Guide to Ancient Maya Painting and Sculpture*, London: Thames and Hudson, 2011.

Summerson, John, *The Classical Language of Architecture*, Cambridge, MA: MIT Press, 1963.

Trigger, Bruce, *Understanding Early Civilizations: A Comparative Study*, Cambridge University Press, 2003, chapter 16 ("Art and Architecture").

Trilling, James, *The Language of Ornament*, London: Thames and Hudson, 2001.

Wittkower, Rudolf, *Sculpture: Processes and Principles*, New York: Harper & Row, 1977.

Zanker, Paul, *Roman Art*, Los Angeles: J. Paul Getty Museum, 2008.

CHAPTER 9

초원 유목민

티머시 메이
Timothy May

고대 중앙유라시아 스텝 지대는 동쪽으로 만주에서부터 서쪽으로 헝가리와 루마니아에 걸쳐 있는 헝가리 대평원(Alföld Plain)까지 이어져 있었다. 스텝 지대는 대개 평평한 평원으로 알려져 있지만 사실 중간중간에 굉장히 다양한 지형이 포함되어 있다. 물론 대부분은 초원이지만 예컨대 강줄기와 언덕, 산맥, 심지어 유라시아 대륙을 가로지르는 사막에 이르기까지 다양한 지형 조건에 따라 초원이 끊기고 나뉘었다. 마찬가지로 지형 조건에 따라 위쪽의 북방 지역과 스텝 지대가 구분되는데, 시베리아의 타이가 숲 지대와 습지가 스텝의 북쪽 경계를 이루고 있다.

세계적으로 보자면 유목 문화는 지역에 따라 상당한 편차가 있었다. 스텝 지대의 초원 유목민은 대개 사육하는 동물에서 얻는 유제품, 예컨대 치즈, 요구르트, 응유(curd) 등을 주식으로 삼았다. 또한 기르는 동물이나 사냥한 동물의 고기가 보조 식량이었다. 말, 양, 염소, 소, 야크, 낙타 등 유목민이 기르는 동물을 도축하는 일은 매우 신중하게 통제되었다. 동물은 곧 유목민의 재산이었기 때문이다. 유목민을 만났던 많은 관찰자가 남긴 기록에 따르면, 유목민은 마유주(馬乳酒, kumiss), 즉 말젖을 발효시킨 술을 대단히 애호했다고 한다. 망아지가 태어나는 계절이 지나고 여름이 오면 마유주를 양껏 마셨다. 동물은 유목민에게 식량 자원뿐만 아니라 털, 갈기, 가죽 등 부산물을 제공했다. 유목민은 필요한 물품 전부는 아니더라도 대부분을 동물에게서 얻었다. 정주민 사회와의 교역은 유목민으로서 꼭 필요한 일이었다. 초원 유목민의 사회가 자족적 사회는 아니었기 때문이다.[1] 그래서 흔히 이웃의 정주민 사회와 상생의 상업 관계가 발달하기도 했다. 유목민은 동물 부산물이나 동물 그 자체(특히 말)를 내어주고 비단, 곡물, 무기, 도구, 기타 사치품을 받았다. 교역이 금지되면 전쟁을 해서라도 필요한 물건을 조달해야 했다.

유목민이 초원이나 물을 찾아 아무 데나 돌아다니는 것은 아니었다. 목초지의 풀을 죄다 먹어치워 황폐화되는 것은 막아야 했기 때문에, 크고 작은 가축 무리를 이끌고 가족 단위로 따로 떨어져서 살거나, 작은 구역을 정해서 생활하다가 주기적으로 목초지를 이동하기도 했다. 혹은 계절에 따라 정해진 목초지를 순환 이동하며 생활했다. 그들이 생활하는 둥근 천막을 대개 유르트(yurt)라 하는데, 나무를 엮어 격자를 만들고 그 위에 가죽 펠트를 겹겹이 덮어서 만들었다. 유목민은 유르트를 손쉽게 해체해서 낙타나 수레에 싣고 다녔다. 캠프 전체라 하더라도 비교적 순식간에 짐을 꾸려서 이동할 수 있었다. 부족(tribe) 전체가 이주해서 수많은 캠프가 한꺼번에 움직이기도 했는데, 대개는 세력이 더 센 이웃 때문에 밀려나는 경우였다.

여기서 말하는 부족이란 무엇인가? 루디 린드너(Rudi Lindner)의 이

---

1 초원 유목민의 자족성 문제에 관한 상세한 연구는 다음을 참조. Anatoly M. Khazanov, *Nomads and the Outside World*, 2nd edn., trans. Julia Crookenden (Madison: University of Wisconsin Press, 1983). Also see Nicola Di Cosmo, *Ancient China and Its Enemies: The Rise of Nomadic Power in East Asian History* (Cambridge University Press, 2002).

론에 따르자면, 부족이란 실질적 혹은 허구적 조상의 후손을 자처하는 가족적 연대를 기반으로 하며, 그에 국한되지 않고 더 폭넓게 확대된 사회정치적 집단이다. 부족의 정체성은 주도적 집단에 의해 규정되는데, 주도 집단에서는 혈연관계(kinship)가 (만약 존재한다면) 실제로도 중요한 문제가 된다. 부족의 구성원은 시기에 따라서 달라진다. 구성원은 자발적으로 혹은 자신의 의지와는 무관하게 부족에 들어가기도 하고 나가기도 하기 때문이다. 그럼에도 불구하고 주도 집단이 휘하의 소속 집단을 거느리고 헤게모니를 유지한다면 부족의 정체성은 정치적 요소로서 그대로 유지된다.[2] 그렇다고 해서 통치 엘리트가 완전히 마음대로 할 수 있는 것은 아니다. 부족의 지도자들은 하위 집단 지도자들의 조언과 의견을 들어주어야 했다. 만약 통치자가 언제나 의견을 들어주지 않고 무시한다면, 그들의 관계는 점점 훼손될 것이고, 그렇게 되면 하위 집단이 그만큼 더 반란 세력에 쉽게 넘어가거나, 다른 부족 연맹에 보호를 요청하거나, 근처의 정주 세력에게 넘어갈 수도 있다. 유목 사회에서 지도자의 위치는 선출직과 비슷한 경향을 보였다. 지도자는 전쟁에서 능력을 입증해야 했을 뿐만 아니라 추종자나 백성을 위한 사회적 의무도 충실히 수행해야 했다. 그렇지 못한 지도자는, 필요한 경우 강제적으로 교체될 수도 있었다.

2 See Rudi Lindner, "What Was a Nomadic Tribe?" *Comparative Studies in Society and History* 24 (1982): 689-711. Also see David Sneath, *The Headless State: Kinship Society, and Misrepresentation of Nomadic Inner Asia* (New York: Columbia University Press, 2007).

스키타이의 시대

"스키티아(Scythia)"란 "스키타이(Scythae)의 땅"을 의미하는데, 폰틱 스텝과 카스피안 스텝에 걸쳐 있었다. 스키티아는 대략 드네스트르(Dnestr)강에서 아무다리야(Amu Darya)강(고대의 옥소스Oxos강)까지 뻗어 있었고, 아마도 알타이(Altai)산맥까지도 이어졌던 것 같다(중앙유라시아 전체 지도는 [지도 9-1] 참조). 스키타이에 관한 1차 자료를 제공한 헤로도토스(Herodotos)의 설명은 이와 조금 다른데, 그는 스키티아가 도나우(Donau)강에서 돈(Don)강 사이라고 했다.[3] 스키타이는 스스로의 역사에 관한 문헌 자료를 풍부하게 남긴 편이 아니었기 때문에, 우리는 그들 주변 정주 사회의 기록과 고고학적으로 발견된 수천 기의 무덤 발굴 자료를 근거로 그들을 이해해야 한다.[4] 고고 발굴 자료는 앞에서 말한 지역 범위에서 번성했던 문화를 드러내 보여주고 있으며, 고고학적으로 그것을 통틀어 스키타이 문화라고 하지만, 그것이 단일한 스키타이의 정체성에 해당하는 것인지, 아니면 여러 집단이 공통으로 향유했던 문화인지는 분명하지 않다.[5] 더욱이 민족적 정체성을 정확히 규정하기란 사실상 불가능한 것이, 스키타이가 이란어(Iranian) 사용자였다고 대부분 알고 있지만, 그들 사이에는 서쪽으로 이주한 원시-투르크어(proto-

---

3 Renate Rolle, "The Scythians: Between Mobility, Tomb Architecture, and Early Urban Structures," in Larissa Bonfante (ed.), *The Barbarians of Ancient Europe: Realities and Interactions* (Cambridge University Press, 2011), p. 109.
4 Askold I. Ivantchik, "The Funeral of Scythian Kings: The Historical Reality and the Description of Herodotus (4.71-72)," in Bonfante (ed.), *Barbarians of Ancient Europe*, p. 75.
5 David Christian, *A History of Russia, Central Asia and Mongolia* (Malden, MA: Blackwell Publishing, 1998), pp. 125-28.

[지도 9-1] 중앙유라시아

Turkic) 사용자도 섞여 있었다.[6]

"스키티아(Scythia)"라고 하는 지역 명칭은 그리스 자료에 등장한다. 페르시아 자료에서는 그들을 "사카(Saka)"라 했고, 중국 문헌에서는 "색(塞)"이라 했다. 출처는 서로 다르지만 이러한 여러 명칭은 대체로 비슷한 문화를 공유했던 초원 유목민을 가리킨다. 그들 문화의 특징적 유물로는 합성궁(合成弓)과 아키나케스(akinakes, 청동 단검), 수사슴과 다른 동물이 뒤엉켜 싸우는 동물 투쟁 양식의 공예품 등이 있었다. 그뿐만 아

---

6 Ivantchik, "Funeral of Scythian Kings," p. 75.

니라 청동솥과 제철 기술도 그들 문화권에서 널리 퍼져 있었다. 또한 그들은 초원 유목민의 생활 양식도 공유했는데, 고도로 발달한 마구(馬具)를 사용했으며, 사슴돌(사슴 모양이 새겨져 있는 거석 기념물 - 옮긴이)을 만들었다.[7] 이상과 같은 근거를 감안하더라도 스키타이가 과연 하나의 제국이었는지, 아니면 단순한 부족 연합으로 그중 주도적 부족의 이름이 스키타이였는지 확실하지 않다. 정주민 사회의 입장에서 보자면 여러 초원 유목민 부족 사이의 근본적 차이를 찾아내기가 쉽지 않다. 그런데도 헤로도토스는 그들을 구별해보려 노력했다. 즉 스키티아 지역에 있는 몇몇 집단을 구분하면서, 그중에서 이른바 왕령 스키타이(Royal Scythians)라고 불리는 부족이 진정한 스키타이라고 했다.[8] 스키타이의 가장 큰 특징이라 한다면, 질주하는 말 위에서 활을 쏠 수 있고 생업이 초원 유목이었다는 점이지만, 상당수의 정주민 사회도 스키타이의 통치 아래 놓여 있었다. 특히 흑해 언저리에 그러한 집단들이 있었는데, 그들은 스스로를 단지 조공을 바치는 예속민이 아니라 거대한 스키타이 사회의 일원으로 자부했다.[9]

스키타이는 후대의 초원 유목민과도 다른 점이 있었다. 후대의 유목민은 유르트에서 거주했지만, 유목 스키타이는 덮개가 달린 네 바퀴 수레에서 생활했다.[10] 겨울에는 한 군데서 비교적 오래 살았는데, 그때

---

7 A. I. Melyukova, "The Scythians and Sarmatians," in Denis Sinor (ed.), *The Cambridge History of Early Inner Asia* (Cambridge University Press, 1990), p. 99, and Christian, *History of Russia*, p. 127.
8 Herodotus, *The Histories*, trans. Robin Waterfield (Oxford University Press, 1998), 4.20.
9 Herodotus, *The Histories*, 4.16-17.

도 변함없이 수레를 집으로 삼았다.[11] 그리고 아마도 예속민 가운데 정주민이 있어서 그랬겠지만, 스키타이는 특히 오늘날 우크라이나 지역에 언덕 위 요새(고고학에서는 고로디셰gorodische라 한다)를 건설하기도 했다.[12] 청동기 시대에는 상당한 규모의 건축물이 건설되었는데, 폴타바(Poltava)에서 가까운 벨스크(Bel'sk)에 유적이 남아 있다. 주변을 에워싼 성벽은 길이가 34킬로미터, 성벽 내부의 면적은 4000헥타르에 달했다. 더욱이 고로디셰에는 장인을 위한 작업장이 있었고, 스키타이 통치자를 위한 궁전과 시장도 있었다. 그리스의 식민지가 있었던 흑해 연안 폰토스(Pontos) 지방에서 온 그리스 상인도 이 시장에 들르곤 했다.[13]

기원전 700년대에 스키타이가 번성하자 폰틱 스텝에 있던 킴메르(Cimmer)가 중동 지역으로 밀려났다. 킴메르를 추적하던 스키타이도 마침내 중동 지역으로 침입했고, 결국 아시리아 및 메디아 왕국과 스키타이 사이에 전쟁이 벌어졌다. 만약 헤로도토스의 말을 믿을 수 있다면, 스키타이 군대는 중동 지역에서 무려 28년을 머물다가 다시 스텝으로 돌아갔다. 스키타이가 지나간 여파로 아시리아 제국은 붕괴되고, 메디아 왕국도 국력이 소진되었다. 이집트에서 스키타이 양식의 화살촉이 발굴된 사례에 비추어 보면, 무역 관계 혹은 직접적 전투가 심지어 이집트까지 이어졌을 수도 있다.[14]

10 Herodotus, *The Histories*, 4.46.
11 Herodotus, *The Histories*, 4.46, and Rolle, "The Scythians," p. 112.
12 Rolle, "The Scythians," pp. 124–26.
13 Rolle, "The Scythians," pp. 126–28.
14 Herodotus, *The Histories*, 4.11–12; Rolle, "The Scythians," p. 111; and Melyukova, "Scythians and Sarmatians," p. 101.

그들이 스텝으로 돌아간 뒤에 뚜렷한 사회정치적 변화가 확인되었다. 기원전 600년에서 기원전 400년 사이 스키타이는 대체로 부족 사회였고, 왕령 스키타이 출신의 왕이 통치를 담당했으며, 왕의 캠프는 드네프르(Dnepr)강 하류 근처에 있었다.[15] 스키타이의 왕은 예속 부족에서 바치는 재물과 선물과 하인을 조공으로 받았다. 그러나 동시에 재물을 측근들에게 나누어주기도 했는데, 특히 그의 코미타투스(comitatus), 즉 친위대에게 막대한 선물이 지급되었다.

스키타이가 가끔 중동 지역과 기타 정주민 사회를 침략했지만, 그들 또한 침략당하지 말라는 법은 없었다. 기원전 530년 페르시아 제국을 건설한 키루스(Cyrus) 대왕(재위 559~530 BCE)은 마와란나흐르(Mawarannahr, 즉 트란스옥시아나Transoxiana) 지역에 살고 있던 마사게타이(Massagetae)를 공격했다. 키루스 대왕이 그들을 포섭하려 했지만 마사게타이의 여왕은 예비 교섭 단계에서 혼인 제안을 거부하고 키루스 대왕의 군대를 격파했으며, 결국 키루스 대왕까지 죽였다.[16] 페르시아 제국의 황제 다리우스(Darius) 1세(재위 522~486 BCE) 또한 스키타이를 정복하려 시도했다. 기원전 513년 다리우스 1세는 트라키아(Thracia)를 가로질러 폰틱 스텝에 있는 스키타이를 목표로 진군했다. 실망스럽게도 그의 침공은 성공을 거두지 못했다. 스키타이가 스텝으로 물러나서 간헐적으로 소규모 병력을 보내 페르시아군을 괴롭히고 달아났기 때문이다. 그들이 도대체 싸우려고 들지 않는다는 다리우스 1세의 불평은 후

---

15 Melyukova, "Scythians and Sarmatians," p. 104.
16 Herodotus, *The Histories*, 1.206-215.

세에 유명한 에피소드로 남았다.[17] 마침내 다리우스는 스키타이를 정복할 기약이 없다는 생각에 군사를 되돌렸다. 스키타이가 돌아가는 페르시아군의 후미를 공격했는데도 불구하고 다리우스는 초원에서 대부분의 병력을 빼내어 후퇴했다.

기원전 4세기에 이르러 스키타이의 정치적 환경이 또 한 차례 크게 바뀌었다. 스키타이는 스텝 북쪽에 있는 숲 지대의 종주권을 주장하면서 모피 무역에 개입했다. 정치적 중앙 집권화가 강화되어 여러 스키타이 부족은 왕의 지휘 아래 보다 군건한 공동체로 결속되었다. 그때의 왕이 아테아스(Atheas)였는데, 그는 기존에 여러 부족을 연결하는 가교 역할을 해온 이전의 명목상 왕들과는 달랐다. 숲 지대의 부족들로부터 조공으로 거두어들인 모피와 그리스를 상대로 한 밀 수출 덕분에 국부가 증대했고, 중앙 집권은 더욱 강화되었다. 결국 5세기 말경에 이르면 농업이 스키타이 경제에서 중요한 비중을 차지하게 되었다.[18] 그리스인은 밀을 수입하는 대가로 금과 은을 지불했다. 그리스가 지불한 금은은 대개 예술품의 형태를 띠고 있었다. 이를 포함하여 부가 증대하면서 유목민의 정주화가 가속화되었다. 특히 중개 상인 역할을 했던 귀족 계층이 그랬다. 무역을 촉진하기 위하여 아테아스 대왕은 동전을 주조했으며, 카멘스코에 고로디셰(Kamenskoe Gorodische)에 명실상부한 도시를 건설했다.

아테아스 대왕의 세력은 또한 그리스 문화권에도 영향을 미쳤다. 세

---

17 Herodotus, *The Histories*, 4.128-130.
18 Melyukova, "Scythians and Sarmatians," p. 105.

력권의 경계가 도나우강에 닿았으며, 몇 차례에 걸쳐 트라키아를 침공하기도 있었다. 그러나 아테아스 대왕의 제국 건설 사업은 또 다른 제국의 성장에 부딪혀 중단되고 말았다. 기원전 339년 마케도니아의 왕 필리포스와의 전쟁에서 아테아스 대왕이 패했다. 당시 아테아스의 나이 90세였다. 이후 스키타이는 도나우강 유역의 땅을 상실했지만, 그래도 그 주변의 스텝 지역은 상당 부분을 장악하고 있었다. 이를 보면 아테아스 대왕이 건설한 국가 체제가 얼마나 굳건했는지 알 수 있는데, 스키타이 왕국의 나머지 지역은 그의 사망 후에도 대체로 안정적으로 유지되었다.

돈강과 도나우강 사이를 소(小)스키티아 지역이라 하는데, 기원전 2세기 켈트(Celts), 게타이(Getae), 사르마타이(Sarmatae) 등 이민족의 침략으로 스키타이는 소(小)스키티아 지역을 버리고 밀려났다.[19] 이 무렵 이후로 스키타이는 소(小)스키티아 지역에서 뚜렷하게 확인이 되지 않는다. 다만 대(大)스키티아 지역 범위에서는 여전히 스키타이가 중요한 위치를 점하고 있었는데, 세력은 훨씬 줄어들어 부크(Bug)강에서부터 드네프르강 사이, 그리고 크림반도 지역에 모여 있을 따름이었다.[20] 지중해 세계와의 곡물 무역은 스키타이 경제의 중요한 부분으로 남아 있었고, 스키타이 왕국의 농업 기반을 유지했다.

---

19 Linda Ellis, "Elusive Places: A Chronological Approach to Identity and Territory in Scythia Minor (Second-Seventh Centuries)," in Ralph W. Mathisen and Danuta Shanzer (eds.), *Romans, Barbarians, and the Transformation of the Roman World* (Burlington, VT: Ashgate, 2011), p. 242.
20 Melyukova, "Scythians and Sarmatians," p. 107. Melyukova는 이 지역도 소스키티아라 한다.

스키타이가 더 이상 예전의 전성기를 누리지는 못했지만, 기원전 2세기경 스킬루루스(Scilurus) 왕의 지휘 아래 군사력을 보유하고 있었고, 무역 중개상을 제거하기 위해 예컨대 케르소네소스(Chersonesos) 같은 폰토스 지역에 있던 그리스의 식민 도시를 점령하면서 군사력을 과시하기도 했다. 스킬루루스는 또한 동전을 주조했으며, 함대를 조직하여 흑해의 해상권을 장악하고 있던 그리스에 도전하기도 했다.[21] 그의 위협에 맞서 케르소네소스를 비롯한 그리스 식민 도시들은, 흑해 남동쪽 해안에 있던 폰토스 왕국의 왕 미트라다테스 6세(Mithradates VI Eupator)에게 도움을 청했다. 폰토스 왕국의 원정 이후 스키타이는 케르소네소스의 영토를 대부분 포기했다. 그러나 이후로도 케르소네소스는 여전히 스키타이의 위협 아래 놓여 있었는데, 마침내 기원전 63년 플라티누스 실바누스(Platinus Silvanus)가 지휘하는 로마 군대가 스키타이를 물리친 뒤로 영원히 스키타이의 위협에서 벗어날 수 있었다.[22] 로마의 영향이 커지면서 스키타이의 위협은 소소한 문제로 축소되었다. 그러다가 기원후 3세기에 이르러 고트인(Goths)이 밀고 들어오자 마침내 스키타이는 정치적 및 민족적으로 명맥이 끊겼고, 고트인이라는 범칭 아래 섞여 들어가 사라지고 말았다.

사르마타이

사르마타이(Sarmatae) 혹은 사우로마타이(Sauromatae)는 기원전

---

21 Melyukova, "Scythians and Sarmatians," p. 107-18.
22 Melyukova, "Scythians and Sarmatians," p. 108.

500~300년대의 자료에 등장한다. 최소한 헤로도토스의 시대 이후로는 사르마타이와 스키타이가 공존했다. 사르마타이는 헤로도토스가 말하는 스키티아 지역의 동쪽에서 유목 생활을 하던 사람들이었다. 그들이 스키타이에 예속되어 있었는지는 불분명하다. 다만 이란계 유목민 집단이었고, 스키타이와 비슷하게 이란어군의 방언을 사용했다.[23] 사르마타이는 스키타이와 빈번히 교류했다. 사르마타이가 돈강과 볼가(Volga)강 사이에서 유목을 했기 때문이다. 기원전 6세기에 이르러 그들 중 일부가 돈강을 건넜고 아조프해 근처에서 목초지를 찾았는데, 그들은 아마도 스키타이의 지배 아래 놓여 있었을 가능성이 크다. 그들의 교류가 상호 우호적이었던 것으로 추정되는 이유 중 하나로, 스키타이가 다리우스에 맞서 싸울 때 "사우로마타이"가 스키타이의 편에 섰다는 기록이 있다.[24]

사르마타이는 스키타이와 비슷했지만, 그들의 쿠르간(kurgan, 무덤)에서 확인되듯이 그들이 가진 재산은 스키타이만 못했다.[25] 사르마타이 문화의 범위는 쿠르간 발굴을 통해서 쉽게 추적해볼 수 있다. 기원전 2세기에 이르러 그들의 문화 유물은 스키타이 시대보다 더 통일성을 띠는 경향을 보였다. 사회적 신분의 차이도 나타났는데, 귀족 계층이 정해져 있었고 코미타투스(친위대) 조직도 편성되어 있었지만 충분히 발달한 혹은 명확히 규정된 국가 체제는 등장하지 않았다.

문헌에 처음 사르마타이가 등장할 무렵 그들은 주로 유목민이었다.

---

23 Herodotus, *The Histories*, 4.117.
24 Herodotus, *The Histories*, 4.119, and Melyukova, "Scythians and Sarmatians," p. 111.
25 Melyukova, "Scythians and Sarmatians," p. 111.

그러나 스키티아 지역과 접촉하고 그곳으로 진출하게 되면서 사르마타이 또한 휘하에 정주민 인구를 포함하게 되었다. 물론 그 과정에서 사르마타이도 일부는 정착하게 되었을 것이다. 하지만 주목해야 할 점은, 스키타이에 비해 사르마타이는 외부 문화의 영향을 비교적 덜 받거나 혹은 저항이 더 강한 편이었다. 사르마타이는 스키타이보다 더 고립되어 있었다. 최소한 기원전 5~4세기에는 그랬다.

앞에서 언급했던 것처럼 유목민 사이에서는 젠더 위계가 약한 편이었다. 초기 사르마타이는 훨씬 더 평등했으며, 적어도 일부 사르마타이 집단에서는 모권제의 특징이 확인되었다. 사르마타이 중에서는 여성도 정치에 관여하고 통치 업무를 맡았을 뿐만 아니라 전투에도 참여했다. 마사게타이의 통치자가 여성이었던 점으로 미루어 보아, 마사게타이 또한 자신들의 정체성을 스키타이가 아니라 사르마타이의 일부로 여겼던 것 같다. 헤로도토스는 사르마타이의 독특한 상황을 설명하고자 했다. 헤로도토스에 따르면, 중앙아시아 어디인가에 살고 있는 아마조네스(Amazones) 여성과 스키타이 남성이 결합하여 낳은 아이가 자라 사르마타이가 되었다고 한다.[26]

기원전 4세기에 이르러 사르마타이에 속하는 일부 집단들의 정체가 밝혀졌는데, 예를 들면 알라니(Alani), 아오로소이(Aorosoi), 이아지게스(Iazyges), 록솔라니(Roxolani) 등의 부족이었다. 인구가 늘어나고 목초지는 한정된 상황에서 동쪽으로부터 다른 유목민까지 압박을 가해오자 기

---

26 Herodotus, *The Histories*, 4.110-116, and Peter B. Golden, *An Introduction to the History of the Turkic Peoples* (Wiesbaden: Otto Harrassowitz, 1992), p. 50.

원전 200년대에 사르마타이는 대규모 이주를 단행했다. 돈강을 넘어 폰틱 스텝 지대로 들어갔던 것이다. 기존에 그곳에 살고 있던 스키타이는 대혼란이 불가피했다. 스키타이가 폰투스의 왕 미트라다데스와의 전쟁에서 패한 원인 중 하나도 바로 그 혼란이었다. 폰틱 스텝에 살던 록솔라니가 크림반도로 침략해 들어갔고, 로마가 지배하던 도나우강 유역에 위협을 가했다. 또 다른 파벌은 스텝의 남쪽으로 내려와 캅카스(Kavkaz) 산맥 북쪽으로 이주했다.[27] 일부 사르마타이는 외부의 위협보다는 내부의 대량 살육 때문에 이주하기도 했다. 예를 들어 캅카스산맥의 산록에 살던 아오로소이와 시라카이(Siracae)는 서로 사이가 나빴을 뿐만 아니라 로마와 폰투스 왕국의 전쟁(Roman-Pontic War)에서도 아오로소이가 로마 편에 서서 서로 적대하게 되었다. 아오로소이와 시라카이 양쪽이 모두 쇠약해진 틈을 타서 기원후 50~60년대에는 알라니가 캅카스 스텝 지대를 주도했다.[28]

기원후 4세기에 이르러 사르마타이는 더 이상 주요 세력으로 활약하지 못했지만 그들의 영향은 여전히 남아 있었다. 기원후 3세기에 고트족(Goths)이 폰틱 스텝으로 들어왔을 때 이미 사르마타이 세력의 종말을 알리는 징후가 나타나기 시작했다. 사르마타이는 고트족이라는 거대한 울타리로 흡수되었지만 나름대로 구분되는 정체성을 유지했다. 기원후 375년 훈족(Huns)이 폰틱 스텝에 나타나자 남아 있던 사르마타이마저 그들에게 흡수되었다.[29] 오직 알라니만이 나름의 정체성을 성공적

---

27 Melyukova, "Scythians and Sarmatians," p. 113.
28 Melyukova, "Scythians and Sarmatians," p. 113.
29 Melyukova, "Scythians and Sarmatians," p. 113.

으로 유지했다. 그러다 보니 알라니가 사르마타이라고 잘못 알려지기도 했다. 알라니는 훈족에 때로 협력하고 때로 저항하면서 일정한 거리를 유지했다. 캅카스산맥에 있는 요새로 피신하는 능력이 그들의 생존을 보장했던 것 같다. 알라니의 영향은 오늘날까지도 뚜렷하게 남아 있다. 오세트인(Ossetians)과 카바르다인(Kabardians)은 스스로를 알라니의 후손으로 자처한다.

사르마타이는 민족적으로나 문화적 혹은 언어적으로 스키타이와 분명 연관이 있었지만, 군사적인 면에서는 스키타이와 완연히 달랐다. 스키타이의 군대는 주로 기마궁수로서, 삼각뿔 화살촉을 사용했다. 주로 뱀이나 거미의 독 혹은 독미나리에 화살촉을 담갔다가 사용했으므로 약간의 상처로도 치명상을 입혔다. 근접 전투에서는 창과 유명한 아키나케스(akinakes) 단검을 사용했으며, 대개는 가볍게 무장했고, 근접 전투를 기피하고 활을 이용하는 전투를 선호했다. 사르마타이도 가볍게 무장한 기마궁수를 활용했지만, 보병 또한 활용했던 것으로 알려져 있다. 무엇보다 중요한 점은, 유목민을 잘 구분할 줄 모르는 둔감한 정주민도 사르마타이는 한눈에 알아볼 수 있었다는 사실이다. 사르마타이의 중무장한 철갑기병 때문이었다. 창을 든 채 머리끝부터 발끝까지 철갑을 둘렀는데, 얇은 금속판을 가죽끈이나 다른 실로 엮어서 만든 갑옷이었다. 옛 문헌에 사르마타이는 용의 비늘을 입고 있다고 기록되기도 했다.[30] 쿠르간(무덤)에서 발굴된 유물을 보면 부유한 사르마타이만 철갑을 입었다. 그렇지 못한 전사들은 비슷하게 무장을 하긴 했지만 금속이 아니

---

30 Christian, *History of Russia*, pp. 146-47.

라 뼈나 가죽으로 만든 갑옷을 입었다. 그들의 무장 덕분에 사르마타이의 말도 스키타이와는 달랐다. 사르마타이 시대 후기에 이르러 말이 더 커지고 갈수록 곡물을 더 많이 먹는 경향이 있었다. 이는 그들의 생활에서 목축이 줄어드는 대신 반(半)정주 생활이 더 늘어났을 가능성을 시사한다. 혹은 정주민을 휘하에 두고 곡물을 공급하도록 했을 수도 있다.[31] 사르마타이의 영향으로 고트족 기병도 중무장을 했는데, 그것을 이어받아 유럽 중세 기사도 철갑으로 중무장을 하게 되었다.

흉노의 시대

스키타이와 사르마타이의 문화가 중앙유라시아의 대부분을 차지한 동안 동부 스텝 지대에서는 인도유럽어족과 확연히 구분되는 다른 민족이 부상했다. 몽골 스텝 지역에 거주한 몇몇 부족 집단은 기원전 5세기 이전까지 중국 문명과 거의 교류가 없었다.[32] 그들 중 어느 집단이 확고한 우위를 차지한 징후는 나타나지 않았지만, 기원전 4세기에 이르러 중앙유라시아 동부 지역에 몇몇 목축 유목민 집단이 부상하기 시작했다. 그러다가 황하강의 오르도스 만곡(彎曲) 지대에 거주한 흉노(匈奴)가 마침내 고비 사막 남쪽의 스텝 지역 대부분을 장악하게 되었다. 중국에서는 몽골 동부 지역의 유목민을 일컬어 동호(東胡, 동쪽의 오랑캐)라 했다. 흉노와 동호는 모두 알타이어 사용자들로, 후대에 등장할 투르크와 몽골의 선조였다.[33] 그 밖에 또 다른 두 개의 부족 집단, 곧 월지(月氏,

---

31 Melyukova, "Scythians and Sarmatians," pp. 115-16.
32 Di Cosmo, *Ancient China and Its Enemies*, p. 128.

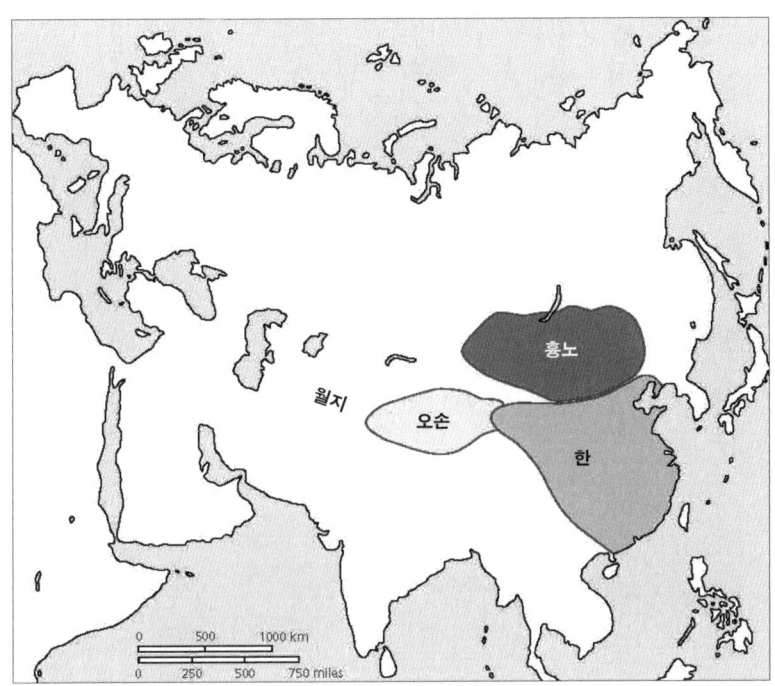

〔지도 9-2〕 흉노의 고향

月支)와 오손(烏孫)이 출현했는데, 둘 다 인도유럽어족에 속했던 것으로 추정된다. 오늘날 중국의 감숙성(甘肅省) 서부 지역 및 고비 사막 너머에 살던 사람들이었다(지도 9-2).

흉노는 그들의 남쪽에 있는 중국의 여러 왕조와 교류했고, 심지어 중국인이 내전을 벌일 때 어느 한편에 서서 참전하기도 했다. 흉노의 역

---

33 Di Cosmo, *Ancient China and Its Enemies*, p. 166.

사는 학계에서 월지나 동호보다 더 많이 이해되고 있는 편이다.³⁴ 흉노의 지도자는 왕족의 일원으로 부족 연합을 통치했고, 선우(單于, 최고의 통치자)라는 칭호를 가졌다. 왕족이 아닌 다른 부족의 지도자라도 언제든 선우의 자리에 오를 수 있었다. 흉노가 중국 문헌 자료에 처음 등장할 무렵, 그들은 엄격한 의미의 목축 유목민이었다. 그들은 다른 유목 민족들뿐만 아니라 중국의 왕조들 같은 정주 문화와도 꾸준히 연계를 맺었다. 흉노 가운데 농업에 종사하는 인구도 일부 있었는데, 흉노족 스스로 농사를 지은 것인지, 아니면 예속된 정주민이 그리한 것인지는 분명치 않다.

흉노는 탁월한 군사적 능력이 있었음에도 불구하고, 기원전 214년 진(秦)나라(221~206 BCE) 시황제(始皇帝)의 군대에게 격파되어 황하강 이북으로 쫓겨났다. 이후로 남부 스텝 지대에서 흉노는 더 이상 주도권을 가질 수 없었다.³⁵ 유목민의 공격을 방어하기 위해 장성을 쌓는 관행은 이미 주(周)나라 때부터 전해졌지만 진시황은 오르도스 만곡에 장성을 건설했는데, 단지 흉노의 고토 회복을 막기 위한 목적뿐만 아니라 그곳이 진(秦)나라의 영토임을 주장하고 정주 제국의 경계를 명확히 하고자 함이었다.³⁶ 흉노 토벌 작전은 그러나 기원전 210년 진시황의 사망과 뒤이은 진 제국의 멸망으로 중단되고 말았다.

---

34 Sima Qian, *Records of the Grand Historian: Qin Dynasty*, trans. Burton Watson (New York: Columbia University Press, 1993), p. 26.
35 Sima Qian, *Qin Dynasty*, p. 79.
36 Sima Qian, *Qin Dynasty*, p. 53; Sima Qian, *Records of the Grand Historian: Han Dynasty II*, trans. Burton Watson (New York: Columbia University Press, 1993), p. 133; and Di Cosmo, *Ancient China and Its Enemies*, pp. 155-58.

그 뒤 흉노는 다시 오르도스 만곡 안쪽으로 되돌아왔고, 묵돌선우(冒頓單于)의 통치 아래 전성기를 맞이했다. 기원전 214~210년 흉노의 세력이 약해졌을 당시 흉노의 선우는 묵돌의 아버지였는데, 그는 묵돌을 월지(月氏, 月支)에 볼모로 보냈다. 그리고 흉노의 후계는 묵돌이 아닌 다른 아들을 염두에 두고 있었다. 묵돌은 월지에서 4년을 머무르다 흉노가 월지를 공격하는 혼란을 틈타 탈출하여 오르도스로 돌아왔다.[37] 월지에서 굴욕의 세월을 겪은 묵돌은 두 번 다시 그런 상황에 놓이고 싶지 않았다. 그는 고도로 훈련된 친위대를 중심으로 재빨리 세력을 키웠고, 결국 아버지를 살해한 뒤 선우 자리를 강탈했다.[38] 어리고 미숙한 선우가 흉노를 이끌자, 동호(東胡)는 스스로에게 유리한 환경을 조성하고자 했다. 전통적으로 고비 사막이 유목민 사이의 관행적 경계선이었는데, 동호는 그 너머에 있는 흉노의 목초지를 야금야금 먹어 들어가다가 결국 흉노와 싸웠으나 패하고 말았다.

동호의 위협을 제거한 묵돌선우는 월지를 향해 복수의 칼날을 겨누었고, 원래 흉노의 땅이었던 오르도스 서부에서 월지를 쫓아내기에 이르렀다.[39] 남부 스텝 지역을 장악한 묵돌선우는 이제 북쪽을 향해 오늘날 몽골 지역으로 세력을 확장해 나갔다. 그의 세력은 남부 시베리아까지 미쳤다. 고비 사막 북부까지 장악한 묵돌선우는 이제 알타이 지역의 금광과 시베리아의 모피 무역까지 손에 넣을 수 있게 되었다(지도 9-3).

이 모든 업적이 가능했던 이유는 세 가지다. 첫째, 묵돌선우는 고도

---

37 Sima Qian, *Han Dynasty II*, p. 134, and Christian, *History of Russia*, p. 184.
38 Sima Qian, *Han Dynasty II*, p. 134.
39 Sima Qian, *Han Dynasty II*, pp. 135-36, and Christian, *History of Russia*, p. 185.

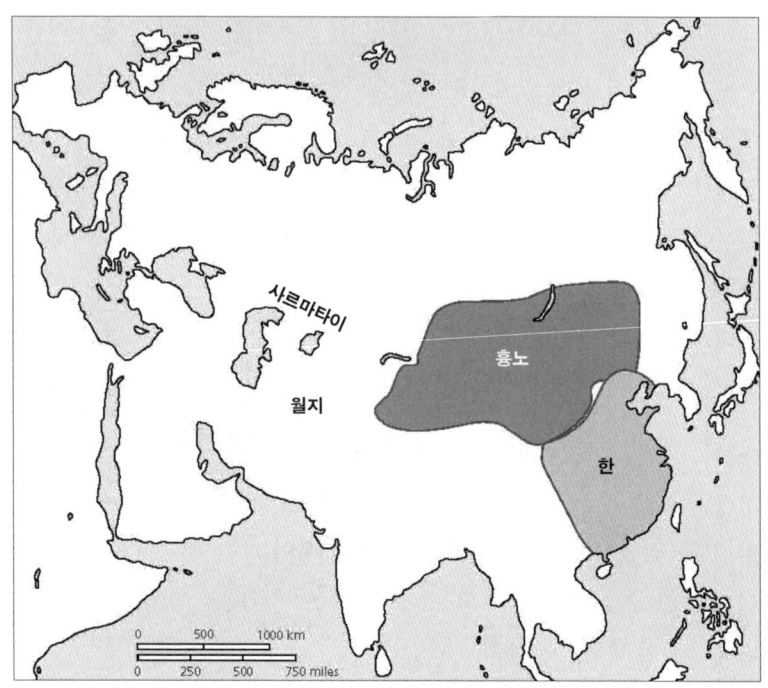

[지도 9-3] 전성기의 흉노

로 훈련된 정예군을 창설했고, 그들에게는 반대 세력에 비해 월등한 특권을 제공했다. 둘째, 기원전 210년 진(秦) 제국이 무너진 뒤 중국에서 다시 숨을 고르기까지는 시간이 필요했다. 셋째, 중국 지역 내부에 강력한 왕조가 부재하여 위협이 억제되고 국경이 안정된 덕분에 묵돌선우는 다른 유목민을 제압하는 데 자신의 역량을 쏟을 수 있었다. 그러나 유목민을 모두 정복한 뒤에는 더 이상 추종자들을 만족시킬 만한 약탈 대상이 남지 않게 되었다. 더 많은 재산을 모으기 위해 묵돌선우는 이제 중국으로 눈을 돌렸다. 흉노는 중국을 굳이 통치할 의사가 없었다. 다만 침략을 통해 재산을 빼앗아 오고 추종자들이 만족할 만한 무언가를 제공하기를 원했을 따름이다. 만약 추종자들의 욕구를 충족시키지 못한다면, 묵돌선우의 통제권은 언제든 무너질 수 있었다.

기원전 206년 한(漢) 왕조(206 BCE~220 CE)가 등장하여 중국을 안정시켰다. 왕조를 설립한 황제 유방(劉邦, 高帝)은 왕조 초기라서 할 수 있는 일이 별로 없었고, 다만 흉노의 침략을 막아내는 데 급급했을 뿐이다. 기원전 201년에 이르러 중국 내부가 어느 정도 안정되자, 고제(高帝)는 흉노의 침략에 대응하여 스텝 지역 깊숙이 쳐들어갔다. 중국 역사상 대부분의 경우에 그러했듯이, 유목민을 잡기 위해 스텝 지역으로 진입한 뒤에는 재앙이 뒤따랐다. 흉노는 그저 후퇴를 거듭하며 한(漢)나라의 군대를 스텝 깊숙이 유인해서 통신과 보급선을 늘리게 만들었다. 한나라 병사의 3분의 1이 단지 부족한 보급 때문에 목숨을 잃었다. 흉노는 끊임없이 한나라 군대를 괴롭혔다. 그러나 치고 빠질 뿐 결코 전면전에 나서지 않았다. 한나라는 드디어 임계점에 도달했다. 고제는 어느새 자신이 포위되었음을 깨달았다. 이제 앞으로 나아갈 수도, 뒤로 물러설 수도 없었다. 그리하여 기원전 198년 고제는 흉노와 조약을 맺었는데, 그것이 바로 유명한 화친(和親) 조약이다.[40] 조약의 내용인즉슨, 한나라는 정기적으로 흉노에게 선물로 술, 비단, 곡식을 비롯한 여러 가지 물품을 제공하고, 여기에 더하여 왕실의 공주를 선우의 신붓감으로 보내어 혼

---

40 Sima Qian, *Han Dynasty II*, pp. 138-39; Christian, *History of Russia*, p. 186; and Golden, *History of the Turkic Peoples*, p. 61.

인을 맺는다는 것이었다. 또한 한나라는 북방 장성의 이북을 흉노의 영토로 인정하며, 더 이상 흉노의 영토를 침범하지 않기로 했다. 그 대가로 흉노 또한 더 이상 공격하지 않기로 했다. 이 평화 조약은 이후 60년 동안 유지되었다.

    화친 조약이 방어를 위한 수단이기는 했지만 사실 그리 단순하지 않았다. 흉노 선우의 입장에서는 화친 조약을 통해 추종자들에게 나누어 줄 선물을 확보할 수 있었다. 그게 있어야 독립성이 강한 부족장들을 장악할 때 지렛대로 사용할 수 있었다. 또한 그들이 중국을 침략하거나 내부 불화를 일으키는 것도 막을 수 있었다. 한나라로서도 이익이었는데, 화친 조약 덕분에 무역이 활성화되었다. 중앙 정부의 입장에서 무역을 통해 거두어들이는 세금이 흉노에게 보내는 선물보다 더 큰 금액이었는지는 분명하지 않지만, 어쨌든 국경 무역은 번성했다. 장기적 관점에서는 한나라에 더 유리한 면이 있었다. 중국을 침략하지 않는 기간이 길어질수록 흉노의 군사력은 서서히 약화되기 마련이었다. 또 하나의 전술은 왕실의 공주를 활용하는 것이었다. 공주와의 결혼은 흉노 선우의 체면을 굉장히 높여주는 일이었다. 공주는 수행단과 함께 흉노로 갔기 때문에 한나라의 입장에서는 흉노를 중국화하는 외교적 수단이 되었다. 즉 수행단을 통해 흉노에게 한나라의 문화와 관습을 전달하여 흉노를 "교화(敎化)"하고자 했던 것이다. 얼마간은 그 성과가 있었는지 흉노는 점차 한나라와의 외교 관계에 보다 잘 적응해 나갔다. 그러나 그것이 공주와 그 수행단의 영향 덕분인지, 아니면 한나라 정부와 더 자주 접촉한 결과인지는 확인하기 어렵다. 원인이 어느 쪽이든 흉노의 중국화는 한나라가 기대한 만큼은 아니었다. 그럼에도 불구하고 무역 정책이 전쟁

보다는 비용이 덜 든다고 볼 수 있었다. 스텝을 공격할 때 들어가는 막대한 물류 비용을 고려했을 때는 특히 더 그랬다.[41]

한나라 문제가 일단락되자 묵돌선우는 다시 월지에게로 관심을 돌렸다. 기원전 175년부터 잇달아 원정군을 월지로 보냈고, 원정군의 지휘는 묵돌선우의 아들 계육(稽粥)이 맡았다. 흉노는 묵돌선우가 사망한 이후인 기원전 162년에 이르러서야 월지를 상대로 승리를 거두었고, 월지는 둘로 갈라졌다. (아버지 묵돌선우 사후에 노상선우老上單于가 된) 계육의 지휘 아래 흉노는 오늘날 감숙성 지역뿐만 아니라 신강(新疆) 지역의 오아시스 도시 대부분을 차지하게 되었다.[42] 둘로 갈라진 월지 가운데 하나인 대월지(大月支)는 일리(Ili)강 유역으로 쫓겨나, 흉노 연맹의 일원으로 원래 그곳에서 유목 생활을 하던 오손(烏孫)에 흡수되었다. 혹은 친척과 합류하기 위해 더 멀리 남쪽으로 달아나기도 했다. 한편 소월지(小月支)는 마와란나흐르(Mawarannahr, 트란스옥시아나) 지역으로 달아났다. 그곳에 정착한 이들은 나중에 토하라(Tokhara)로 알려졌는데, 이는 애초 월지에 속하는 한 부족의 이름에서 비롯된 민족 명칭이었다. 이들이 나중에 쿠샨 제국(Kushan Empire)을 세우게 된다.[43] 월지를 정복한 덕분에 흉노는 알타이계가 아닌 유목민과 상당수의 정주민 인구도 포괄하게 되었다. 흉노에 복속된 민족(부족)들이 조공을 바치고 군사 징

---

41 Sima Qian, *Han Dynasty II*, p. 143.
42 Christian, *History of Russia*, p. 187; Golden, *History of the Turkic Peoples*, p. 51; and Craig G. R. Benjamin, *The Yuezhi: Origin, Migration and the Conquest of Northern Bactria* (Turnhout: Brepols, 2007), pp. 62 and 72.
43 Golden, *History of the Turkic Peoples*, p. 51.

발령을 따르며 흉노의 선우를 통치자로 인정하는 한, 대개 그 나머지 일들에 대해서는 각 민족(부족)에게 자율권이 주어졌다.

흉노의 지배하에 들어간 오늘날의 신강(新疆) 지역에는 상인과 농업인이 있었고, 몽골 지역에도 농업인이 있었다. 그들이 누구였는지 정체를 분명히 알 수는 없지만, 그들은 기장류, 보리, 밀 등을 재배하고 수공업 작업장을 가지고 있었다. 묵돌선우는 이들 농업인을 위한 정책도 발달시켰다. 묵돌선우의 겨울 캠프가 위치한 오르혼(Orkhon)강 근처에도 농업인이 있었다. 또한 다른 정착지들도 있었는데, 가령 이볼가(Ivolga, 오늘날 울란우데) 근처에 있는 집들에는 바닥 아래 난방 시설이 설치된 경우도 있었다. 흉노의 정착지 규모가 스키타이에 비할 바는 못 되었지만 흉노 또한 정주 문화의 유리한 점을 이해하고 있었고, 이를 활용함으로써 한(漢)나라 의존도를 더 줄일 수 있었다. 이는 흉노가 조공을 거둔 다양한 지역을 보더라도 입증이 된다. 즉 그들은 한나라뿐만 아니라 시베리아나 페르가나(Ferghana) 분지, 신강 지역의 정주 문화 집단으로부터도 조공을 받았다. 조공 물품은 굉장히 다양했으며, 예컨대 포도 같은 식품도 포함되어 있었다. 따라서 굳이 한나라에 배타적으로 의존할 필요는 없었다. 이 과정에서 흉노는 한나라와 다른 지역 사이의 무역을 중개하고 보호하는 중심적 역할을 맡게 되었다.

탁월한 군사력 덕분에 흉노는 잘 조직된 관료 체제가 없더라도 멀리 떨어진 나라들을 거느리는 헤게모니를 행사할 수 있었다. 흉노의 전력은 대개 기마궁수였지만 갑옷을 입었다. 그들은 등자(鐙子)를 사용한다는 점에서 다른 유목 민족이나 한나라의 기병보다 기술적 우위를 점하고 있었는데, 등자는 흉노에게 두 가지 장점을 가져다주었다. 첫째, 등자를 이용하면 더 쉽게 말에 오를 수 있었다. 둘째, 궁수는 말 위에서 더 정확히 과녁을 조준할 수 있었다. 몽골의 전통적 기마술은 안장 위에 서서 궁수의 다리를 완충 장치처럼 사용하는 것이었다. 말 위에 서서 말발굽이 지면으로부터 떨어지는 시점을 잘 맞추었을 때 궁수는 가장 정확하게 화살을 발사할 수 있었다. 또한 이렇게 하면 일어서 있는 궁수의 신체 근육이 더 많이 작용하기 때문에 궁수가 안장 위에 걸터앉을 때보다 화살의 힘도 더 강력해졌다. 게다가 흉노는 골각기와 청동기뿐만 아니라 철제 무기나 도구도 사용했다. 덕분에 그들은 다른 어떤 유목 민족이나 시베리아의 부족보다 더 강점이 있었고, 한나라와 어깨를 겨룰 만한 기술을 보유하고 있었다.

무역과 군사적 패권을 무기로 흉노의 위협이 계속되자, 한나라는 더 이상 견디기가 어려워졌다. 결국 한 무제(武帝) 재위 기간에 화친(和親) 조약은 폐기되었다. 한나라의 입장에서는 흉노의 요구가 부담스러웠다. 이는 단지 물질적 측면뿐만 아니었다. 더욱 중요한 것은 국가의 위신 문제였다. 한 무제는 흉노를 공격할 계획을 세웠지만 한나라의 군사력만으로 흉노를 이길 수는 없었다. 그래서 기원전 138년 한 무제는 장건(張騫)을 서쪽으로 파견하여, 아무다리야강 북쪽을 따라 거주하고 있는 월지와 동맹을 체결하고자 했다. 그러나 계획은 뜻대로 되지 않았다. 또한 한 무제는 기마병을 강화할 방안을 강구했다. 그래서 피땀을 흘린다는 전설의 한혈마(汗血馬)를 구하고자 했다.[44] 한나라 입장에서 말을 구하고자 한 이유는, 과거 흉노와 맺은 화친 조약과도 밀접한 관련이 있었다.

---

44 Golden, *History of the Turkic Peoples*, p. 61.

중국의 토양에는 말을 기르는 데 필수적으로 요구되는 셀레늄(selenium)이라는 미네랄이 부족했다. 따라서 한나라는 대량의 말을 수입할 수 있는 외부의 공급처에 의존할 수밖에 없었다. 흉노를 비롯하여 한나라 주변의 민족들은 전통적으로 무역을 통해 한나라에 말을 공급했다. 그러나 화친 조약과 흉노의 패권 아래 말 무역의 규모와 품질이 제한되고 있었다. 좋은 말을 확보하지 못한 상태에서 한나라 군대가 이웃 유목 민족을 상대로 승리할 가능성은 거의 없었다.

장건이 월지를 찾아 떠난 사이 한 무제는 참모들의 반대에도 불구하고 마침내 공격을 결심했다. 100일 동안의 작전을 계획했고 예산 또한 막대했다. 한나라는 예전에 흉노를 일격에 무너뜨리고자 했다가 실패한 전력이 있었다. 그러나 이번에는 점진적 작전 계획으로 변경하여 결국 한나라의 공격은 성공을 거두었다.[45] 기원전 127년 한나라는 흉노를 고비 사막의 북쪽으로 몰아냈다. 지속적인 노력 끝에 마침내 고비 지역을 획득했던 것이다. 장성을 더 많이 쌓고 관개 시설도 건설하여 한나라는 오르도스를 확고히 장악했으며, 황하강을 국경선으로 확정했다. 승리를 확고히 하고자 한나라는 황하강 이북에도 군사 거점을 설치했으며, 하서주랑(河西走廊)의 통제권도 한나라가 장악했다. 그곳에 있던 흉노는 한나라의 반복적 공격에 결국 무릎을 꿇었다. 오르도스 만곡을 차지한 한나라는 그곳에 정착민을 이주시켰고, 기원전 104년 돈황(燉煌)에 군사 거점을 설치했다. 기원전 119년 고비 너머 북쪽에서도 한나라가 흉

---

45 Christian, *History of Russia*, p. 196, and Golden, *History of the Turkic Peoples*, pp. 62-63.

노를 상대로 승리를 거두기는 했지만 결국 흉노를 완전히 무너뜨리지는 못했다. 한-흉노 전쟁 이후 몽골 남부(고비 사막의 남쪽)는 중립 지역이 되어 다양한 유목 민족이 그 땅을 차지했다. 흉노의 압박에 불만을 품었던 다른 유목 민족이 한나라 편으로 돌아섰기 때문이다. 패전의 여파로 흉노는 서흉노와 동흉노로 갈라졌고, 한나라 입장에서는 그만큼 위협이 줄어들었다. 그러나 위협이 사라졌다고 볼 수는 없었다. 게다가 한나라가 이른바 서역(西域)을 장악했다고는 하지만, 어디까지나 다른 유목 민족들과의 협력 관계에 의존해야 했다. 오손(烏孫)의 도움으로 한나라가 오늘날 신강 지역을 점령한 것이 기원전 71년이었는데, 기원후 23년부터는 오손이 흉노 편으로 돌아서는 바람에 한나라도 신강 지역을 다시 상실할 수밖에 없었다.

그럼에도 불구하고 흉노의 쇠퇴와 한나라의 팽창은 부정할 수 없는 현실이 되었다. 흉노는 한나라와의 전쟁으로 영토뿐만 아니라 조공을 바칠 나라들도 잃어버렸다. 한나라는 물론 과거 흉노에 예속되었던 다른 유목 민족들이나 오아시스 도시의 상인들도 더 이상 흉노에 조공을 바치지 않았다. 게다가 흉노 내부적으로 파벌 싸움이 격화되었다. 기원후 54년 흉노의 분열은 확고히 모습을 드러냈다. 기준은 한나라와의 거리였다. 한나라에서 가까운 지역에 있었던 남흉노는 동포인 북흉노와 적대하고 오히려 한나라의 신하를 자처하며 한나라 황제에게 예속되었다.

토머스 바필드(Thomas Barfield)는 이를 "내부 전선 구축 전략(Inner Frontier Strategy)"이라 했는데, 스텝의 민족들이 중국에게 다가가 보호를 요청하면서 그 대가로 인질을 보내고 조공(馬)을 바치는 것을 의미한다.[46] "내부 전선 구축 전략"은 특히 스텝 지역에서 내전이 벌어졌을 때 가장 흔히 채택된, 또한 그들로서는 불가피한 전략이었다. 중원의 제국들은 스텝 지대를 통제하기 위한 방편으로 이를 활용했을 뿐만 아니라, 그들을 이용하여 완충 지대를 만들고 오랑캐로 하여금 오랑캐에 맞서도록(이이제이以夷制夷) 했다. 그러나 유목민은 그렇게 호락호락한 상대가 아니었다. 중국인이 속으로 그들을 어떻게 생각하는지는 그리 중요하지 않았다. 유목민 입장에서는 "내부 전선 구축 전략"으로 시간을 벌고, 보호 수단을 확보하며, 경쟁 상대에 맞서 자원을 확보할 여유를 가질 수 있었다. 바로 이와 같은 전략을 통해 남흉노에게는 새로운 길이 열렸을 뿐만 아니라, 남흉노의 선우 호한야(呼韓邪)는 한나라에서 가장 강력한 인물(황제의 바로 다음 위치)이 되기도 했다.

북흉노의 지도자 질지선우(郅支單于) 또한 한나라를 상대로 비슷한 정책을 모색했다. 그러나 한나라는 복속을 희망하는 그의 제안을 거절했다. 남흉노가 한나라의 영향권 아래 있는 한 한나라 입장에서는 북흉노가 별로 이득 될 것 없었고 오히려 추가 비용만 나갈 뿐이었다. 기원 후 45년 북흉노에서 중국의 사신을 죽이는 사건이 벌어지자 곧 전쟁으로 이어졌다. 한나라는 연맹 관계에 있는 남흉노와 힘을 합쳐 북쪽으로 진출하는 데 성공했고, 북흉노 선우의 군대를 격파했다. 질지선우는 서쪽으로 달아났다가 소그디아(Sogdia)를 침략했다. 소그디아는 한나라에게 도움을 요청했고, 그에 따라 한나라는 군대를 파견하여 결국 질지선우의 군대를 격파하고 선우를 잡아 죽였다.

---

46 Thomas Barfield, *The Perilous Frontier: Nomadic Empires and China, 221 BC to AD 1757* (Cambridge, MA: Blackwell Publishing, 1992), pp. 63-64.

이제 몽골의 지배자는 남흉노가 되었다. 선우의 아내 왕소군(王昭君)은 한나라의 공주였는데, 그녀가 흉노와 한나라의 외교를 도와 조공 관계를 구축하고 전쟁을 막았다. 더욱이 한나라 내부에 반란이 일어났을 때 남흉노의 호한야선우는 과거 흉노 제국의 영광을 복원하는 데 성공했다.[47] 호한야선우가 사망한 뒤 기근과 내전의 시대가 찾아왔고, 흉노는 다시 분열되었다. 흉노의 실체는 여전히 이어졌지만 예전처럼 스텝 지역 전체를 장악할 힘은 더 이상 가지지 못했다.[48]

훈족

오래지 않아 과거 흉노에 예속되었던 다른 유목민이 연맹을 결성했고, 그들에게 밀려 흉노는 서쪽으로 탈출할 수밖에 없었다. 흉노가 스텝 지대를 가로질러 서쪽으로 밀려나는 동안 흉노의 정체성 또한 변해갔다. 정확히 무슨 사건이 있었는지는 학자들도 알지 못하지만, 흉노가 다른 유목 민족들과 섞여 새로운 연맹을 형성했던 것만은 분명하다. 그 이름은 바로 훈(Hun, 훈족)이었다. 혹은 애초에 흉노가 스스로를 (한문식 음차인 흉노가 아니라) 훈이라고 불렀을 가능성도 있다.[49] 훈족은 알타이어계 유목민(원시-투르크어와 원시-몽골어)과 인도유럽어계 유목민의 결합이었다. 훈과 흉노의 문화적 유사성은 명백하다. 고고학적 발굴 성과

---

47 Christian, *History of Russia*, p. 202.
48 Barfield, *Perilous Frontier*, pp. 100-105, and David B. Honey, *The Rise of the Medieval Hsiung-nu: The Biography of Liu-Yüan* (Bloomington, IN: Research Institute for Inner Asian Studies, 1990), p. 6.
49 John R. Gardiner-Garden, *Apollodoros of Artemita and the Central Asian Skythians* (Bloomington, IN : Research Institute for Inner Asian Studies, 1987), p. 27.

를 보건대 몽골 및 내몽골 지역 흉노 문화의 흔적과 훈족의 흔적은 분명한 연관성이 있다. 훈족이 아랄해 부근에 도착한 때는 기원후 160년경이었으나, 우랄(Ural)강과 일리강 사이 스텝 지대에도 수 세기 동안 훈족이 남아 있었다. 4세기가 되어서 훈족은 대대적인 이주를 시작했다. 그 결과 그들은 중앙아시아, 남아시아, 중동, 유럽 등지로 진출했다.

기원후 50년에 이르러 중앙아시아의 월지가 소그디아(Sogdia) 및 박트리아(Bactria) 지역에 변화를 가져왔다. 월지는 먼저 그리스계 박트리아 왕국을 파괴했는데, 그들 또한 흉노와 오손을 피해 중앙아시아로 들어온 처지였다. 박트리아 왕국을 무너뜨린 뒤 월지는 토하라(Tokhara) 제국을 건설했다가 마침내 이를 쿠샨 제국으로 바꾸었다. 결국 오늘날 우즈베키스탄, 아프가니스탄, 파키스탄 및 북인도 대부분 지역을 그들이 장악했다. 기원후 3세기 말 쿠샨 제국이 멸망한 뒤로 그들이 장악했던 지역에 강력한 중앙 집권 세력이 이어지지 않았다. 서쪽에서는 사산 제국이 등장해서 과거 쿠샨 제국의 영역을 조금씩 파고들었다. 그러다가 기원후 350년 보다 크고 파괴적인 위협이 찾아왔다. 라틴어 문헌에 키오니테스(Chionites)로 등장하는 훈족의 일파가 소그디아 지역을 침략 및 정복하고 사산 제국의 변경을 습격했다. 기원후 400년에 이르러 박트리아와 북인도의 일부 지역이 그들의 손에 떨어졌다. 이곳을 기반으로 훈족은 안정을 되찾았고, 그들의 지도자였던 키다라(Kidara)의 이름을 따서 키다리테스(Kidarites) 혹은 키다르(Kidar)라고 불렸다.[50]

키다르 왕조의 수명은 오래가지 못했다. 곧이어 새로운 유목민의 파

---

50 Golden, *History of the Turkic Peoples*, pp. 54-56 and 80.

도가 밀려들었기 때문이다. 새로운 유목 민족의 이름은 에프탈(Heftal)이라 했다. 문헌에 따라서는 에프탈리테스(Hephthalites) 혹은 백훈족(White Huns)으로 기록되기도 했다.[51] 그들의 이름에 특히 색깔의 명칭(백색white)이 포함된 이유는 미스터리다. 그들은 소그디아, 박트리아, 그리고 오늘날 신강 지역의 대부분을 장악했다. 그들 중 엘리트 계층은 점차 반(半)정주적 생활로 접어들어 고정된 위치에 왕궁을 설치했고, 스텝 지대의 더운 열기를 피해 언덕이나 산악 지대로 이주했다. 그러나 대부분의 에프탈은 여전히 유목민으로 남아 있었다. 중앙아시아에 거점을 둔 에프탈은 굽타 제국(인도)뿐 아니라 사산 제국(페르시아)의 영토까지 침략했다. 사산 제국의 국경에서 빈번하게 충돌이 일어났지만 사산 제국에서는 오히려 그들을 용병으로 채용했고, 그들 사이에 내부 권력 분쟁이 일어났을 때는 피난처를 제공하기도 했다. 그러나 에프탈은 결국 560년대에 사산 제국에게 정복되었다. 이때 또 다른 유목 민족인 투르크가 사산 제국의 편에 섰다.[52]

훈족이 중앙아시아에서 활약하고 있는 가운데 또 하나의 일파가 기원후 360년경 볼가강을 건넜다. 그들은 알라니와 남아 있던 사르마타이 집단들을 정복 및 흡수했다. 그들의 이주에 밀려 원래 폰틱 스텝 지역에 살고 있던 고트족(Goths)은 로마를 향해 이동했다. 훈족의 공격은 갈수록 빈번해졌고, 알라니와 기타 이란어계 유목 민족들을 흡수한 훈족은 375년경에 이르러 폰틱 스텝과 카스피안 스텝 모두를 장악했다.

51 Golden, *History of the Turkic Peoples*, pp. 56 and 81.
52 Christian, *History of Russia*, p. 220.

훈족은 폰틱 스텝을 거점으로 세 개의 제국을 위협했다. 캅카스산맥을 넘어가면 사산 제국을 공격할 수 있었다. 경우에 따라서는 훈족과 키오니테스(키다르)가 연합 작전을 펼치기도 했다. 이로써 양측의 연관성이 확인되었다. 동로마 제국에서는 훈족을 용병으로 사용하면 쓸모가 있다는 사실을 깨달았다. 특히 사산 제국의 기마궁수를 상대하기가 좋았다. 그러나 용병의 기회를 주었다고 해서 동로마 제국이 침략의 목표물에서 제외되지는 않았다.[53] 훈족의 왕 루아(Rua)는 발칸반도를 침략했고, 심지어 콘스탄티노폴리스를 공격하기도 했다. 그들의 맹공에 놀란 동로마 제국은 훈족에게 황금 700파운드를 선물(혹은 조공)로 주었고, 국경 지대에서 시장을 열어주었다. 이렇게 동로마 제국이 가까스로 훈족의 공격을 모면하는 동안, 훈족은 발틱해 지역까지 세력을 확장하고 433년에는 오늘날의 헝가리 대평원(Alföld Plain)으로 이주했다.

432년 혹은 433년에 훈족의 왕 루아가 사망했지만 상황에 별다른 변화는 없었다. 비잔티움 제국에서는 여전히 매년 700파운드의 금을 조공으로 바쳤고, 그들의 침략을 미연에 방지하기 위해 국경 시장을 그대로 운영했다. 루아의 뒤를 이어 그의 조카 블레다(Bleda)와 아틸라(Attila) 형제가 공동으로 왕위에 올랐으며, 비잔티움 제국의 막대한 조공 덕분에 훈 제국을 안정적으로 유지할 수 있었다. 그들은 권력을 공고히 한 뒤 비잔티움 제국의 성의가 소홀하다 싶으면 곧바로 침략을 감행했다.

---

53 Noel Lenski, "Captivity and Romano-Barbarian Interchange," in Mathisen and Shanzer (eds.), *Romans, Barbarians*, p. 187.

성공은 곧 경쟁으로 이어졌다. 아틸라는 445년에 형 블레다를 살해하고 훈족의 유일한 통치자로 등극했다. 그럼에도 불구하고 아틸라의 지위는 안정적이지 못했다. 각종 자료에 따르면 아틸라는 자신에게서 도망쳐 비잔티움 제국에서 사면을 받은 자들을 극도로 민감하게 신경 썼고, 또한 수하들을 안정적으로 관리하기 위해 막대한 조공품과 전리품이 필요했다.[54] 비잔티움 제국이 그의 요구를 충족시키지 못할 때면 서슴없이 공격을 감행했다. 447년 훈족이 발칸반도를 침략하자 비잔티움 제국의 황제 테오도시우스(Theodosius) 2세는 황금 2100파운드를 바치기로 하고, 여기에다가 연체금으로 황금 6000파운드를 더 얹어 주기로 했다. 이는 막대한 금액이었지만, 비잔티움 제국 1년 예산에서는 아주 작은 부분(2퍼센트)에 불과했다.

아틸라는 비잔티움 제국에서 충분한 재물을 뜯어냈지만 서로마 제국에서는 그와 같은 성공을 거두지 못했다. 갈수록 중앙 집권적 권위가 약화되었기 때문이다. 451년에 아틸라는 훈족을 비롯한 유목민 연합 대군을 이끌고 서고트족을 치기 위해 갈리아(Galia) 지역(오늘날 프랑스)을 침공했다. 트루아(Troyes)에서 아틸라는 서고트족뿐만 아니라 장군 아이티우스(Aetius)가 이끄는 로마 군대와 맞닥뜨렸다. 아이티우스는 훈족 사이에서 상당한 시간을 보낸 경험이 있는 인물이었다. 아이티우스는 아틸라를 격퇴했고, 아틸라는 하는 수 없이 후퇴했다. 훈족은 이후 계속해서 서로마 제국의 영내를 약탈하며 정복을 시도하다가 452년 이탈리

---

54 E. A. Thompson, *The Huns* (Malden, MA: Blackwell Publishing, 1999), pp. 96-100.

아로 침공해 들어갔다. 북부 이탈리아를 약탈한 뒤 아틸라는 로마를 향해 내려갔다. 전설에 따르면 교황 레오 1세(Pope Leo the Great)가 아틸라를 설득하여 로마를 약탈하지 않도록 했다지만, 사실은 아틸라가 로마 근처에서 흑사병에 걸렸다. 게다가 비잔티움 제국이 아틸라의 보급로에 위협을 가했다. 무엇보다도 아틸라의 침략은 정복이 아니라 약탈을 목적으로 했기 때문에, 로마인(동·서 로마 모두)이 정기적으로 조공만 바친다면 침략을 막을 수 있었다.

이탈리아 침략은 아틸라의 최후가 되었다. 그는 453년 혼례를 올린 날 저녁 출혈로 사망했다. 훈족은 이후로도 몇 년 동안 제국을 유지했지만 아틸라의 공백으로 서서히 내분에 휩싸였다. 그들의 제국은 아틸라의 카리스마와 결단력에 의지하고 있었다. 그의 사후에 제국을 관리할 어떤 조직도 아틸라는 남겨둔 것이 없었다. 그의 아들들이 제국을 유지하려 했지만 조공과 약탈이 계속되지 않는 한 쉽지 않은 일이었다. 그들의 연맹이 예전처럼 유지되지 못한다는 사실을 간파한 비잔티움 제국은 466년 훈족에게 결정적 패배를 안겨주었다. 이후 대부분의 훈족은 폰틱 스텝으로 이주했고, 거기서 점차 다른 유목민 집단에 흡수되었다. 다만 헝가리 도나우강 유역에 몇몇 훈족 부락이 남아 오늘날까지 명맥을 유지하고 있다.

흉노 이후의 유라시아 동부

흉노가 무너진 뒤 동부 스텝 지역에서 형성된 권력의 공백을 다시 메운 유목 민족은 선비(鮮卑)였다. 선비는 원래 동호(東胡) 연맹의 일원이었는데, 과거 흉노의 묵돌선우가 동호를 정복하면서 흉노에 복속되었다. 흉노가 약해졌을 당시 한나라에서는 선비와 동맹을 맺고 흉노를 견제하고자 했다. 또한 선비와 한나라의 교역도 허가했는데, 이는 바로 오랑캐로써 오랑캐를 제압한다는 "이이제이(以夷制夷)" 전략의 일환이었다.[55]

만주를 기반으로 한 선비는 기원후 89년부터 몽골 북부에서 주요 세력으로 등장했지만, 흉노만큼 유목 민족들을 강력히 장악하지는 못했다. 흉노는 여전히 스텝 지역 남부에 존재하며 선비를 공격하곤 했다. 한나라는 이이제이 전략으로 사실상 스텝 지대 유목민을 분열시키는 데 성공했고, 이로써 한나라 국경의 안정을 도모하고자 했다. 강력했던 흉노가 무너진 이상 흉노는 더 이상 선비의 주요 공격 목표가 되지 못했다. 이제 선비는 관심을 남쪽으로 돌렸고, 중국을 침략하기 시작했다.

선비는 카간 단석괴(檀石槐)의 지휘 아래 매년 중국을 침략했고, 선비 카간국의 영역은 만주에서 중가르 분지까지 이르렀다. 카간(황제와 비슷한 의미)이라는 칭호는 선비에게서 처음 등장했다.[56] 선비 제국은 중앙 집권화된 규율 대신 지도자의 강력한 카리스마와 군사적 성공을 통해 구축되었다. 기원후 180년 단석괴가 사망한 뒤 선비 제국은 동부 스텝 지역에 산재한 소규모 정치 단위들로 분열되었다. 그들 중 상당수는 중국 후한(後漢)의 내전에 개입했다. 중국의 입장에서 당시 선비는 아주 쓸모 있는 용병이었다.

선비는 스텝 지역의 유목민이었지만 국경을 따라 할거하던 선비족

---

55 Golden, *History of the Turkic Peoples*, p. 69.
56 Golden, *History of the Turkic Peoples*, p. 71.

군벌들로부터 오히려 중국의 왕조들이 출현했다. 만주의 부족들은 유목민이었지만 그 문화에는 반(半)정주적 요소도 상당히 많았고, 게다가 그들 중에는 삼림 지대 정주민 부족들도 적잖이 포함되어 있었다. 정주민과 점차 접촉면을 넓혀가던 선비는 마침내 정주 지역도 성공적으로 통치할 수 있게 되었고, 그들이 보유한 유목 기마 군단이 중국의 영역을 정복해 나갔다. 모용외(慕容廆, 283~333)는 만주에서 이러한 사례를 최초로 성공시킨 인물이었다. 그는 만주에서 곡물을 생산하여 중국에 팔았고, 상업을 목적으로 비단도 생산했다.[57] 그의 후계자 모용황(慕容皝)은 중국의 전조(前趙) 왕국을 정복함으로써 중국 지역으로 세력을 확장해 나갔다. 전조는 원래 흉노에 뿌리를 둔 왕조였는데, 모용황은 전조를 정복한 뒤 국호를 연(燕, 즉 前燕)으로 바꾸었다. 모용황의 연나라는 370년까지 활발한 왕조로 남아 있었는데, 통치자의 탐욕은 만족을 몰랐고 결국 경제가 무너지고 말았던 것이다. 또 다른 유목 민족으로 탁발(拓跋) 혹은 타브가치(Tabghach)가 있었다. 그들 또한 연나라와 비슷한 경로를 걸으며 북위(北魏, 386~534)라는 왕조를 설립했다. 그들은 유목 지역과 정주 지역 양쪽을 모두 다스리는 이중적 지배 체제를 구축하려 했다.

    선비와 탁발이 만주와 북중국에 중점을 두는 동안 몽골 지역에서 유연(柔然) 등장했다. 그들의 선조는 안개 속에 가려져 있어서 그들이 사용한 언어가 투르크어였는지, 몽골어였는지, 혹은 퉁구스어였는지 학계에서 아직 확인이 되지 못했다. 다만 그들도 한때 동호 연맹의 일원이었으리라고 추측할 뿐이다. 배경은 알 수 없지만 유연은 스텝 지대에서 상

---

57 Barfield, *Perilous Frontier*, pp. 105-109.

당히 유력한 세력이었으며, 북위의 입장에서 가장 두려운 상대로 부상했다. 394년 사륜(社崙) 카간의 지휘 아래 유연은 막강한 권력을 모아냈고, 광대한 영역을 지배했다. 유연의 성공은 북위의 정책에서 비롯된 측면이 있다. 북위가 변경 지역의 유목 민족들을 다루는 과정에서 유목민 세력이 약해져 있었다. 유연은 북위로부터 멀리 떨어져 있었기 때문에 북위의 종주권을 인정하지 않고 도망친 유목민 집단을 휘하에 둘 수 있었다. 유연은 그들 이전에 선비와 흉노가 했던 것과 똑같은 방식으로 내륙 아시아 상당 지역을 장악했다. 그들의 세력권은 오늘날의 신강 지역과 시베리아, 심지어 한국의 변경 지역에까지 이르렀다.

490년대에 북위의 군사력은 급속히 약화되었다. 내부 엘리트 계층의 중국화도 그 원인 중 하나였다. 그들이 약화된 틈을 타서 유연은 성장을 거듭했다. 북위의 중국화는 통치 계층과 유목민 사이의 간극을 만들었다. 유목민은 계속해서 특권을 빼앗기는 기분이었다. 내부의 분열에도 불구하고 북위는 여전히 강력한 권위가 있었으며, 유연의 마지막 카간 아나괴(阿那瓌, 재위 520~552)는 북위와 동맹을 맺고자 했다. 결국 동맹을 맺는 데 성공했지만, 그 관계는 오래가지 못했다. 북위가 멸망하고 동위(東魏)와 서위(西魏)로 나뉘었기 때문이다. 유연은 계속해서 동위와 서위를 상대로 종주권을 주장했다. 동위는 동맹을 지속하기를 원했고, 아나괴에게 조공을 바쳤다. 서위는 위기를 타개하기 위하여 투르크의 지도자 부민(Bumin) 카간과 동맹을 강화했는데, 투르크 또한 유연의 종주권 아래 있는 유목 민족이었다. 그러나 투르크는 유연에게 충성을 다했으며, 551년 다른 유목 민족이 유연을 공격했을 때도 투르크가 나서 그들을 격파했다. 투르크는 전승에 중요한 역할을 하게 되면서 유연에게 점점 더 많은 요구를 했고, 마침내 부민 카간은 유연의 공주를 아내로 달라고 요청했다. 유연의 아나괴가 이를 거부하자 부민 카간은 위나라 공주를 아내로 맞아들였다. 그리고 552년 투르크가 유연과 싸워 이겼고, 아나괴는 자결했다. 이후 몇 년 동안 투르크는 몽골 지역에서 자신의 세력을 안정적으로 구축했다. 유연에 속했던 많은 유목민이 결국 투르크의 통치를 받아들였지만 서쪽으로 달아난 사람들의 규모도 적지 않았다. 그 여파가 나중에 유라시아 서부 지역에서 상당히 크게 나타나게 된다.

투르크의 부상

투르크(突厥)는 부민 카간의 지휘 아래 유연과 성공적으로 맞섰지만, 유연을 격파하는 와중에 부민 카간의 생명도 다해버렸다. 그의 둘째 아들 무간 카간(Mughan Khaghan, 木桿可汗, 재위 552~575)이 후계를 이었다. 몽골의 오르혼(Orkhon)강 유역을 거점으로 삼은 투르크 정체성의 핵심 요소가 언어였던 것은 사실이지만, 언어 및 민족적으로 다양한 집단이 모여 있었다. 무간 카간의 지휘 아래 투르크는 중국 국경 지역에 있는 많은 나라를 정복했을 뿐만 아니라 시베리아, 만주, 중앙아시아까지 세력을 넓혀 나갔다. 결국 키르기스(Kirgiz), 거란(Khitans, 契丹), 에프탈 등의 유목 민족이 모두 투르크에 예속되었다. 무간 카간의 삼촌인 이스테미(Ishtemi)는 서부 스텝 지역을 정복하여 유연의 잔당과 다른 여러 유목민을 몰아냈다. 쫓겨난 이들은 유라시아 서부 지역에서 아바르(Avar) 연맹을 결성했다. 괵투르크(Kök Turk, 푸른 투르크 혹은 하늘의 투르크라는 의미) 카간국은 이제 만주에서 흑해까지, 혹은 스텝 지대를 따라 아마도 서쪽으로 더 멀리까지 영역을 확장했다. 그들의 나라는 568

년을 기점으로 역사상 최대 규모의 유목 제국이었다.[58]

제국의 운영상 편의를 위하여 투르크는 알타이산맥 주변 지역과 발하슈(Balkhash)호 주변 지역으로 나누어 통치했다.[59] 실크로드 무역의 대부분을 투르크가 관장했으며, 그로부터 발생하는 재정 수입이 제국을 운영하는 데 도움이 되었다. 투르크는 사산 제국과 동맹을 맺고 에프탈에 적대했지만, 사산 제국은 투르크의 무역 제안을 달갑게 여기지 않았다. 그러나 비잔티움 제국은 스텝을 통한 새로운 무역로에 관심을 가졌다. 사산 제국이 남방 실크로드 무역을 가로막고 있어서 우회로가 필요했기 때문이다. 더욱이 비잔티움 제국으로서는 사산 제국은 물론 아바르에 맞서기 위해 잠재적 동맹 세력도 필요했다.[60] 한편 같은 시기 동부 스텝 지역에서 투르크는 중국의 여러 왕조와 가까운 관계를 유지했다. 당시 중국은 한나라가 무너진 뒤였고 수(隋)나라가 다시 통일을 하기 전이어서 여러 왕조가 난립하고 있었고, 투르크는 무간(Mughan) 카간과 그의 동생이자 후계자인 타스파르(Taspar, 陀鉢) 카간이 통치하던 시대였다. 중국에서 수(隋)나라(581~617)가 성립하면서 상황은 바뀌기 시작했다. 수나라가 중국 북서부 지역에서 투르크의 군사적 패권에 도전했기 때문이다.

투르크 카간국의 서부는 야브구(Yabghu, 제2카간) 이스테미(Ishtemi)가 다스렸다. 정치적 중심은 동부에 있었기 때문에 서부 투르크가 독립된 상황은 아니었다. 이와 같은 이중적 통치 체제는 역사상 수많은 스

---

58 Golden, *History of the Turkic Peoples*, p. 128.
59 Barfield, *Perilous Frontier*, p. 132.
60 Golden, *History of the Turkic Peoples*, pp. 130-31.

텝 지역 국가가 채택한 방식으로, 예컨대 카라한(Karakhan) 칸국이나 몽골 제국에도 그러한 제도가 있었다. 이는 사실상 모든 스텝 제국에 영향을 미친 제도적 틀이었지만, 그에 부수적으로 분열을 초래하는 경향 또한 현실이었다. 이스테미의 아들이자 후계자인 타르두(Tardu, 達頭, 재위 567~603) 또한 동투르크의 전통적 종주권을 부정하고 서투르크의 반란을 주도했다.[61] 동투르크는 타르두의 공격으로 회복할 수 없는 타격을 입었으며, 이후 손상된 상태로 제국을 유지하다가 630년에 이르러 완전히 해제되고 말았다.

한편 서투르크는 타르두의 사망 이후에도 제국 체제를 유지했다. 서투르크의 통(Tong, 統) 야브구 카간(재위 618~630)과 비잔티움 제국의 황제 헤라클리우스(Heraclius)는 실용적 관점에서 동맹을 맺고 사산 제국에 대응하고자 했다. 통 야브구 카간은 중앙아시아 탈라스(Talas)에 수도를 건설하고 중국의 당(唐) 제국과도 관계를 유지했다. 통 야브쿠 카간의 통치 시기에 서투르크는 최고의 전성기를 구가했지만, 여러 유목 민족의 지도자들은 그가 정주민을 선호할 뿐 유목민을 위하지 않는다고 생각했다. 몇 차례 반란이 불거졌고 마침내 630년 그는 암살당하고 말았다. 그의 후계자는 제국의 권력을 장악하지 못했고, 투르크 제국은 해체되어 수많은 부족의 연맹으로 남았다.[62]

한편 동부에서는 투르크의 쇠락 기간이 그리 길지 않았다. 당시 투르크의 지도자는 쿠틀룩(Kutlugh, 骨拙祿) 카간(재위 682~691)이었다. 그

---

61 Golden, *History of the Turkic Peoples*, p. 131.
62 Golden, *History of the Turkic Peoples*, pp. 135-36.

의 지휘 아래 투르크 제2제국이 지역 패권을 회복하고 있었다. 비록 당나라에 복속되어 있었지만 쿠틀룩과 그의 아들들은 몽골 지역의 투르크 부족들뿐만 아니라 시베리아 및 만주 지역 여러 부족의 종주권을 회복하기 위하여 노력했다. 쿠틀룩 카간의 후계자 카파간(Qapaghan, 默啜) 카간(재위 691~716) 시기에 카간국의 체제를 완성했고, 이후 안정적 체제를 기반으로 투르크는 급속도로 성장해 나갔다.

이전의 제국과 달리 투르크 제2제국은 투르크의 관점에서 방대한 기록을 남겼다. 몽골 전역에 남아 있는 기념비에 룬 문자로 작성한 그들의 기록이 남아 있다. 역대 카간들이 출중한 리더십을 발휘하기도 했지만, 그들 성공의 밑바탕에는 투뉴쿠크(Tunyuquq, 혹은 Tonyukuk, 暾欲谷)라는 총명한 재상의 업적이 있었다. 그는 중국에서 교육을 받은 투르크인으로, 처음에는 쿠틀룩 카간의 신하로 일했다. 그는 카간에게 스텝으로 돌아가야 한다고 조언했다. 이전의 투르크 제국들이 쇠락한 이유는 바로 중국화 때문이며, 무슨 수를 써서라도 투르크는 투르크 고유의 문화와 정체성을 지켜야 한다고 주장했다.

투뉴쿠크는 투르크가 (지리적으로도 문화적으로도) 중국으로부터 독립해야 한다고 생각했으므로 도성 건설에 반대했다. 도성을 건설하는 즉시 당나라의 목표물이 될 것이기 때문이었다. 또한 불교나 도교는 군사 능력을 갉아먹는 부정적 요소라고 주장했다.[63] 그렇다고 해서 투뉴쿠크가 고립을 원했던 것은 아니다. 다만 전통 방식에 따라 무역을 통해, 그것이 안 되면 침략 전쟁을 벌여서라도 중국으로부터 필요한 것을 얻

---

63 Christian, *History of Russia*, p. 262, and Barfield, *Perilous Frontier*, p. 148.

어내고자 했다. 투뉴쿠크가 보기에 각 부족의 지도자들에게 사치품을 나누어주면 연맹을 굳건히 유지할 수 있었다. 그것이 스텝의 기본 관습이었다. 그러나 부족의 지도자들은 너무나 손쉽게 중국의 부에 이끌렸고, 재물을 준다면 굴욕적인 역할도 마다하지 않는다는 것이 문제였다.

빌게(Bilge, 毗伽) 카간(재위 716~734)도 예외는 아니었다. 중화 제국의 체제에 따라 주어지는 상징성과 사치품에 이끌렸던 그는 그러나 투뉴쿠크의 경고에 귀를 기울였다. 마침내 투뉴쿠크의 지혜가 빛을 발했다. 그가 주장한 대로 투르크의 강점은 이동성에 있었다. 빌게 카간은 핵심을 재빨리 이해하고 수하의 유목민 사이에 일어난 수많은 내부 반란을 제압했다. 빌게 카간은 삼촌 퀼 테긴(Kül Tegin, 闕特勤)의 도움을 받아 아마도 가장 성공적인 스텝의 카간으로 부상했다. 그의 제국은 시르다리야(Syr Darya)강까지, 그리고 티베트 거의 전역에까지 세력을 확장했다. 그러나 불행히도 731년 퀼 테긴이 사망하고 얼마 지나지 않아 제국은 해체 위기에 놓였다. 734년에는 빌게 카간도 사망했다. 그의 아들은 제국의 권력을 이어받는 데 실패했고, 당나라에 협력한 수하의 부족들이 일으킨 잔혹한 반란을 피하지 못했다.[64]

투르크의 분열

훈(Hun) 제국이 멸망한 뒤 비잔티움 제국은 스텝 지역까지 영향력을 확대할 수 있었다. 도나우강은 다시 비잔티움 제국의 국경으로 회복되었고, 종종 유목 민족 용병을 고용하여 국경을 지켰다. 당시 비잔티움 제

---

64 Golden, *History of the Turkic Peoples*, p. 138.

국에서는 유목 민족을 때로는 이웃으로, 또 때로는 피란민으로 여기고 있었다. 그러나 그들이 언제든 위협적 존재로 돌변할 수 있다는 점도 잊지 않았다.[65] 유스티누스(Iustinus) 2세(재위 565~578) 시기에 비잔티움 제국은 크림반도를 통해 여러 유목 민족과 무역 관계를 맺었다. 예를 들면 투르크의 일파인 온오구르(Onoghurs) 같은 유목 민족이었는데, 훈 제국이 무너지기 시작하면서 우랄산맥 부근의 무역로는 그들이 장악하고 있었다.

그러나 투르크의 부상으로 비잔티움 제국과 유목 민족 간 균형은 깨지고 말았다. 괵투르크가 카스피안 스텝 지역으로 진입하자 그곳에 있던 다른 유목 민족들은 폰틱 스텝으로 밀려났다. 그들 중에는 오구르(Oghur) 투르크도 포함되어 있었는데, 카스피안 스텝에 살던 오구즈(Oghuz) 투르크와는 다른 민족이었다.[66] 이러한 여러 유목민 가운데 유라시아 서부에서 가장 유명했던 민족은 쿠트리구르(Kutrighur)와 우트리구르(Utrighur)다. 쿠트리구르와 우트리구르는 문화와 언어가 같았고 투르크의 민족적 정체성을 가지고 있었지만, 서로 자주 전쟁을 벌였다. 그들은 모두 폰틱 스텝으로 이주해 들어갔고, 목초지나 기타 여러 가지 문제로 분쟁이 발생했다. 결국 쿠트리구르는 도나우강 유역으로 다시 이주했다. 크게 보아서 이들 두 민족은 비잔티움 제국의 입장에서 별로 관심을 둘 사안이 아니었다. 그러나 쿠트리구르가 몇 차례에 걸쳐 발칸반

---

65 Ekaterina Nechaeva, "The 'Runaway' Avars and Late Antique Diplomacy," in Mathisen and Shanzer (eds.), *Romans, Barbarians*, p. 176.
66 오구르 투르크의 기원에 관한 보다 상세한 논의는 다음을 참조. Golden, *History of the Turkic Peoples*, pp. 95-106.

도 지역을 약탈하자 비잔티움 제국의 황제 유스티니아누스(Iustinianus) 1세(재위 527~565)는 우트리구르와 동맹을 체결했다. 그러자 쿠트리구르도 비잔티움 제국에 우호 관계를 요청했다. 비잔티움 제국에서는 양쪽 모두에 관계를 걸쳐두고 자국의 이익을 위해 조율할 수 있었다.[67] 557년까지는 이러한 시스템이 별 문제 없이 작동했다. 그러나 아바르(Avars)가 도착하여 쿠트리구르와 우트리구르를 모두 병합해버리자, 이제 상황은 달라지기 시작했다.

아바르

몽골 지역에서 투르크가 부상한 뒤 유연에 속했던 많은 유목민 집단은 서쪽으로 이동했다. 그곳에서도 오구즈 투르크(Oghuz Turk)가 팽창하는 와중이라 그들을 위협했지만, 그들 또한 다른 부족들을 격파하며 세를 불려 나갔다. 이 무렵부터 그들의 이름은 아바르(Avars)로 알려지기 시작했으나, 괵투르크의 맞수가 될 만한 역량은 결코 아니었다. 아바르가 폰틱 스텝과 도나우강 유역의 스텝으로 진출했을 무렵, 비잔티움 제국에서 은신처를 얻지 못한 유목민이 아바르의 보호막 안으로 들어갔다. 이 무렵의 아바르는 예전의 유연과는 확연히 달라져 있었다. 당시 아바르 연맹에는 수많은 투르크계 및 알타이계 유목 민족, 그리고 이란계 및 게르만계 스텝 유목민 집단이 포함되어 있었다.[68]

---

67 Golden, *History of the Turkic Peoples*, p. 101.
68 Samuel Szadeczky-Kardoss, "The Avars," in Sinor (ed.), *Cambridge History of Early Inner Asia*, pp. 206-207, and Golden, *History of the Turkic Peoples*, pp. 109-10.

558년에 이르러 아바르는 비잔티움 제국에 사신을 보냈다. 양쪽으로 길게 땋아 내린 그들의 헤어스타일이 상당한 반향을 얻어 비잔티움 제국에서 그 헤어스타일이 유행하기도 했다.[69] 또한 아바르는 비잔티움 제국에 새로운 군사 기술, 즉 등자와 사브르(sabre, 휘어진 군사용 검 - 옮긴이)를 전해주었다. 비잔티움 제국에서 아바르는 기본적인 예물과 기름진 땅을 요구했다. 조약은 성공적으로 체결되었지만 비잔티움은 아바르에게 예물만 주고 땅은 주지 않았다. 비잔티움의 입장에서는 아바르가 스텝 유목민을 통제해주기를 기대했고, 더불어 캅카스산맥을 넘어 사산 제국에 위협이 되어주면 더욱 좋았다.

그러다가 비잔티움에 불편한 사건이 일어났다. 아바르가 568년 중부 유럽에서 랑고바르드족(Langobards)과 새로 동맹을 맺고 공동 작전을 펼쳤기 때문이다. 그러나 나중에는 랑고바르드 또한 아바르를 두려워하여 북부 이탈리아로 이주했다. 아바르와 비잔티움 제국의 관계가 무너지기 시작한 계기 중 하나는, 서부 유라시아에 등장한 투르크였다. 568년 서투르크의 야브구(yabghu, 葉護, 왕국의 2인자 - 옮긴이) 타르두(Tardu, 그리스 문헌에서는 Tourxanthos)가 비잔티움 제국의 황제 유스티누스 2세에게 사신을 보내, 아바르가 자신의 휘하에서 도망친 노예라고 선언했다. 아바르가 카간의 칭호를 자처했지만, 타르두는 그들을 멸시했다.[70]

투르크가 등장하자 아바르는 서둘러 중부 유럽으로 밀고 들어가 헝

---

69 Christian, *History of Russia*, p. 280, and Golden, *History of the Turkic Peoples*, p. 111.
70 Nechaeva, "The 'Runaway' Avars," p. 176-77.

가리 대평원(Alföld Plain)에 정착했다. 당시 아바르의 지도자는 바얀(Bayan)이었다. 그의 지휘 아래 아바르는 전성기를 구가했고, 비잔티움 제국의 관할인 발칸반도를 침략하기 시작했다.[71] 비잔티움 제국은 다시 바필드가 언급한 이른바 "외부 전선 구축 전략(Outer Frontier Strategy)"을 채택할 수밖에 없었다. 즉 아바르에게 금화 8만 닢을 선물하고 동맹 관계를 맺었다. 그러나 비잔티움은 아바르를 결코 동등한 관계로 여기지 않고 낮추어 보았다. 투르크에서 도망친 노예라는 신분을 알고 있었기 때문이다. 그래서 그들에게 지급한 황금은 어디까지나 선물일 뿐 조공이 아니었다.[72] 과연 아바르는 믿을 수 없는 동맹임이 밝혀졌다. 아바르 수하의 슬라브족이 비잔티움 제국의 영토를 침략하고 정착하는 것을 허용했기 때문이다.[73]

아바르는 623년까지 상당한 세력으로 유지되었지만 그들의 영향력도 쇠퇴하기 시작했다. 620년대에 이르러 아바르는 정주 문화가 강화되었다. 이는 그들의 군사력을 약화시켰으며, 결과적으로 중부 유럽에서 벤트족(Wends)이 반란을 일으키자 그 지역에 대한 영향력을 상실했다. 그러나 이렇게 위축되었다고 해서 그들의 수명이 곧바로 끊어진 것은 아니었다. 626년에 아바르는 사산 제국과 연합하여 콘스탄티노폴리스를 공격했지만 실패했다. 병력 상실은 아바르에게 심대한 타격이었다. 비단 군사적 측면뿐만 아니라 그들의 권위도 크게 실추되었다. 이

---

71 Golden, *History of the Turkic Peoples*, p. 111.
72 Barfield, *Perilous Frontier*; Nechaeva, "The 'Runaway' Avars," p. 179, and Szadeczky-Kardoss, "The Avars," pp. 207-208.
73 Lenski, "Captivity and Romano-Barbarian Interchange," p. 187.

후 발칸반도에서 슬라브족에 대한 종주권을 잃자 그들의 추락은 가속화되었다. 비잔티움 제국의 황제 헤라클리우스(Heraclius, 재위 610~641)는 발칸반도를 향해 진군했다. 이때 비잔티움 제국은 투르크와 연합하여 아바르를 상대했다. 그 후에도 아바르는 여전히 위협적인 존재로 남아 있었으나 그 규모가 그리 크지는 않았다. 그들은 제국의 동서를 오가며 침략을 감행했지만 프랑크 왕국의 카롤루스(Carolus) 1세가 8년 전쟁(788~796)을 통해 그들을 격파한 뒤로 아바르의 세력은 영원히 사라졌고, 이후 프랑크 왕국의 백성으로 병합되었다.

하자르

하자르(Khazar)는 괵투르크의 서쪽 끄트머리에 있던 유목 민족이다. 그들은 캅카스 스텝을 주도했으며, 20세기에 이스라엘이 건국되기 전까지 가장 강력한 유대인 국가였다. 하자르의 땅이 흑해와 카스피해 사이에 있었기 때문에 주로 투르크와 비잔티움 제국을 중개하는 상업적 역할을 했다. 서투르크 제국의 일원으로서 그들은 627년 데르벤트(Derbend)를 침략했는데, 이때는 비잔티움 제국이 아바르의 침략을 막아낸 직후였다. 628년에 이르러 하자르는 남부 캅카스 지역의 상당 부분을 휩쓸었다. 결국 캅카스산맥 북쪽에 있는 목초지에 더하여 캅카스 주변 지역까지 수중에 넣었으며, 그에 따라 폰틱 스텝 및 비잔티움과의 무역 통제를 강화해 나갔다. 이를 기반으로 하자르는 무질서한 대오를 정비할 수 있었고, 투르크 제국의 붕괴가 명확해졌을 때 새로운 강자로 부상했다.

때마침 이슬람 또한 세력을 확장하고 있었기에 하자르의 팽창은 일단 멈추었다. 아랍인이 중동 지역으로 난입하면서 중동은 혼란의 도가니로 빠져들었다. 사산 제국은 그 이전에 이미 멸망했고, 비잔티움 제국조차 한 세기 가까이 사산 제국과 전쟁을 치르느라 국력을 거의 소진한 상황이어서 시리아와 이집트마저 상실했다. 곧이어 하자르는 당시 맹활약을 펼치던 이슬람 제국 우마이야 왕조와 국경을 접하게 되었다. 양측에서 동시에 공격을 감행하며 적대감은 급속히 고조되었다. 처음에는 양측의 세가 팽팽했으나, 730년 하자르가 압승을 거듭하며 모술(Mosul)에 진출했다. 그러나 나중에 칼리프로 등극하게 되는 마르완(Marwan) 2세(재위 744~750)는 대군을 이끌고 하자르의 요새를 우회하여 하자르의 본거지로 곧장 치고 들어갔다. 하자르의 수도 이틸(Itil, 영어 Atil)이 적의 손에 약탈당하고 말았다. 하자르의 카간은 볼가강까지 밀려났고, 강요에 의해 이슬람으로 개종했다. 그러나 우마이야 왕조가 실질적으로 하자르를 지배하지는 못했다. 스텝 지대에서 지속적인 보급선을 유지하기가 불가능했기 때문이다. 우마이야의 군대가 떠난 뒤 하자르의 카간은 즉시 개종을 철회했다.[74]

750년 아바스 혁명에 의해 우마이야 왕조가 붕괴되었다. 이 기회를 틈타 하자르는 예전의 세력을 복원했을 뿐만 아니라 아랄해 근처의 호레즘(Khorezm)을 근거지로 영향력을 더욱 확장하여 폰틱 스텝까지 장악했다. 하자르의 남쪽 국경은 아바스 왕조(Abbasid Caliphate, 750~1258)와 맞닿아 있었다. 아바스의 제2대 칼리프 알-만수르(al-

---

[74] Kevin Alan Brook, *The Jews of Khazaria* (Lanham, MD: Rowman and Littlefield, 2006), pp. 128-29.

Mansur)는 아바스의 지역 총독 중 한 명과 하자르 공주의 결혼을 주선했고, 이후 양국 국경은 안정을 되찾았다.

더 이상 큰 위협이 없고 무역로도 안정되자 하자르는 번영을 거듭했다. 하자르는 군사적 우월을 유지하는 동시에 예속민인 슬라브족 정주민의 도시와 농장 건설을 지원했고, 그들로부터 이익을 거두어들였다. 같은 방식으로 북쪽에 있는 불가르인(Bulghars)과 루스인(Rus)을 통제하고 조공을 받아냈다. 그러나 갈수록 무역의 비중이 커졌고, 특히 비잔티움 제국과의 거래가 중요해졌다. 심지어 그들은 밀을 비롯한 몇몇 무역 품목의 수출 금지를 무기로 비잔티움 제국에게서 크림반도를 넘겨받기도 했다.

비잔티움 제국은 크림반도를 넘겨주면서까지 하자르에 대한 영향력을 확대하고자 했다. 하자르가 사는 지역에 기독교를 전파하려 했던 것이다. 그러나 하자르의 엘리트 계층은 전혀 다른 방향으로 움직였다. 즉 837~838년 그들은 유대교로 개종했다.[75] 이미 수십 년 동안 그들은 유대인 상인들과 광범위하게 접촉해왔다. 그들 중 일부는 8세기에 우마이야 왕조의 마르완 2세가 하자르 지역으로 쳐들어온 사건 직후에 유대교로 개종했는데, 아마도 이슬람에 대한 반발 때문이었던 것 같다. 그러나 카간은 861년까지도 유대교로 개종하지 않았고, 유대교는 다만 엘리트 계층의 종교로 보편화되었다. 평민도 일부는 유대교로 개종했지만 대개 기독교나 무슬림을 믿었고, 혹은 샤머니즘 신앙을 그대로 유지하는 경우도 있었다.

---

75 Brook, *Jews of Khazaria*, pp. 108-109.

유대교 개종은 대체로 불란(Bulan)의 영향력 때문이었다. 그는 하자르어로 베크(bek)라고 하는, 일종의 군대 지휘관 직책을 가진 사람이었다. 그가 성공적으로 새로운 종교를 도입하자 그의 지위에도 새로운 의미가 부여되었고, 9세기에는 이중적 통치 체계가 만들어졌다. 카간은 보다 상징적인 존재로 간주되었고, 불란의 후손들이 카간 베크(khaghan bek) 혹은 이샤(isha)라는 직책으로 일상적인 일들을 처리했다. 군대 지휘권과 실권도 모두 카간 베크가 가지게 되었다. 카간은 신성한 존재로 추앙되었지만 필요한 경우 언제든 교체가 가능한 자리일 뿐이었다.[76]

마니교(Manichaeism)로 개종한 위구르에서 그랬던 것처럼, 유대교로 개종한 뒤 하자르 궁정 안에서는 비잔티움과 이슬람의 영향력이 약화되었고, 엘리트 계층과 평민 계층 사이에 틈이 벌어졌다. 이러한 분열은 하자르의 모든 영역에서 부정적 결과를 초래했다. 하자르는 주변 지역을 통틀어 유일하게 상비군을 갖추고 있었지만, 그들의 군대는 더 이상 하자르 유목민 중심이 아니었고, 갈수록 투르크나 무슬림 용병이 중요한 비중을 차지하게 되었다. 투르크족 예속민 가운데 페체네그(Pechenegs)라는 민족이 있었는데, 하자르의 군사력이 약해지면서 동시에 그들의 자율성도 커져갔다.

10세기 초엽의 하자르는 세력을 잃을 하등의 이유가 없었다. 전문 직업 군인으로 이루어진 군대가 있었고, 룬 문자를 이용하는 정부 행정 체계도 작동하고 있었다. 하자르의 국가 체제는 과거의 어느 때보다 효율적으로 운영되고 있었다. 그러나 문제는 스텝 지역의 종주권을 잃어

---

76 Brook, *Jews of Khazaria*, pp. 47-52.

버린 데 있었다. 유목 민족들은 더 이상 하자르의 통치자에 얽매이지 않았고, 기꺼이 카간을 보좌할 의지도 전혀 없었다. 종교적 개종에 따른 유목 민족들의 실망도 있었지만 카간과 엘리트 계층이 전통보다는 무역과 상거래에 더 많은 관심을 쏟았기 때문이다. 이 무렵 폰틱 스텝에서는 페체네그가, 도나우강 유역의 헝가리 대평원에서는 마자르(Magyars)가 새로운 위협 세력으로 대두되어 하자르의 영역을 침범했다. 페체네그의 활약이 워낙 맹렬해서 비잔티움 제국의 황제 포르피로게니토스(Porphyrogenitos, 재위 913~959)는 그들이 초원의 주인인 줄 알았다고 한다. 결국 하자르는 폰틱 스텝을 상실했고, 흑해와 카스피해 사이 지역만 그들의 영토로 남게 되었다. 그러나 그들의 영토 안에서도 알라니(Alani)가 독자적인 목소리를 내기 시작했다. 아마도 그들은 기독교로 개종했기 때문에 유대교도의 지배를 받을 수 없다는 입장이었던 것 같다. 실질적으로 하자르는 영토를 잃어갔고, 무역로가 잘려 나갔으며, 수입이 줄어들었다. 그 바람에 불가르인이 이득을 보게 되었다. 그들은 또한 이슬람으로 개종하여 하자르의 신하가 되기를 멈추었고, 중앙아시아를 거쳐 중동에 이르는 무역로를 바꾸어놓았다. 루스인 또한 위협적 존재였다. 그들은 강을 타고 내려와 침략을 감행했다. 결국 하자르는 볼가강 무역로도 잃었고, 루스나 페체네그의 공격에 갈피를 잡지 못했으며, 그 후로도 세력을 전혀 회복하지 못했다.

위구르

744년 몽골에서 투르크 제2제국의 잿더미를 딛고 위구르(Uighur) 카간국이 성립되었다. 토쿠즈 오구즈(Tokuz Oghuz, 9개 부족) 연맹에서 가장 주도적인 민족인 위구르는 몽골에서 발흥한 과거의 많은 제국과 같은 방식으로 성립되었고, 주변으로 세력을 팽창해 나갔다. 800년 무렵에는 타림 분지와 페르가나 계곡까지 그들의 세력이 미쳤다. 위구르는 과거 투르크의 재상 투뉴쿠크(Tunyuquq, 暾欲谷)와는 달리 유목 문화와 정주 문화를 막론하고 외부의 영향에 보다 열린 자세를 취했다. 위구르는 투르크가 사용한 룬 문자 체계를 이어받지 않았다. 대신 시리아 문자에서 파생된 중앙아시아의 문자 체계를 받아들였는데, 소그드인 마니교 선교사들이 이 문자를 위구르에게 전해주었다.

위구르가 투뉴쿠크의 가르침에서 더욱 벗어났던 일은 바로 도시 건설이다. 가장 중요한 도시는 그들의 수도 오르두 발리크(Ordu Balik)였다. 나중에 카라발가순(Kara Balghasun)으로 알려진 도시인데, 위치는 몽골의 오르혼(Orkhon) 계곡 셀렝가(Selenga)강에서 가까웠다. 오르혼강 유역을 장악한다는 것은 스텝 유목 민족 연맹의 수장으로서 정통성과 관련하여 매우 중요한 의미가 있었고, 이러한 관습은 일찍이 흉노의 시대부터 전해져 내려오는 것이었다.[77] 처음에 오르두 발리크는 단순히 카간의 캠프가 위치하는 곳으로 시작되었다. 오르두 발리크라는 이름 자체가 카간의 캠프라는 의미였다. 그러나 캠프는 영구 정착화되었고, 주변으로 정주민이 거주하기 시작했으며, 결국 실크로드의 무역 중심지가 되었다.

위구르는 당나라를 침략하기보다는 사치품 교역을 선호했다. 그들

---

77 Larry W. Moses, "Relations with the Inner Asian Barbarian," in John Curtis Perry and Bardwell L. Smith (eds.), *Essays on T'ang Society* (Leiden: Brill, 1975), pp. 90-109.

은 당나라의 "종주권"을 인정했지만, 이는 700년대 후기의 상황에서 다만 형식적인 관계에 지나지 않았다. 750년대에 당나라는 반란으로 타격을 입었고 잇달아 일어나는 수많은 반란 때문에 고심하고 있었다. 당나라 정부는 쇠약해진 군사력을 대신해 위구르의 군사력에 의존하고자 했다. 위구르는 당 제국의 약점을 쥐고 750년대에 조공 협정을 유리한 방향으로 이끌어냈다. 당나라 입장에서는 요구를 들어주든지, 아니면 위구르의 지원을 포기해야 했다. 결국 위구르는 안록산(安祿山)의 난을 비롯하여 수차례의 반란을 진압해주었다.

위구르는 역사적으로 마니교를 국교로 채택한 유일한 나라라는 기록을 남겼다. 위구르가 마니교를 처음 접한 것은 안록산의 난을 진압하는 과정에서 낙양(洛陽)을 점령했을 때다. 762년 위구르의 뵈귀 카간(Bögü Khaghan, 牟羽可汗)이 마니교로 개종했고, 수많은 마니교 선교사를 오르두 발리크로 데리고 갔다.[78] 시간이 지나면서 많은 위구르인도 마니교를 받아들였다. 뵈귀 카간이 왜 마니교로 개종했는지는 아무도 알지 못한다. 무엇보다 채식주의를 권장한 마니교의 교리는 유목 민족의 관습과도 상충되는 면이 있었다. 아마도 아소카 대왕처럼 그의 군대가 관여했던 수많은 살상을 후회한 어떤 계기가 있었을지도 모른다. 혹은 냉소적 실용주의자인 뵈귀 카간이 중국의 불교나 도교에 반대하기 위해서 마니교를 받아들였을 수도 있다. 하자르도 무슬림과 기독교를 받아들이지 않기 위해 유대교로 개종한 바 있었다. 이유야 어쨌든, 마니교는 위구르 사회에서 깊이 뿌리내리지 못했다. 마니교에서 유제품을

---

78 Barfield, *Perilous Frontier*, pp. 158-59.

금지했기 때문에 일반 유목민 입장에서는 마음속 깊이 받아들이기 어려운 측면이 있었다.

    마니교는 위구르의 몰락을 재촉하는 결과를 가져왔다. 위구르 시대를 연구하는 학자들은 마니교가 그들을 너무 "부드럽게" 만들어버렸다고 평한다. 투르크의 재상 투뉴쿠크가 도교나 불교를 받아들일 경우 예측되는 폐단이라고 했던 것이, 위구르가 마니교를 받아들인 뒤 그대로 나타났다. 더욱이 위구르 연맹에 속한 모든 유목 민족이 마니교를 받아들였던 것은 아니다. 아마도 이 문제가 뵈귀 카간을 암살하게 된 배경이었을 것이다. 그의 뒤를 이은 알프 쿠틀룩(Alp Kutlugh) 카간은 779년 뵈귀 카간의 가족을 숙청했다. 그럼에도 불구하고 마니교가 제거되지는 않았으며, 위구르에서 마니교의 영향은 813년까지도 지속되었다.[79] 현실에서 마니교는 보다 큰 문제들의 징후를 안고 있었다. 위구르가 용맹한 기세를 잃게 된 원인이 마니교 하나만은 아닐 것이다. 수도 건설, 마니교, 궁정의 낭비 등은 통치자와 백성의 사이를 갈라놓았다. 이런 점에서 위구르는 하자르와 다를 바가 없었다. 변화된 생활 양식을 유지하기 위해 이미 위구르는 마니교로 개종하기 이전부터 군사력보다 상업에 더욱 초점을 맞추고 있었다. 또한 도시는, 투뉴쿠크가 빌게 카간에게 경고했듯이, 반란 세력 혹은 침략자에게 손쉬운 목표물이 되었다. 821년 키르기스(Kirghiz)가 반란을 일으켰고, 마침내 840년 위구르 카간국을 무너뜨렸다. 키르기스의 반란에서 위구르의 멸망에 이르기까지 기근과 일련의 악천후가 이어졌고, 위구르는 키르기스의 반란을 막아내기에는 너

---

79 Christian, *History of Russia*, pp. 269-71.

무 약화되어 있었다. 키르기스는 위구르를 몽골 밖으로 내쫓았으나, 위구르는 과거 그들의 주요 활동 무대였던 타림 분지로 들어가서 새로운 왕국을 건설했다. 그들의 왕국은 이후 꾸준히 유지되다가 14세기에 몽골 제국에 흡수되었다.

제2천년기의 여명과 중앙유라시아

기원후 제2천년기가 시작될 무렵, 중앙유라시아 스텝 지역은 완전히 달라져 있었다. 사회문화적으로는 초원 유목민이 이전과 비슷한 생활을 하고 있었지만, 그들의 물질문화는 예전과 같지 않았고 유목 민족들의 정체성도 달라져 있었다. 한때 인도유럽어계 민족들이 스텝 지역에 진출하여 알타이산맥까지 휩쓸었지만, 이제는 투르크 정체성을 가진 알타이어계 민족들이 소수의 인도유럽어계 민족들을 지배했다. 등자와 바지는 유라시아 사회 전역에서 보편적 문화로 자리 잡았다. 그러나 치명적인 기마궁수는 여전히 스텝 민족의 전유물로 남아 있었다. 다만 11세기에 투르크가 중동 지역으로 진출한 이후 그곳으로도 기마궁수 기술이 전파되었다.

중앙유라시아 스텝 전역을 아우르는 단일한 정체성은 존재하지 않았다. 동쪽의 몽골 스텝은 만주 지역 출신의 요(遼)나라가 주도했고, 폰틱 스텝과 카스피안 스텝은 페체네그(Pechenegs) 혹은 킵차크(Kipchaks) 같은 투르크계 연맹체가 통치했다. 최종적으로는 킵차크가 12세기에 이르러 가장 선두적인 유목 민족으로 부상했다. 하자르 제국이 무너진 뒤 중심 세력이 권위를 얻어 전체 연맹을 주도하는 전통도 끊어져버렸다. 그럼에도 불구하고 유목 민족들은 꿋꿋이 살아남았다. 스텝을 가로지르는 무역로 때문에 스텝은 세계사의 핵심 지역 중 하나로 간주되었다. 이 무역로에서 유목 민족은 정주 제국의 상품을 사는 소비자이자, 무역로를 지키는 경비병이자, 카라반에게 동물을 제공하는 공급자였다. 초원 유목 민족의 중요성은 결코 우리가 논의했던 시대에 국한되지 않는다. 이제 곧 13세기가 되면 몽골 제국의 부상과 함께 다시 한 번 초원의 전성기가 찾아올 것이기 때문이다.

더 읽어보기

Primary sources

Herodotus, *The Histories*, trans. Robin Waterfield, Oxford University Press, 1998.

Honey, David B. (ed. and trans.), *The Rise of the Medieval Hsiung-nu: The Biography of Liu-Yüan*, Bloomington, IN: Research Institute for Inner Asian Studies, 1990.

Sima Qian, *Records of the Grand Historian: Han Dynasty II*, trans. Burton Watson, New York: Columbia University Press, 1993.

_____, *Records of the Grand Historian: Qin Dynasty*, trans. Burton Watson, New York: Columbia University Press, 1993.

Secondary sources

Babcock, Michael A., *The Night Attila Died: Solving the Murder of Attila the Hun*, New York: Berkley Books, 2005.

Barfield, Thomas J., *The Perilous Frontier: Nomadic Empires and China, 221 BC to AD 1757*, Cambridge, MA: Blackwell Publishers, 1992.

Benjamin, Craig C. R., *The Yuezhi: Origin, Migration and the Conquest of Northern Bactria*, Turnhout, Belgium: Brepols, 2007.

Brook, Kevin Alan, *The Jews of Khazaria*, Lanham, MD: Rowman and Littlefield Publishers, 2006.

Christian, David, *A History of Russia, Central Asia and Mongolia*, Malden, MA: Blackwell Publishing, 1998.

Curta, Florin, "The Earliest Avar-age Stirrups, or the 'Stirrup Controversy,'" in Florin Curta (ed.), *The Other Europe in the Middle Ages: Avars, Bulgars, Khazars and Cumans*, Leiden: Brill, 2008, pp. 297-326.

Di Cosmo, Nicola, *Ancient China and Its Enemies: The Rise of Nomadic Power in East Asian History*, Cambridge University Press, 2004.

Gardiner-Garden, John R., *Apollodoros of Artemia and the Central Asian Skythians*, Bloomington, IN: Research Institute for Inner Asian Studies, 1987.

Golden, Peter B., *An Introduction to the History of the Turkic Peoples: Ethnogenesis and State-Formation in Medieval and Early Modern Eurasia and the Middle East*, Wiesbaden: Otto Harrassowitz, 1992.

_____, "The Peoples of the South Russian Steppes," in Denis Sinor (ed.), *The Cambridge History of Early Inner Asia*, Cambridge University Press, 1990, pp. 256-84.

Heather, Peter, *Empires and Barbarians: The Fall of Rome and the Birth of Europe*, Oxford University Press, 2010.

_____, *The Fall of the Roman Empire: A New History of Rome and the Barbarians*, Oxford University Press, 2005.

Heinrich-Tamaska, Orsolya, "Avar-age Metalworking Technologies in the Carpathian Basin (Sixth to Eighth Century)," in Florin Curta (ed.), *The Other Europe in the Middle Ages: Avars, Bulgars, Khazars and Cumans*, Leiden: Brill, 2008, pp. 237-62.

Ivantchik, Askold I., "The Funeral of Scythian Kings: The Historical Reality and the Description of Herodotus (4.71-72)," in Larissa Bonfante (ed.), *The Barbarians of Ancient Europe: Realities and Interactions*, Cambridge University Press, 2011, pp. 71-106.

James, Edward, *Europe's Barbarians, AD 200-600*, Harlow, UK: Pearson, 2009.

Kelly, Christopher, *The End of Empire: Attila the Hun and the Fall of Rome*, New York: W. W. Norton, 2009.

Khazanov, Anatoly M., *Nomads and the Outside World*, trans. Julia Crookenden. Madison: University of Wisconsin Press, 1983.

Lenski, Noel, "Captivity and Romano-Barbarian interchange," in Ralph W. Mathisen and Danuta Shanzer (eds.), *Romans, Barbarians, and the Transformation of the Roman World*, Burlington, VT: Ashgate, 2011, pp. 185-98.

Mackerras, Colin, "The Uighurs," in Denis Sinor (ed.), *The Cambridge History of Early Inner Asia*, Cambridge University Press, 1990, pp. 317-42.

Melyukova, A. I., "The Scythians and Sarmatians," in Denis Sinor (ed.), *The Cambridge History of Early Inner Asia*, Cambridge University Press, 1990, pp. 97-117.

Moses, Larry W., "Relations with the Inner Asian Barbarian," in John Curtis Perry and Bardwell L. Smith (eds.), *Essays on T'ang Society*, Leiden: Brill, 1975, pp. 61-89.

Nechaeva, Ekaterina, "The 'Runaway' Avars and Late Antique Diplomacy," in Ralph W. Mathisen and Danuta Shanzer (eds.), *Romans, Barbarians, and the Transformation of the Roman World*, Burlington, VT: Ashgate, 2011, pp. 175-81.

Robertson-Brown, Amelia, "Banditry or Catastrophe?: History, Archaeology, and Barbarian Raids on Roman Greece," in Ralph W. Mathisen and Danuta Shanzer (eds.), *Romans, Barbarians, and the Transformation of the Roman World*, Burlington, VT: Ashgate, 2011, pp. 79-96.

Rolle, Renate, "The Scythians: Between Mobility, Tomb Architecture, and Early Urban Structures," in Larissa Bonfante (ed.), *The Barbarians of Ancient Europe: Realities and Interactions*, Cambridge University Press, 2011, pp. 107-32.

Sinor, Denis (ed.), *The Cambridge History of Early Inner Asia*, Cambridge University Press, 1990.

_____, "The Establishment and Dissolution of the Türk Empire," in Denis Sinor (ed.), *The Cambridge History of Early Inner Asia*, Cambridge University Press, 1990, pp. 285-316.

_____, "The Hun Period," in Denis Sinor (ed.), *The Cambridge History of Early Inner Asia*, Cambridge University Press, 1990, pp. 177-206.

Sneath, David, *The Headless State: Aristocratic Orders, Kinship Society, and Misrepresentation of Nomadic Inner Asia*, New York: Columbia University Press, 2007.

Somogyi, Peter, "New Remarks on the Flow of Byzantine Coins in Avaria and Walachia during the Second Half of the Seventh Century," in Florin Curta (ed.), *The Other Europe in the Middle Ages: Avars, Bulgars, Khazars and Cumans*, Leiden: Brill, 2008, pp. 83-150.

Stadler, Peter, "Avar Chronology Revisited, and the Question of Ethnicity in the Avar Qaganate," in Florin Curta (ed.), *The Other Europe in the Middle Ages: Avars, Bulgars, Khazars and Cumans*, Leiden: Brill, 2008, pp. 47-83.

Szadeczky-Kardoss, Samuel, "The Avars," in Denis Sinor (ed.), *The Cambridge History of Early Inner Asia*, Cambridge University Press, 1990, pp. 206-29.

Thompson, E. A., *The Huns*, Malden, MA: Blackwell Publishing, 1999.

Vida, Tivadar, "Conflict and Coexistence: The Local Population of the Carpathian Basin under Avar Rule (Sixth to Seventh Century)," in Florin Curta (ed.), *The Other Europe in the Middle Ages: Avars, Bulgars, Khazars and Cumans*, Leiden: Brill, 2008, pp. 13-46.

Yü, Ying-Shih, "The Hsiung-nu," in Denis Sinor (ed.), *The Cambridge History of Early Inner Asia*, Cambridge University Press, 1990, pp. 115-81.

케임브리지 세계사 07

제국과 네트워크 1
경제, 가족, 기술, 문화

2023년 2월 10일 1판 1쇄

크레이그 벤저민 편집
류충기 옮김

펴낸곳 : (주)소와당笑臥堂 | 신고 번호 : 제313-2008-5호
주소 : (03994) 서울시 마포구 연남로 13(영상빌딩 3층)
전화 : (02)325-9813
팩스 : (02)6280-9185
전자우편 : sowadang@gmail.com

저작권자와 맺은 협의에 따라 인지를 생략합니다.
값은 뒤표지에 적혀 있습니다.
잘못 만든 책은 서점에서 바꾸어 드립니다.

ISBN 978-89-6722-035-8 94900
ISBN 978-89-6722-028-0 94900 (세트)